Der Nahe Osten in einer globalisierten Welt

Bastian Matteo Scianna, Dr. phil., ist Wissenschaftlicher Mitarbeiter am Historischen Institut der Universität Potsdam.

Stefan Lukas ist Managing Director und Analyst bei Middle East Minds, Associate Fellow beim Center for Middle East and Global Order und Gastdozent an der Führungsakademie der Bundeswehr zu Hamburg.

Bastian Matteo Scianna, Stefan Lukas (Hg.)

Der Nahe Osten in einer globalisierten Welt

Entwicklungslinien, Gegensätze, Herausforderungen

Campus Verlag
Frankfurt/New York

ISBN 978-3-593-51584-7 Print
ISBN 978-3-593-45223-4 E-Book (PDF)
ISBN 978-3-593-45224-1 E-Book (EPUB)

Umschlaggestaltung: Campus Verlag GmbH, Frankfurt am Main
Umschlagmotiv: Skyline von Dubai (Vereinigte Arabische Emirate) mit Burj Khalifa, dem mit 828 Metern höchsten Gebäude der Welt © www.shutterstock.com (Bildnummer 1083386102)
Satz: le-tex xerif
Gesetzt aus der Alegreya
Druck und Bindung: Beltz Grafische Betriebe GmbH, Bad Langensalza
Beltz Grafische Betriebe ist ein klimaneutrales Unternehmen (ID 15985–2104-1001).
Printed in Germany

www.campus.de

Inhalt

II. Regionale Machtzentren und Rivalitäten

III. Spielwiese der internationalen Politik?

Einleitung: Der Nahe Osten in einer globalisierten Welt

Bastian Matteo Scianna und Stefan Lukas

Am 7. Oktober 2023 überzogen Hunderte Kämpfer der radikal-islamistischen Hamas und der Gruppierung Islamischer Dschihad den Süden Israels mit Terror. Sie ermordeten und entführten Zivilisten. Gleichzeitig flogen Raketen aus dem Gazastreifen auf israelische Städte, und israelisches Militär reagierte mit Gegenangriffen. Die weltweite Öffentlichkeit bekam erneut das Bild einer Region zu sehen, das vermeintlich stellvertretend für den Nahen und Mittleren Osten ist. Besonders in der Vorstellung vieler Europäer und US-Amerikaner herrscht dort nur Krieg. Es ist dieses Bild, das zu Diskussionen und Wahrnehmungen führt, die oftmals verzerrt sind. Der Nahe und Mittlere Osten reicht von Marokko bis nach Pakistan und vom Kaukasus und Zentralasien bis in den Sudan. Dieser Raum ist vor allem durch eines gekennzeichnet: komplexe Vielfalt. Terrorismus, Konflikte, Staatszerfall – all das gehört dazu, sollte jedoch nicht den Blick auf andere Entwicklungen verstellen.

Zudem muss man sich gerade aus europäischer Sicht bewusst sein, dass bereits der Terminus »Naher Osten« ein Kunstbegriff aus dem 19. Jahrhunderts ist, der in vielen Staaten der Region bis heute abgelehnt wird.[1] Die Autorinnen und Autoren dieses Sammelbandes sind sich daher im Klaren, dass das Unterfangen, eine Region abzubilden, die mehr als 700 Millionen Menschen umfasst und größer als Europa ist, eine besondere Herausforderung darstellt. Dennoch haben wir uns im vorliegenden Werk darum bemüht, den unterschiedlichen Facetten der Region gerecht zu werden, ohne den Eindruck entstehen zu lassen, dass diese nur aus Kriegen und Konflikten besteht. Neben politischen Aspekten sollten zudem gesellschaftliche und wirtschaftliche Fragen betrachtet werden.

---

1 Ansary 2010, S. 24 f.

Die besondere Relevanz des Nahen Ostens hatte der afghanisch-amerikanische Autor Tamim Ansary in seinem 2009 erschienenen Buch *Destiny Disrupted. A History of the World Through Islamic Eyes* beschrieben. In diesem Werk legt er dar, wie der Nahe und Mittlere Osten für viele Menschen vor allem in der westlichen Hemisphäre eine Art *Terra incognita* geblieben ist. Gleichzeitig sei es vor allem für die Europäer essenziell, ihre Nachbarregion zu verstehen. In der Tat machen die Krisen ebenso wenig wie die Menschen, Finanzströme oder das Klima an den Grenzen halt. Die Migrationsbewegungen verbinden zudem die Gesellschaften miteinander. Ein Blick auf die globalen Warenströme verdeutlicht den hohen Stellenwert der Seerouten, die den Nahen Osten passieren. Die geografische Lage der Region ist nicht zu überschätzen. Als Drehkreuz zwischen den asiatischen Märkten, den aufstrebenden Ökonomien Afrikas und dem europäischen Wirtschaftsraum fungiert der Nahe Osten als Scharnier für einen erheblichen Anteil des globalen Warenverkehrs. Speziell die Energiemärkte sind abhängig von Ressourcen vor Ort – seien es Öl und Gas oder in zunehmendem Maße Wasserstoff. Der freie Handel durch Meerengen, wie etwa die Straße von Aden (Bab el-Mandeb) oder Hormuz, den Suezkanal oder den Bosporus sind somit von zentraler Bedeutung für Europa. Was passieren kann, wenn einer dieser »Choking Points« kurzweilig geschlossen ist, konnte man im März 2021 erleben, als das Containerschiff »Ever Given« aufgrund eines Navigationsfehlers den Suezkanal mehrere Tage lang blockierte.

Neben der wirtschaftlichen und geografischen muss freilich auch die politische Dimension mitbedacht werden. Seit mehr als 5000 Jahren ringen regionale und externe Mächte um Einfluss und Kontrolle: ausgehend von den Babyloniern, Ägyptern, Assyrern und anderen vorantiken Kulturen über die Seldschuken, Mamelucken, Franken, Venezier und Byzantiner des Mittelalters bis hin zu den Akteuren der Moderne und der Gegenwart. Die Auflösung des Osmanischen Reiches – einer prägenden Kolonialmacht in der Region – am Ende des Ersten Weltkrieges führte dazu, dass eine umfassende politische Neuordnung einsetzte. Vor allem die europäischen Staaten vergrößerten ihren Einfluss.[2] Der Rückzug der europäischen Kolonialmächte nach 1945 und die Entwicklungen während des Kalten Krieges sorgten schließlich dafür, dass vor allem die Supermächte USA und Sowjetunion versuchten, ihre Einflusszonen auszuweiten, während die neugegründeten Staaten am Golf oder am Euphrat oftmals noch ihren Weg finden mussten. Der wirtschaftli-

---

2 Lukas 2018.

che und politische Aufstieg dieser Länder seit den frühen 2000er Jahren leitete schließlich das jüngste Kapitel des machtpolitischen Austarierens ein, das bis heute anhält und sich unter anderem durch ein selbstbewussteres Auftreten gegenüber den Europäern und den USA definieren lässt.

Wie auch andere Regionen ist der Nahe Osten von einer Vielzahl von aktuellen und zukünftigen Herausforderungen betroffen. Auf wirtschaftlicher und politischer Ebene ist dies zuvorderst der wachsende Einfluss neuer internationaler Akteure vor Ort, der für die lokalen Machtzentren Fluch und Segen zugleich ist. Zum einen eröffnet die zunehmende Multipolarität in der globalen Politik neue Chancen: Chinas wirtschaftlicher Aufstieg führte spätestens durch die Seidenstraßen-Initiative (BRI) 2013 zu einer alternativen Kooperationsmöglichkeit, da nicht nur westliche Unternehmen und Staaten als Partner zur Verfügung stehen. Zum anderen führt das zunehmende Anwachsen sicherheits- und außenpolitischer Ambitionen Chinas oder Russlands zu einer Konfrontation mit den bisherigen externen Akteuren. Im Rahmen dieser neuen Spannungsfelder arrangieren sich westliche Akteure vielfach mit aufstrebenden Mächten wie Indien, Japan oder Indonesien, um den Zielen und Vorhaben Pekings und Moskaus entgegentreten. Für die europäischen Akteure bedeutet dies, neue Ansätze auf wirtschaftlicher, politischer und sicherheitspolitischer Ebene zu entwickeln und neue, teilweise auch unliebsame Kooperationen einzugehen, wenn sie ihren Einfluss nicht gänzlich verlieren wollen. Der Nahe und Mittlere Osten liegt eben auch in einer globalisierten Welt.

Neben all diesen Entwicklungen vollzieht sich der klimatische Wandel mit rasanter Geschwindigkeit. Die Region wird innerhalb der kommenden Jahrzehnte zum Hotspot der globalen Klimaveränderungen – eine gewaltige Herausforderung, die oftmals nur am Rande erwähnt wird. Dies kann ganze Gesellschaften vor große Probleme stellen und bestehende Konflikte anheizen. Besonders Staaten wie der Irak, der Jemen, Ägypten oder Pakistan werden innerhalb der nächsten Jahre mit Desertifikation, Wassermangel, Überbevölkerung und damit einhergehenden Verteilungskämpfen umgehen müssen. Alleine werden viele Staaten diese Herausforderung kaum meistern können, weshalb es an den regionalen und internationalen Partnern liegt, inwieweit die regionale und überregionale Stabilität gewahrt werden kann. Wengleich der vorliegende Sammelband sich auf die Beschreibung der Entwicklungen der letzten Jahrzehnte konzentriert, zeigt er kursorisch auch Lösungsansätze auf. Megathemen des 21. Jahrhunderts, wie die Resilienz von Staatssystemen und Gesellschaften, Migration, soziale Medien und Desinformationskampagnen, können in einem Sammelband wie diesem nicht außer Acht gelassen werden und sollen daher das Gesamtbild dieser globalisierten Region abrunden.

Der Kreis der Autorinnen und Autoren dieses Werkes setzt sich aus Expertinnen und Experten von wissenschaftlichen Einrichtungen und politischen Stiftungen sowie Analysten von Privatunternehmen zusammen. In dieser vielfältigen Autorenschaft liegt ein besonderes Spezifikum dieses Sammelbandes, der einen einführenden und zusammenfassenden Charakter hat, aber nicht nur ein Handbuch sein soll. Zur Vermessung des Untersuchungsgegenstandes wurden historische, politikwissenschaftliche und andere sozialwissenschaftliche Ansätze gewählt. Aufgrund der vielfältigen Komplexität und der historisch verwurzelten und verbundenen Entwicklungslinien beschränken sich die Beiträge dieses Sammelbandes weitgehend auf den Zeitraum von 1970 bis zur Gegenwart.

Inhaltlich ist der Sammelband in drei große Teile gegliedert. Zu Beginn sollen ausgewählte gesellschaftliche und politische Entwicklungen sowie künftige Herausforderungen betrachtet werden. Der zweite Teil setzt sich mit den regionalen Machtzentren und deren Rivalitäten auseinander, während der dritte Abschnitt auf internationale Akteure und deren Einfluss im Nahen Osten eingeht. Natürlich lassen sich die einzelnen Kapitel nicht streng voneinander trennen und nehmen immer wieder Bezug aufeinander, so dass die Leserinnen und Leser in die Lage versetzt werden sollen, thematische Schwerpunkte leichter zu lokalisieren. Jeder Beitrag folgt einer ähnlichen Struktur: Nach einer kurzen Einleitung, die in die Grundproblematik einführt, werden historische Entwicklungen aufgezeigt.

Weil der Sammelband über einen Zeitraum von etwa anderthalb Jahren entstanden ist und sich auf die grundlegenden Entwicklungslinien in der Region beschränkt, ist den Herausgebern bewusst, dass eine detaillierte Aufnahme der aktuellen Ereignisse seit dem 7. Oktober 2023 kaum möglich ist. Dies ist auch nicht das Ziel dieses Bandes. Er soll keine Reaktion auf aktuelle Geschehnisse im »Brandherd Nahost« bieten, sondern fundiert über langfristige Prozesse und Entwicklungen informieren.

Der erste Abschnitt des Sammelbandes geht auf die gesellschaftlichen und politischen Entwicklungen ausgewählter Länder und künftige Herausforderungen ein. *Anna Fleischer* stellt in ihrem Beitrag zum Libanon die Entwicklungen seit 1990 und das nationale Proporzsystem dar. Die Ereignisse im Zuge des Krieges in Syrien seit 2011 sowie die verheerende Explosion im Hafen von Beirut haben den Libanon vor eine große Zerreißprobe gestellt, weshalb sich die Autorin die Frage stellt, ob das politische und gesellschaftliche System des Landes dauerhaft im Niedergang begriffen ist. Im zweiten Beitrag geht *Andreas Jacobs* der Frage nach, was vom sogenannten Arabischen Frühling in Ägypten übriggeblieben ist. Er beleuchtet die Geschehnisse, die zum Aufstieg und Fall der Muslimbrüder führten und wie sich das Land unter dem neuen Machthaber Al-Sisi neuformiert hat. Abschließend betrachtet er die Bausteine des »neuen« Ägyptens seit 2019 und ebenso, welche Perspektiven sich Ägypten in den kommenden Jahren bieten. *Christoph Leonhardt* analysiert mehrere paramilitärische und substaatliche Akteure in der Region. Vor allem die PLO, die Hamas und die Hisbollah stehen hier im Fokus. Leonhardt spannt den Bogen von den Gründungsjahren der PLO im Jahre 1964 bis zu den heutigen Entwicklungen, die ihren vorläufigen, traurigen Höhepunkt im Terrorangriff der Hamas im Oktober 2023 fanden. Abschließend zeigt er auf, welche Gefahren von solchen Akteuren für die zentralstaatlichen Organe ausgehen und wie man ihnen begegnen kann. *Wolfgang Pusztai* untersucht in seinem Beitrag die Vorgänge in Libyen seit 2011. Ähnlich wie Andreas Jacobs zeigt auch er auf, wie wenig von den Anliegen des Arabischen Frühling verblieben ist. Da Libyen, anders als Ägypten, aufgrund des konkurrierenden Einflusses externer Mächte deutlich zerstörerische Entwicklungen durchmachte, stellt sich für Pusztai die Frage, ob es sich heute als ein sogenannter »failed state« bezeichnen lässt. Auch das folgende Land, welches von *Florian Weigand* im fünften Kapitel beleuchtet wird, erlebte eine turbulente Vergangenheit – Afghanistan. Weigand skizziert, wie die Entwicklungen nach dem 11. September 2001 das Land ins Chaos stürzten und welche Fehler der internationalen Koalition unter Führung der NATO unterliefen. Das Land bleibe auch nach der erneuten Machtübernahme der Taliban 2021 eine Herausforderung für die Weltgemeinschaft, resümiert der Autor. Für den Abschluss des ersten Teils sorgt *Stefan Lukas*. Er beleuchtet, wie sich die staatlichen und ökonomischen Strukturen infolge des einsetzenden Klimawandels verändert haben und weiterhin verändern werden. Aufgrund der zunehmenden Intensität der klimatischen Veränderungen zeigt er zudem auf, welche Implikationen der Klimawandel für die regionale Sicherheitspolitik haben wird. Abschließend macht er deutlich, dass die Stabilität und Resilienz der Staaten im Nahen Osten auch im Interesse der europäischen Akteure sind.

Der zweite Teil des Sammelbandes untersucht die regionalen Machtzentren und Rivalitäten in der Region. Er wird durch einen Beitrag von *Lucas Lamberty* eingeleitet. Dieser setzt sich mit den Entwicklungen im Irak seit dem Sturz Saddam Husseins 2003 auseinander. Der Autor legt dar, wie zerrüttet der Staat bis heute ist und vor welchen Herausforderungen das Land auch nach der Zerschlagung des sogenannten Islamischen Staates (IS oder Daesh) steht. Ein zweites Machtzentrum der Region ist Saudi-Arabien, das von *Sebastian Sons* näher betrachtet wird. Besonders der seit 2017 de facto regierende Kronprinz Muhammad bin Salman steht im Fokus der Analyse. Sons zeichnet das Bild eines sich stark wandelnden Staates, der bereit ist, eine grundlegende Transformation für das kommende Jahrhundert anzugehen und dadurch den eigenen Machtanspruch in der Region zu untermauern. *Gülistan Gürbey* analysiert hiernach die Rolle des einzigen NATO-Mitgliedes in der Region, der Türkei. An der Schnittstelle zwischen Asien und Europa gelegen, erlebt das Land einen grundlegenden Wandel. Gürbey skizziert einen türkischen Zentralstaat, der gesellschaftlich zunehmend konservativer wird und sich außen- und sicherheitspolitisch immer mehr vom Westen löst. *Alexander Brakel* betrachtet die Rolle Israels im Nahen Osten. Der jüdische Staat mitsamt seiner Komplexität gelte auch weiterhin als eine der wenigen Demokratien in der Region und als wichtiger Verbündeter des Westens. Brakel beschreibt in seinem Beitrag, wie sich Israel als aufstrebender Wirtschafts- und IT-Standort entwickelt hat und wie die Führung in Tel Aviv/Jerusalem mit dem immer wieder neu aufflammenden Konflikt mit der Hamas und anderen Bedrohungen umgeht. Abschließend wird die Annäherung Israels mit einigen arabischen und nordafrikanischen Staaten im Rahmen der Abraham-Abkommen aufgezeigt.

Der dritte und letzte Teil des Sammelbandes widmet sich dem Einfluss externer Akteure. *Christian Koch* und *Christian E. Rieck* zeigen auf, wie sich die USA als letzte noch verbliebene Supermacht im Nahen Osten verhalten. Im Rahmen dieses Beitrages wird deutlich, dass sich die USA mitnichten aus der Region zurückziehen, sondern einen grundlegenden Strategiewechsel vollziehen. Zugleich beschreiben die Autoren, welche Grenzen den Vereinigten Staaten im Zuge des Aufstiegs Chinas und des neuen Selbstbewusstseins der Staaten am Golf vor Ort gesetzt werden. Washington habe hierdurch nicht mehr die gleichen Handlungsoptionen wie noch vor 20 Jahren. Im darauffolgenden Kapitel setzt sich *Bastian Matteo Scianna* mit der Rolle Russlands im Nahen Osten auseinander. Nach einem historischen Abriss des russischen Einflusses seit dem 19. Jahrhundert zeigt er auf, wie sich besonders nach dem Ausbruch des sogenannten Arabischen Frühlings das Engagement Russlands stark verändert hat. Wladimir Putin zeige großes Interesse daran, seinen sicherheitspolitischen Fußabdruck vor Ort auszuweiten, und habe folglich beispielsweise in den syrischen Bürgerkrieg massiv eingegriffen. Scianna argumentiert deshalb, der Kreml werde weiterhin die südliche Peripherie Russlands als Bestandteil seiner Interessensphäre definieren und auch in dieser Region eigene Vorstellungen einer multipolaren Weltordnung im Gegensatz zum Westen durchzusetzen versuchen. Im nächsten Beitrag beleuchten *Stefan Lukas* und *Julia Gurol* den wachsenden Einfluss Chinas in der Region. Sie zeigen auf, wie, aufbauend auf wirtschaftlichen Beziehungen seit den 2000er Jahren, seit 2013 eine neue Strategie Pekings angewendet wurde. Unter dem Deckmantel der Seidenstraßen-Initiative setze China sukzessive auch sicherheitspolitische Akzente. Hierzu gehöre eine digitale Agenda im Rahmen der »Digital Silk Road Initiative«, die in viele Aspekte der regionalen Wirtschaft und Infrastruktur, vor allem in den Golfstaaten, eingreift. Im vorletzten Beitrag des Sammelbandes stellt sich *Christian E. Rieck* die Frage, ob deutsche und europäische Entwicklungszusammenarbeit im Nahen Osten auf verlorenem Posten steht. Vor dem Hintergrund immer neuer Konflikte in der Region und der zunehmend komplexeren Akteurslandschaft müsse die bisherige Praxis überdacht werden. Rieck skizziert dabei nicht nur, wie sich die Entwicklungszusammenarbeit auf deutscher Seite aufstellt, sondern zudem, wie effektiv sie ist und wie sie vor Ort wahrgenommen wird. *Manuel Brunner* rundet schließlich den Band mit seinem Beitrag zu den Vereinten Nationen (VN) im Nahen Osten ab. Nach einem Überblick über ausgewählte Missionen zeigt er auf, wie die internen Funktionsmechanismen der VN es erschweren, neue Kompromisse und passende Reaktionen auf die Entwicklungen am Boden zu finden. Gleichzeitig stünden die VN mitsamt ihren Unterorganisationen, wie etwa dem Welternährungsprogramm (WFP), vor großen Herausforderungen, die ohne Einigkeit in den obersten Gremien kaum zu bewältigen seien.

Insgesamt versucht der Sammelband ein großes Spektrum an Themen abzudecken. So wird nicht nur eine Vielzahl an Staaten in der Region beleuchtet, sondern auch Längsschnittthemen wie der Klimawandel, substaatliche Akteure oder Entwicklungszusammenarbeit kommen zur Geltung. Dennoch konnten nicht sämtliche Themenkomplexe beleuchtet werden. Die größte Leerstelle wird bei einem Blick auf das Inhaltsverzeichnis deutlich: Es fehlt ein Beitrag zur Rolle des Iran. Aus privaten Gründen mussten gleich mehrere Autoren ihre Zusage zurückziehen, weshalb an dieser Stelle nur ein Literaturhinweis zur inneren Entwicklung und zu den außenpolitischen Aktivitäten des Iran zwecks weiterführender Lektüre gegeben werden kann.[3] Gleichwohl finden sowohl der Jemen, eine weitere bedauernswerte Leerstelle,[4] als auch der Iran immer wieder Erwähnung in anderen Kapiteln, etwa zum Irak oder Saudi-Arabien. Die Beiträge für diesen Band lagen im September 2023 final vor, also vor der Eskalation vom 7. Oktober. Auf eine Darstellung der jüngsten Entwicklungen ist bewusst verzichtet worden. Lediglich bei einigen Beiträgen wurden kurze Einschätzungen zur Entwicklung seit Oktober hinzugefügt.

Die Genese dieses Sammelbandes brachte immer wieder neue Erkenntnisse mit sich und war eine bereichernde Erfahrung. Für die ertragreiche Zusammenarbeit möchten wir uns bei allen Autorinnen und Autoren bedanken. Wir möchten zudem unserem Lektor Christoph Roolf danken. In besonderer Weise fühlen wir uns Jürgen Hotz zu Dank verpflichtet. Er hat das Projekt begeistert und interessiert im Campus-Verlag aufgenommen und uns stets mit Rat und Tat im Konzeptions- und Redaktionsprozess zur Seite gestanden.

Berlin, im Januar 2024

Bastian Matteo Scianna und Stefan Lukas

---

3 Schweizer 2017; Axworthy 2019; Hunter 2010; Akbarzadeh/Conduit 2018.
4 Vgl. hierzu AlDailami 2019.

I.
Entwicklungen und Herausforderungen

Ein Land im Niedergang? Der Libanon nach 1990

Anna Fleischer

Wenn man die belebten Bars und Cafés des beliebten Ausgehviertels Gemmayzeh im Osten Beiruts entlanggeht, scheint der Bürgerkrieg – auf den der Libanon in seiner Außenwahrnehmung oft reduziert wird – weit entfernt. Einschusslöcher und leere Fenster in Häusern, deren Bewohnerinnen und Bewohner gingen und nie zurückkehrten, sind jedoch stille Zeugen dieser Ereignisse, die die aktuelle Krise nicht eigenständig erklären können, aber ohne die wiederum jegliches Verständnis schwerfällt. Das Taïf-Friedensabkommen vom 22. Oktober 1989 beendete formal den seit 1975 andauernden Bürgerkrieg. Es sollte eine wichtige Grundlage für die Überwindung des Konfliktes zwischen den Kriegsparteien und der Konsolidierung des inneren Friedens schaffen. Das Abkommen, das bis heute wichtiger Bestandteil der libanesischen Verfassung ist, enthält das Einverständnis und die Verpflichtung der ehemaligen Konfliktparteien, die Souveränität und das Gewaltmonopol des Staates auf dem gesamten Territorium wiederherzustellen. Dazu gehören auch die Entwaffnung und Auflösung aller Milizen.[1] Die Umsetzung dieser Reformen und Versprechen steht jedoch bis heute aus, und die Konfliktlinien des Bürgerkriegs sowie seine institutionalisierten Folgen prägen das Land. Strukturelle Gewalt bestimmt den Alltag, und fehlende Aufarbeitung der Kriege und Bomben sowie die andauernde Traumatisierung der Bevölkerung erschweren die Versöhnung. Im Jahr 2022, also mehr als 30 Jahre nach dem Ende des Bürgerkrieges, leidet der Libanon unter Hyperinflation, einem scheiternden Bankensektor, Versorgungsengpässen, einer Wirtschaftskrise und Staatsversagen. Diese multiplen Krisen lassen sich vor allem auf strukturelle

---

1 Finckenstein 2021.

Probleme sowie die Einflussnahme von außen zurückführen, bedingt durch die fehlende Aussöhnung und Aufklärung nach den bewaffneten Konflikten.

1. Das Taïf-Abkommen und der fehlende Frieden

Eine wichtige Ursache für die politische Lähmung und Zerrissenheit besteht seit den Gründungsjahren des libanesischen Staates im »Nationalen Pakt« aus dem Jahr 1943. Um eine gleichmäßige Machtverteilung zu garantieren, einigten sich die verschiedenen Religionsgruppen darauf, Staatsämter und Parlamentssitze nach einem Proporzsystem aufzuteilen; als Grundlage diente die bis heute letzte Volkszählung aus dem Jahre 1932.[2] Im Libanon existieren 18 christliche und muslimische Religionsgemeinschaften nebeneinander. Politisch beherrscht Konfessionalismus das Land: Laut Verfassung müssen die 128 Sitze im libanesischen Parlament demnach gleichermaßen zwischen christlichen und muslimischen Konfessionen nach einem Proporzsystem aufgeteilt werden, während die höchsten Staatsämter durch die Vertreter der größten Religionsgemeinschaften besetzt werden. Konkret müssen der Staatspräsident Maronit[3], der Parlamentspräsident Schiit und der Regierungschef Sunnit sein.[4]

Anfang der 1970er Jahre schlossen muslimische Parteien ein Bündnis mit der Palästinensischen Befreiungsorganisation (PLO), die in den palästinensischen Flüchtlingslagern im Libanon über einen starken Rückhalt verfügte. Sie wollten damit die starke Repräsentanz von Christen in politischen Ämtern bekämpfen. Die sich aufschaukelnden Spannungen entluden sich in einem Bürgerkrieg, der 15 Jahre andauerte. Als Auslöser gilt der 13. April 1975, als Unbekannte vor einer Kirche in Beirut mehrere Christen getötet hatten. Daraufhin massakrierten christliche Milizen 27 überwiegend palästinensische Fahrgäste in einem Bus. Im Verlauf des Bürgerkrieges wechselten Gefechtsfronten und Bündnisse rasch, und es kam selbst innerhalb der konfessionellen Gruppen zu Gewalt.[5] Die Unterzeichnung des Taïf-Abkommens

---

2 Ebd.
3 Die Maroniten sind die größte christliche Gemeinschaft im Libanon. Ihren Namen leiten sie von dem Einsiedler Maron ab, der nahe dem nordsyrischen Apameia lebte und laut Überlieferung 410 starb.
4 El-Husseini 2008.
5 Finckenstein 2021.

im Jahr 1990, benannt nach der saudi-arabischen Stadt, in der es unterzeichnet wurde, war dementsprechend kein eigentliches Ende des Krieges, der 15 Jahre lang wütete. Es war kein Frieden, der dabei herauskam, sondern eine Fortsetzung des Krieges in Form von politischen Seilschaften und Vetternwirtschaft, so dass es sich eher um eine Umformulierung der im Krieg zementierten sozialen, politischen und wirtschaftlichen Beziehungen als das neue, sogenannte »normale« friedliche Leben handelte.[6]

Die strukturellen Ursachen, die zum Bürgerkrieg führten, sind bis heute nicht überwunden. Aufgrund eines Amnestiegesetzes aus dem Jahre 1991, das einen Großteil der begangenen Straftaten aus dem Bürgerkrieg straffrei stellte, haben ehemalige Kriegsherren bis heute einflussreiche politische Positionen inne. Auch eine gemeinsame, nationale Aufarbeitung der Bürgerkriegsvergangenheit in der Öffentlichkeit und an Schulen fand nie statt. Stattdessen verstärkt die durch Erziehung geförderte selektive Erinnerung an erlittenes Unrecht die Identifikation mit der eigenen Religionsgemeinschaft und dem Konfessionalismus. In den Elternhäusern finden die Nachkriegsgenerationen nur bedingt Antworten – jede Konfession und jede Partei berichten über den Krieg aus ihrer jeweiligen Perspektive. Das Fehlen eines gemeinsamen Verständnisses der Geschichte des Libanon untergräbt den Zusammenhalt und vertieft das Misstrauen zwischen den ehemaligen Konfliktparteien.[7] Der libanesische Anthropologe Sami Hermez beschreibt den Zustand des Libanon als einen Dauerkrieg. Der Krieg dauert an, buchstäblich physisch (durch Besetzung, Bombenangriffe und dergleichen), aber auch strukturell. Er fließt weiter in der Zeit und erfährt Transformationen und Mutationen. Einige seiner Akteure ändern sich, andere bleiben gleich und das System bleibt dasselbe. Neue Akteure fügen sich lediglich in das System der alten ein. Die schiitische Hisbollah, so Hermez, spielt dieses »Spiel« besonders gut, da sie genau verstanden hat, wie man das Patronage-System (einem System von Begünstigungen im Austausch gegen politische Unterstützung und Loyalität) zur Machterhaltung nutzt.[8] Die Hisbollah, die als Widerstandsbewegung gegen die israelische Besatzung begonnen hatte, entschloss sich nach dem Taïf-Abkommen, gegen das es sich ihrem ursprünglichen Manifest ausgesprochen hatte, zur Teilhabe an einem politischen System. Nachdem die Hisbollah in den 1980er Jahren

---

6 Al-Aloosi 2020, S. 179.
7 Finckenstein 2021.
8 Hermez 2020, S. 48 f.

einen Regierungswechsel angestrebt hatte, beschloss sie nach dem Ende des Bürgerkriegs, an den Wahlen von 1992 teilzunehmen.[9] Die Partei ist bis heute eine der umstrittensten Akteure des Landes und sorgt weiter für Konfliktpotenzial besonders mit den Vereinigten Staaten von Amerika, die diesen Verbündeten des Iran nicht als staatstragend akzeptiert.[10]

Die während des Bürgerkriegs verfestigten Machtlogiken wurden im sogenannten *Za'im*-System weitergeführt. Ein *Za'im* ist ein Anführer bzw. politischer Boss, der quasi alle Gewalt auf sich vereint. Statt einer funktionierenden Demokratie hat sich im Libanon ein System entwickelt, in dem die Loyalität zum *Za'im* (also zum jeweiligen Machthaber der konfessionellen Gruppe) mehr Wert ist als politische Standpunkte oder Meinungen. Dieses System bestimmt die politische Kultur bis heute, wie von der lokalen Zivilgesellschaft, wie zum Beispiel der *Lebanese Association for Democratic Elections*, hinlänglich kritisiert wird:»Im Laufe der Jahre hat dieses Regime den öffentlichen Dienst und die Justiz politisiert, die Gewerkschaftsarbeit untergraben und Praktiken eingeführt, die die Arbeit der verfassungsmäßigen Institutionen stören, wobei die Hüter dieses Regimes ständig versuchen, es mit allen möglichen Mitteln, einschließlich Wahlen, zu festigen.«[11]

15 Jahre Bürgerkrieg konnten diese Gleichung nicht ändern, denn hätte eine Seite den Krieg gewonnen, wäre der Gesellschaftsvertrag gebrochen, der bis heute die Struktur des Landes ausmacht. Der libanesische Politologe Joseph Bayeh argumentiert, dass dies vor allem darauf zurückzuführen ist, dass es sich bei den Konflikten nicht um lokale Anliegen handelt, sondern dass internationale Einflüsse über Beginn und Ende entscheiden.[12] Es sind vor allem die Seilschaften der lokalen Akteure zu internationalen Verbündeten, die es verhindern, dass Entscheidungen allein für das Wohl der Zivilbevölkerung getroffen werden. Das von George Corm entwickelte Konzept des »Pufferstaats« passt deswegen perfekt zum Libanon, da in ihm alle Konflikte der Region ihr Echo finden. In einem durch institutionalisierten Kommunitarismus strukturierten System werden Entscheidungen im politischen Raum sehr stark von den regionalen Machtverhältnissen und den Interventionen sowohl regionaler als auch externer Mächte (Iran, Saudi-Arabien, Syrien, USA, Russland) geprägt.[13]

---

9 Al-Aloosi 2020, S. 179.
10 Heller, 25.1.2022.
11 LADE elections report 2022, übersetzt von der Autorin.
12 Bayeh 2017, S. 174.
13 Balanche 2019.

Der zweite wichtige Faktor, der die politische Realität des Landes nach 1990 beeinflusste, war die Besatzung des Landes durch die syrische Armee. Das Taïf-Abkommen, das von den USA und seinem Verbündeten Saudi-Arabien unterstützt wurde, sollte durch den lokalen Akteur Syrien implementiert werden. Das Abkommen sah eine Schwächung des maronitischen Präsidenten und dafür eine Stärkung der sunnitisch geführten Regierung vor. Auch die klare Verbundenheit zu Syrien und die damit einhergehende arabische Identität wurden festgeschrieben. Diese sogenannte »Zweite Republik« war damit bis zum Rückzug der Truppen im Jahr 2005 *de facto* politisch unmündig. General Michel Aoun und seine christlichen Truppen weigerten sich 1989, während der Verhandlungen zum Abkommen, entwaffnet zu werden, und es kam zu Kämpfen in den christlichen Gebieten des Landes.[14] Der General floh 1990 nach Frankreich, nachdem syrische Truppen seinen Palast gestürmt hatten. Aus seinem Exil gründete er die anti-syrische Freie Patriotische Bewegung. Im Jahr 2016 schließlich kehrte Aoun zurück und übernahm das Präsidentenamt im Alter von 83 Jahren nach einem mehrjährigen Machtvakuum.[15] Sein Mandat kam im Oktober 2022 ohne eine Nachfolge an sein Ende, weshalb sich erneut ein Machtvakuum abzeichnet, und das zu einer Zeit, in der das Land unter einer der größten Wirtschaftskrisen seiner jüngeren Geschichte leidet.

Die systemische Relevanz der Besetzung dieser Position ergibt sich aus der Machtverteilung innerhalb der Regierung. Der libanesische Präsident ist das Staatsoberhaupt und somit befugt, vom Parlament verabschiedete Gesetze in Kraft zu setzen, zusätzliche Bestimmungen zu verlangen, um die Ausführung von Gesetzen zu gewährleisten, sowie Verträge auszuhandeln oder zu ratifizieren. Die Entscheidungen des Präsidenten bedürfen allerdings der Zustimmung des Kabinetts. Seine Amtszeit ist auf sechs Jahre beschränkt, eine Wiederwahl ist nicht möglich. Der Präsident muss immer ein maronitischer Christ sein. Die Anzahl der Sitze im Parlament ist zwischen Christen und Muslimen auf die verschiedenen Konfessionen proportional aufgeteilt. Auch Regierungsstellen und öffentliche Ämter werden auf diese Weise besetzt. Das Parlament (auch Nationalversammlung genannt) spielt eine wichtige Rolle in finanziellen Angelegenheiten, denn zu seinen Aufgaben gehört u.a. die Verabschiedung des Haushalts. Seine Mitglieder werden für vier Jahre gewählt. Der Parlamentspräsident muss

---

14 Bayeh 2017, S. 166 ff.
15 France 24, 25.10.2022.

immer ein Schiit sein.[16] Der Ministerpräsident wird auf der Grundlage verbindlicher parlamentarischer Konsultationen ernannt und das Kabinett im Einvernehmen mit dem Präsidenten der Republik nach parlamentarischen Konsultationen des designierten Ministerpräsidenten gebildet. Der Ministerpräsident muss immer ein Sunnit sein.

Besonders die Rolle des Libanon in der globalen und regionalen Wirtschaft veränderte sich nach dem Ende des Bürgerkriegs. Vor dem Krieg war der Libanon ein Kanal für Kapital aus der arabischen Welt gewesen, das in Europa oder den USA investiert wurde; europäische und amerikanische Waren gelangten indes über den Hafen von Beirut in den Nahen Osten. Während des Bürgerkriegs jedoch verlor der Libanon seine Rolle als Vermittler zwischen arabischen und westlichen Märkten. Die Bourgeoisie der Vorkriegszeit verschwand zwar nicht gänzlich, büßte jedoch ihr Monopol auf die Wirtschaft ein. Stattdessen gewannen Geschäftsleute, die Verbündete der Milizen waren, an Boden. Der ehemalige Ministerpräsident Rafik Hariri und andere Unternehmer traten spät in die libanesische Wirtschaft und Politik ein, nachdem sie während des Öl-Booms großen Reichtum in den Golfstaaten angehäuft hatten. Der einflussreiche und mächtige Hariri fungierte als der politisch erfolgreichste Auftragnehmer wegen seiner engen Beziehungen mit Saudi-Arabien.[17]

2. Warlords als Politiker im neuen Gewand und wirtschaftlicher Kollaps

Rafik Hariri wird oft als der Stabilisator und der wirtschaftliche Heilsbringer des Libanon dargestellt, allerdings ist sein Vermächtnis durchaus kritisch zu betrachten. Er war Premierminister von 1992 bis 1998 sowie von 2000 bis 2004 und zugleich einer der reichsten Geschäftsmänner des Landes. Er wusste alle wichtigen Teile des Staates ebenfalls unter seiner Kontrolle. Deswegen ist seine politische Biografie der Schlüssel zum Verständnis der Nachkriegswirtschaft.[18] Er platzierte ihm loyale Technokraten an der Spitze relevanter Institutionen, wie dem Finanzministerium und der Zentralbank. Es waren ehemalige Mitarbeiter seiner eigenen Firmen, internationaler

---

16 Euronews 2019.
17 Baumann 2017, S. 168.
18 Ebd., S. 166.

Banken, der Weltbank oder des Internationalen Währungsfonds (IWF). Ihre Doktrin war der Neoliberalismus, der die Nachkriegszeit wirtschaftlich dominierte. Allerdings handelte es sich um eine genuin libanesische Form des Neoliberalismus, weit entfernt von dem westlichen Verständnis des Begriffs. Die Prinzipien aber, die von den westlichen Mitstreitern übernommen wurden, waren Großprojekte und die Bindung der Währung an den US-Dollar, um den Wert der libanesischen Lira konstant zu halten.[19]

Das Herzstück von Hariris Vision war ein monumentales Stadtplanungsprojekt, mit dem die Innenstadt Beiruts komplett umgebaut und modernisiert werden sollte. So war zum Beispiel statt eines traditionellen Markts eine moderne Einkaufsmeile geplant. Dieses Solidere-Projekt entspricht dem neoliberalen Muster: Einkommensgenerierung durch Neuübertragung von Eigentumsrechten; Platzvermarktung durch eine Mischung aus »Weltklasse«-Infrastruktur, die Privatisierung der Planung und die Deaktivierung der kommunalen Kontrolle; sowie schließlich die Schaffung eines Elite-Spielplatzes, der vom Rest der Stadt abgegrenzt ist. Es reproduzierte großformatig Stadtentwicklungsprojekte in London, New York und am Arabischen Golf.

Seine andere wichtige politische Initiative war der Währungsanker. Das libanesische Pfund wurde so verwaltet, dass es zwar zwischen 1992 und 1997 an Wert verlor, aber dann bis 2019 stabil blieb.[20] Seit der Bankenkrise 2019 ist der Wechselkurs von den genormten 1.507 libanesischen Lira zu einem US-Dollar bis zum Herbst 2022 auf ein Rekordtief von 39.900 Lira abgerutscht.[21] Die Liberalisierung des globalen Finanzwesens seit den 1970er Jahren führte zu häufigen Krisen, die normalerweise auch Währungen betreffen. Während die Verteidigung der Währung kostspielig sein kann, treibt sie die Zinsen in die Höhe und genau dies ist im Libanon eingetreten. Hariris Absicht war es vor allem, wirtschaftliche Stabilität zu erzeugen, was oberflächlich auch für zwei Jahrzehnte gelungen ist. Die Kosten des Schuldenausgleichs haben derweil den größten Beitrag zum Staatsdefizit im Libanon geleistet. Die meisten Staatsschuldtitel wurden von lokalen libanesischen Banken aufgekauft, darunter Hariris »Banque Mediterranée«. Die Wiederbelebung des libanesischen Bankensektors in den 1990er Jahren hing deshalb nicht davon ab, internationale Investitionen in den Nahen

---

19 Ebd.
20 Ebd., S. 169.
21 Moussawi 2022, S. 6 f.

Osten zu lenken – wie es das erklärte Ziel von Hariris Politik gewesen war –, sondern davon, hohe Zinssätze durch die Kreditvergabe an die Regierung zu verdienen.[22]

Die libanesische Wirtschaft ist bis heute abhängig von Devisen, welche durch ein staatlich gefördertes Schneeballsystem angeworben wurden. Zum einen gab es den Wunsch der libanesischen Zentralbank, Geldreserven in US-Dollar anzulegen, um den festen Wechselkurs halten zu können. Mit den Dollarreserven konnten die Währungshüter die schwache Nachfrage nach dem libanesischen Pfund stärken, indem sie es einfach selbst kauften. Zum anderen wollten aber auch die libanesischen Regierungen neue Schulden in US-Dollar aufnehmen, um den vom Staat betriebenen Energiesektor und andere Ausgaben finanzieren zu können. Und für genau diese Ausgaben werden Devisen benötigt, weil das Land den Großteil aller Waren importiert. Aus demselben Grund benötigte auch die libanesische Privatwirtschaft US-Dollar. Um die Wirtschaft am Leben zu halten, wurde in der Konsequenz ein sogenanntes finanzwirtschaftliches Schneeballsystem errichtet. Dieses sieht vor, dass die libanesische Zentralbank hohe Zinsen auf Einlagen in US-Dollar festlegt und die Regierung gleichzeitig Staatsanleihen mit ähnlich hohen Zinsen ausgibt. So wurde es für die Privatbanken des Landes lukrativ, US-Dollar bei der Zentralbank anzulegen oder Staatsanleihen zu kaufen. Die Devisen besorgten sich die Banken, indem sie einen Teil der spektakulär hohen Zinsen an ihre Anlegerinnen und Anleger weiterreichten.[23]

2019 kam dieses System zum Erliegen, die Weltbank stuft die Krise der libanesischen Wirtschaft als eine der schwersten weltweit seit Mitte des 19. Jahrhunderts ein. Aus historischer Sicht sind solche starken wirtschaftlichen Einbußen sonst nur mit Kriegen und bewaffneten Konflikten in Verbindung zu bringen. Der Abstieg des Libanon in den finanziellen Ruin war das Ergebnis dreier Faktoren: erstens der schlecht verwaltete Ausgabenrausch, der die Verschuldung in die Höhe trieb; zweitens die politische Paralysierung, da sich rivalisierende Fraktionen stritten, anstatt nach Lösungen zu suchen; sowie drittens die Zurückhaltung ausländischer Kreditgeber, die ohne Reformen dem Land nicht mehr finanziell zur Hilfe kommen wollten. Die Währung hat zwischen 2019 und 2023 mehr als 90 Prozent ihres Wertes verloren, und die Banken halten die Einlagen ihrer privaten Kundinnen und Kunden

---

22 Baumann 2017, S. 169.
23 Huntgeburth 2020.

zurück. Einigen Schätzungen zufolge erreichte die Staatsverschuldung im Jahr 2021 495 Prozent des Bruttoinlandsprodukts.[24] Am 14. Februar 2005 wurde Hariri in Downtown Beirut mit einer Autobombe ermordet. Dieser Anschlag kostete auch weiteren 21 Personen das Leben und war der Auslöser für ein Tribunal der Vereinten Nationen. Hariri hatte ein Jahr zuvor sein Amt als Premierminister niederlegt und begonnen, lautstark den Abzug syrischer Truppen zu fordern. Nach der Ermordung Hariris gab es massive öffentliche Proteste gegen die syrische Präsenz im Libanon, die die Regierung Assads fürs verantwortlich oder zumindest mitschuldig an diesem Attentat hielten.[25] Diese Entwicklung spaltete die politische Landschaft des Libanon in zwei unterschiedliche Bündnisse, die durch ihre Beziehung zu Syrien bestimmt waren: 8. März und 14. März – benannt jeweils unter Bezugnahme auf die jeweiligen pro- und antisyrischen Kundgebungen, die an diesen Tagen im Jahr 2005 stattfanden.[26]

Die wichtigsten Gruppen innerhalb der 14.-März-Koalition sind die Mustaqbal-Bewegung (*Future Movement*) – eine sunnitische Bewegung, die heute von Saad Hariri angeführt wird, dem Sohn des ermordeten Ex-Ministerpräsidenten Rafik Hariri. Unter den libanesischen Sunniten ist Mustaqbal die wichtigste politische Kraft. Außerdem zählt zu diesem Bündnis die drusische Fortschrittliche Sozialistische Partei (PSP), die vom ehemaligen Kriegsherren Walid Jumblatt angeführt wird. Er gilt als das Chamäleon der libanesischen Politik, da er seine politische Loyalität und die Allianzen seiner Partei wie kein zweiter wechselt. Die dritte und letzte Kraft, die zu der Zeit zu diesem anti-syrischem Bündnis gehörte, waren die *Lebanese Forces* (LF) und *Kataeb*. Hierbei handelt es sich um zwei christliche Parteien, die sich selbst als Verteidiger der christlichen Identität des Libanon verstehen und mit Michel Aouns Partei um die Vorherrschaft im christlichen Lager streiten. Die *Kataeb* entstanden in den 1930er Jahren nach dem Vorbild der faschistischen Parteien in Europa, wobei sich die *Lebanese Forces* während des Bürgerkrieges von eben dieser Partei abspalteten. Angeführt werden letztere von Sa-

---

24 Blair/Bassam 2022.

25 Die Aufklärungsarbeit des UN-Tribunals, des sogenannten Special Tribunal for Lebanon (STL), dauerte bis 2022 an. Es wurden drei Männer für schuldig befunden, nur einer von ihnen war noch im Libanon. Alle drei waren Hisbollah-Mitglieder, obwohl die Miliz jegliche Schuld von sich wies und auch das Tribunal keine direkten Anhaltspunkte oder gar Beweise für die Schuld der Gruppe gefunden hat. Das Urteil wurde in der libanesischen Öffentlichkeit kaum wahrgenommen und warf die Frage nach der Sinnhaftigkeit solcher Tribunale auf.

26 Sydow 2009.

mir Geagea, dem vielleicht brutalsten aller Warlords während des libanesischen Bürgerkrieges. Dem gegenüber steht das Bündnis 8. März, die folgende Gruppen unter sich vereinen. Erstens die *Amal*-Bewegung von Parlamentspräsident Nabih Berri: Diese schiitische Partei wurde 1975 von Imam Musa al-Sadr gegründet und wird seit dessen Verschwinden 1978 in Libyen von Berri geführt. Der seit 30 Jahre im Amt befindliche Parlamentspräsident ist treuer Gefolgsmann Syriens. Die *Amal* bildet eine gemeinsame Liste mit der *Hisbollah* – einer schiitischen Bewegung unter Führung von Hassan Nasrallah. Die sogenannte Partei Gottes entstand zunächst als Konkurrenz zur Amal-Bewegung, und in der Vergangenheit kam es häufig zu Spannungen zwischen Anhängern beider Gruppen. Heute bilden beide jedoch ein enges Bündnis. Als dritte große Kraft des Bündnisses 8. März ist die Freie Patriotische Bewegung (FPM) von General Michel Aoun zu nennen, die die Allianz komplettiert. Aoun gründete die Bewegung im Pariser Exil, in das er nach dem Bürgerkrieg vor der syrischen Armee geflohen war.[27]

Die anti-syrischen Demonstrierenden der 14.-März-Koalition forderten, dass Syrien die Resolution 1559 des Sicherheitsrates der Vereinten Nationen einzuhalten habe. Diese war im Vorjahr verabschiedet worden und forderte Syrien dazu auf, den Rückzug aus dem Libanon zu beginnen, um freie und faire Präsidentschaftswahlen zu ermöglichen. Dieser Protest führte dann tatsächlich zum Rückzug syrischer Truppen und beendete die offene syrische Bevormundung des Landes.[28] Die syrische Regierung hatte den Bogen in vielerlei Hinsicht überspannt: Zum einen wollten sie eine weitere Amtszeit von Emile Lahoud erzwingen, zum anderen hielten sie sich nicht an die von den Vereinten Nationen verabschiedete Resolution. Aber vor allem war es der US-amerikanischen Regierung ein Dorn im Auge, dass sie islamistische Gruppen wie die Hamas und Hisbollah unterstützen. Die USA befanden sich nach den Anschlägen auf das World Trade Center am 11. September 2001 vollends im »Krieg gegen den Terror«, was nicht nur ihre Innen-, sondern auch und vor allem ihre Außenpolitik bestimmte.[29]

Die Wurzeln der aktuellen Krise lassen sich somit auf die Nachkriegsformel des Libanon zurückführen. Die vom Militär gewährte Amnestie für Kriegsverbrechen leitete eine syrische Besatzung ein und ließ Korruption im ganzen Staat und sogar in der Gesellschaft entstehen. Syriens Rückzug aus

---

27 Ebd.
28 Stel 2020, S. 57.
29 Bayeh 2017, S. 188.

dem Libanon im Jahr 2005 allerdings ermächtigte vor allem die *Hisbollah*, während die Nachkriegsstraflosigkeit aller Parteien effektiv verlängert und die Reformen behindert wurden, die im Abkommen von Taïf vereinbart waren. Außerdem verfügte das Land über keinerlei begleitende wirtschaftliche Entwicklungspolitik. Stattdessen wurde als Allheilmittel auf Großinvestitionen gesetzt, deren Erlöse in die Taschen der politischen Elite flossen. Das Taïf-Abkommen enthielt Pläne zur Dezentralisierung der Verwaltung, zur Ausrottung des Konfessionalismus, zu nachhaltiger Entwicklung und gleichen Rechten für Bürgerinnen und Bürger. Keines dieser Ziele ist bis zum heutigen Tag erreicht.[30] Dieser starke Kontrast zwischen dem Taïf-Abkommen und der heutigen Realität erklärt, wieso die Abkommen oder Gesetze nicht als Erklärungsgrundlage für die Situation des Libanon fungieren können. Vielmehr handelt es sich um eine hochkomplexe Verflechtung sozialer, wirtschaftlicher, rechtlicher und konfessioneller Realitäten, die das Land in die Knie zwingen.

Wie bereits erwähnt, übernahm Saad Hariri, Rafik Hariris Sohn und politischer Erbe, sein Amt. Während Rafik ein Außenseiter gewesen war, der um einen Platz in der libanesischen Politik kämpfte, war Saad ein Erbe und somit in die Position des Za'im hineingeboren. Er setzte die Wirtschaftspolitik einschließlich eines Privatisierungsschubs seines Vaters fort. Allerdings blieben seine Initiativen in einem von der Hisbollah verursachten Stillstand stecken. Die Schiiten-Bewegung gewann nach dem Rückzug Syriens an politischer Dominanz im Land. Aufgrund der personalisierten Natur des Hariri-Netzwerks war nur ein Familienmitglied in der Lage, die politischen und geschäftlichen Interessen zusammenzuhalten, die der ältere Hariri aufgebaut hatte.[31] Die konkrete Ausbreitung einer politischen Korruption, d.h. das Ausnutzen eines öffentlichen Amtes für persönliche Vorteile, hat sich tief in die Nachkriegsrealität gebohrt. Öffentliche Institutionen unterliegen so gut wie keiner Kontrolle und sind somit anfällig für persönliche Vorteilsnahme. Dies, gepaart mit der auf Konfession beruhenden Ernennung für politische Ämter, verstärkte diese Entwicklung noch zusätzlich, wenn zum Beispiel Minister ihre eigenen Interessen aus dem Amt heraus verfolgen. Die Privatwirtschaft wurde teilweise deckungsgleich mit der Verwaltung des Staates.[32] Nicht nur, dass Korruption sich somit institutionalisieren konnte, sondern

---

30 Geha 2021, S. 3.
31 Baumann 2017, S. 174.
32 Leenders 2012, S. 223 f.

es waren die Milizenführer, die ihr wirtschaftliches und politisches Kapital, das sie während des Bürgerkrieges aufgebaut hatten, benutzten, um sich in der Nachkriegsordnung in die wichtigsten Positionen zu bringen. Rafik Hariris Wiederaufbau ist ein Beispiel für diese Entwicklung: Er verscherbelte den Staat und dessen Aufgaben an die Privatwirtschaft. Ihm nahstehende Politiker bereicherten sich persönlich an diesen Prozessen, indem unter anderem bei der Vergabe von Großprojekten Ausschreibungen manipuliert wurden.[33]

Im nächsten Beitrag (Brakel) dieses Sammelbandes wird die Rolle Israels genauer beleuchtet. Allerdings kam es in der jüngeren Vergangenheit zu einem Krieg, der hier nicht unerwähnt bleiben darf. Am 12. Juli 2006 entführte die Hisbollah zwei israelische Soldaten. Zu diesem Zeitpunkt war der Südlibanon bereits sechs Jahre nicht mehr von israelischen Truppen besetzt gewesen. Dies fiel in eine Zeit, in der die islamistische Hamas einen Wahlsieg in den palästinensischen Gebieten erzielt hatte und somit die israelische Führung unter starkem Druck stand. Immer wieder war es vor und nach dem Libanonkrieg von 1982 zu solchen Zwischenfällen gekommen, allerdings brachte diese Entführung nur wenige Monate nach der Wahl der Hamas den israelischen Ministerpräsidenten Ehud Olmert und seinen Verteidigungsminister Amir Peretz in Zugzwang. Beide standen in Teilen der israelischen Bevölkerung wegen fehlender Konzepte im Kampf gegen radikale Gruppen in der Kritik, da erst im Monat zuvor ein israelischer Soldat in den Gazastreifen verschleppt worden war. Als Reaktion darauf kam es von israelischer Seite zu einem Angriff und so begann ein einmonatiger Krieg, der die israelische Seite in seiner Heftigkeit überraschte, da die Hisbollah seit dem Rückzug der Truppen aus dem Südlibanon aufgerüstet und sich auf eine etwaige militärische Auseinandersetzung vorbereitet hatte. Dies hatte die israelische Führung unterschätzt, so dass sie nicht auf die Feuerkraft der Miliz vorbereitet war. Es war vor allem die Art der Kriegsführung, genauer gesagt der bewaffnete Häuserkampf, auf den die israelischen Truppen viel schlechter als die Hisbollah vorbereitet waren. Die Vereinten Nationen vermittelten einen Waffenstillstand, der im August 2006 in Kraft trat. Die internationale *United Nations Interim Force in Lebanon* (UNIFIL) übernahm im Süden des Libanon die Kontrolle und ist bis zum heutigen Tag dort präsent.[34]

---

33 Abu-Rish 2020, S. 192 f.
34 Schäuble/Flug 2008.

3. 2011 als Wendepunkt für die Beziehung zu Syrien

Syriens Engagement für den Libanon war nie nur politischer Natur, sondern hatte auch wirtschaftliche Aspekte. Diese Wirtschaftsbeziehungen überlebten die syrische Militärpräsenz im Libanon, und es entstand eine »gute Nachbarschaft«. Bereits vor Beginn des libanesischen Bürgerkrieges existierten bilaterale Verträge, wie zum Beispiel der Vertrag von 1964 auf Brüderlichkeit, Zusammenarbeit und Koordination, der Arbeitsprivilegien für Syrerinnen und Syrer im Libanon sicherstellte und eine »offene Grenze« zwischen den Ländern schuf. Seit den 1970er Jahren war somit eine große Zahl syrischer Arbeitskräfte im Libanon im Bauwesen und in der Landwirtschaft tätig. In den Jahren vor dem Ausbruch des Syrienkrieges von 2011 zählte der Libanon zwischen 300.000 und 400.000 syrische Arbeitsmigranten.[35]

Im März 2011 begannen in Syrien Massenproteste, die die Freilassung von Gefangenen und mehr Freiheit für die Bevölkerung forderten. Das Regime von Baschar Al-Assad beantwortete diese Forderungen seitdem und bis heute mit größter Brutalität und schießt, bombt und sperrt weg, wer sich ihm in den Weg stellt oder auch nur verdächtigt wird, dies zu tun. Die Gewalt eskalierte schnell, und die Opposition bewaffnete sich im Zuge der Auseinandersetzung mit dem Regime. Als Konsequenz entstand eine der größten Flüchtlingsbewegungen der Welt. 2018 war jeder fünfte Flüchtling weltweit syrisch, und nur eine kleine Minderheit von ihnen wurde in Drittstaaten aufgenommen. Die überwältigende Mehrheit der syrischen Geflüchteten befindet sich stattdessen in den Nachbarländern Jordanien, Türkei und Libanon. Gemessen an der Pro-Kopf-Bevölkerung hat der Libanon die meisten Geflüchteten aufgenommen, Schätzungen gehen von bis zu 1,6 Millionen aus. Diese große Zahl Geflüchteter traf auf schwache staatliche Strukturen und erhöhte somit den Druck auf die ineffiziente Verwaltung und Wirtschaft.[36] Viele der Geflüchteten versuchten bei Familienmitgliedern Unterschlupf zu finden. Im Libanon bedeutet dies vor allem, dass Familien zu ihren männlichen Verwandten kamen, die bereits als Saisonarbeiter in ländlichen Gebieten des Landes tätig waren. Diese Dynamik ließ es aber auch so erscheinen, als wären diese Menschen keine Geflüchteten, sondern Wirtschaftsmigran-

---

35 Stel 2020, S. 57.
36 Baylouny 2020, S. 37 f.

ten.[37] Dieses Narrativ hält sich weiterhin hartnäckig und wird durch politische Debatten verschärft, die immer wieder die Rückkehr der Syrerinnen und Syrer fordern.

Die rechtliche Absicherung für Geflüchtete im Libanon ist lückenhaft, weil das Land die UN-Flüchtlingskonvention nicht anerkannt hat. Das wichtigste Recht, das sich aus der Konvention ergeben würde, ist der Grundsatz der Nicht-Zurückweisung (auch »Non-Refoulement«-Prinzip genannt). Geschützt werden muss dieses Recht aber trotzdem, weil die libanesische Regierung andere Abkommen und Vereinbarungen unterschrieben hat, die dies garantieren.[38] Die Vakanz des Amts des libanesischen Präsidenten zu Beginn der Krise verursachte ein Vakuum bei der Entscheidungsfindung. Eine Politik des Nicht-Agierens von Seiten der Regierung prägt seitdem die Realität für syrische Geflüchtete. Diese Menschen wurden stattdessen einfach als Migranten bezeichnet und es existiert bis heute kein Gesetz, das den Status von Geflüchteten regelt. Dies hatte zur Folge, dass es vor allem die Kommunen waren, die sich mit dem Alltag der Geflüchteten auseinandersetzen mussten. Die finanziell ohnehin schlecht ausgestatteten lokalen Verwaltungen waren der Aufgabe allerdings oft nicht gewachsen. Es gab eine breite Ablehnung von Flüchtlingslagern, wie sie für die palästinensischen Geflüchteten errichtet wurden, da viele ihrer Bewohner von den 1960er Jahren bis 1982 bewaffnet waren und bis heute für die libanesischen Sicherheitskräfte nicht kontrollierbar sind. Dies ist auch der Grund, warum syrische Geflüchtete in privaten Wohnungen oder informellen, nicht-legalen Lagern leben.[39]

Abgesehen von vielen Formen soziokultureller Nähe und gelebter Gastfreundschaft für Geflüchtete existiert unter libanesischen Bürgerinnen und Bürgern auch eine lebhafte Erinnerung an Demütigung, Tötungen und willkürliche Macht, ausgeübt durch die syrischen Besatzer. Diese Erinnerungen nähren den Groll gegenüber allem Syrischen. Das Selbstverständnis, sozioökonomisch und kulturell überlegen zu sein – eine Wahrnehmung, die unter der libanesischen Bevölkerung gegenüber Syrerinnen und Syrern weit verbreitet ist –, wurde durch die jahrzehntelange Assoziation von »Syrern« mit niederer Arbeit angeheizt. Viele Libanesinnen und Libanesen betrachten die Mehrheit der syrischen Menschen, die sich derzeit im Land aufhalten, eher

---

37 Ebd., S. 38 f.
38 Ebd.
39 Ebd., S. 43 ff.

als Gastarbeiter, die nicht mehr willkommen sind, denn als tatsächlich geflüchtete Menschen.[40]

4. Oktober-Revolution von 2019

Die aufeinander folgenden libanesischen Regierungen haben es versäumt, ihren Bürgerinnen und Bürgern Zugang zu den grundlegendsten Dienstleistungen zu sichern. Stattdessen garantiert allein die Loyalität gegenüber den verschiedenen Religionsgemeinschaften und politischen Parteien den Zugang zu Dienstleistungen, weshalb ein korruptes konfessionelles System institutionalisiert worden ist.[41] Anstatt produzierende Industrien zu unterstützen, hat sich die Nachkriegswirtschaft vor allem auf Dienstleistungen, Handel und Immobilienwirtschaft fokussiert. Salloukh et al. zogen bereits 2015 das Fazit, dass dieser steigende Konsum, der durch Zahlungen von in der Diaspora lebenden Libanesinnen und Libanesern aus dem Ausland finanziert wird, gepaart mit den religiösen, gesellschaftlichen und regionalen Logiken der Serviceverteilung, vor allem dazu führt, dass die möglichen Träger von Veränderung das Land massenhaft verlassen.[42] Dieser Trend, also die Abwanderung von hochqualifizierten Arbeitskräften, hat sich seit Beginn der Wirtschaftskrise 2019 weiter verstärkt. So schätzt die Weltgesundheitsorganisation (WHO), dass fast 40 Prozent der libanesischen Ärzte und 30 Prozent der Krankenschwestern zwischen Oktober 2019 und September 2021 das Land verlassen haben.[43]

Die ersten politischen Versuche, eine Opposition zu bilden, die nicht auf dem alten System der Warlords aufgebaut war, manifestierten sich 2016 in Form von »Beirut Madinati« (»Beirut ist meine Stadt«). Hier taten sich Aktivistinnen und Aktivisten zusammen, die gemeinsam gegen die Müllkrise und die falsche bzw. fehlende Stadtplanung angehen wollten. Ihr Ziel war es, eine neue alternative Partei zu gründen, die sich vor allem aus bürgerlichen und zivilgesellschaftlichen Akteuren zusammensetzte. Sie traten bei den Beiruter Kommunalwahlen an und errangen beeindruckende 30 Prozent der Stimmen. Allerdings wurden sie durch die etablierten Parteien geschla-

---

40 Stel 2020, S. 57.
41 Kayyali 2020, S. 53.
42 Salloukh et al. 2015, S. 177.
43 WHO-Pressemitteilung 2021.

gen,[44] weil diese alle gemeinsam auf eine Liste gingen und somit bewiesen, dass es bei Wahlen im Libanon nicht um Repräsentanz oder Interessenvertretung geht, sondern einzig und allein um Machterhalt. Trotz der formalen Niederlage ist »Beirut Madinati« ein wichtiger Fall, um politische Mobilisierung jenseits der konfessionellen Logiken der etablierten Parteien zu verstehen und zu analysieren.

Am 17. Oktober 2019 gingen Zehntausende Menschen auf die Straße, um gegen die Einführung neuer Steuern durch die Regierung zu protestieren, unter anderem auf Benzin und den Messenger-Dienst WhatsApp. Die Proteste entwickelten sich zu einer landesweiten, konfessionsübergreifenden Bewegung gegen das politische Establishment. Der Ruf »Killun Ya'ni Killun – Alle bedeutet alle« war der Aufruf, sämtliche politischen Parteien zu entmachten und zur Rechenschaft zu ziehen.[45] Es ist der von Sami Hermez als fortwährender Krieg beschriebene Zustand, den die Revolution vom 17. Oktober 2019 zu beenden versuchte, indem der politische Konfessionalismus und das Patronage-System mit seinen ewig »gleichen Gesichtern« abgesetzt werden sollten. Auf diese Weise muss der Aufstand selbst als Teil dieses Krieges gesehen werden.[46] Ali Mourad, Wissenschaftler und Aktivist, schrieb am 19. Oktober 2019 auf seinem Facebook-Profil: »Der heutige Tag hat den Bürgerkrieg beendet«. Dies zeigt die tiefe Frustration über den ewig andauernden Krieg mit anderen Mitteln und den starken Willen, diese Logik zu ändern.[47]

Da verschiedene Religionsgemeinschaften in der bestehenden Vereinbarung zur Machtverteilung garantiert vertreten sind, gibt es für die Eliten keinen Anreiz, das politische System zu reformieren oder sinnvolle Maßnahmen für Veränderungen zu ergreifen. Trotz der Tatsache, dass die Proteste im Libanon zum Rücktritt zweier Regierungen führten, blieb die Auswahl der Nachfolger eine von Eliten getriebene, konfessionelle Formel, nach der Premierminister derselben politischen Elite angehörten oder von ihr gefördert wurden. Somit bestanden dieselben Bedingungen weiter, die die Umsetzung notwendiger Reformen verhinderten. Ökonomisch isolierte Eliten waren nicht gewillt, sich auf Reformen zu einigen, die es laut dem Internationalen Währungsfonds ermöglichen würden, die Wirtschaft zu

---

44 Cambanis 2017, S. 105.
45 Kayyali 2020, S. 53.
46 Hermez 2020, S. 49.
47 Alijla 2021, S. 93.

retten, insbesondere da einige der vorgeschlagenen Reformen ihr Vermögen beeinträchtigt hätten.[48] Immer wieder ist die Nachkriegswirtschaft somit die Hauptursache für die verbreitete Reformresistenz.

Der Libanon hat zwar eine Zivilgesellschaft, die in der Lage ist, auf die Bedürfnisse der betroffenen Bevölkerung einzugehen, sie spielt aber keine Rolle bei der politischen Entscheidungsfindung. Selbst wenn die Zivilgesellschaft versuchte, sich an traditionellen politischen Institutionen zu beteiligen, wie es das »Beirut Madinati«-Kollektiv durch seine Teilnahme an den Beiruter Kommunalwahlen 2016 tat, stieß sie auf starken Widerstand. Im Anschluss an diese Bemühungen verabschiedete das Parlament ein Gesetz, das neueren Parteien bei Wahlen einen Nachteil verschaffte und einen bereits ungleichen Aktionsraum weiter auseinanderdividierte. Weil die konfessionellen Parteien die Bereitstellung von Dienstleistungen kooptieren, um ihr politisches Überleben zu sichern, sind die betroffenen Bevölkerungsgruppen unfähig, Wahlen zu nutzen, um Politiker zur Rechenschaft zu ziehen, Änderungen zu fordern oder politische Präferenzen zu signalisieren.[49]

5. Explosion und fehlende Aufklärung

Am 4. August 2020 kam es zu einer riesigen Explosion im Hafen von Beirut, die nicht nur die Protestbewegung, sondern alle Bewohnerinnen und Bewohner der Stadt erfasste. Alles deutet darauf hin, dass es sich bei der Explosion – verursacht durch staatliche Fahrlässigkeit – um eine Art Industrieunfall handelt, bei dem 2.750 Tonnen Ammoniumnitrat unsachgemäß gelagert und dann durch Schweißarbeiten in Brand gesteckt wurden. Auch wenn dies kein Kriegs- oder Sabotageakt einer einzelnen politischen Gruppe gegen eine andere gewesen sein mag, ist es dennoch wichtig, die sogenannte »Fahrlässigkeit der Regierung« an sich als zutiefst politischen Akt wahrzunehmen.[50] Das Vertrauen in öffentliche Einrichtungen und die Justiz war bereits vor der Explosion sehr niedrig, und durch dieses erschütternde Ereignis zerbröselte das Gefühl der Sicherheit in der Bevölkerung weiter.[51]

---

48 Kayyali 2020, S. 54.
49 Ebd.
50 Hermez 2020, S. 48.
51 Alijla 2021, S. 116.

Die 2019 begonnenen Demonstrationen wurden Anfang 2020 durch die
Wirtschaftskrise des Landes und die Covid-19-Pandemie zunächst in den
Hintergrund gedrängt. Dennoch fand fünf Tage nach der Hafenexplosion
in Beirut ein neuer Massenprotest statt und in einer beispiellosen Szene
stellten Demonstranten Galgen auf, an denen Puppen von amtierenden
Politikern hingen. Das Regime reagierte mit heftiger Polizeigewalt. Ein
genauer Blick auf den Libanon seit dem 4. August 2020 zeigt nun das Bild
einer bedeutsamen lokalen Mobilisierung durch Bürgerinnen und Bürger
vor Ort. Neue Organisationen, lokale Gruppen sowie politische Initiativen und Parteien sind entstanden und zielen darauf ab, den Stillstand zu
überwinden. Inmitten von Tod und Zerstörung kamen Menschen im Geist
der aktiven Bürgerschaft zusammen, um Straßen zu fegen, Beerdigungen
abzuhalten, Petitionen zu schreiben, Spenden zu sammeln, freiwillig in
Krankenhäusern zu arbeiten, Häuser wiederaufzubauen und die politische
Klasse mit ihren Anliegen zu konfrontieren. Die Menschen begannen sich zu
organisieren und forderten, dass die Hilfe direkt an Privathaushalte, Schulen, Bedürftige und zivilgesellschaftliche Vereinigungen oder unabhängige
politische Gruppierungen gehen sollte. Es wurden Solidaritätsmechanis-
men geschaffen, die die Hilfe dorthin lenken konnten, wo sie am meisten
gebraucht wurde.[52]

Weiterhin gab es klare Forderungen an die internationale Gemeinschaft,
im Namen der Bevölkerung einzugreifen, um die politische Elite zur Rechenschaft zu ziehen und die Zivilgesellschaft zu befähigen, Reformen
durchzuführen. Der französische Präsident Emmanuel Macron war Stimm-
führer der internationalen Gemeinschaft mit zwei Besuchen in weniger
als einem Monat. Er deutete an, dass er Druck auf die Regierung ausgeübt
habe, die Verhandlungen mit dem Internationalen Währungsfonds, die die
Regierung ins Stocken gebracht hatte, wiederaufzunehmen sowie einen
glaubwürdigen Premierminister zu ernennen. Die libanesische Seite reagierte mit der Ernennung von Mustapha Adib, der eng mit den etablierten
politischen Eliten verbunden ist. Die Protestbewegung vom 17. Oktober
sah in ihm keine Neuerung zum ehemaligen Premierminister Diab, der
einst gewählt wurde, um die Interessen der Eliten zu vertreten. Nach wenigen Tagen im Amt trat Adib zurück und zementierte damit das Scheitern
Frankreichs, die heimischen Eliten zu sinnvollen Reformen zu drängen.[53]

---

52 Geha 2021, S. 9.
53 Kayyali 2020, S. 56.

Der mit der Aufklärung der Explosion beauftragte Richter Tarek Bitar wurde in seiner Arbeit immer wieder behindert, wobei sich sämtliche Politiker verschiedener Parteien und Religionsgruppen darum bemühten, Bitars Absetzung zu erreichen. Dies lag vor allem daran, dass der Richter sich in deren Augen Ungeheuerliches erlaubte: Er bestellte die Mächtigen des Landes zum richterlichen Verhör ein, darunter ein Dutzend hochrangige frühere und gegenwärtige Regierungsbeamte. Er erließ sogar Haftbefehle gegen zwei ehemalige Minister, die sich weigerten, zur Befragung zu erscheinen. Einer von ihnen ist der frühere Finanzminister der schiitischen Amal-Partei, Ali Hassan Khalil. Auch der ehemalige sunnitische Ministerpräsident Hassan Diab entzog sich einem Verhör. Es ist vor allem deswegen so schwierig, diese Befragungen durchzuführen, weil sich verdächtigte Offizielle immer wieder hinter ihrer parlamentarischen Immunität verstecken.[54] Die Aussicht auf Erfolg scheint verschwindend gering für den Richter, da sich die politische Elite immer wieder wehrt, Seilschaften und ihre Machenschaften offenzulegen. Demnach ist es nicht nur eine Partei, die hier Aufklärung zu verhindern versucht, sondern es scheint das gesamte politische System zu sein.

6. Demokratiedefizit trotz externer Performanz

Das politische System der Konkordanzdemokratie im Libanon sieht vor, dass die Chefs der konfessionellen Parteien Regierungsentscheidungen stets im Konsens, also mit einer einfachen Mehrheit, treffen. Ihr Hauptanliegen besteht darin, so viele staatliche Ressourcen wie möglich für sich selbst zu sichern. Die so generierten Ressourcen werden dann wiederum in den Aufbau und Fortbestand ihrer konfessionellen Netzwerke investiert.[55] Der Politologe Geukjian von der American University Beirut stellt vor allem die Rolle Syriens als externen Faktor dar, der die Konkordanz des Taïf-Abkommens ausgehöhlt hat. Das syrische Regime wollte die eigene Macht sichern, über die Köpfe und Wünsche der libanesischen Regierung hinweg. Dies geschah vor allem durch enge Verbündete in den Sicherheitsbehörden und der Armee. Nach dem Abzug der syrischen Armee kam es vor allem zu Instabilität und institutionellem Stillstand. Erst 2008 konnte auf Grund des externen Drucks

---

54 Hodali 2021.
55 Felsch 2019.

eine Einheitsregierung gebildet werden, die belegt, dass es nur so zu Stabilität in stark geteilten Gesellschaften kommen kann. Allein der Einklang der Elite mit sich selbst reicht nicht aus, um Stabilität herzustellen. Außerdem spielen regionale Machtkämpfe eine entscheidende Rolle für den Libanon: Ohne eine Annäherung Saudi-Arabiens und Iran ist es sehr unwahrscheinlich, dass sich die Situation verbessern kann. Die zuvor beschriebene Lagerbildung zwischen pro- und anti-syrischen Kräften ist weiterhin nicht aufgelöst, bei der die Parteien der 8.-März-Koalition eher Saudi-Arabien und jene der 14.-März-Koalition eher Iran nahestehen. Auch der andauernde Krieg in Syrien mit weiterhin steigenden Flüchtlingszahlen sorgt für mehr Spannungen.[56] Die Thronbesteigung von König Salman im Jahr 2015 und der Aufstieg von Muhammad bin Salman, der 2018 Kronprinz wurde, vollendeten die Verschiebung der saudischen Herangehensweise gegenüber Beirut. Die saudische Missbilligung des immer stärker werdenden Einflusses der Hisbollah auf die libanesische Regierung in der Amtszeit von Präsident Michel Aoun veranlasste Riad, seinen Druck im Jahr 2017 zu erhöhen. Ein Jahr nachdem Saad Hariri in das Amt des Premierministers zurückgekehrt war, wurde er gezwungen, sein Amt niederzulegen, während er in Saudi-Arabien war, wo er quasi festgesetzt wurde.[57]

Das Konkordanzmodell hat die Demokratisierung nach dem Abzug der syrischen Armee verhindert, da es immer wieder inter- und intra-konfessionelle Konflikte befeuert hat, die von externen Faktoren weiter vorangetrieben wurden. Die Verteilung von öffentlichen Ämtern auf Grundlage der Konfession hat die politischen Parteien dazu angehalten, breite Unterstützung aus ihren jeweiligen Gruppen zu erwirken, um dann das jeweilige Amt lediglich zur Stärkung der eigenen Machtposition zu benutzen. Dies führte zu sehr aggressiven öffentlichen Narrativen und dem Schüren von Angst gegenüber den anderen Gruppen, was wiederum dazu führte, dass Kompromisse unmöglich wurden. Jegliche Demokratisierungsbestrebung wird also auch nur durch diese eine Linse beurteilt, nämlich ob sie der Gruppe selbst zugute kommt.[58] Wenn in einem Distrikt zwei Parteien miteinander kooperieren müssen, um die Mehrheit zu erlangen, stellt sich der Juniorpartner meistens ganz in den Windschatten des Seniorpartners. Dies führt immer wieder dazu, dass Minderheiten dieses Modell der Konkordanz anzweifeln, weil

---

56 Geukjian 2017, S. 274 ff.
57 Kebbi 2021.
58 Assi, 2016 S. 194 f.

sie ihre Interessen nicht vertreten sehen. Dies wird auch von externen Akteuren ausgenutzt, um eigene Vorhaben und Pläne voranzutreiben. Die bedeutendste Konfliktlinie verläuft zwischen Sunniten und Schiiten und spiegelt den Iran-Saudi-Arabien-Konflikt wider. Diese Machtlogiken behindern demokratische Reformen, da sie weiter die konfessionellen Strukturen verstärken.[59] Somit existiert kein Bewusstsein für ein wie auch immer geartetes Allgemeinwohl oder eine nationale Öffentlichkeit, die das Wohlergehen der gesamten Bevölkerung im Auge hat.

Anstatt die Wählerschaft zu mobilisieren, wurde stattdessen immer wieder politische Gewalt angewandt, um Unterstützung zu sichern. Es gab eine Reihe politischer Morde seit 2005, die vor allem dazu dienten, Wählerinnen und Wähler einzuschüchtern, um die gewünschten Ergebnisse am Wahltag zu erzielen.[60] Eine der ersten politischen Morde kostete am 2. Juni 2005 den Journalisten Samir Kassir das Leben. Nach der Ermordung des ehemaligen Premierministers Rafik Hariri am 14. Februar desselben Jahres beteiligte sich Samir Kassir aktiv am Beginn des breiten Volksaufstands gegen den »Würgegriff der syrischen Sicherheitsapparate« im Libanon.[61] Der jüngste Mord an dem Hisbollah-Kritiker und Journalisten Lokman Slim ist bis heute unaufgeklärt geblieben, so wie fast alle anderen politischen Morde im Land. Slim wurde am 4. Februar 2021 bei einem Besuch im Süden des Libanon in seinem Auto erschossen.[62] Dieses Klima der Angst und der Straflosigkeit lastet schwer auf der Meinungs- und Pressefreiheit und auch auf dem demokratischen Wandel.

Es wird immer deutlicher, dass das Land ohne die Hilfe der Weltbank oder des IWF keine Chance hat, den Zusammenbruch abzufedern. Die aktuelle Krise hat lange bestehende und schwerwiegende Lücken in der Finanzierung öffentlicher Güter und Infrastruktur verschärft: Wasser, Strom, Verkehr, Gesundheit, Bildung und Sozialschutz. Die aufeinanderfolgenden Schocks, die den Libanon seit 2019 getroffen haben, wirkten sich sowohl auf die Angebots- als auch auf die Nachfrageseite in kritischen Sektoren aus. Die Krisen offenbarten die Fragilität des libanesischen Dienstleistungsmodells, das selbst ein Produkt der Eliteneroberung staatlicher Ressourcen für private Gewinne ist. Die Schwächung der öffentlichen Dienstleistungen war

---

59 Ebd., S. 195.
60 Assi 2016, S. 196.
61 Samir Kassir Foundation 2022.
62 Chehayeb 2022.

daher eine bewusste Anstrengung, die unternommen wurde, um einer kleinen Minderheit zugute zu kommen, und zwar auf Kosten der libanesischen
Bevölkerung. Die Bürgerinnen und Bürger zahlen am Ende doppelt und
erhalten ein Produkt oder eine Dienstleistung von geringer Qualität. Diese
Auswirkungen sind auch stark regressiv, da sie Gruppen mit mittlerem und
niedrigem Einkommen viel stärker betreffen.[63] Einst zuverlässige Geldgeber
aus der Region der Golfstaaten, wie Saudi-Arabien, traten bereits vor Jahren
zurück und äußerten ihr Unbehagen über den zunehmenden Einfluss des
Iran im Libanon durch die Hisbollah.[64]

Abschließend lässt sich somit feststellen, dass der Libanon durch mehrere Faktoren in den Niedergang geführt wurde. Zum einen sind es die externen Faktoren, wie regionale Machtverhältnisse, aber auch die Rolle des
syrischen Regimes, die das Land immer wieder in alte Grabenkämpfe ver-
wickeln. Die Rivalität zwischen Iran und Saudi-Arabien wird seit Jahren im
Libanon als Stellvertreterkonflikt ausgetragen. Zum anderen ist es die Korruption, die zunächst in der Nachkriegswirtschaft und dann in der Banken-
und Finanzkrise enorm gewachsen ist. Durch den wirtschaftlichen Kollaps
wird sich dieses Phänomen nur noch verfestigen. Zuletzt steht vor allem die
strukturelle Gewalt nicht nur gegen Geflüchtete, sondern auch gegen die libanesische Zivilbevölkerung einer Besserung im Land im Wege. Die Eliten
profitieren weiter vom Verfall des Libanon und gehen selbst nach einer Katastrophe wie der Explosion im Hafen von Beirut am 4. August 2020 straflos
aus. Solange der Konfessionalismus, die Macht der alten Bürgerkriegselite
und auch die Unterstützung für sie aus der Bevölkerung nicht bröckeln, ist
der Niedergang des Landes nicht aufzuhalten. Die Logik der Patronage und
der Korruption hat sich tief in die Strukturen des Landes gefressen und behindert somit eine bessere Form des Regierens und die Möglichkeit, die bisherigen Eliten zur Rechenschaft zu ziehen.

63 World Bank 2022.
64 Blair/Bassam 2022.

Gesellschaftliche Entwicklungen nach dem Arabischen Frühling am Beispiel von Ägypten

Andreas Jacobs

In der ägyptischen Gegenwartskultur gibt es die Tradition, Gesellschaft als räumlichen Mikrokosmos zu beschreiben. Nagib Machfus' großer Roman *Die Midaq-Gasse* aus dem Jahr 1947 zeichnet eine schmale Kairoer Altstadtgasse als Spiegel einer Gesellschaft im Umbruch. Händler, Soldaten, Politiker, Prostituierte versuchen hier aus Armut und Stillstand auszubrechen und scheitern. Anführer, Protagonisten oder Helden gibt es nicht. Machfus beschreibt die ägyptische Gesellschaft als Nebeneinander von Akteuren, die alle in gesellschaftlichen und wirtschaftlichen Verhältnissen gefangen sind, die sie nicht selbst bestimmen können. In einem der größten kommerziellen Erfolge des ägyptischen Kinos, dem Streifen *Terror und Kebab* aus dem Jahre 1992, ist es ein Familienvater, gespielt von der Komikerlegende Adel Imam, der im berüchtigten zentralen Kairoer Verwaltungsgebäude *Mugamma* gegen die Verhältnisse ankämpft. Verzweifelt über die kafkaeske Bürokratie und die herablassende Behandlung durch Beamte und Staatsvertreter zettelt er ungewollt eine Revolution an, deren zentrale Forderung aus Mangel an politischem Konsens und Programm schließlich zu »Kebab für alle!« wird. Auch in Alaa Al-Aswanys 2002 erschienenen Bestseller *Der Jakubijan-Bau* ist es ein Gebäude, in diesem Fall ein ehemaliger Prachtbau in Kairos Innenstadt, in dem sich Bewohner unterschiedlicher sozialer Schichten mit Korruption, sexueller Ausbeutung, Polizeifolter und islamistischer Gewalt abmühen. Wie die Gasse bei Machfus und das Verwaltungsgebäude im Film ist das heruntergekommene Wohn- und Geschäftshaus bei Al-Aswany Chiffre für eine Gesellschaft, die bessere Zeiten gesehen hat, die geprägt ist von Armut, Gewalt und Willkür und in der die Menschen eher neben- als miteinander leben.

Im Januar 2011 wurde aus der Fiktion Realität. Nicht eine Straße oder ein Gebäude wurde zum Mikrokosmos der ägyptischen Gesellschaft, sondern Kairos zentraler Verkehrsknotenpunkt, der Tahrir-Platz. Für wenige

Wochen und Monate versammelten sich hier Vertreter fast aller gesellschaftlichen Gruppen, um gegen Armut, Polizeigewalt, Misswirtschaft und
Menschenrechtsverletzungen zu protestieren. Der Tahrir-Platz schrieb aber
nicht nur als einer der mittlerweile ikonischen Orte der Aufstände des »Arabischen Frühlings«[1] Geschichte. Er war zugleich Bühne und Mikrokosmos
einer ägyptischen Gesellschaft, die den Ausbruch aus Armut, Willkür, Un-
freiheit und Gewalt suchte, deren Gegensätze und Widersprüche nur kurz
hinter einem gemeinsamen Ziel zurücktraten, und die – wie im Roman und
im Film – letztendlich scheiterte.

Der vorliegende Beitrag betrachtet die politischen Verhältnisse Ägyptens
von 2010/11 bis heute vor allem aus dieser gesellschaftlichen Perspektive. Die
damaligen Ereignisse waren für viele ausländische Beobachter Ägyptens
auch deshalb so überraschend, weil in der akademischen und medialen
Beschäftigung damit politische, militärische und wirtschaftliche Eliten
im Vordergrund standen. Tatsächlich waren es aber nicht diese Gruppen,
die zu Trägern und Treibern der Ereignisse wurden, sondern vor allem
gesellschaftliche Akteure: Arbeiter, Fußball-Ultras, Mittelschicht-Kinder,
Frauen, Studenten und viele andere. Wie kam es dazu, und was ist aus
diesen gesellschaftlichen Gruppen und Bewegungen seither geworden?

1.   Falsche Versprechungen (vor 2010/11)

Der Nahe Osten trug bereits viele Jahre vor 2010 das Etikett einer Krisenre-
gion. Lange ist es her, dass die Menschen in der Region mit Hoffnung und
Zuversicht auf ihre politischen Systeme blickten. Aber es gab sie, die Zeit
der großen Versprechungen – nicht zuletzt in Ägypten. Mit Gamal Abdel
Nasser war hier in den 1950er Jahren ein neuer Typus politischer Führer ans
Ruder gekommen, der weitreichende politische Utopien verwirklichen wollte. Im Namen der aus der arabischen Nationalidee und dem Kampf gegen
die Kolonialmächte entstandenen Bewegung des Panarabismus sollten So-
zialreformen, Umverteilung und wirtschaftliche Großprojekte den Weg in
die Zukunft weisen. Die Grundlage war ein unausgesprochenes Abkommen
zwischen dem neuen Herrscher und seinem Volk: »Ihr verzichtet auf Mit-

---

1 Der Begriff »Arabischer Frühling« bezeichnet im Folgenden die Umbrüche in den arabischen
  Staaten in den Jahren 2010/11.

spracherechte und Grundfreiheiten, ich gebe euch dafür, was euch die Kolonialherren vorenthalten hatten: Entwicklung, Freiheit und Würde.« Doch die Versprechen wurden nicht eingelöst. Etablierte politische Strukturen und traditionelle Partizipationsmechanismen wurden im panarabischen Eifer weggewischt und machten neuen, oft dysfunktionalen Institutionen Platz.[2] Bereits ab Mitte der sechziger Jahre herrschte in Ägypten ein System, das vor allem den neuen Machteliten der sogenannten »Freien Offiziere« diente, die sich 1952 an die Macht geputscht und den bisherigen König Faruk I. ins Exil getrieben hatten. Trotz der allgemeinen Begeisterung über das Ende der Kolonialzeit blieb die Lebenssituation breiter Bevölkerungsschichten schlecht. Die immer offensichtlicher werdenden funktionalen Defizite wurden aber schnell behoben. Muslimbrüder und andere islamistische Gruppen drangen nun nicht nur mit Ideen, sondern auch mit Bildungsangeboten, Gesundheitsversorgung, zinslosen Krediten und Maßnahmen der Grundsicherung in genau jene Bereiche vor, die der ägyptische Staat vernachlässigt oder preisgegeben hatte, und sicherten sich so immer breitere Unterstützung.[3]

Die Quittung für das Politikversagen in der Region kam spät, aber sie kam.[4] Hatte Nassers Nachfolger Anwar El-Sadat mit dem Teilerfolg im Oktober-Krieg 1973 und dem Friedensschluss mit Israel 1979 noch Hoffnungen geweckt, wurden vor allem ab den 1980er Jahren die wirtschaftlichen und politischen Probleme des Landes immer offensichtlicher. Sadats Nachfolger Hosni Mubarak musste sich nicht nur der gewaltsamen Konfrontation mit islamistischen Gruppierungen stellen, die den Friedensschluss mit Israel vehement ablehnten und deshalb seinen Vorgänger ermordeten, sondern auch schmerzhafte Wirtschaftsreformen durchführen. Spätestens ab den 1990er Jahren sah sich das ägyptische Regime einer Vielzahl von Herausforderungen, Kritikern und Oppositionsgruppen gegenüber.

Dass im Winter 2010/11 ausgehend von Tunesien der Arabische Frühling über die Region hereinbrach, hatte zwar kaum jemand prognostiziert, viele hatten aber etwas geahnt.[5] Zu offensichtlich waren die Auswirkungen staatlichen Versagens in Ägypten mittlerweile geworden. In der Revolutionseu-

---

2 Vgl. Hermann 2015, S. 14.
3 Vgl. hierzu Ranko 2014, S. 23 ff.
4 Zum Zusammenhang von Politikversagen, Revolutionen und Islamismus vgl. Gerges 2016, S. 5.
5 Der Journalist John Bradley sprach bereits 2008 im Untertitel seines Buches von einem Land »on the brink of a revolution«, vgl. Bradley 2008.

phorie entging den meisten Beobachtern allerdings, dass die jetzt auf dem Tahrir-Platz erschallenden Rufe nach »Entwicklung, Freiheit und sozialer Gerechtigkeit« wie ein Widerhall der nachkolonialen Versprechungen klangen. Die Umbrüche der Jahres 2010/11 sind daher auch als Absage breiter Bevölkerungsteile an das vor vielen Jahrzehnten gemachte Versprechen von Entwicklung, Freiheit und Würde zu verstehen.[6]

2. Protest und Aufbruch (2011/12)

Warum wurden die gesellschaftlichen Ursachen der Massenproteste ab Herbst 2010 sowohl von westlichen Beobachtern als auch von den ägyptischen Eliten zunächst kaum gesehen? Vielleicht liegt es an einer fast traditionellen Vernachlässigung gesellschaftlicher Gruppen in Ägypten. Nach Jahrtausenden der Fremdherrschaft gehört die Skepsis gegenüber dem einfachen Volk – was immer das auch ist – zum Teil der politischen Kultur am Nil. Der Blick der eigenen Funktionseliten auf gesellschaftliche Akteure und Interessengruppen ist oft paternalistisch, manchmal verklärend und fast immer von oben herab. Das zeigt sich nicht nur in der Politik, sondern auch in der Populärkultur, besonders in den überall im arabischen Raum beliebten ägyptischen Serien. Hier pflegen die Ägypter selber das Image der fröhlichen, aber oft auch ungebildeten Spaßvögel.

Mit den Bildern demonstrierender Menschen auf dem Tahrir-Platz änderte sich dann zwar diese Bewertung der ägyptischen Gesellschaft, aber nicht die Perspektive. War es bislang die diffuse »arabische Straße«, die das Bild dominierte, blickte man vor allem im Westen plötzlich auf eine ägyptische Jugend, die mit Kreativität, Mut und Mobiltelefonen für Freiheit und Demokratie kämpfte.[7] Modern, gut ausgebildet, sozial vernetzt und politisch aktiv sei die Generation der bis 25-Jährigen. Mit Islamismus und Radikalismus habe sie wenig am Hut, eine Benachteiligung von Frauen und religiösen Minderheiten lehne sie ab. An diesem Bild war Anfang 2011 manches richtig, vieles überzeichnet und einiges falsch.[8] Richtig war vor allem das Gefühl der Hoffnungslosigkeit. Die Hälfte der damals fast 90 Millionen Ägypter war unter 25 Jahre alt. Ihre Chancen auf anständig bezahlte

---

6 Vgl. Jacobs 2017, S. 4.
7 Vgl. El Difraoui 2011, S. 17 f.
8 Vgl. Jacobs 2013, S. 86.

Jobs standen 2010 ebenso schlecht wie heute. Schuld daran ist vieles: die wirtschaftliche Lage, eine katastrophale Menschenrechtssituation, soziale und kulturelle Schranken, Korruption und Vetternwirtschaft und vor allem eine miserable Bildungssituation, in der ein Anstieg formal hoher Bildungsabschlüsse einem Rückgang des Ausbildungsniveaus gegenüberstand. Ein weiteres Missverständnis ist das mit der Religion. Fast aufatmend war in westlichen Medien zu lesen, dass die ägyptische Jugend ganz überwiegend säkular eingestellt sei.[9] Tatsächlich ist »Säkularismus« in Ägypten ein Schimpfwort. Zwar nimmt religiöses Desinteresse zu, aber kaum ein Ägypter, egal ob Christ oder Muslim, würde sich als »nicht gläubig« bezeichnen. Auch die meisten politisch aktiven Jugendlichen und Blogger bekannten sich zu ihren religiösen Überzeugungen. Wael Ghoneim etwa, der mit seiner Facebook-Seite »Wir sind alle Khaled Said« die ägyptische Revolution mit auslöste, begann seine Karriere als Begründer einer islamischen Web-Seite.

Aber soziale Netzwerke schaffen keine Inhalte. Genau das war das Problem der ägyptischen Revolutionäre, die zwar Demokratie forderten, aber nach dem Rücktritt Mubaraks ohne ein gemeinsames politisches Konzept dastanden. Eloquenz wurde mit Erfahrung, Pathos mit Programm verwechselt. Es gab keinen Plan für die Zeit danach. Die Blogs und Facebook-Seiten, über die der Aufstand organisiert wurde, hatten hauptsächlich Forderungen, Emotionen und Know-how vermittelt. Und dieser Aufstand wurde aus ganz unterschiedlichen Motiven geführt. Der Slogan der Revolution war »Brot, Freiheit, Gerechtigkeit«, aber gerufen wurden auch »Mubarak, du Agent Israels« und »Der Islam ist die Lösung«. Die westlich geprägte Jugendaktivistin von der Amerikanischen Universität war ebenso dabei wie der Nachwuchsfunktionär der Muslimbruderschaft und der gelangweilte 15-Jährige aus dem Armenviertel auf der Suche nach Abwechslung. Gerade viele junge Männer sahen in den Auseinandersetzungen mit der alten und neuen Staatsmacht auch ein Ventil, um Dampf abzulassen. Dass die Straßenschlachten mit der Polizei hauptsächlich von den Fan-Gruppen der großen Fußballvereine organisiert wurden, hatte man in der westlichen Berichterstattung ebenfalls lange übersehen. Wael Ghoneims Facebook-Aufruf an die »Ultras« der Clubs von *Ahly*, *Zamalek* und *Ismailiya* verzeichnete Mitte Januar 2011 doppelt so viele Klicks wie fast alle seine früheren Einträge. Aber Fußball passte nicht ins Bild, das man sich von der revolutionären Jugend des Landes gemacht hatte. Auch hier wurde das Alltägliche mit dem Histori-

9 Vgl. PRO 2011.

schen verwechselt. Das Zeltlager auf dem Tahrir-Platz, die Schlachten vor dem Innenministerium 2011 und vor den Parteizentralen der Muslimbrüder 2012 waren für Ägyptens Jugend kollektive Erlebnisse, wie sie im Westen Woodstock oder die Massendemonstrationen der achtziger Jahre waren – nur mit vielen Toten.

Aber nicht nur die Rolle von sozialen Medien und der Event-Charakter lassen viele Begleitumstände und Hintergründe der Ereignisse von 2011 und 2012 heute als Vorboten weltweiter gesellschaftlicher und politischer Entwicklungen erscheinen.[10] Da sind zunächst die Folgewirkungen globaler Ereignisse. Die Wut der Demonstranten richtete sich 2010/11 zwar gegen die eigenen Machthaber, hatte ihre Ursache aber zum Teil in globalen Entwicklungen – insbesondere der Finanzkrise und dem Klimawandel. Die Einnahmen aus dem Tourismus und die Auslandsüberweisungen waren nach den Einbrüchen in den europäischen Volkswirtschaften ab 2007/08 deutlich zurückgegangen, ebenso wie die ausländischen Direktinvestitionen. Wie überall im arabischen Raum machten sich auch in Ägypten Dürre und Wassermangel bemerkbar. Vor allem China kaufte gegen Ende der 2000er Jahre verstärkt Weizen auf dem globalen Markt ein und drehte hierdurch an der Preisspirale. Ägypten, das zu den weltweit größten Importeuren von Weizen zählt, brachte dies in eine schwierige Lage. 2010 hatten sich die Preise für Grundnahrungsmittel hier und anderswo derart erhöht, dass sie für viele Menschen unerschwinglich wurden. Nicht zufällig stand an erster Stelle des berühmten Revolutionsslogans der Protestierer vom Tahrir-Platz der Ruf nach »Brot« und nicht nach Demokratie. Polizeifolter, staatliche Willkür und Machtmissbrauch waren zwar die Zündfunken der Proteste, aber Wucht und Masse bekamen sie durch die vielen Verlierer der globalen Finanz- und Klimakrise.

Brotunruhen hatte es schon früher in der Region gegeben. Neu waren die durch das Internet und die sozialen Medien geschaffenen Kommunikations- und Organisationsräume. Die Rolle der sozialen Medien bei der Mobilisierung und Organisation der Umbrüche ist bekannt.[11] Es gab Vorläufer im Iran und anderswo, aber im arabischen Raum trugen soziale Medien zum ersten Mal zum Sturz von gleich mehreren Regierungen bei. Das war kein Zufall. Gerade unter den Bedingungen der hier herrschenden gesellschaftlichen und politischen Kontrolle und angesichts des Fehlens öffentlicher Räu-

---

10 Die folgenden Ausführungen beruhen auf Jacobs 2021, S. 66 ff.
11 Vgl. Gunning/Baron 2014, S. 275–302; sowie Groebel 2012, S. 106–116.

me verbreiteten sich virtuelle Kommunikations- und Kontaktforen rasanter als anderswo. Vor allem Facebook war 2010/11 bereits äußerst populär in der ägyptischen Gesellschaft. Die ab 2004 entstehende Blogosphäre hatten bereits die Vorläufer der späteren Protestbewegungen genutzt. Unterstützt von den globalen Internetkonzernen lernten die Aktivisten dieser Bewegungen, sich in den neuen sozialen Medien zu artikulieren und zu organisieren. Kein Zufall also, dass es ein ehemaliger Google-Mitarbeiter war, der über eine Facebook-Seite die Proteste in Ägypten initiierte und anfangs auch organisierte.

Diese Form der digitalen Organisation gelang auch deshalb so gut, weil die Machthaber die Funktionsweise der neuen Medien zunächst nicht verstanden. Aber sie lernten schnell. Nachdem das Abschalten des Internets und der Mobilfunknetze die Ägypter am 28. Januar 2011 noch in großer Zahl auf die Straße getrieben hatte, drehte das ägyptische Regime den Spieß schnell um und begann die sozialen Medien zur Überwachung, Manipulation und Kontrolle zu nutzen. Bevor es den Begriff gab, wurden alternative Fakten bereits in den Kellern des ägyptischen Innenministeriums und von den Dschihad-Hipstern des »Islamischen Staates« in die Welt gesetzt. Im Westen dachte man damals noch, dass soziale Medien zwar Diktatoren stürzen, aber Demokratien nichts anhaben könnten.

Es waren aber nicht nur die neuen Kommunikationsmöglichkeiten, die in den arabischen Umbrüchen erstmals überregionale Wirkung entfalteten. Mit den neuen Medien formierte sich hier auch eine neue Spielart des politischen Aktivismus. Anknüpfungspunkte boten die vielen Protestbewegungen und Oppositionsparteien, die entgegen der verbreiteten Wahrnehmung bereits vor den Umbrüchen in der Region aktiv waren: die Intellektuellengruppe *Kifaya*, die großen Streikbewegungen der Delta-Region, die Internet-Aktivisten, die Ultras der Fußballvereine und die Muslimbruderschaft. Diese und andere politische Gruppierungen und Parteien hatten das vergleichsweise liberale politische Umfeld der 2000er Jahre genutzt, um sich politisch Gehör und Einfluss zu verschaffen. Dies zeigte sich vor allem bei den Parlamentswahlen im Jahre 2005. Damals errangen nicht nur einige kleinere Parteien Achtungserfolge, vor allem die eigentlich verbotene Muslimbruderschaft versechsfachte ihre Mandate und zog mit 88 unabhängigen Kandidaten ins Parlament ein. Mit dem Generalstreik am 6. April 2008 gelang es dann erstmals, diese unterschiedlichen und sehr heterogenen Gruppen in einer übergreifenden Dachbewegung zu vereinen. In der soziologischen Forschung war das »Frame-Bridging«, der Schulterschluss völlig unterschiedlicher Bewegungen mittels einer führerlosen Mobilisierung über Netzwerke, längst bekannt. Aber kaum zuvor erlangte dies eine solche Wirkung wie in den Umbrüchen 2010/11.

Asef Bayat, einer der bekanntesten Interpreten der arabischen Umbrüche, hat hierfür den Begriff des »Non-Movements« verwendet.[12] Hierunter versteht er das gemeinsame Handeln nicht-kollektiv organisierter Akteure, die durch ähnliche Formen des Aktivismus politischen Wandel herbeiführen, ohne durch gemeinsame Ziele, Strukturen, Führer oder Ideologien verbunden zu sein. Für Bayat ging es in den arabischen Straßen nicht um eine neue Vision von Politik. Statt einer Abschaffung bestehender Ordnungen hatten die Protestierer vor allem Wut im Bauch und konkrete Veränderungen im Blick. Für ihn waren die Revolutionen von 2010/11 gewissermaßen post-ideologisch. Dies zeigte sich auch in den in Kairo und Tunis praktizierten popkulturellen Protestformen. Street Art, Poetry-Slam, Graffiti-Kunst, Musik und Happening gehörten ebenso zu der arabischen »Street-Politics« wie später zu *Occupy*, *Fridays for Future* und *Black Live Matters*. Kairo und Tunis waren Anfang 2011 so cool und modern wie vermutlich wenige andere Städte der Welt.

Aber damit allein war keine Revolution zu machen. Schnell fiel der Konsens zusammen, als das Abdanken der Autokraten als einigendes Ziel erreicht war. Kaum einer der Initiatoren der Proteste hatte ein eigenes Governance-Modell oder eine politische Vision für die Zukunft. Führer und System sollten weg, Konzepte einer alternativen Ordnung gab es nicht. Für den heutigen Beobachter verbieten sich Parallelen zu den aktuellen Formen des politischen Aktivismus im Westen. Denn die, die in diesem Zusammenhang auf die Straße gehen, haben mit den arabischen Aktivisten von damals weder Ziele noch Betroffenheit oder Legitimität gemein. Aber in der Form, in der Führungs- und Konzeptionslosigkeit, in ihrer Heterogenität und in ihren Forderungen nach einem Abdanken der jeweiligen Regierungen ohne Aufzeigen einer glaubwürdigen Alternative gibt es durchaus Parallelen. Das »irhal« (»Hau ab!«), das Hosni Mubarak tausendfach entgegengeschleudert wurde, spiegelt sich heute antidemokratisch in den Rufen von Verschwörern, Identitären und Reichsbürgern. Anders als den Corona-Demonstranten der vergangenen Jahre ging es den arabischen Revolutionären von damals aber um die Etablierung und nicht um die Abschaffung demokratischer Verfahren. Und die von Querdenkern und Verschwörungstheoretikern inszenierte

---

12 Vgl. Bayat 2012.

Bedrohung durch das System war für die Menschen in Kairo damals sehr real.

3. Islamistisches Zwischenspiel (2012/13)

Die Planlosigkeit der Revolutionäre rächte sich bald. Sobald Mubarak vertrieben war, zerfielen die Revolutionsbewegungen in konkurrierende und immer bedeutungsloser werdende Splittergruppen. Übrig blieben die korrupten und dysfunktionalen Systeme, deren Funktionsdefizite ohne den »starken Mann« an der Spitze nun umso deutlicher hervortraten. Schlimmer noch, mit der Diskreditierung von Justiz, Medien, Verbänden, Parteien und weiterer Institutionen des Staates blieben in vielen Fällen genau die substaatlichen Akteursgruppen übrig, die hinter den Kulissen schon immer die Fäden gezogen hatten: Sicherheitskräfte, Wirtschaftseliten, Familienclans, konfessionelle Gruppen und vor allem Islamisten. Zunächst waren es die Militärs, die in Form des ursprünglich aus der Bewegung der Freien Offiziere hervorgegangenen *Supreme Council of the Armed Forces* (SCAF) die Macht übernahmen.[13]

Im April 2011 erklärte dann aber die zumindest zu Beginn der Proteste kaum sichtbare Führung der Muslimbruderschaft, dass sie sich als politische Partei formieren und bei den anstehenden Wahlen antreten würde. Die Idee einer breiten Front aller politischen und gesellschaftlichen Kräfte, die den Umbruch tragen und gemeinsam einen Plan für die Zukunft des Landes erarbeiten, war damit vom Tisch. Diese Entscheidung hatte für Ägypten vermutlich noch weitreichendere Folgen als die Absetzung Mubaraks. Denn sie stellte das Land vor die Wahl zwischen Islamisten und altem Regime. Jahrzehntelange organisatorische Erfahrung, eine funktionierende lokale Infrastruktur und eine weitreichende Verwurzelung in der ägyptischen Gesellschaft zahlten sich für die Bruderschaft jetzt politisch aus.[14] Die Wahl eines Muslimbruders, des eher blassen Funktionärs Mohammed Mursi, zum fünften Präsidenten Ägyptens am 30. Juni 2012 war deshalb nicht wirklich überraschend. Für das Militär und die alten Eliten war es dennoch ein Schock. Aber auch in der Bevölkerung machte sich schnell Ernüchterung breit. Bereits im Juli demonstrierten die Textilarbeiter, im Oktober die Ärz-

---

13 Vgl. zur Rolle des Militärs in Ägypten und zur Machtübernahme des SCAF 2011 Sayigh 2012.
14 Vgl. hierzu detailliert Ranko 2014 und Al-Anani 2016.

te. Während Mursi und seine Unterstützer versuchten, eigene Gefolgsleute in Schlüsselpositionen von Justiz, Verwaltung und Militär zu hieven und Verfassungszusätze auf den Weg zu bringen, gewannen die von Intellektuellen, linken, studentischen und koptischen Gruppen organisierten Proteste rasch an Gewicht und an Masse.

Als Mursi seine Regierung Ende November 2012 durch Verfassungsdekrete gegen juristische Kontrollmöglichkeiten zu immunisieren versuchte und gleichzeitig immer mehr Verbindungen zwischen der Bruderschaft und gewaltbereiten Islamisten und Dschihad-Gruppen bekannt wurden,[15] eskalierten die Proteste. Liberale und Säkulare verließen den Verfassungskonvent und wandten sich offen gegen die Muslimbruderschaft. Die Vertreter der alten Machteliten machten hinter den Kulissen mit Geld, Druck und Versprechungen eifrig Stimmung gegen Mursi.[16] Es kam zu Massendemonstrationen beider Seiten und zu einer erheblichen Verschlechterung der Sicherheitslage im Land, so dass der bislang kaum bekannte Verteidigungsminister Abdul Fatah El-Sisi im Januar erstmals vor dem Staatszerfall warnte. Als Ende März dann auch noch der äußerst populäre Showmaster Bassem Youssef wegen angeblicher Beleidigung des Islam verhaftet wurde, war für sehr viele Ägypter das Maß voll.[17]

Spätestens jetzt erschienen vielen das alte Regime und damit das 2011/12 regierende Militär als das kleinere Übel.[18] Aus Sorge vor einer weiteren Islamisierung schlossen sich viele frühere Anti-Mubarak-Koalitionäre mit Repräsentanten gesellschaftlicher Gruppen und Vertretern des alten Regimes zu einer breiten gesellschaftlichen Koalition gegen die Mursi-Regierung zusammen. Als die Bewegung nach Schätzungen mindestens 20 Millionen Unterstützer zur Absetzung des Präsidenten versammelt hatte, sah die Armee die Zeit zum Handeln gekommen. Nachdem sie jahrzehntelang im Hintergrund gewirkt und sich auch während und nach dem Umbruch von 2011 als »neutraler Akteur« dargestellt hatte, verließ sie nun endgültig die Komfortzone des politischen Veto-Spielers[19] und nahm das Heft selbst in die Hand. Am 3. Juli erklärte Verteidigungsminister Sisi die Aussetzung der Interims-Verfassung und die Absetzung Mursis. Oppositionspolitiker wie Mohamed El-Baradei, religiöse Führer und Vertreter von Justiz und Gesellschaft be-

---

15 Vgl. Lynch 2016, S. 2019.
16 Vgl. Gerlach 2016, S. 114.
17 Vgl. ebd., S. 122 ff.
18 Vgl. zu dieser Phase Sayigh 2012.
19 Vgl. Albrecht/Bishara 2011.

grüßten den Schritt. Die Muslimbruderschaft stand mit dem Rücken zur Wand.

4. Sisi oder ISIS (2013/14)

Die Absetzung Mursis stürzte Ägypten in einen blutigen Machtkampf zwischen Muslimbruderschaft und Sicherheitskräften.[20] Nach Angaben der Menschenrechtsorganisation *Human Rights Watch* sollen in den Monaten danach und insbesondere bei der Erstürmung der Protestlagers am Rabaa-Platz in Nasr City am 14. August 2013 knapp 1000 Menschen getötet worden sein. Zwischen Juli 2013 und April 2014 soll es außerdem etwa 41.000 Verhaftungen gegeben haben, der Großteil wegen angeblicher Nähe zur Muslimbruderschaft.[21] Die Brutalität des Vorgehens gegen die Muslimbrüder und deren Unterstützer erklärt sich nicht nur aus Gegnerschaft zu ihren Zielen und Handlungen. Tatsächlich ging es in der Wahrnehmung vieler Vertreter des »tiefen Staates« auch um das physische Überleben. Jahrzehntelang hatten Polizei und Sicherheitskräfte Anhänger der Muslimbruderschaft verfolgt, inhaftiert und nicht selten getötet.[22] Im Falle einer »tatsächlichen« Machtübernahme der Bruderschaft war in diesen Kreisen die Angst vor Rache und Vergeltung groß. Eine maßgebliche Partizipation der Islamisten am politischen Prozess war hier deshalb nie eine Option.

Der relativ große Rückhalt in der Bevölkerung, auf den das harte Vorgehen gegen die Bruderschaft zählen konnte, hatte aber noch andere Gründe. Parallel zu den Ereignissen in Ägypten spielte sich 2013 und 2014 in Syrien und Irak ein noch weitaus schlimmeres Drama ab: der Aufstieg des sogenannten »Islamischen Staats« (ISIS). Auch hier gab es nur zwei Gegenpole, das Regime oder die Islamisten. Die Eroberung Mossuls durch einige Hundert ISIS-Kämpfer war im Juni 2014 nur möglich, weil Iraks Herrscher Maliki die sunnitischen Bevölkerungsgruppen im Norden des Landes mit seiner schiitischen Klientelpolitik gegen sich aufgebracht hatte.[23]

---

20 Vgl. Roll 2015, S. 33.
21 Vgl. Human Rights 2014, S. 27, 32.
22 Zum Verhältnis des Regimes zur Muslimbruderschaft vgl. die Studie von Al-Anani 2016, insbesondere Kapitel 8.
23 Vgl. hierzu Gerges 2016, S. 109–118.

Für Sisi waren das entscheidende politische Rahmenbedingungen. Den Horror in Syrien und Irak vor Augen, hielt er sich nicht mit Demokratisierungsversprechen auf, sondern rang dem eigenen Volk gleichsam eine Vollmacht ab, vergleichbaren Entwicklungen in Ägypten mit aller Härte entgegenzuwirken. Die Botschaft war klar: Wenn wir hier in Ägypten die Islamisten an die Macht lassen, folgen bald Verhältnisse wie in Irak oder Syrien. Es mag nur ein Wortspiel sein, dass der Name Sisi herauskommt, wenn man die Abkürzung der Terrormiliz ISIS rückwärts liest. Aber es illustriert die politische Alternativlosigkeit, in der sich viele Ägypter 2013 und 2014 wiederfanden.

5. Alles auf Linie (2014–2019)

Mit der Ermordung, Inhaftierung und Vertreibung nahezu aller führenden Vertreter der Muslimbruderschaft und der Einstufung der Gruppe als Terrororganisation hatte das Sisi-Regime bis 2014 den bis dahin wichtigsten innenpolitischen Gegner kaltgestellt. Aber die Konsolidierung der Herrschaft Sisis war noch lange nicht abgeschlossen und prägte die folgenden Jahre. Der bereits 2011 begonnene Prozess einer systematischen Ausschaltung und Abstrafung all jener Gruppen und Organisationen, die mit dem Aufstand gegen das Mubarak-Regime in Verbindung gebracht wurden, konnte weitergehen. Zunächst traf es vor allem unabhängige Nicht-Regierungsorganisationen, zivilgesellschaftliche Gruppen, Wissenschaftler, Gewerkschaftler, Künstler, Aktivisten und sogar Fußball-Fans. 2015 wurden die Ultra-Gruppierungen der großen Fußballvereine verboten. Zwischen 2014 und 2016 folgte eine Vielzahl weiterer Organisationen, die ebenfalls verboten, diskreditiert oder anderswie kaltgestellt wurden. Das übliche Vorgehen bestand im Erheben unverhältnismäßiger und willkürlicher Vorwürfe, die mit Hilfe einer rechtsstaatlich anmutenden Rhetorik von »illegaler Finanzierung« oder »fehlender Konzession« vorgebracht wurden. Gleichzeitig erließ das Regime bis 2017 eine Reihe von Dekreten und Gesetzen, welche die Arbeit von Nichtregierungsorganisationen (NGOs) und internationalen Akteuren unter strikte Kontrolle des Staates stellt. Das Beziehen ausländischer Mittel für unabhängige Arbeit wurde weitgehend verboten. Etwa 30 internationale NGOs und Menschenrechtsorganisationen mussten in der Folge ihre Aktivitäten einstellen oder das Land verlassen. Über 1000 einheimische Gruppen und Institutionen wurden aufgelöst, verboten, enteignet oder auf anderen Wegen von der Bildfläche entfernt, oft mit dem Verweis auf Kontakte zur Muslimbruderschaft.

Opfer dieser Kampagnen waren aber nicht nur die Organisationen selbst, sondern vor allem deren Repräsentanten, aber auch unabhängige Einzelpersonen. Auch dieses Vorgehen hatte System. Organisationen konnte man verbieten, ihre Repräsentanten setzten ihre Arbeit aber häufig in anderen Zusammenhängen fort. Vor allem Journalisten wurden genötigt, Regierungspropaganda oder dem Regime dienliche Verschwörungsmythen zu verbreiten. Zahlreiche Vertreter der Zivilgesellschaft sahen sich in dieser Zeit unerträglichen Repressalien ausgesetzt. Wer nicht ins Ausland floh, wurde durch Druck mundtot gemacht, verschwand oder verstarb unerwartet an »plötzlichen Gesundheitsproblemen«. Der Foltertod des italienischen Doktoranden Giulio Regeni Anfang 2016 war hier nur die Spitze des Eisbergs. Der Staat hatte sich an einem Ausländer vergriffen. Das Verschwinden ägyptischer Aktivisten, Künstler oder Journalisten ließ sich in der Regel weitaus geräuschloser organisieren.

Vertreter und Institutionen des Staatsapparates blieben nicht verschont. Die Justiz und insbesondere die zwar staatsnahen, aber auf ihre Eigenständigkeit bedachten obersten Gerichte wurden mit Gefolgsleuten und Militärrichtern besetzt und weitgehend ihrer budgetären Unabhängigkeit beraubt.[24] Vertreter von Oppositionsparteien und kritische Journalisten wurden verhaftet oder mit Verleumdungskampagnen überzogen. Selbst die engeren Kreise um die Staatselite wurde Opfer personeller Säuberungen. Der frühere Chef des Auslandsgeheimdienstes musste 2019 ebenso seinen Hut nehmen wie der Generalstabschef der Armee. Beide waren von einem kleinen Machtzirkel um den Präsidenten als mögliche Konkurrenten ausgemacht worden.[25]

6. Lang lebe Ägypten! (seit 2019)

Ziel dieser Maßnahmen war aber nicht nur die Ausschaltung möglicher Opposition, es ging um mehr. Durch eine intensive Medien- und Plakatkampagne wurde ab 2019 auf breiter Front versucht, das Volk auf seinen Präsidenten einzuschwören. Hatte es bereits seit 2013 Versuche gegeben, Sisis Herr-

---

24 Vgl. Mamdouh 2022.
25 Vgl. Miehe/Roll 2019.

schaft und Person in die Nähe von Nasser zu rücken und als gesellschafts-politisches Rettungs- und Reformprojekt zu deklarieren,[26] wurde nun eine breite staatliche Identitätskampagne gestartet. Überall im Land ist auf über-dimensionierten Plakatwänden seither das Motto *Tahiyyat Misr* (dt. »Lang lebe Ägypten«) zu lesen. Aber es geht nicht nur um nationale Gefühle und Patriotismus. Ziel der »ideologischen Generalmobilmachung« (Joseph Croi-toru) sei nichts weniger als der »Aufbau des neuen Menschen«.[27] Durch Re-den, Plakate, Fernsehserien und die Anpassung von Lehrplänen sollten die Ägypter auf ein breites Identitätskonzept verpflichtet werden.[28]

Zumindest in Teilen zeigte die Propaganda Wirkung. Bei nicht wenigen Ägyptern ist Sisi durchaus beliebt und wird als Retter vor Krieg und Cha-os und als Versöhner von Volk und Staat gefeiert. Dies gab zumindest ge-nug Spielraum, um die Kulturrevolution von oben weiter voranzutreiben. Im September kündigte Sisi eine »Nationale Strategie für Menschenrechte« an, im Oktober 2021 wurde dann der landesweite Ausnahmezustand für be-endet erklärt und im Sommer 2022 schließlich ein »nationaler Dialog« an-gekündigt und eine Reihe politischer Gefangener freigelassen. Beobachter erklären dies mit dem Versuch, angesichts des im November 2022 anstehen-den Klimagipfels im Badeort Sharm El-Sheikh, aber auch aufgrund von zu-nehmender internationaler Kritik an der Menschenrechtsbilanz des hoch-verschuldeten Landes sein Image aufzubessern.[29]

Im Hintergrund lief daher vieles weiter wie bisher. Bestimmungen über Notstandsverordnungen wurden erweitert, weitreichende Beschränkungen für unabhängige zivilgesellschaftliche Organisationen blieben in Kraft und die Staatssicherheitsgerichte verfolgten weiterhin Menschenrechtsaktivis-ten. Auch die Praxis, unliebsame Personen einsperren oder verschwinden zu lassen und die Umstände zu vertuschen, setzte sich fort.[30] Zuletzt bekannt wurde der Fall eines prominenten Ökonomen und Aktivisten, der Anfang 2022 tot in einer psychiatrischen Anstalt aufgefunden wurde.[31]

---

26 Vgl. Jacobs 2014, S. 39.
27 Croitoru 2019.
28 Vgl. ebd.
29 Vgl. Meier 2022.
30 Vgl. The Economist, 23.7.2022, sowie Jannack/Roll 2021.
31 Vgl. New York Times, 27.4.2022.

7. Bausteine des neuen Ägypten

Das neue Ägypten baut also nicht nur auf ein System politischer Überwachung und Kontrolle. Tatsächlich schwebt Ägyptens Machthaber nicht weniger als ein weitgehender Umbau von Staat und Gesellschaft vor. Der Blick auf die drei exemplarischen Bereiche Bau, Werte und Religion zeigt die Tragweite der gesellschaftspolitischen Ambitionen.

Seit den Pyramiden sind in Ägypten Bauwerke Symbole und Ausweis politischer Macht. Ägyptens Präsident Sisi macht hier keine Ausnahme. Ein zweiter Arm des Suez-Kanals, eine ICE-Strecke am Nil, ein Atomkraftwerk und viele neue Brücken und Straßen sind nur einige der zahlreichen und oft exorbitant teuren Projekte. Tatsächlich sind die Infrastruktur des Landes und viele Gebäude marode und gefährlich. Aber die Kosten der vielen neuen Prestigeprojekte sind für das hochverschuldete Land kaum zu stemmen.[32] Exemplarisch für die Schere zwischen finanziellen Belastungen und baulichen Ambitionen ist das Projekt einer neuen Hauptstadt. Bereits unter Sisis Vorgängern wurde eine Vielzahl neuer Siedlungen in die Wüste geschoben. Sie konnten allesamt ihre ehrgeizigen Ziele nicht erreichen oder das altehrwürdige Kairo als Zentrum des Landes ablösen. Nie ging es bei diesen Projekten allein um räumliche und praktische Überlegungen. Politische und gesellschaftliche Überlegungen spielten immer eine Rolle. Bei der seit 2015 im Bau befindlichen neuen Hauptstadt etwa 50 Kilometer östlich von Kairo ist das nicht anders, aber wesentlich weitreichender und teurer. Nach bisherigen – sehr schwankenden – Berechnungen soll das noch namenlose neue Kairo 45 bis 140 Milliarden US-Dollar kosten.[33] Geplant ist eine Stadt der Superlative: Sämtliche Ministerien und viele Verwaltungsbehörden, über 600 Krankenhäuser und 1,1 Millionen Wohnungen für 6,5 Millionen Menschen sollen hier entstehen.

Die gigantischen Baumaßnahmen werden von unterschiedlichen Seiten kritisiert. Die neue Hauptstadt sei weder sozial inklusiv noch finanzierbar, nachhaltig, verkehrsgerecht oder an den Lebensgewohnheiten der Mehrheit der Ägypter ausgerichtet.[34] Es entstehe eine kontrollierbare Großsiedlung für die ägyptische Mittel- und Oberschicht nach dem Vorbild von Dubai oder

---

32 Vgl. Springborg 2022 sowie Cook 2022b.
33 Vgl. Sayigh 2019, S. 246.
34 Vgl. Schwerin 2022.

Abu Dhabi, die viel Geld in die Kassen der Militärs spüle,[35] das Heer der einfachen Angestellten und Arbeiter zu weiten Pendelwegen zwinge oder – wenn sie eine der neuen Wohnungen kauften – in die Schuldenfalle treibe.

Das alte Kairo hat bei diesem Traum von der Besiedlung der Wüste das Nachsehen. Im Windschatten der Neubau-Euphorie werden hier gewachsene Stadtviertel vernichtet, die wenigen verbliebenen Bäume gefällt, Bewohner von Nilinseln vertrieben und die letzten der ikonischen Hausboote zwangsgeräumt. Auch die traditionellen Universitäten spüren den Druck. Gelder werden gestrichen, Beobachter sprechen von einem »Ausbluten«. Kein Zufall also, dass in der neuen Hauptstadt gleich sechs Universitäten angesiedelt werden sollen – mit gut kontrollierbaren Zufahrtswegen. Auch hier hat das Regime seine Lehren aus der Tatsache gezogen, dass die Unruhen des Jahres 2011 maßgeblichen studentisch geprägt waren.

Die Modernitätsversprechen des Staates können nicht darüber hinwegtäuschen, dass die Reformagenda des ägyptischen Regimes auf zutiefst traditionellen Wertvorstellungen beruht. Zu leiden haben hierunter vor allem Frauen und diejenigen, die sich der staatlich vorgegebenen Linie öffentlicher Moral nicht unterordnen wollen. Bereits in der Ära Mubarak war der Vorwurf des »unsittlichen Verhaltens« ein probates Mittel, um politische Gegner mundtot zu machen. Dennoch gab es kleine Freiräume für individuelle Lebensentwürfe. Im neuen Ägypten ist hierfür kein Platz mehr. Mehr denn je nutzt der Staat diskriminierende Gesetze zu Moral und Ausschweifung, um Aktivisten, Oppositionelle und Influencer unter dem Vorwand der »Untergrabung der Familienwerte« festzunehmen und zu inhaftieren. Unterstützt werden sie dabei durch ein weit verzweigtes System von Polizisten, Nachbarn, Hausmeistern und bezahlten Spitzeln.

Die Nutzung rigider Moralvorstellungen zur politischen Kontrolle verschärft vor allem die prekäre Lage vieler Frauen. Bereits während der Demonstrationen der Jahre 2011 und 2012 hatten die Bilder von Massenbelästigungen im öffentlichen Raum für Entsetzen gesorgt.[36] Seitdem hat sich die (gemessene) Zahl geschlechtsspezifischer Gewalttaten nach Einschätzung von Beobachtern weiter erhöht.[37] Fälle wie der Mord an einer Studentin im Frühjahr 2022, die von einem Mann erstochen wurde, dessen Heiratsantrag sie zuvor abgelehnt hatte, tragen aber auch zu einem

---

35 Zur wirtschaftlichen Macht des ägyptischen Militärs vgl. Sayigh 2019, S. 237–261.
36 Vgl. Gerlach 2016, S. 109 f.
37 Vgl. Daily News Egypt, 4.2.2021.

steigenden Problembewusstsein für Tötungsdelikte und Gewalttaten gegen Frauen bei. Viele Frauenorganisationen rufen zum Streik auf und sprechen von einem strukturellen Problem. Selbst staatsnahe Organisationen fordern Regierung und Polizei zum Handeln auf.[38]

Die Frage der öffentlichen Moral ist auch immer eine Frage des Umgangs mit der Religion. Auch nach dem jüngsten Mordfall meldete sich ein prominenter Scheich der islamischen *Al-Azhar*-Universität und machte das Opfer selbst für seine Ermordung verantwortlich. Sie hätte sich »islamischer« kleiden sollen.[39] Das macht nicht nur sprachlos, sondern zeigt auch eine nach wie vor gewisse Eigenständigkeit religiöser Autoritäten. Nachdem deren Verhältnis zum Staat bereits seit Jahrzehnten Gegenstand politischer Machtkämpfe im modernen Ägypten war,[40] zog das Sisi-Regime auch hier die Zügel an. Gegenstand der Bemühungen zur Gleichschaltung religiöser Institutionen, die als Schlüsselakteure im Kampf gegen den Islamismus gelten, sind vor allem die *Al-Azhar* und das für die Anfertigung von islamischen Rechtsgutachten zuständige *Dar Al-Iftaa*. Während das *Dar Al-Iftaa* weitgehend auf Regierungslinie eingeschwenkt ist und mit einer deutlichen politischen Aufwertung belohnt wurde, wehrt sich die *Al-Azhar* zumindest teilweise gegen weitergehende Domestizierungsversuche. Als Sisi ab Anfang 2015 nichts weniger als eine »religiöse Revolution« ausrief, ertönte vor allem von hier Kritik. Die islamischen Lehranstalten sollten ihre Positionen, Methoden und Curricula modernisieren und ihre Lehrtätigkeit in den Dienst der (staatlichen) Extremismusbekämpfung stellen. Obwohl viele *Al-Azhar*-Imame das Spiel durchschauten und die staatliche Religionspolitik als übergriffig und unislamisch verdammten, hatten sie letztendlich keine Wahl – zu stark ist die staatliche Kontrolle über Infrastruktur, Gehälter und Finanzen.[41]

Besondere Beachtung wurde aber auch der koptischen Kirche zuteil. Mit etwa 10–15 Prozent der Bevölkerung stellen die christlichen Ägypter (Kopten) eine gesellschaftlich und politisch einflussreiche Minderheit im Land dar, deren Situation und Wohlergehen auch im Ausland aufmerksam verfolgt wird.[42] In der Vergangenheit hatten Anschläge auf Kirchen und Priester

---

38 Vgl. El-Gawhary 2022.
39 Vgl. ebd.
40 Vgl. hierzu die Studie von Brown 2011.
41 Vgl. Al-Anani 2021.
42 Vgl. einführend hierzu Bailey/Bailey 2003, S. 144 ff.

immer wieder für Unruhen und Proteste gesorgt.[43] Besonders schlimm wurde es nach 2013, als sich Mursi-Anhänger auch an den Christen rächten. Für das neue Regime ist dies ein besonderes Problem, denn die Sicherheit der christlichen Minderheit hat Symbolwirkung. Als stabilitätspolitisches Signal und für die Menschenrechtsagenda sind Schutz und Sicherheit der Kopten ebenso wichtig wie für das gesellschaftspolitische Identitätsprojekt. Die Kopten sind untrennbar mit dem christlichen und pharaonischen Erbe des Landes verbunden und dadurch wesentliches Element der neuen Identitätspläne, die den Präsidenten als Beschützer der Christen vorsieht. Zum ersten Mal besuchte Anfang 2015 ein Staatspräsident die Weihnachtsmesse. Seit 2016 wurden einige Gesetze und Verordnungen erlassen, die den bislang restriktiv gehandhabten Kirchenbau erleichtern und statusrechtliche Aufwertungen vorsehen, und generell bessere Maßnahmen zur Legalisierung und zum Schutz von Kirchenbauten angekündigt.[44]

Obwohl lokale Behörden oder wütende Nachbarn bis heute Kirchenbauten verhindern und interreligiöse Liebesbeziehungen weiterhin für gewaltsame Konflikte sorgen, zeigt die neue Kirchenpolitik Wirkung. Viele Christen scheinen die Herrschaft des Präsidenten zu begrüßen: Das subjektive Sicherheitsgefühl sei gestiegen, und sogar vor den Muslimbrüdern geflohene Kopten kehrten ins Land zurück. Die koptische Kirche dankt es dem Regime durch eine offene Unterstützung der Regierungslinie in gesellschaftspolitischen Fragen. Anfang 2022 ernannte Sisi zum ersten Mal in der jüngeren Geschichte sogar einen koptischen Richter zum Präsidenten des Verfassungsgerichts. Auch dies ist vor allem als politisches Signal zu werten. Fachkundige Beobachter sind sich einig: Es hätte qualifiziertere Kandidaten gegeben.[45]

8. Ungewisser Ausblick

Ursache und Hintergrund des Umbruchs von 2011 war in Ägypten vor allem das Scheitern von Staatlichkeit.[46] Die eklatante Vernachlässigung der Fürsorgepflicht des Staates hatte damals ganz unterschiedliche Akteursgruppen für einen kurzen Moment hinter einem gemeinsamen Ziel – dem

---

43 Vgl. hierzu Jacobs 2012.
44 Vgl. Ishak 2020.
45 Vgl. Oraby 2022.
46 Vgl. Hermann 2015, S. 10.

Sturz des Präsidenten – versammelt. Dieser »revolutionäre Moment« lebt
bis heute in den Köpfen vieler Menschen am Nil fort. Nachhaltige gesellschaftliche und politische Wirkung kann er aber nicht mehr entfalten. Denn
auch das Regime hat aus den Ereignissen von 2011–2013 gelernt. Nicht etwa
die Stärkung funktionaler Staatlichkeit, sondern die Kontrolle der Machteliten[47] und das konsequente Schließen gesellschaftlicher Freiräume waren
hier die wichtigsten Lehren. Und sie zeigen Wirkung: Die Polarisierungen in
der ägyptischen Gesellschaft, insbesondere die zwischen Befürwortern und
Gegnern der Absetzung Mursis, bestehen fort.[48] Hoffnungen auf wirklichen
nationalen Dialog – jenseits staatlicher Propaganda – oder gar auf einen
neuen Gesellschaftsvertrag bleiben unter diesen Bedingungen Illusion. Dies
gilt besonders in Anbetracht der sich immer weiter zuspitzenden ökonomischen Krise des Landes. Selbstzensur, Resignation, Schweigen und der
Rückzug ins Private sind allgegenwärtig.

2021 legte der mittlerweile im New Yorker Exil lebende Alaa Al-Aswany
sein neuestes Buch vor, es heißt in der deutschen Ausgabe *Republik der Träu-
mer*.[49] Hier ist es nicht ein Gebäude, das als Mikrokosmos der ägyptischen
Gesellschaft dient, sondern die gesamten Ereignisse des Jahres 2011. Wieder steht eine Reihe unterschiedlicher und kaum verbundener Akteure für
die Misere Ägyptens. Und wieder zerbrechen ihre Wünsche und Hoffnungen
an korrupten Geschäftemachern, brutalen Sicherheitsbeamten und bigotten
Religionsführern. Das Buch ist in Ägypten verboten.

---

47 Vgl. Cook 2022a.
48 Zur internen Entwicklung der Muslimbruderschaft seit 2013 vgl. Ranko/Jacobs.
49 Der treffendere Originaltitel lautet *Jumhurriyat ka'anna* (dt. etwa »Die angebliche Republik«).

Widerstandsbewegungen als Erosion staatlicher Macht: PLO, Hamas und Hisbollah

Christoph Leonhardt

1. Einleitung

Die Levante gilt als Drehkreuz militanter Bewegungen, welche die staatlichen Mächte in der Region herausfordern. Historisch hemmte die Teilung des *bilad al-sham*[1] durch die Kolonialmächte in der Mandatszeit (1920–1948) die Unabhängigkeit der neu entstandenen Nationalstaaten. Ihre Institutionen hatten Schwierigkeiten, eine gemeinsame staatsbürgerliche Identität ihrer Gesellschaften zu befördern. So befanden sich die Staaten des Bilad al-Shams nach dem Zweiten Weltkrieg trotz Erlangung ihrer Souveränität in einer starken Abhängigkeit von ihrem kolonialen Erbe. Dieser Umstand bestärkte den Souveränitätsanspruch von Widerstandsbewegungen, die ein Alternativkonzept zu den staatlichen Institutionen entwarfen und deren Souveränität sie bald mit Waffengewalt zur Disposition stellten. Dabei richtete sich ihre Agitation nicht nur gegen die eigenen Staaten, sondern im Besonderen auch gegen den 1948 gegründeten Staat Israel. Vor allem Israel wurde von den Widerstandsbewegungen als zwiespältige Hinterlassenschaft der Kolonialmächte betrachtet.[2] Diese Feindschaft versuchten arabische Herrscher nach ihrer Niederlage im ersten arabisch-israelischen Krieg (1948/49) für ihre Zwecke zu instrumentalisieren, um ihre eigenen Legitimitätsdefizite in der Bevölkerung zu kaschieren. So kam es im weiteren Verlauf auch zu einer Verschränkung institutioneller und paramilitärischer Einflussnahme, die das Bilad al-Sham bis heute prägt und maßgeblich zur

---

1 Das Gebiet umfasst grob Syrien, Libanon, Israel/Palästina und Transjordanien.

2 Mit der Balfour-Deklaration wurden die Versprechen der britischen Kolonialherren an die Araber, keinen Staat Israel inmitten Palästinas zu errichten, 1917 kurzerhand verworfen. Seitdem plagt die Widerstandsbewegungen das Gefühl, von den Zionisten und deren Unterstützern um Palästina betrogen worden zu sein (Frangi 1982, S. 63 ff.).

Fragilität der Region beiträgt, in dessen Zentrum das ungelöste Palästina-Problem liegt. Erst am 28. Oktober 2022 veröffentlichten die Vereinten Nationen (UN) einen Bericht, in dem 2022 als »eines der tödlichsten Jahre für die Palästinenser in der Westbank« beschrieben wurde.[3] Diese Zuspitzung des arabisch-israelischen Dauerkonflikts wurde jüngst von der Hamas mit ihrem Angriff auf Israel am 7. Oktober 2023 für ihre eigene Agenda instrumentalisiert. Vor diesem Hintergrund will der vorliegende Aufsatz einen Überblick über die zentralen Widerstandsbewegungen geben, welche die Sicherheitsarchitektur der Region regelmäßig zur Erosion bringen. Hierbei werden die Organisationen der PLO, der Hamas und der Hisbollah in den Blick genommen, wobei ein besonderer Schwerpunkt auf ihre Entwicklungsgeschichten, ihre Ideologien, ihre Organisationsstrukturen, ihre Waffenarsenale, ihre Konflikte mit Israel und ihre Auswirkungen auf die ohnehin fragile Staatlichkeit in der Levante gelegt wird.

2. Die Palästinensische Befreiungsorganisation (PLO)

Der Auftakt der militanten Widerstandsbewegungen im Bilad al-Sham kann auf den 1. Januar 1965 datiert werden, als die bis dahin unbekannte Gruppe *Al-Assifa* (Sturmwind) im israelischen Beit Netofa-Tal einen Bombenanschlag verübte und dem Staat Israel den Kampf ansagte. Kurz darauf gab sich die Gruppierung als militanter Arm der palästinensischen Widerstandsbewegung zu erkennen. Mit diesem ersten Anschlag verschob sich der Fokus der Palästinafrage vom bis dato dominierenden Flüchtlings- und Rücksiedlungsstreit über die zerstreuten Palästinenser im Libanon, Syrien und Jordanien hin zum Widerstands- und Befreiungskampf um Palästina.[4]

Bereits im Juni 1964 hatte das erste Mal der Nationalrat der Palästinenser in Jerusalem getagt und die *al-munazzamat al-tahrir al-falistiniyya* (Palästinensische Befreiungsorganisation, PLO) gegründet, dessen erster Vorsitzender Ahmad Shukairi (er amtiert von 1964 bis 1967) wurde. Infolge des israelischen Sieges im Sechstagekrieg 1967 und der damit verbundenen israelischen Neueroberungen gewannen militante Gruppen wie die *al-harakat al-tahrir al-watani al-filastini* (Palästinensisch-Nationale Befreiungsbewegung, kurz: *al-fath* = Eroberung, FA), die Oberhand innerhalb der

---

3 UN 2022, S. 1.
4 Johannsen 2004, S. 197.

PLO. Laut ihrer Verfassung vom 25. Juli 1964 verfolgte die FA die Ziele der »kompletten Befreiung Palästinas« sowie der »Ausrottung der ökonomischen, politischen, militärischen und kulturellen Existenz des Zionismus«.[5] Die Agenda der FA richtete sich also direkt gegen die Existenz des Staates Israels. Ihre Dominanz wurde dann durch die Wahl des FA-Gründers Yassir Arafat zum PLO-Vorsitzenden 1969 dauerhaft besiegelt, wobei der palästinensische Widerstands- und Befreiungskampf zum Hauptziel seiner Bewegung ernannt wurde. Die PLO hatte bereits 1968 in ihrer Charta Palästina als »Bestandteil des arabischen Mutterlandes« beschrieben, auf welches das »arabisch-palästinensische Volk ein legales Anrecht« habe.[6]

Nach dem Sieg der *zva ha-hagannah lə-jisrail* (Israelischen Verteidigungstruppen, IDF) im Sechstagekrieg vom 5. bis zum 10. Juni 1967 und der folgenden Besetzung der Golanhöhen radikalisierten sich in Jordanien, im Libanon und in Syrien antizionistische Strömungen, die sich auf den palästinensischen Befreiungskampf einschworen. Ihr Aufstieg war nur möglich, weil in den Ländern der Levante instabile Staatsstrukturen vorherrschten, die in manchen Gegenden sogar ganz fehlten. So entwickelten sich im weiteren Verlauf vor allem die jordanischen Flüchtlingslager zur Basis der militanten Aktivitäten der PLO. Von König Husain bin Talal (im Amt 1952–1999) als innenpolitische Bedrohung wahrgenommen, wurden ihre Anhänger allerdings nach heftigen Kämpfen 1971 aus Jordanien vertrieben. Der PLO-Führungszirkel um Arafat wich daraufhin in den Libanon aus, wo er in den Flüchtlingslagern Sabra und Shatila in Westbeirut sowie im Südlibanon eine große Mobilisierungsbasis fand – waren doch bereits über eine halbe Million Palästinenser in den Libanon vertrieben worden.[7]

Ohne nennenswerte Militärpräsenz libanesischer Regierungstruppen im Süden war dieses schwer zugängige Gebiet anfällig für das Eindringen militanter Gruppen wie der PLO, deren Parole über den Befreiungskampf Palästinas den Hauptpfeiler ihrer Mobilisierungsfähigkeit darstellte. Während die Palästinenser in Jordanien zumindest rechtlich gesehen gleichberechtigte Staatsbürger waren, galten sie im Libanon als Bürger zweiter Klasse (ohne Pass und Wahlrecht waren sie *de facto* staatenlos).[8] Diese Perspektivlosigkeit

---

5 FA, 25.7.1964.

6 PLO, Juli 1968.

7 Die vertriebenen Palästinenser veränderten den ausbalancierten Proporz zwischen Christen und Muslimen im Libanon zugunsten Letzterer, was letztendlich auch den Ausbruch des Bürgerkriegs im Land maßgeblich mitbeförderte (Leonhardt 2014, S. 3).

8 Hroub 2000, S. 160 f.

zusammen mit der Verbitterung über die mangelnde Unterstützung durch die arabischen Eliten trieb viele Vertriebene in die Armee der PLO, die zunächst vor allem Hand- und Leichtfeuerwaffen wie Pistolen und Kalaschnikows sowie Granaten- (Reichweite: 200 m) und Raketenwerfer (1 km) sowie Mörsergranaten (10 km), später dann auch Panzerabwehrraketen des Typs Al-Kahir (150 m) und Al-Batar (300 m) sowie weiterentwickelte Raketen vom Typ Arafat 1 & 2 (8–10 km), Kafa (15 km), Firas (20 km), Jenin 1 & 2 (50–80 km), Saria 2 (150 km) und Al-Samud 3 (180 km) in ihrem Arsenal hatte.[9]

Nicht wenige heimatlose Palästinenser meinten, nur mit Waffengewalt einen Ausweg aus ihrer Misere finden zu können, fühlten sie sich doch selbst von arabischen Führern wie König Bin Talal verraten. Schließlich hatte er seine Streitkräfte ähnlich rücksichtslos gegen sie vorgehen lassen wie einst die israelische Regierung die IDF in Deir Yassin 1948 und Kafr Kassem 1956. Um die Bedrohung durch die erstarkende PLO von seiner Grenze fernzuhalten, besetzte Israel seinerseits 1982 nicht nur den Südlibanon und vertrieb ihre Kämpfer von dort, sondern bombardierte auch ihren letzten Zufluchtsort in der libanesischen Hauptstadt Beirut. Die heftige Bombardierung Westbeiruts führte schließlich zur Evakuierung der PLO, deren Anführer und Untergebene nach Ägypten, Jemen, Tunesien und in andere Teile der arabischen Welt flohen. Die rabiate Besatzungspolitik der IDF beschleunigte allerdings nicht nur die fortschreitende Militarisierung der Palästinenser im Exil, sondern beförderte auch den Widerstand der hier ansässigen religiösen Minderheiten – neben den Christen waren dies insbesondere die Schiiten.[10]

Ihr Widerstandskampf führte, gefördert durch die Islamische Republik Iran, alsbald zur Gründung der militant-schiitischen Partei Gottes im Libanon, die bald darauf die ersten Selbstmordanschläge als taktisches Kampfmittel in Nahost gegen die israelischen Besatzer einsetzte.[11] Aber nicht nur im libanesischen, sondern auch innerhalb des palästinensischen Spektrums entstanden radikale Splittergruppen. So hatte der FA-Funktionär Ali Hassan Salamah die *al-munazzamat aylul al-aswad* (Organisation des Schwarzen Septembers) gegründet, die bereits ab 1967 Angriffe auf Israel ausübte. Da sie gegen die IDF jedoch kaum bestehen konnte, machte sie ab Beginn der 1970er Jahre mit spektakulären Flugzeugentführungen oder Anschlägen wie auf das Sheraton-Hotel in Kairo (1971) oder auf die Olympischen Spiele in München

---

9 Strazzari/Tholens 2010, S. 126 f.
10 Leonhardt 2016a, 23.
11 Sharp 2006, S. 2.

(1972) international Schlagzeilen. Auf der einen Seite diskreditierte die Gewalt ihrer sogenannten Selbstaufopferer (*fidaiyyun*) den palästinensischen Befreiungskampf international. Auf der anderen Seite rüstete Israel nach den Anschlagsserien durch den Schwarzen September massiv auf, so dass die IDF mit Hilfe moderner US-Waffenlieferungen zur am besten ausgerüsteten Armee in Nahost aufsteigen konnte. Ihre Luftwaffe flog fortan nicht nur Vergeltungs-, sondern auch Präventivangriffe gegen Palästinenserlager im Libanon und in Syrien. So verschrieb sich Israel der außenpolitischen Strategie, Gefahren für seine Sicherheit frühzeitig zu beseitigen, selbst unter Inkaufnahme internationaler Souveränitätsverletzungen.[12]

Daraufhin änderte die PLO ihre Strategie, und ihr Anführer Yassir Arafat, dessen schwarz-weiße Kopfbedeckung (*al-kufiya*) bereits zum Symbol des palästinensischen Freiheitskampfes geworden war, konzentrierte sich zunehmend auf eine politische Lösung der Streitfrage um Palästina. Einer seiner größten Erfolge war sicherlich, dass die PLO im Jahr 1974 zunächst von den Blockfreien Staaten anerkannt und dann von der UN-Vollversammlung per Resolution 3237 den Status eines ständigen Beobachters zuerkannt bekam. Arabische Führer wie der syrische Präsident Hafiz al-Assad (er amtierte 1970–2000) bezeichneten die PLO daraufhin als »einzig legitime Vertretung des Volkes von Palästina«.[13] Während die Mehrheit der westlichen Staaten die PLO als Terrororganisation betrachtete, weil sie Israel das Existenzrecht absprach, hatte die einst kleine Widerstandsbewegung über den *al-majlis al-watani al-falistini* (Palästinensischen Nationalrat, PNA) mittlerweile die Führungsstruktur der Institutionen Palästinas übernommen.

Da die Palästinafrage auch auf internationaler Ebene ungelöst blieb, formierte sich gegen Ende 1987 der erste palästinensische Volksaufstand (*al-intifada*), der bis in das Jahr 1993 andauern sollte.[14] Auf der 19. PNA-Sitzung rief Yassir Arafat dann am 15. November 1988 eigenmächtig den unabhängigen Staat Palästina mit der Hauptstadt Jerusalem aus. Dieser politische Meilenstein bescherte dem PLO-Vorsitzenden großes Ansehen nicht

---

12 Ein jüngeres Beispiel ist die Bombardierung des *al-kibar*-Reaktors am 6. September 2007, in dem nach Geheimdienstinformationen in Syrien hochangereichertes Uran produziert werden sollte.

13 So auf Hafiz al-Assads Ansprache vor dem PNA am 15. Januar 1979. Ferner gewährte er der PLO Unterschlupf, nachdem seine Regierung die Befreiung Palästinas nach dem Golanhöhen-Verlust an Israel offiziell zum außenpolitischen Ziel erklärt hatte (Bawey 2013, S. 125 f.).

14 Auch wenn die Initialzündung des Aufstands ein schwerer Verkehrsunfall eines IDF-Fahrzeugs am Gaza-Grenzübergang mit vier palästinensischen Toten war, kann als sein Hauptgrund primär das jahrelange Scheitern zur Lösung der Palästinafrage gelten (vgl. Shehada 1996, S. 19 f.).

nur im palästinensischen Volk, sondern auch in den anderen arabischen Bevölkerungen. Dies geschah ungeachtet der folgenschweren Terroranschläge durch seine Organisation, insbesondere auch deswegen, weil es innerhalb der schwachen Strukturen Palästinas kein staatlich legitimiertes Gegengewicht zu ihm gab. Im weiteren Verlauf wurden die formalen Apparate der PLO immer mehr zu den offiziellen institutionellen Organen Palästinas.[15]

Seit dem Ausrufen seines Staates setzte der PLO-Führer Arafat immer mehr auf Diplomatie mit Israel, auch aufgrund des Drucks der internationalen Staatengemeinschaft. So setzte ab dem Beginn der 1990er Jahre ein Friedensprozess ein, in dem die PLO-Administration unter Vermittlung der USA in direkte Verhandlungen mit der israelischen Regierung eintrat. Die Friedensverhandlungen führten zu einer Reihe von zielführenden Abkommen zur Beilegung des israelisch-palästinensischen Dauerkonflikts. Einen Meilenstein stellte die am 13. September 1993 von dem israelischen Premierminister Jitzchak Rabin (im Amt 1992–1995) und dem Außenminister Shimon Peres sowie dem PNA-Präsidenten Yassir Arafat (im Amt 1994–2004) und dessen Stellvertreter Mahmud Abbas unterzeichnete »Prinzipienerklärung über die vorübergehende Selbstverwaltung« (Oslo I) dar.

Während Israel in den vorangegangenen Kriegen (1948/49, 1956, 1967, 1973) seine staatliche Existenz gegenüber seinen arabischen Nachbarn bereits behauptet hatte, wurde infolge der Prinzipienerklärung 1994 mit der Selbstverwaltung durch die palästinensische Autonomiebehörde (PA) auch eine gewisse Staatlichkeit in der Westbank und im Gazastreifen etabliert, die allerdings durch ihre institutionelle Schwäche geprägt war. Israel akzeptierte die PLO als offiziellen Vertreter des palästinensischen Volkes, während sich die PLO dazu verpflichtete, alle Passagen, die zur Vernichtung Israels aufriefen, aus ihrer Charta zu streichen. Folgeverhandlungen sollten nach einer fünfjährigen Übergangsperiode in die vollständige staatliche Unabhängigkeit Palästinas führen. Am 4. Mai 1994 kam es zunächst im »Abkommen über die palästinensische Teilautonomie im Gazastreifen und im Jericho-Gebiet« zur Präzisierung der Selbstverwaltungsrechte der Palästinenser (Gaza-Jericho-Abkommen). Am 24. September 1995 folgte das »Interimsabkommen über das Westjordanland und den Gazastreifen«

---

15 Die Staatlichkeit Palästinas wurde bis dato von 138 der 193 UN-Mitgliedsstaaten anerkannt. Ob seine Institutionen die Kriterien eines Staatswesens allerdings in vollen Umfang erfüllen, gilt bisweilen als nicht ganz unumstritten (Dane/Stettner 2011, S. 53–72).

(Oslo II), wobei nun auch die größeren palästinensischen Städte unter PA-Kontrolle gestellt wurden.[16]

Allerdings sollten umstrittene Streitfragen, wie der Status Jerusalems, die palästinensische Flüchtlingsfrage und der israelische Siedlungsbau im Westjordanland, auf unbestimmte Zeit vertagt werden. So war auch die israelisch-palästinensische Annäherung von Anfang an fragil, auch weil auf beiden Seiten radikale Kräfte schon während der Verhandlungen gegen diese Zweistaatenlösung opponierten. Auf der israelischen Seite sahen die ultranationalistischen Juden ihren Staat durch die Friedenspolitik von Jitzchak Rabin in Gefahr und versuchten diese mit Gewalt zu diskreditieren. Zunächst verübte der radikale Siedler Baruch Goldstein am 25. Februar 1994 ein Attentat in der *al-Ibrahimi*-Moschee von Hebron, bei dem er 29 betende Muslime ermordete und über 150 verletzte. Danach erschoss der ultranationale Student Jigal Amir am 4. November 1995 den Initiator der Friedensverhandlungen Jitzchak Rabin auf einer öffentlichen Kundgebung in Tel Aviv.

Nachdem die PA die Selbstverwaltung gemäß der Prinzipienerklärung übernommen hatte, versuchte auf der palästinensischen Seite die militant-sunnitische Hamas die Verhandlungsfortschritte mit Israel zunichte zu machen, indem sie die Souveränität der PA untergrub. Zur Übertragung der Autonomie war die PLO gewisse Sicherheitsverpflichtungen gegenüber Israel eingegangen, die u.a. vorsahen, dass die PA Angriffe auf Israel unterbindet. Dagegen sahen sich radikalere Gruppen wie die Hamas nicht an den auf Oslo I und II gründenden Gewaltverzicht der PLO gebunden und führten nun verstärkt Angriffe durch. Die israelische Regierung machte die PA dafür mitverantwortlich, so dass sich diese zu einem härteren Durchgreifen gegen die Hamas genötigt sah, dabei aber natürlich auch im Eigeninteresse handelte, den innerpalästinensischen Machtkampf für sich zu entscheiden. Deswegen kam es Ende 1994 vor der Palästina-Moschee in Gaza zu direkten Kampfhandlungen zwischen der PA und der Hamas mit über einem Dutzend Toten. Im Zuge der Gewalteskalation zerfielen die quasi-staatlichen Strukturen der Selbstverwaltung und mit ihnen das Gewaltmonopol der PA, das maßgeblich auf den Verhandlungen mit Israel (Oslo I und II) basierte. Mit ihrer Souverä-

---

16 Das Westjordanland wurde in A- (Städte), B- (Gemeinden/Dörfer) und C-Gebiete (Landstriche/ Siedlungen) unterteilt. Während A unter PA-Kontrolle gestellt wurde, teilten sich die Palästinenser (Administration) und Israel (Sicherheit) die Souveränität über B, während in C Israel weiterhin die alleinige Kontrolle ausübte (ECF 1995).

nität verlor die PA gleichzeitig ihren Status als Verhandlungspartner Israels, war sie doch aus dessen Sicht damit gescheitert, den militanten Widerstand gegen den Friedensprozess zu disziplinieren.[17]

Die Vereinbarungen von Oslo hatten zwar das Exil der PLO-Führungsriege beendet, allerdings hatte sich unter ihrer Dominanz in den Autonomiegebieten ein immer autoritäreres System gebildet, das durch Vetternwirtschaft und die Machtkonzentration bei Yassir Arafat gekennzeichnet war. So verlor der Palästinenserführer in der zweiten Hälfte der 1990er Jahre immer mehr an Legitimität innerhalb seines Volkes – einerseits wegen der grassierenden Korruption, andererseits aufgrund der fortschreitenden Verhandlungen mit Israel (Camp-David-Abkommen II), deren Ergebnis von vielen Palästinensern nunmehr als vermittelter Diktatfrieden durch einen korrupten Anführer wahrgenommen wurde. Besonders die israelische Ablehnung eines Rückkehrrechts für die Vertriebenen und das Beharren auf die jüdischen Siedlungen waren für die meisten Palästinenser absolut inakzeptabel. Nach erneuten Zusammenstößen sollten sich die Hoffnungen auf eine friedliche Beilegung des israelisch-palästinensischen Dauerkonflikts und seiner strittigen Fragen bald wieder zerschlagen.[18]

Der provokante Besuch des kurz darauf zum israelischen Ministerpräsidenten gewählten Hardliners Ariel Sharon (er amtierte 2001–2006) auf dem Tempelberg sowie der Wiedereinmarsch der IDF in die Palästinensergebiete ließen den schwelenden Konflikt vollends eskalieren. Mit dem zweiten Palästinenseraufstand, der *al-aqsa*-Intifada, wurde ab September 2000 dann nicht nur der Gewaltverzicht der alten Garde der palästinensischen Nationalbewegung komplett in Frage gestellt, sondern auch deren Führungsanspruch. Dass die Angriffe auf Israel von Seiten der Hamas trotz Arafats vielfachen Versuchen zur Mäßigung bis Anfang 2005 anhielten und die Autonomiepolizei regelmäßig verhaftete Hamas-Kämpfer wieder auf freien Fuß setzte, wurde gemeinhin als Kontrollverlust des PLO-Vorsitzenden gewertet. Bestätigt wurde dies, als FA-Brigaden (u.a. *al-aqsa* und *tanzim*) in der zweiten Intifada damit begannen, mit den Hamas-Brigaden direkt zu kooperieren, obwohl letztere Arafats Friedensbemühungen von Anfang an tor-

---

17 Ohnehin konnte von einem Gewaltmonopol nur eingeschränkt die Rede sein, denn die Zuständigkeit für die Sicherheit in den Autonomiegebieten lag in letzter Instanz oft bei der Besatzungsmacht (Johannsen 2004, S. 196).

18 Ungelöste Streitfragen blieben der zukünftige israelisch-palästinensische Grenzverlauf, der Status der Hauptstadt Jerusalems, die Zukunft jüdischer Siedlungen und das Rückkehrrecht palästinensischer Vertriebener (ebd.).

pediert hatten. Die IDF ging ihrerseits mit voller Härte gegen die Aufständischen vor und verschonte dabei weder die Zivilbevölkerung noch die neu aufgebauten Strukturen der Autonomiebehörde, womit sie maßgeblich zum Zerfall der gesellschaftlichen, politischen und wirtschaftlichen Institutionen Palästinas und dessen fortwährender Fragilität beitrug.[19]

Das politische Vakuum, das der Tod von Yassir Arafat Ende 2004 hinterließ, konnte vom neuen PNA-Präsidenten Mahmud Abbas (im Amt seit 2005) nicht gefüllt werden, auch weil er als Unterstützer des gescheiterten Osloer Friedensabkommens galt. So konnte die Gewaltspirale nur unter Vermittlung des sogenannten Quartetts (EU, UNO, USA und Russland) mittels der Roadmap-Initiative eingedämmt werden.[20] In das Machtvakuum, das der Zusammenbruch der palästinensischen Organe und der überraschende Abzug der IDF in der Mitte 2005 aus dem Gazastreifen hinterließen, stieß dann die radikale Widerstandsbewegung der Hamas. Ihr stetig wachsender Einfluss in Palästina sollte insbesondere durch den fortbestehenden Mangel an funktionierenden staatlichen Institutionen befördert werden.

3. Die Islamische Widerstandsbewegung (Hamas)

Die Hamas (auch HAMAS), *al-harakat al-muqawama al-islamiyya* (Islamische Widerstandsbewegung), entstand bereits 1987, kurz nach Ausbruch der ersten Intifada (1987–1993). Bis heute versteht sie sich laut ihrem Prinzipienprogramm als »national-palästinensische, islamische Befreiungs- und Widerstandsbewegung«.[21] Gemäß ihrer Gründungscharta von 1988 hatte sie sich zum Ziel gesetzt, »ein islamisches Palästina vom Mittelmeer bis zum Jordanfluss« zu errichten. Lehnte sich die PLO ideologisch noch an den Panarabismus ähnlich wie die syrische Baath-Partei an, betonte die Hamas dagegen ihre Verpflichtung gegenüber dem Islam (Art. 1).[22] So erhob sie mit

---

19 Als Beispiel kann das rücksichtslose Vorgehen der IDF in der Westbank genannt werden: Allein bei ihrem Angriff auf das Flüchtlingslager Jenin im April 2002 kamen hunderte Palästinenser um (Hussein 2019, S. 184).

20 Auswärtiges Amt, 7.5.2003.

21 Hamas, 1.5.2017.

22 Schon ihre Gründungscharta wird mit dem Koranvers Al-Imran 110 f. eingeführt: »Ihr seid die beste Gemeinschaft (die Muslime) ... aber die Mehrzahl von ihnen (die Juden und Christen) sind Frevler ... Mit Schmach werden sie geschlagen, wo immer sie angetroffen werden« (Hamas, 18.8.1988).

ihrer Charta die Befreiung Palästinas »zur Pflicht eines jeden Muslims«, erklärte also die palästinensische Sache zu einer religiösen (Art. 14 und 15). Das bedeutet, dass sie ihren politischen mit ihrem militärischen Widerstandskampf durch die Ausrichtung auf den Heiligen Krieg (*jihad*) verknüpfte.[23] Diese Islamisierung des Kampfes zeigte sich in ihrer Gründungscharta von 1988 auch in der Definition ihrer Gegner: Während die PLO die palästinensischen Juden in ihrem Gründungsmanifest als einfache Palästinenser beschrieb, die bereits vor den »zionistischen Invasoren« in Palästina gelebt haben (Art. 6), definierte die Hamas alle Juden gleichermaßen als Zionisten, die keinerlei Anspruch auf das arabische Territorium Palästina hätten (vgl. Art. 31 und 32).[24] Damit sprach die Hamas bereits mit ihrer Gründungscharta dem Staat Israel als solches das Existenzrecht ab.

In diesem Denken lehnte die Hamas-Führung die PLO-Entscheidung aus den 1990er Jahren, in Friedensverhandlungen mit Israel einzutreten, kategorisch ab und opponierte von Anfang an gegen Arafats Friedenskurs. Sie warf ihm vor, mit den Verhandlungen »Palästina an die Zionisten verkauft« und »Verrat am Willen Allahs« begangen zu haben.[25] Die Angriffe auf Israel führte meist ihr militärischer Arm, die *Qassam*-Brigaden (QB) durch, deren Raketenarsenal zunächst aus selbstgebauten Al-Bana (Reichweite: 10 km) und Qassam-Raketen (15 km) bestand, mittlerweile aber auch Panzerabwehrraketen des Typs Al-Yassin (500 m) und Raketen vom Typ Grad (20 km), Kajutscha (30 km), Al-Nassir 2 (50 km), Fajr 5 (75 km), Buraq (100 km) und M302 (180 km) umfasst.[26] Mit ihnen konnte die QB in jüngster Zeit auch von Gaza aus israelische Großstädte wie Ashdod, Tel Aviv und Haifa angreifen. Während der zweiten Intifada nutzte sie neben Raketenangriffen auch Selbstmordattentate als strategische Waffe gegen Israel, wobei sie die

---

23 Das arabische Wort *jihad* bedeutet Anstrengung für den Islam. Es beinhaltet nicht zwangsläufig eine militärische Komponente, die allerdings schon seit dem Mittelalter das religiöse Dschihad-Konzept dominiert. Darauf beruft sich auch die Hamas, deren arabische Abkürzung *hamas* ebenfalls mit Eifer bzw. Anstrengung übersetzt werden kann (Tyan 1991, S. 538 f.).

24 Hamas, 18.8.1988.

25 Hamas 1994.

26 Der vollständige Name des militärischen Arms, den QB, lautet *al-kataib al-shahid Izz al-Din al-Qassam* (Brigaden des Märtyrers Izz al-Din al-Qassam) und stammt von dem militanten Prediger Izz al-Din al-Qassam, der den Widerstand gegen die koloniale Mandatsherrschaft in der Levante anführte. Sie lehnen das Existenzrecht Israels vehement ab und stehen bis heute unter starkem Einfluss der Hamas-Exildelegation (Johannsen 2004, S. 200).

ursprünglich von der libanesischen Partei Gottes etablierte Märtyrertaktik institutionalisierte.[27]

Im Kontext ihrer Erzfeindschaft gegenüber Israel unterstützte die »Achse des Widerstands« (*al-mihwar al-muqawama*), sprich Iran, Syrien und die Partei Gottes im Libanon, traditionell die palästinensischen Widerstandskämpfer mit Rekruten, aber auch mit militärischer Ausbildungshilfe und Waffenlieferungen. So wurde die Hamas nicht nur vom Iran bewaffnet, sondern ihre Soldaten wurden früh von Ausbildern der *sepah-e pasdaran-e enghelab-e ewslami* (Armee der Wächter der Islamischen Revolution, IRGC) in Geheimcamps im Libanon, in Syrien und im Sudan geschult.[28] Darüber hinaus beherbergte Damaskus bereits seit den 1990er Jahren das Hamas-Informationsbüro ihres Gründers und geistigen Oberhaupts Sheikh Ahmad Yassin und das Politbüro ihres politischen Anführers Khalid Mishal (er amtierte 1996–2017). Seitdem Syrien im Sechs-Tage-Krieg 1967 die Golanhöhen an Israel verlor, strebte die syrische Baath-Partei noch unter Hafiz al-Assad ihre vollständige Rückgabe an. Er betrachtete militante Widerstandsbewegungen wie die palästinensische Hamas als nützliche Stellvertreter im Kampf gegen den Erzfeind Israel. Zwar kam es im Kontext des syrischen Bürgerkriegs unter der Führung von Baschar al-Assad (im Amt seit 2000) zeitweise zu einem Bruch mit der Widerstandsachse Beirut–Damaskus–Teheran, weil sich die Hamas an die Seite der Opposition gegen al-Assad stellte. Aus diesem Grund verlegte die Hamas-Führungsriege ihre Büros von Syrien nach Katar, wohin sie als Teilbewegung der *al-ikhwan al-muslimun* (Muslimbruderschaft, MB) engste Beziehungen pflegte. Doch obwohl der katarische Emir Hamad bin Khalifa al-Thani (im Amt von 1995 bis 2013) dem Gazastreifen Millionen zukommen ließ, realisierte die Hamas bald, dass sie ohne die staatliche Rückendeckung durch Damaskus und Teheran militärisch kaum eine Chance hatte, gegen die IDF zu bestehen, weshalb sie sich ab 2017 der Widerstandsachse wieder langsam annäherte. So kam es dann Mitte Oktober 2022 zum ersten Treffen seit über einem Jahrzehnt zwischen Baath-Vertretern und Hamas-Funktionären in Damaskus, wo sie

---

27 Der Hamas-Mitbegründer und Sprecher Abd al-Aziz al-Rantisi (im Amt von 1992 bis 2004) legitimierte die Selbstmordattentate mit den Worten: »Wenn ein Blutzeuge ... seine Seele opfert, mit dem Ziel, den Feind, um Allahs Willen zu treffen, dann ist er ein Märtyrer« (Al-Rantisi, 25.4.2001).

28 Besonders der Sudan entwickelte sich zum Drehkreuz für die Hamas, die mit Hilfe der HA und der IRGC von hier aus auch Waffen über Ägypten in den Sinai bis in den Gazastreifen schmuggelte (Mahnaimi, 29.3.2009).

wieder von Baschar al-Assad empfangen wurden und unter anderem mit ihm über eine Neueröffnung eines Damaszener Hamas-Büros sprachen.[29]

Darüber hinaus wird die militante, aber auch politische Strategie der Hamas seit jeher durch das konsultative Führungsgremium des Schura-Konzils (al-majlis al-shura) koordiniert. Es stellt neben dem Politbüro das zweite Zentralorgan ihres politischen Arms dar. Laut der Aussage ihres 2004 bei einem IDF-Luftangriff getöteten Chefideologen Sheikh Ahmad Yussuf spielt bei dem Schura-Konzept der Hamas die Einbindung der MB eine zentrale Rolle.

Allerdings beschränkte sich die Hamas seit ihrer Gründung im Jahr 1987 nicht nur auf den militanten Dschihad, sondern errichtete ihre Unterstützungsbasis auch durch die Etablierung eines breiten Netzwerkes an wohltätigen Einrichtungen (al-dawah). So unterhält sie neben ihren rund 150 Moscheen und Religionsinstituten in den Autonomiegebieten auch Kindergärten, Schulen, Krankenhäuser, Unternehmen und Wohltätigkeitsvereine, wie zum Beispiel die jammiyat al-islah oder al-birah. Die Finanzierung ihres weit gefächerten Engagements sichert die Hamas über Spenden aus der palästinensischen Mittelschicht, aber auch von radikalreligiösen Kreisen in der arabischen und westlichen Welt ab.[30] Allerdings ist es kein Geheimnis, dass die Hamas-Führung teilweise auch Spenden für soziale Dienstleistungen dazu verwendet, ihren Widerstandskampf voranzutreiben. Zum Beispiel lenkte sie jahrelang internationale Hilfsgelder für notleidende Kinder und Mittellose im Gazastreifen auf ihre Kriegskonten, um damit den Ausbau ihres Waffenarsenals für den »Dschihad« gegen Israel zu finanzieren.[31]

Nichtsdestotrotz scheint sich die Hamas mit ihren wohltätigen Netzwerken innerhalb der palästinensischen Bevölkerung verdient gemacht zu haben, nicht zuletzt auch aufgrund des Scheiterns des von der PLO vorangetriebenen Friedensprozesses. Die neu gewonnene Unterstützung nutzte sie dann insbesondere für ihre Einflussnahme auf politische Entscheidungsprozesse, die wiederum durch die Fragilität der etablierten Institutionen der PA befördert wurde. Die größte politische Errungenschaft der Hamas

---

29 al-nahar, 19.10.2022.

30 Im Westen operierte jahrzehntelang eine Reihe wohltätiger Fonds, wie der britische Palestine Relief and Development Fund, die deutsche al-aqsa-Stiftung oder das französische Comité de Bienfaisance et Solidarité avec Palestine; hinzu kam im arabischen Raum die katarische al-itilaf al-khair (Croitoru 2007, S. 168).

31 Yaron, 4.8.2016.

war gewiss ihr Sieg bei den Parlamentswahlen in den palästinensischen Autonomiegebieten am 25. Januar 2006, bei der sie die der PLO angehörende FA-Partei übertrumpfen konnte.[32] Infolge ihres Wahlsiegs stellte sie den palästinensischen Ministerpräsidenten Ismail Haniyya (im Amt 2006/07) und führte eine Regierung der nationalen Einheit an. Auch wenn diese von kurzer Dauer war, hatte sich die Hamas mit ihrer Regierungsbeteiligung von einer reinen paramilitärischen Widerstandsmiliz nun zu einem quasi-staatlichen Akteur in Palästina entwickelt – und dies, obwohl sie seit jeher gegen die etablierten Organe des Landes opponiert hatte. Nun musste sie sich im Rahmen ihrer Regierungsverantwortung plötzlich an Verfassungsgrundsätze und internationale Verträge halten, was auch die von ihr stets abgelehnten Abmachungen mit Israel umfasste.[33]

Trotz der Einheitsregierung aus HAMAS und FA flammten die Kämpfe zwischen beiden Rivalen schon Ende 2006 wieder auf, nachdem Sicherheitskräfte der PA während einer Hamas-Demonstration in Ramallah auf deren Teilnehmer schossen. Im weiteren Verlauf nahmen die Auseinandersetzungen zwischen beiden Parteien bürgerkriegsähnliche Ausmaße an, denen Hunderte Palästinenser zum Opfer fielen. Im Juni 2007 eskalierte die Situation besonders im Gazastreifen, wo die Hamas die FA und die von ihr kontrollierte PA vollständig entmachtete. Seither sind die palästinensischen Gebiete *de facto* in den Herrschaftsbereich der Hamas unter Ismail Haniyya im Gazastreifen und in die von der FA kontrollierten Autonomiegebiete unter Mahmud Abbas im Westjordanland geteilt. Erst Mitte 2011 unterschrieb der Hamas-Führer Haniyya zusammen mit dem FA-Chef Abbas, der inzwischen vom PNA zum Präsidenten eines zukünftigen Staates Palästina gewählt worden war, ein Versöhnungsabkommen (Kairo-Abkommen). Der Beschluss konnte als Schritt gewertet werden, die palästinensische Spaltung

---

32 Bei den Autonomieratswahlen erlangte die Hamas die absolute Mehrheit im sogenannten Legislativrat mit 74 Sitzen im Parlament, während die FA hier lediglich 45 Mandate erringen konnte (Croitoru 2007, S. 193).

33 Radikale Splittergruppen wie die *al-hizb al-tahrir* (Befreiungspartei) und die *jund ansar Allah* (Soldaten der Unterstützer Gottes) lehnten ihre Wahlteilnahme strikt ab und radikalisierten sich, wobei sie auch mit der *al-qaida* (Basis) oder dem *al-dawla al-islamiyya fi al-iraq* (Islamischen Staat im Irak) kooperierten. Die Hamas ging gegen sie gewaltsam vor, denn der globale Dschihad stand nie auf ihrer Agenda (Hafez/Walther 2012, S. 68 f.)

zwischen der FA und PLO auf der einen und der Hamas auf der anderen Seite zugunsten eines gemeinsamen Staatsprojekt Palästinas zu kitten.[34]

In der Folge blieb allerdings die konkrete Umsetzung der Teilungsaufhebung der zwei palästinensischen Herrschaftsbereiche aus. Stattdessen entbrannte ein erneuter Konflikt der Hamas mit Israel im Gazastreifen, der die Gräben zwischen der Hamas und der FA wieder vertiefte. Weitere Versuche, den innerpalästinensischen Konflikt beizulegen und beide Territorien durch eine Einheitsregierung wieder zu vereinen, scheiterten – auch aufgrund des starken Widerstands von Seiten Israels und der USA (2014, 2017, 2019). Nachdem der palästinensische Legislativrat seit der Hamas-Machtübernahme im Gazastreifen 2006 nicht mehr getagt hatte, löste der PNA-Präsident Mahmud Abbas, dessen legitime Amtszeit formal eigentlich schon seit 2009 abgelaufen war, den Rat 2018 komplett auf. Zwar wurden neue Parlamentswahlen für den Mai 2021 angesetzt, allerdings von Abbas kurzfristig abgesagt, nachdem Israel seine Zustimmung zur Durchführung der Wahlen in Ostjerusalem in dem per Osloer Vertragswerk festgelegten Modus – aus Sorge vor einer erneuten Regierungsbeteiligung der Hamas – nicht erteilt hatte. Aus israelischer Sicht versucht sich die radikale Widerstandsbewegung durch ihre politische Partizipation vor allem vom Terrorismusvorwurf zu befreien und ihren institutionellen Einfluss auf ganz Palästina auszuweiten. Für Israel bleibt die Hamas deswegen »eine Terrororganisation, welche die Kontrolle im Gazastreifen übernommen und ihn zum feindlichen Gebiet gemacht hat«.[35]

So war der von der Hamas kontrollierte Gazastreifen trotz des Abzugs der IDF seither bereits vier großen israelischen Militäroffensiven ausgesetzt (2008/09, 2012, 2014, 2021 und jüngst 2023). Allerdings wird die jüngste IDF-Offensive in Gaza als Reaktion auf den Hamas-Angriff vom 7. Oktober 2023, die Sicherheitsarchitektur maßgeblich verändern, weil Israel das Ziel verfolgt, die Hamas gänzlich zu zerschlagen. Im Unterschied zur FA hat sich die Hamas noch nie zur Zweistaatenlösung im Sinne eines palästinensischen Staates auf dem Territorium der 1967 besetzten Gebiete mit Ostjerusalem als Hauptstadt bekannt. Darüber hinaus hat sie offiziell auch noch nicht das

---

34 Dabei veränderte die Hamas zunehmend ihre Rhetorik, was sich auch in ihrem Prinzipienprogramm von 2017 zeigte. Darin betonte sie in Art. 16 im Gegensatz zur Gründungscharta, dass sich ihr Kampf »nicht gegen die Juden aufgrund ihrer Religion« richte, sondern »gegen die Zionisten, die Palästina besetzen« (Hamas, 1.5.2017).
35 Die Zeit, 19.9.2007.

in ihrer Gründungscharta formulierte Ziel, einen islamischen Staat Palästina zu errichten, aufgegeben. Entsprechend zeigt das Hamas-Logo bis heute den Jerusalemer Felsendom in der Mitte eines ungeteilten Staates Palästina, der das israelische Staatsgebiet miteinschließt.[36] Während die Hamas und die mit ihr verbündete, ebenfalls aus der MB entstandene *al-harakat al-jihad al-islami fi falistin* (Bewegung des Islamischen Dschihads in Palästina, HJI) im Gazastreifen und im Westjordanland die Südfront gegen Israel bilden, stellt die Partei Gottes im Libanon sozusagen als Counterpart die Nordfront der Widerstandsbewegungen dar.[37]

4. Die Hisbollah (HA)

Von den militanten Bewegungen, die seit den 1970er und 1980er Jahren im Bilad al-Sham entstanden sind, hat die *hizb Allah* (Partei Gottes, HA) bis heute die größte Auswirkung auf die Sicherheitsarchitektur der Levante. Sie entstand mit maßgeblicher Unterstützung der iranischen *niru-ye quds* (Quds-Brigaden, NQB) schon 1982 in einem Abspaltungsprozess aus dem schiitischen *al-afwaj al-muqawama al-lubnaniyya* (Regiment des Libanesischen Widerstands, AMAL). Als NQB-Ableger wurde die HA ganz im Geiste der iranischen Revolution von 1979 gegründet, allerdings liegt ihr Gründungsursprung in der israelischen Invasion im Südlibanon während des libanesischen Bürgerkriegs (1975–1990) begründet.[38] Nachdem die PLO durch die israelische Invasion im Südlibanon 1982 vertrieben wurde, nutzte die schiitische HA das dortige Machtvakuum und begann ihre Widerstandsaktionen primär in diesem unwegsamen und staatlich kaum kontrollierten Gelände. Bis 1983 hatte sich ihr Einfluss bis nach Beirut ausgedehnt, wo sie

---

36 Darüber steht der islamische Ausspruch: *la-ilaha illa Allah, Muhammad rasul Allah* (Es gibt keinen Gott außer Allah, Muhammad ist der Gesandte Allahs). Darunter befinden sich zwei gekreuzte Schwerter; vgl. die Hamas-Internetseite: https://hamas.ps.

37 Die Hamas/HA-Entente begann 1992 mit der israelischen Deportation von rund 400 Hamas-Milizionären ins libanesische Marj al-Zahur. Während Israel damit sunnitisch-schiitische Kämpfe im Libanon auslösen wollte, nahm der HA-Kommandant Imad Mugniya die palästinensischen Kämpfer wider Erwarten unter seine Führung und bildete sie zusammen mit seinen HA-Einheiten im antizionistischen Widerstand aus (Wege 2012, S. 8).

38 Während des Bürgerkriegs radikalisierte sich die *al-harakat al-mahrumin* (Bewegung der Enteigneten) des Schiiten-Führers Musa al-Sadr innerhalb der AMAL infolge der Libanon-Invasion Israels und gründete die HA. Al-Sadr galt fortan als ihr spiritueller Führer, bis er 1978 in Libyen spurlos verschwand (Zisser 2001, S. 9 f.).

eine Reihe tödlicher Anschläge gegen US-Einrichtungen verübte. Weltweite Schlagzeilen erzeugten ihre Kämpfer durch die bereits weiter oben erwähnten strategisch geplanten Selbstmordattentate. Dabei stand der Anschlag zweier HA-Selbstmordattentäter auf den US-Marinestützpunkt im Beiruter Hafen am 23. Oktober 1983, bei dem über 240 US-Marines und mehr als 50 französische Fallschirmjäger starben, sinnbildlich für den Auftakt des schiitischen Märtyrerkults.[39]

Ihre Existenz erklärte die HA offiziell erst zwei Jahre später in ihrem Gründungsmanifest des Offenen Briefes (al-risalah al-maftuha), der in der Beiruter Zeitung al-safir am 16. Februar 1985 veröffentlicht wurde. In ihm präzisierte sie ihre politisch-ideologischen Ziele, die sich auf den Koran, die Sunna und die Lehre des schiitischen Rechtsgelehrten Ayatollah Khomeini stützten. Sie stellte sich als »Partei Gottes, deren Vorhut Allah im Iran siegreich gemacht hat«, vor – ein Selbstverständnis, das sich auch im HA-Logo wiederfindet.[40] Im Offenen Brief skizzierte die Organisation ihr Hauptanliegen, »die Amerikaner, Franzosen und ihre Verbündeten aus dem Libanon zu vertreiben«, verbunden mit dem Ziel, hier »eine islamische Regierung« zu etablieren.[41]

Nach dem Ende des Bürgerkriegs 1990 wandelte sich die HA unter ihrem Generalsekretär Hassan Nasrallah (im Amt seit 1992) von einer im Untergrund operierenden Widerstandsbewegung zu einer Organisation mit einer offiziellen Partei und einem militärischen Flügel. Seit 1992 ist sie als Partei in der libanesischen Nationalversammlung vertreten und bekleidet dort sogar Ministerposten, so dass sich die HA ganz offiziell zu einem machtpolitischen Faktor im Land entwickelt hat. Dies bedeutete allerdings nicht, dass sie darauf verzichtet, für sie wichtige politische Ziele auch mit Waffengewalt durchzusetzen – und dies, obwohl das Taïf-Friedensabkommen die Entwaffnung aller Bürgerkriegsmilizen im Land forderte.[42] Dagegen baute die HA ihr Waffenarsenal mit iranischer Militärhilfe massiv aus. So bestand ihr mi-

---

39 Lemke 2019, S. 149 f.

40 Im Koran wird der *hizb Allah*, der göttliche Sieg, versprochen: »Das ist die Partei Gottes, sie sind die Obsiegenden« (al-maida 56). Dieser Vers prangt auch über der ausgestreckten Kalaschnikow im HA-Logo; einzusehen auf ihrer Internetseite: https://moqawama.org.

41 HA, 16.2.1985.

42 Als Beispiel kann hier der 7. Mai 2008 genannt werden, als HA-Milizionäre die Hauptstadt Beirut einnahmen, um zu verhindern, dass die Regierung ihr autarkes Telekommunikationsnetz abschaltete. Nachdem bei Straßenkämpfen über 80 Menschen starben, zog die Regierung ihr Vorhaben zurück (Leonhardt, 9.12.2019).

litärischer Arm bald aus einer ganzen Armee mit unzähligen Militärgerät-
schaften, von einfachen Panzerabwehrraketen des Typs Raad (Reichweite:
3 km) und Tuphan (5 km) über schwere Raketen wie Khaibar 1 (100 km), Zelzal
2 (300 km) und Scud (500 km) bis hin zu Panzern des Typs BMP-1, T-55 und
T-72 sowie hochentwickelten Waffensystemen wie Lenkflugkörper oder Mi-
litärdrohnen des Typs Mirsad-1 und Karrar. Schätzungsweise übersteigt ihr
Waffenarsenal weit über 100.000 Raketen, so dass die HA mittlerweile als
schlagkräftiger als die libanesische Nationalarmee gilt.[43]

Dass die HA in der Lage gewesen ist, einen derartig großen Einfluss
im Libanon zu gewinnen, lag neben ihrer Unterstützung durch den Iran
und Syrien auch an den schwachen Strukturen des libanesischen Staates.
Seit dem Ende des Bürgerkriegs war die Regierungsarbeit geprägt von
sektiererischen Grabenkämpfen, Vetternwirtschaft, Korruption und staatli-
chem Missmanagement. Die libanesische Regierung war kaum in der Lage,
ihrem Volk grundlegende Dienstleistungen zu gewährleisten, angefangen
von der Brot-, Trinkwasser-, Treibstoff- und Stromversorgung über die
Müllabfuhr bis hin zur volksnahen Verwendung öffentlicher Gelder. Diese
Mangelwirtschaft nutzte die HA früh für ihren Einfluss im Land, indem
sie Dienstleistungen anstelle des Staates anbot. So hat die HA im Libanon
ähnlich wie die Hamas in Palästina ein flächendeckendes Netzwerk an institutionellen und unternehmerischen Strukturen etabliert, angefangen bei
Sozial- und Wohltätigkeitsvereinen über Kindergärten, Schulen und Vereinen bis hin zu Instituten, Krankenhäusern und international agierenden
Unternehmen. Mit ihrem eigenständigen Informations- und Sicherheitssystem sowie einem eigenen Finanz-, Gesundheits- und Bildungswesen hat
die HA mittlerweile institutionelle Souveränität über ganze Staatsgebie-
te erlangt: von Beirut über die Viertel Südbeiruts (etwa Dahiyeh) und die
Bekaaebene bis hin zum Südlibanon, so dass bei ihr von einem »Staat im
Staate« gesprochen werden kann.[44]

Im Jahr 2004 veröffentlichte die HA ihre aktualisierte Agenda, die nicht
nur die islamische Ordnung im Libanon, sondern auch den antizionistischen Widerstand und die Befreiung Jerusalems bekräftigte. Seit ihrer
Gründung ist der Widerstandskampf gegen den Staat Israel eines ihrer
wichtigsten politisch-ideologischen Ziele. Kurz darauf betonte der stellvertretende HA-Generalsekretär Naim Qassim (im Amt seit 1992), dass der

43 Leonhardt/Lukas 2020, S. 46.
44 Leonhardt, 23.11.2019.

»Kampf gegen die Zionisten« die Kernüberzeugung und der Hauptgrund für die Existenz der HA sei, womit der Befreiungskampf Palästinas, wie ihn die palästinensische PLO und die Hamas formulierten, auch einen integralen Bestandteil der Identität der libanesischen HA darstellt.[45]

Diesem Anspruch folgend haben sich seit dem Ende des libanesischen Bürgerkriegs 1990 diverse Konflikte zwischen der HA und der IDF entwickelt (1993, 1996, 2000, 2006 und 2023). Die jüngste Auseinandersetzung hat den formellen Kriegszustand zwischen den Nachbarstaaten Libanon und Israel, dessen Truppen sich erst 2000 aus dem Südlibanon zurückzogen, nochmals verschärft. Allerdings herrschte schon seit dem vorangegangenen Krieg im Juni 2006 an ihren Grenzen eine angespannte Ruhe. Besonders die HA scheint bisweilen kein Interesse an einer erneuten Gewalteskalation zu haben, weil sie mit dem Syrienkrieg (seit 2011) militärisch und politisch unter großem Druck geriet. Der HA-Generalsekretär Hassan Nasrallah hatte am 25. Mai 2013 in seiner Rede zum Widerstands- und Befreiungstag des israelischen Libanonabzugs erklärt, dass seine Truppen an der Seite von Baschar al-Assad in Syrien kämpften, um das Land vor einer feindlichen »Verschwörung Israels« zu bewahren.[46]

Die HA und Damaskus sind eng miteinander verbunden. Auf der einen Seite unterstützte die Syrisch-Arabische Armee (SAA), die von 1976 bis 2005 im Libanon stationiert war, die Schiiten-Miliz im libanesischen Bürgerkrieg nicht nur militärisch, sondern sicherte auch logistisch ihren Waffennachschub aus Teheran ab. Sowohl in Syrien als auch im Libanon sind seit langem Poster zu sehen, auf denen der syrische Präsident Baschar al-Assad zusammen mit dem HA-Generalsekretär Hassan Nasrallah abgebildet ist.[47] Auf der anderen Seite drehte die libanesische HA im Syrienkonflikt im Verbund mit den iranischen NQB das Kriegsgeschehen in der Entscheidungsschlacht um die Grenzregion Qalamun (2013/14) zugunsten der syrischen Regierungstruppen, die anschließend ihr verlorengegangenes Territorium mit Hilfe Russlands zurückerobern konnten (mit Ausnahme der Rebellenhochburg Idlib). Mit ihrer langjährigen Kampferfahrung aus dem libanesischen Bürgerkrieg und ihren größeren Auseinandersetzungen mit Israel agier-

---

45 Alagha 2006, S. 53 f.
46 Nasrallah, 25.5.2013.
47 Einerseits bezeichnet Nasrallah seine Anhänger als »Freunde Syriens«, andererseits betont Baschar al-Assad, dass die HA für Syrien ein »Vorbild für den Widerstand gegen Israel« sei (Al-Arabiyya, 9.5.2013).

ten die HA-Einheiten nicht nur flexibler, sondern auch professioneller als die SAA, die ohne größere Konflikterfahrung einer rein mechanisierten Kriegsführung folgte.[48]

Allerdings untergrub der Syrieneinsatz der HA einmal mehr die Souveränität des libanesischen Staates, hatte dieser sich doch zu einer militärischen Enthaltung verpflichtet. Darüber hinaus importierte der Kriegseintritt der HA den Syrienkonflikt zumindest zwischen 2013 und 2015 direkt in den Libanon, wodurch dieser zu weitaus mehr als nur einem Nebenkriegsschauplatz verkam.[49] So ließ ihre Rolle im Syrienkrieg den Nimbus der HA im Libanon zunehmend sinken. Dies führte dazu, dass sich eine Reihe von Protesten in den Jahren 2019/20 am Ende auch gegen die HA sowie deren Kriegsbeteiligung und illegitimes Waffenarsenal richtete, das sie selbst stets damit legitimiert hatte, den Libanon vor einer israelischen Aggression beschützen zu müssen. Die bis heute ungeklärte Explosion im Beiruter Hafen am 4. August 2020, die über 200 Todesopfer und 6.500 Verletzte forderte und große Teile der Hauptstadt zerstörte, verschärfte die ökonomische und sicherheitspolitische Situation im Libanon dramatisch. Über die Hälfte der Bevölkerung fiel in die Arbeitslosigkeit und damit unter die Armutsgrenze. Das libanesische Pfund hat gegenüber dem US-Dollar um mehr als 90 Prozent an Wert verloren, und die seit 2019 immer strikter werdenden Beschränkungen der Banken zum Abheben von Geld haben das Leid der Bevölkerung weiter verschärft. Die sich dramatisch zuspitzende Finanzkrise führte jüngst zu bizarren Szenen: So hat seit Januar 2022 bereits ein Dutzend verzweifelter Libanesen bewaffnete Banküberfälle begangen.[50] Bei den Überfällen wollten sie allerdings fast ausnahmslos an ihr eigenes Erspartes kommen, auf das sie wegen der extremen Restriktionen der Banken so keinen Zugriff mehr hatten. Dabei stellte die Dominanz der HA im Libanon einen der Hauptgründe dafür dar, dass internationale Geldgeber bis dato nicht bereit waren, ei-

---

48 Einen Indikator für den militärischen Niedergang der SAA bot ihr flächendeckender Einsatz von Fassbomben, der eher willkürlicher Terror als geschickte Kriegsführung darstellte (Lange/Unterseher 2018, S. 103 f.).

49 Der Autor dieses Artikels war während dieser Zeit im Libanon und hat über die Anschlagsserien im Land an anderer Stelle berichtet (Leonhardt 2016b, S. 199 ff.).

50 So überfiel im August ein Libanese eine Bank in Beirut, um 200.000 US-Dollar für die Krankenhausrechnungen seines schwerkranken Vaters abzuheben. Im September überfiel eine Libanesin ebenfalls eine Bank in Beirut, um 13.000 US-Dollar für die Krebsbehandlung ihrer Schwester abzuheben (Reuter, 18.11.2022).

nen weiteren ökonomischen Zusammenbruch des Landes durch millionenschwere Budgethilfen zu verhindern.[51]

Allerdings hat die Vergangenheit im Bilad al-Sham gezeigt, dass gerade solche missliche Wirtschaftslagen besonders verzweifelte junge Männer dafür empfänglich machen, militanten Bewegungen beizutreten. Bereits infolge des Syrienkriegs kam es zu einer breiten Paramilitarisierung in der Levante, die nicht nur von der iranischen IRGC und den NQB, sondern gerade auch von der HA vorangetrieben wurde. So hat diese in den letzten Jahren unzählige Stellvertreter in der ganzen Region gebildet. Zu nennen sind hier die syrischen *quwwat al-ridha* (Kräfte Ridhas) und die *junud mahdi* (Soldaten Mahdis) oder die irakischen *kataib hizb Allah* (Bataillone der Partei Gottes) sowie die *al-harakat hizb Allah al-najiba* (Bewegung der Noblen der Partei Gottes).[52] Diese militanten HA-Ableger betrachten sich selbst als Teil des islamischen Widerstands (*al-muqawama al-islamiyya*) und zementieren die militärische Macht der HA nunmehr auch im arabischen Ausland. In ihren Diskursen spielt genauso wie bei der HA oder der Hamas die Vermischung ihres politischen Widerstands mit ihrem religiösen Machtanspruch eine tragende Rolle, wobei auch sie die Befreiung Jerusalems (*al-quds*) als oberstes Ziel benennen.[53]

5. Fazit

Der jüngste Aufstieg neuer Widerstandsbewegungen kann als Indiz dafür gewertet werden, dass die Militarisierung im radikalen Spektrum des Schiiten- als auch des Sunnitentums in der Levante ungebrochen ist. Dabei bildet der Widerstand gegen den Staat Israel das Bindeglied zwischen beiden Spektren. Solange das Palästinaproblem ungelöst bleibt, wird das Bilad al-Sham auch weiterhin ein Pulverfass bleiben, in dem Widerstandsbewegungen wie die PLO, die HA oder die Hamas die Souveränität der Nationalstaaten, allen voran diejenige Israels, zur Disposition stellen. Auf der einen Seite befördert die israelische Politik mit ihrer anhaltenden Besetzung der C-Gebiete, ihrer förmlichen Annexion Ost-Jerusalems und ihrer Weiterbesiedlung gro-

---

51 Leonhardt, 11.11.2020.
52 Einen Gesamtüberblick über die vielen HA-Ableger bietet: https://jihadology.net/hizballah-cavalcade.
53 So zum Beispiel der HA-Ableger KHA auf seiner Webseite: https://kataib-hizbollah.org.

ßer Teile des Westjordanlandes die Mobilisierungsressourcen solcher militanten Bewegungen. Dass die fundamentalistisch-zionistische Partei des Ultranationalisten Itamar Ben-Gvir drittstärkste Kraft bei den jüngsten israelischen Parlamentswahlen am 1. November 2022 wurde und ihr Anführer Ben-Gvir ein von der IDF suspendierter und mehrfach verurteilter Rechtsextremist ist, wird diese Tendenz nur weiter verstärken. Gleiches gilt für die internationale Gemeinschaft, die mit ihrer Forderung nach einer Zweistaatenregelung (UN-Resolution 1397 aus dem Jahre 2002) ohne konkreten Umsetzungswillen bislang zumeist nur reine Symbolpolitik betreibt. Auf der anderen Seite genießen die Widerstandsbewegungen auch aufgrund der Schwäche ihrer arabischen Staaten einen zu hohen Grad an militärischer Immunität. Illegaler Waffenbesitz sowie das offene Tragen schwerer Waffen in der Öffentlichkeit (bei Beerdigungen oder Kundgebungen) werden sowohl von der PA in Palästina als auch vom libanesischen Staat bis heute geduldet.[54] In gleicher Weise wird diese staatliche Schwäche häufig als Indiz von der arabischen Bevölkerung wahrgenommen, dass ihre nicht selten korrupten Regierungen überhaupt nicht in der Lage sind, nennenswerte politische Fortschritte in der seit Jahrzehnten ungelösten Palästinafrage zu erzielen. Dagegen würde ein intakter und international legitimierter Staat militanten Bewegungen nicht nur ihrer stärksten Mobilisierungsressource – dem Befreiungskampf Palästinas – berauben, sondern auch die Möglichkeit entziehen, institutionelle Aufgaben an seiner Stelle zu übernehmen und somit zwangsläufig ihren Aktionsradius schmälern, große Bevölkerungsteile durch strukturelle Abhängigkeiten an sich zu binden. Vermutlich kann nur auf diese Weise die fortwährende Gewaltspirale um das Palästinaproblem, das durch die jüngsten Gewaltausbrüche im Kontext des 7. Oktobers 2023 deutlich an Schärfe gewonnen hat, politisch gelöst werden. Dazu bedarf es allerdings des politischen Willens und der vollen Bereitschaft beider gegnerischer Seiten, ebenso wie einen festen Umsetzungswillen durch die internationale Gemeinschaft.

---

54 Johannson 2004, S. 203.

Ein weiterer »failed state«? Libyen nach Gaddafi

Wolfgang Pusztai

1. Einleitung

Nach der Revolution im Herbst 2011 hatte Libyen die jahrzehntelange Herrschaft Muammar Al Gaddafis hinter sich gelassen und schien auf dem Weg zu Stabilität und Demokratie. Der gigantische Ölreichtum des Landes sollte die Grundlage für einen Aufschwung der gesamten libyschen Gesellschaft bilden. Erfahrene libysche Politiker, die dem Diktator bereits zu Beginn der Revolution den Rücken gekehrt hatten, bildeten zusammen mit einer Reihe, im westlichen Exil ausgebildeter Experten das Rückgrat des *National Transitional Council* (NTC) und dessen Übergangsregierung. Im Lande herrschte eine allgemeine Aufbruchstimmung. Ein Symbol dafür war ein Satz, der häufig zu hören war: »Wir werden reicher sein als Dubai!«[1] Die vielen ausländischen Delegationen und Journalisten nahmen von ihren Besuchen und Gesprächen stets einen positiven Eindruck mit nach Hause.[2] Doch schon bald setzte ein immer rascherer Abstieg ins Chaos ein. Ist Libyen heute ein weiterer »failed state«? Wie ist es zu dieser Fehlentwicklung gekommen?

2. Die Wurzeln der heutigen Konflikte Libyens

Im Hintergrund der Ereignisse seit der Revolution steht der Kampf um Ressourcen, insbesondere der Streit um die Einnahmen aus den Öl- und Gasexporten, aber auch der um Wasser. Die meisten dieser Ressourcen befinden

---

1 Vgl. Symanek 2012; Dettmer 2014; Fitzgerald 2018; Young 2020; Coffrey 2021.
2 Vgl. Cameron 2011; Wallisch 2011; Reuters Staff 2011; Norland/Gladstone 2011; Simons/Stock/Volkery 2011; Quast 2012.

sich in abgelegenen Gebieten, die nicht von der Regierung in Tripolis kontrolliert werden. Während die Küstenbevölkerung behauptet, die Ressourcen gehörten allen Libyern, beschweren sich die Stämme, die in den Gebieten mit den Quellen leben, dass sie keinen gerechten Anteil an ihrem eigenen Reichtum erhalten.

Für die völlig verfahrene Lage sind zahlreiche Umstände und Entwicklungen maßgeblich. Mehrere davon reichen in die Jahre vor der Revolution zurück. Dazu zählen die zahlreichen, oft jahrhundertealten Stammeskonflikte, der Ost/Süd-West-Gegensatz und die chaotische Verwaltung des Staates unter dem Gaddafi-Regime. Aber auch nach der Revolution gab es Entwicklungen, die eine Stabilisierung des Landes unmöglich machten, wie die explosionsartige Vermehrung der Milizen und der Aufstieg des politischen und radikalen Islam.

Libyen war über Jahrhunderte hinweg eine Stammesgesellschaft. Heute ist der Einfluss der Stämme außerhalb der großen Städte immer noch sehr groß, insbesondere im Osten und Süden. Sie bieten dort, wo der Staat nicht wirklich existiert, einen Ordnungsrahmen für die Gesellschaft. In den größeren Städten im Nordwesten des Landes sind die Stämme zwar ebenfalls fast omnipräsent, haben aber weit weniger praktische Bedeutung. Im Laufe der Jahrhunderte kam es in Libyen immer wieder zu Konflikten zwischen arabischen Stämmen und den ursprünglichen Bewohnern der Region, den Amazigh, Touareg und Toubou, aber auch zwischen sesshaften Bauern-, Halbnomaden- und Nomadenstämmen der Araber. Gaddafi nutzte sein Wissen darüber, um die Kontrahenten gegeneinander auszuspielen und seine Macht abzusichern. Dazu siedelte er beispielsweise in Tripolitanien in der Gegend des Jabal Nafusah-Gebirges die Nomaden der Mashashiya im Stammesgebiet ihrer Erzfeinde, den Zintanis, an. Die ungelösten Stammeskonflikte führen noch heute immer wieder zu Zwischenfällen mit blutigen Kettenreaktionen, die durch die mangelnde Strafverfolgung durch den Staat und das Fehlen einer unabhängigen Justiz verschärft werden.[3]

Die drei historischen Regionen Libyens – Tripolitanien, Cyrenaika und Fezzan – haben sich über Jahrtausende mehr oder weniger getrennt entwickelt.[4] Das Gebiet des heutigen Libyens wurde erst im Zuge der italienischen Kolonisation ab 1911 in den aktuellen Grenzen vereinigt und so benannt. Tripolitanien wurde nach dem Ende des Ersten Weltkrieges bereits 1923 end-

---

3 Ahmida 1994.
4 Garman/Ghemati 2006.

gültig unterworfen. Aber im Fezzan hielt der Widerstand gegen die Italiener
bis 1930, in der Cyrenaika sogar bis 1931 an.[5] Nach der Unabhängigkeit 1951
hatte das Königreich Libyen Tripolis und Benghazi als Zwillingshauptstäd-
te im Rahmen einer föderalistischen Verfassung. Nach dem Fund von Erdöl
wurde diese 1963 geändert, um eine effizientere Bewirtschaftung dieser Ressource zu ermöglichen. Libyen wurde zu einem stärker zentralisierten Staat.
Mit dem Staatsstreich von Gaddafi 1969 verlor die Verfassung ihre praktische
Bedeutung. Der Osten und der Süden wurden vom Regime völlig vernachlässigt. Der größte Teil der Einnahmen aus dem nun enormen Ölreichtum,
der vor allem in der Cyrenaika und im Fezzan liegt, floss in die Küstenregion
Tripolitaniens. Nach der Revolution wurde die Hoffnung der Bevölkerung im
Osten und Süden auf eine Dezentralisierung der Verwaltung und eine Bes-
serung ihrer sozioökonomischen Lage bald enttäuscht.[6]

Ein Kernelement der Herrschaft von Gaddafi war es, keine möglichen
Zentren einer etwaigen Opposition aufkommen zu lassen. Dazu diente
auch die alle paar Jahre erfolgende Änderung der Verwaltungsgliederung
des Staates. Die seit 1963 existierende Einteilung in zehn Gouvernements
wurde von Gaddafi ab 1983 sechsmal geändert. Auch die Regierungen wurden oftmals umbesetzt und ausgewechselt. In den letzten zehn Jahren des
Regimes erfolgten größere Umbildungen und Umstrukturierungen in den
Jahren 2000, 2004, 2006, 2008 und 2009. Diese oftmaligen Änderungen
erlaubten keine Verstetigung der Verwaltung, was auch genauso beabsich-
tigt war. Die wahre Macht im Staat lag nicht bei der Bürokratie und der
»Authority of the People«[7], sondern bei den »Revolutionary Committees«
und den informellen Machtstrukturen rund um den Gaddafi-Clan. Der
eindeutig stärkste Mann im Staat, Muammar Al Gaddafi, nahm selbst kein
offizielles Amt ein, sondern war »lediglich« der »Brotherly Leader and Guide
of the Revolution«. Das Ergebnis all dieser Maßnahmen war eine völlig von
Korruption zerfressene chaotische Verwaltung, die in keiner Weise als Basis
für eine zerbrechliche, junge Demokratie taugte.[8]

Im Sommer 2011 kämpften rund 25.000–30.000 Libyer[9] mit massiver
Unterstützung der NATO gegen das Gaddafi-Regime. Nach dessen Fall
folgte nicht nur keine Demobilisierung oder Umwandlung dieser »thuwar«

---

5 Ahmida 2005.
6 Vandewalle 2006, S. 61 ff.
7 Al Gathafi 2005.
8 Werfalli 2011, S. 73 ff.
9 El-Gamaty 2016; Pack/Mezran/Eljarh 2014; Winer 2019.

in reguläre Streitkräfte, sondern ein gewaltiger Aufwuchs, der wesentlich zur Destabilisierung des Landes beitrug.

Die Islamisten Libyens wurden von der Revolution überrascht, schafften es jedoch, sich nach einigen Monaten zu konsolidieren und ihre Bedeutung für den Kampf gegen Gaddafi auszubauen. Nach dem Ende des Regimes gelang es ihnen, Zug um Zug ihren Einfluss auszuweiten, ohne jedoch das Ziel einer Machtübernahme im Staat zu erreichen.

3. Libyen unmittelbar vor der Revolution

In den Jahren vor der Revolution gelang es dem Regime trotz zunehmender sozioökonomischer Probleme, dank der enormen Öl- und Gaseinnahmen bis Anfang 2011 die Lage unter Kontrolle zu halten und das vorhandene Unruhepotenzial abzuschwächen. Trotz seiner oberflächlichen Stabilität war das Land jedoch insgesamt fragil. Obwohl der Westen einen gewissen Druck ausübte, führte das Regime keine ernsthaften Reformen durch, die als Bedrohung der eigenen Autorität hätten empfunden werden können.

Im Februar 2011 – nach den Erfolgen des »Arabischen Frühlings« in Tunesien und Ägypten – führten eine Kombination verschiedener Faktoren und der Mangel an Möglichkeiten der Bevölkerung, auf legalem Wege ihren Protest zum Ausdruck zu bringen, zum Ausbruch der Revolution. Muammar Al Gaddafi war über 40 Jahre lang der Garant für die Stabilität Libyens. Gleichzeitig stand er aber auch für die Unterdrückung der Bevölkerung und einen moderaten Lebensstandard in einem sehr reichen Land. In seinen letzten Jahren gab es immer wieder hartnäckige Gerüchte über seinen Gesundheitszustand. Zudem verlieh allein schon die allgegenwärtige Gefahr eines Anschlags auf den »Revolutionsführer« der Frage seiner Nachfolge große Bedeutung. Der wahrscheinlichste Nachfolger schien ein Mitglied seiner unmittelbaren Familie zu sein. Gaddafi vermied es jedoch, einen eindeutigen Erben zu bestimmen, vermutlich auch aus Sorge vor einem Staatsstreich aus seinem inneren Kreis. Folglich lagen die Aufgaben seiner wichtigsten Söhne in jeweils unterschiedlichen Bereichen. Dadurch wurde eine Anhäufung von Macht und Einfluss vermieden.

Saif al-Islam, Gaddafis ältester Sohn aus zweiter Ehe, galt als das »Gesicht für den Westen«, das vor allem bei wichtigen Wirtschaftskontakten fast immer präsent war. Er versuchte, eine Modernisierung des Landes behutsam voranzutreiben. Sein Rückhalt in der Bevölkerung war aber aufgrund der vielen nicht eingehaltenen Versprechen und seines Playboy-Lebensstils trotzdem eher begrenzt. Saifs große Schwäche war die fehlende Unterstützung durch den Sicherheitsapparat und die »alte Garde« aus der Entourage seines Vaters.[10]

Muatassim Billah, der drittälteste Sohn aus zweiter Ehe, war Nationaler Sicherheitsberater und der zweite ernsthafte Kandidat für die Nachfolge seines Vaters. In der Öffentlichkeit weitgehend abwesend, genoss er die Unterstützung des Establishments, einschließlich des Sicherheitsapparats, da man von ihm keine Veränderungen der Machtstrukturen erwartete. Die Bevölkerung fürchtete ihn wegen seiner Brutalität und seines rüden Verhaltens.[11]

Die Libyer sahen jedenfalls keine Perspektive für einen neuen, aufgeschlosseneren Führer, der sich die Sorgen der einfachen Leute anhören und verstehen würde. Mit dem Beginn der Revolution gehörten Saif und Muatassim dann ohnehin zu den Schlüsselpersonen im Kampf gegen die Aufständischen.[12] Ein stetig steigender Lebensstandard wurde von Gaddafi und seinen Söhnen als entscheidende Voraussetzung für die Zufriedenheit der Bevölkerung – und damit für die fortdauernde Akzeptanz des herrschenden Regimes – betrachtet. Doch ungeachtet des enormen Reichtums Libyens führten Misswirtschaft, Korruption, Klientelismus und gezielte Benachteiligungen zu einem sehr ungleichen, oft bescheidenen Lebensstandard und zu Unzufriedenheit.

Die zumeist schwierige sozioökonomische Lage der Bevölkerung hatte in der Vergangenheit immer wieder zu Gefühlsentladungen in Form von gewalttätigen Demonstrationen geführt, die keinen direkten politischen Hintergrund hatten und innerhalb von Stunden oder einigen Tagen niedergeschlagen wurden. Ein Beispiel hierfür sind die Unruhen in Benghazi im Februar 2006, bei denen mindestens zehn Zivilisten getötet wurden.[13] Es lag auf der Hand, dass sich ausbreitende Unruhen sowohl direkt als auch indirekt – über deren Auswirkungen auf die wirtschaftliche Lage – zur Destabilisierung des Regimes beitragen konnten.

Die libysche Führung war sich dieses Problems bewusst und ließ die Bevölkerung daher zumindest teilweise von den Öleinnahmen profitieren. Da-

---

10 Khechana 2010; Reuters Staff 2009.
11 McDevitt 2011.
12 Black 2011; Al Jazeera, 21.2.2011.
13 Gaub 2017.

zu wurden diese jedoch ungleich und bis auf wenige Ausnahmen weit unter den Möglichkeiten verteilt. Die Standards im Bildungs- und Gesundheitswesen oder im öffentlichen Verkehr waren je nach Region mäßig bis katastrophal. Verbrauchersubventionen waren ein Instrument, um die Preise für Treibstoff, Lebensmittel und verschiedene Konsumgüter mehr oder weniger erschwinglich zu halten. Seit 2001 stiegen die Subventionen für Lebensmittel von 172 Mio. LYD stetig auf 1,046 Mrd LYD im Jahr 2010 an. Kurz vor Ausbruch der Revolution wurden die Subventionen im Bemühen, die soziale Unzufriedenheit zu verringern, sprunghaft erhöht, aber das war zu wenig und kam zu spät.[14] Generell haben viele Libyer nicht verstanden und akzeptiert, dass ihr so ölreiches Land mit einer so kleinen Bevölkerung im Vergleich zu den Golfstaaten nur einen sehr mäßigen Lebensstandard hatte.

In der Cyrenaika und im Fezzan war der Unmut der Bevölkerung besonders ausgeprägt. Gaddafi begünstigte Tripolitanien, insbesondere die Hauptstadt Tripolis und seine Heimatstadt Sirte, gegenüber den anderen Regionen des Landes unter anderem bei Investitionen und Spitzenjobs. Diese gezielte Bevorzugung stellte ein wichtiges Element der Strategie zur Aufrechterhaltung der Kontrolle durch das Regime dar, führte aber in den anderen Landesteilen zu einer wachsenden Unzufriedenheit. Dies galt besonders für die Cyrenaika und dort vor allem für das Jabal Al Akhdar-Gebirge, das schon immer zu den rebellischeren Gebieten gehörte. Die entstehende »nichts zu verlieren«-Mentalität war ein Schlüsselelement auf dem Weg zur Revolution. Diese begann dann tatsächlich auch im Jabal Al Akhdar-Gebirge, und zwar am 15. Februar 2011 in Al Bayda. Größere Proteste folgten am nächsten Tag in den Städten Benghazi, Derna, Tobruk und Ajdabiya, die allesamt ebenfalls in der Cyrenaika liegen. Bald stand das ganze Land in Flammen.[15] Die Frustration über das tägliche Leben führte vor allem in konservativeren Teilen Libyens zu einer gewissen Radikalisierung und zu einer fruchtbaren Rekrutierungsbasis für Dschihadisten, die für die Kriege in Afghanistan, im Irak und schließlich auch für die Revolution im eigenen Land einschlägig ausgenutzt wurde.

Bereits in den 1970er und 1980er Jahren waren Mitglieder der Muslimbruderschaft unter denjenigen, die versuchten, Gaddafi zu stürzen. In den 1990er Jahren forderte die *Libyan Islamic Fighting Group* (LIFG) das Regime

---

14 Araar/Choueiri/Verme 2015.
15 Bartu in Cole/McQuinn 2015, S. 33; Weighill/Gaub 2018, S. 15 ff.; Al Jazeera, 16.2.2011; BBC News Middle East, 17.2.2011.

heraus, wurde aber bald brutal ausgeschaltet.[16] Viele der festgenommenen Islamisten der verschiedenen, eigentlich rivalisierenden Gruppen kamen ins Abu Slim-Hochsicherheitsgefängnis in Tripolis, wo sie gemeinsam litten und enge persönliche Beziehungen aufbauten, die bis heute ihre Bedeutung behalten haben.

Das Regime schien danach die religiöse Landschaft gut unter Kontrolle zu haben. Es gab auch keine (bekannten) fundamentalistischen Prediger im Land, aber mehrere einflussreiche Gelehrte der Salafisten und der Muslimbruderschaft agierten vom Ausland aus. Saif Al Islam versuchte mit Hilfe seines »Jihadi Code«[17] die radikalen Islamisten aufzuspalten, was ihm auch recht gut gelang. Der »Jihadi Code«, der von Saif, mehreren Islam-Gelehrten und inhaftierten Angehörigen der LIFG ausgearbeitet wurde, erklärt den Terrorismus als illegal unter islamischem Recht und begründet dies ausführlich. Es gab letztlich keine sichtbaren Anzeichen für einen zunehmenden Einfluss der Islamisten im Land. Tatsächlich wurden die libyschen Islamisten vom Ausbruch der Revolution überrascht, sie organisierten sich aber relativ schnell.

4. Wirtschaft und Kriminalität

Die libysche Wirtschaft war bereits unter Gaddafi völlig einseitig ausgerichtet. Das Land verfügt zwar über die größten Ölvorkommen Afrikas, doch werden diese voraussichtlich bis etwa 2040/50 mit der Umstellung der Weltwirtschaft auf erneuerbare Energieträger an Bedeutung verlieren. Das Regime versuchte in den letzten Jahren vor der Revolution, durch verschiedene Investitionsprogramme eine breitere Entwicklung der Wirtschaft einzuleiten. Allerdings gab es Zweifel an der Professionalität und Ernsthaftigkeit des Ansatzes. Dazu wären auch entsprechende Rahmenbedingungen notwendig gewesen, wie eine moderne Gesetzgebung, eine effiziente Verwaltung und ein besseres Bildungssystem. All das war aber nie auf dem richtigen Weg.[18]

Daher war (und ist) die libysche Wirtschaft fast vollständig von den Einnahmen aus dem Öl- und Gasgeschäft abhängig. Dies zeigte sich auch während des Ölpreisverfalls von 1997/98, der die Stabilität des Regimes massiv

---

16 St. John 2008, S. 221 ff.
17 CNN 2009.
18 Vandewalle 2006, S. 189 ff.

erschütterte. Größere Kürzungen der öffentlichen Ausgaben waren notwendig, was von der Bevölkerung sehr negativ aufgenommen wurde. Dasselbe war – wenn auch in weitaus geringerem Ausmaß – 2008/09 der Fall.[19]

Das Regime war sich dieser Problematik voll bewusst und versuchte daher, die Produktionskapazitäten zu erhöhen, so dass auch bei einem niedrigeren Ölpreis noch genügend finanzielle Mittel zur Verfügung gestanden hätten, um die Stabilität zu gewährleisten. Außerdem wurden ab der Jahrtausendwende entsprechende Finanzreserven gebildet, um einen vorübergehenden Rückgang des Ölpreises überbrücken zu können. Eine zentrale Rolle spielte dabei die 2006 gegründete *Libyan Investment Authority* (LIA).[20] Alle im Ausland befindlichen Gelder wurden mit dem Beginn der Revolution im Zuge der internationalen Sanktionen eingefroren (und sind es noch heute).[21]

Mit der Wiederannäherung Libyens an den Westen gelangten vermehrt Gelder ins Land, was auch die Korruption stark ansteigen ließ. Dies führte nicht nur zu einer zunehmenden Frustration der Bevölkerung, sondern behinderte auch die wirtschaftliche Entwicklung. Gaddafis innerer Machtzirkel »verteilte« Sparten der Wirtschaft an verschiedene Clans, die ihre offiziellen Positionen massiv zu ihrem eigenen Vorteil ausnutzten. Viele Staatsbedienstete betrachteten ihre Einnahmen aus der Korruption als Teil ihres »Gehalts«. Im Korruptionswahrnehmungs-Index von *Transparency International* sank Libyen von Rang 105 im Jahr 2006[22] auf Platz 154 im Jahr 2010.[23] Saif al-Islam startete verschiedene halbherzige Initiativen gegen die Korruption, war aber selbst Teil des Problems. Die Bevölkerung war sich dieser Tatsache sehr wohl bewusst, was die Frustration und den Ärger über das Regime und auch über Saif selbst noch mehr vergrößerte. Neben der Korruption hatte Gaddafis Libyen ein gewaltiges Problem mit der organisierten Kriminalität, vor allem mit Schmuggel und illegaler Massenmigration.

Mehrere einflussreiche libysche Stämme betreiben seit Jahrhunderten – oft in erbitterter Konkurrenz zueinander – Handel auf den Wegen durch die Sahara. Früher ging es zumeist um Gold, Elfenbein und Sklaven, heute werden hauptsächlich Waffen, Treibstoff, Zigaretten, Drogen und Migran-

19 Chorin 2012, S. 97 ff.; Pargeter 2012, S. 145 ff.; Edwik 2007; Feld/McIntyre 1998, S. 29 f.
20 International Forum of Sovereign Wealth Funds, »Libyan Investment Authority« 2022.
21 United Nations Security Council, »Security Council Committee established pursuant to resolution 1970 (2011) concerning Libya«.
22 Transparency International 2006.
23 Transparency International 2010.

ten geschmuggelt. Eine wirksame Bekämpfung dieser gut organisierten Kriminalität durch das Gaddafi-Regime geschah nicht, weil man den Stämmen diese Einnahmequellen nicht wegnehmen wollte, um nicht Unzufriedenheit und Unruhe zu schüren.[24]

Das Wohlstandsgefälle zu den südlichen Nachbarn, die »Politik der offenen Tür« des Regimes sowie die geografische Lage als Transitland nach Europa in Kombination mit der Abschottung des Landes nach Norden führten ab den 1990er Jahren zu einer ständig wachsenden Zahl von Menschen, die sich mehr oder weniger illegal im Land aufhielten. Ohne ein »Ventil« in Richtung Europe oder massenhafte Abschiebungen in die Herkunftsländer, was aufgrund von Gaddafis Afrikapolitik aber problematisch war, stieg der innere Druck. So kam es im Jahr 2001 in einigen größeren Küstenstädten zu erheblichen sozialen Problemen und Spannungen zwischen Libyern und Schwarzafrikanern, bei denen zwischen 100 und 500 Schwarzafrikaner getötet wurden.[25] Gaddafi erlaubte in der Folge eine Massenmigration über das Mittelmeer nach Europa, die besonders Italien massiv unter Druck setzte. Erst mit der Unterzeichnung des mit erheblichen Zahlungen verbundenen »Vertrages der Freundschaft« durch den italienischen Premierminister Berlusconi und Gaddafi am 30. September 2008 gingen die Zahlen deutlich zurück. Die meisten dieser destabilisierenden Faktoren spielten auch nach der Revolution und bis heute eine Rolle und sind noch immer hochbrisant.

5. Die Revolution – UN-Mandat versus strategische Zielsetzung

Als die »UN Security Council Resolution« (UNSCR) 1973[26] am 17. März 2011 verabschiedet wurde, war ihr Inhalt das politisch maximal Mögliche, um eine internationale Intervention in Libyen zu mandatieren. Sie autorisierte »[...] Member States that have notified the Secretary-General, acting nationally or through regional organizations or arrangements, and acting in cooperation with the Secretary-General, to take all necessary measures [...] to protect civilians and civilian populated areas under threat of attack in the Libyan Arab Jamahiriya, including Benghazi, while excluding a foreign occupation force of any form on any part of Libyan territory [...].« Der Text handelte so-

---

24 Hüsken 2017.
25 Human Rights Watch 2006.
26 United Nations Security Council, Resolution 1973

mit ausschließlich vom Schutz von Zivilisten und enthielt kein Wort über den Sturz des Gaddafi-Regimes.

Aber es war fast von Anfang an völlig klar, dass die zuerst von den USA und dann von der NATO geführte Koalition das Gaddafi-Regime nicht überleben lassen konnte, nicht einmal in einem Teil des Landes. Nach einem Waffenstillstand wären die intervenierenden Länder der Rache des Diktators ausgeliefert gewesen, vermutlich stets knapp unterhalb der Schwelle des Auslösens einer erneuten Intervention. Wie die USA, Europa und einige arabische Länder in der Vergangenheit schmerzlich gelernt hatten, hätte Gaddafi viele Werkzeuge dazu in der Hand gehabt, darunter die Begünstigung der Migration nach Europa und die Unterstützung terroristischer Organisationen sowie von Widerstandsbewegungen und Staatsstreichen in den arabischen Ländern, die der Koalition beigetreten waren. Die Unterstützung der IRA, die Anschläge von West-Berlin und Lockerbie, zahlreiche Attentate auf Exil-Libyer sowie versuchte Staatsstreiche im Tschad, in Ägypten, Tunesien und anderen Ländern zeigten die Skrupellosigkeit des libyschen Diktators ganz deutlich.[27]

Ungeachtet dieser offensichtlichen Umstände hielten die öffentlichen Erklärungen der führenden Politiker der Koalition exakt am UN-Mandat und damit am »Schutz der Zivilbevölkerung« als ausschließlichem Ziel fest. Das galt auch für die politischen Vorgaben für die militärischen Ziele.[28] Dadurch war es den militärischen Planern nicht möglich, sich auf Gaddafis strategisches *Center of Gravity* (CoG), das Überleben des Regimes, zu konzentrieren. Dieses CoG beruhte nicht nur auf Truppen, die direkt gegen die Revolutionäre kämpften, sondern auch auf der logistischen Unterstützung zur Aufrechterhaltung des Krieges und der Ausbildung von Ersatzkräften. Von besonderer Bedeutung waren politische und psychologische Faktoren, insbesondere offene Landverbindungen zu den Nachbarländern, die Propagandamaschine und der Glaube der Loyalisten an das letztendliche Überleben des Regimes, dessen Sturz ja nicht als Ziel angesprochen worden war. Der fast bis zum Ende verbleibende Zugang zu wenigstens einem Teil des Ölreichtums gab eine Perspektive für die Zukunft. Er wäre für das Fortbestehen des Gaddafi-Regimes nach einem eventuellen Waffenstillstand mittelfristig entscheidend gewesen.

---

27 Ganor 1998, Council on Foreign Relations 2005; Obeidat 2015.
28 The White House Office of the Press Secretary, »Remarks by the President in Address to the Nation on Libya«, 28.3.2011.

Nachdem die libysche Luftabwehr in den ersten Tagen ausgeschaltet wurde und die Bodenoffensive des Regimes im Oil Crescent, in Misrata und im westlichen Jabal Nafusah-Gebirge gestoppt war, bombardierten die NATO-Jets monatelang taktische Ziele wie Panzer, Artilleriegeschütze und sogar einzelne Pick-ups auf dem Schlachtfeld, was keinerlei Auswirkungen auf das Kriegsgeschehen insgesamt hatte. Sie griffen wiederholt ohnehin nutzlose Kriegsschiffe im Hafen von Tripolis sowie leere Kasernen und Hauptquartiere an, während zwei Drittel der »critical targets« in der Targeting Data Base sakrosankt waren.[29] Dennoch wurde die NATO von Russland heftig dafür kritisiert, dass sie sich von den Vorgaben der UNSCR entfernt hat. Unbedachte Äußerungen wie die des italienischen Außenministers Franco Frattini, der noch Mitte Juni zu einem Waffenstillstand aufrief, trugen zur Hoffnung der Gaddafi-Loyalisten bei, dass die NATO-Koalition bald auseinanderbrechen würde. Frattinis Heimatland hätte wohl am meisten unter einem Überleben von Gaddafis Regime gelitten.[30]

Erst Mitte August verlagerte die NATO das Schwergewicht ihrer Aktionen. Luftangriffe ebneten den nun aus Kämpfern aus allen Landesteilen und desertierten Armeeeinheiten bestehenden Revolutionären den Weg, Gharyan an der Hauptstraße von Tripolis nach Süden einzunehmen, die Küstenstraße nach Tunesien bei Zawiya abzuschneiden und die Hauptstadt bis auf eine Nebenstraße nach Tarhouna und Bani Walid abzuriegeln. Die Einnahme von Tripolis und damit der Fall des Regimes waren daraufhin eine Angelegenheit von zwei Wochen. Die Diskrepanz zwischen den politischen Vorgaben und dem daraus abgeleiteten militärischen Plan auf der einen Seite und dem (offensichtlich realen) strategischen Ziel auf der anderen Seite verlängerte die Dauer des Krieges um Monate.[31]

Für eine effiziente Kriegsführung muss die politische Leitlinie im Einklang mit dem tatsächlichen strategischen Ziel stehen. Um das Regime frühzeitiger zu stürzen, wäre es notwendig gewesen, Gaddafis CoG so direkt und systematisch wie möglich mit allen der Koalition zur Verfügung stehenden Machtinstrumenten – auch im Rahmen eines Informationskrieges – anzugreifen. Dies hätte bedeutet, die für das Überleben des Regimes wichtigen Faktoren und Fähigkeiten als Primärziele systematisch zu bekämpfen und zu schwächen. Aufgrund der begrenzten Anzahl von Luftangriffen wäre es

29 Weighill/Gaub 2018.
30 Robinson 2011.
31 Weighill/Gaub 2018; Chivvis 2014.

sinnvoll gewesen, so wenig Einsätze wie möglich für Sekundärziele zu verwenden. Das Gegenteil war der Fall.

Ab Mitte Mai waren die Offensivkapazitäten der Loyalisten im Großen und Ganzen zerschlagen. Wenn die NATO das CoG des Regimes ab diesem Zeitpunkt mit allen zur Verfügung stehenden Mitteln angegriffen und auch die Straßen nach Tunesien und in den Süden abgeschnitten hätte, wäre der Krieg wohl Anfang/Mitte Juni beendet gewesen. Es hätte in den Kampfhandlungen, die zu einem Gutteil entlang alter Stammesrivalitäten verlaufen waren, nicht nur weniger Tote gegeben, sondern auch der Einfluss der Islamisten auf die Revolution wäre viel begrenzter geblieben. Das ganze Land wäre wahrscheinlich weit weniger polarisiert worden.

6. Die ersten Monate nach der Revolution – eine verlorene Chance

Angesichts der Katastrophe mehr als zehn Jahre nach der Revolution stellt sich die Frage, warum es in Libyen keine ernsthafte internationale »Aufsicht«, keine Friedenstruppe und keine Mission zum Staatsaufbau gab, wie in so vielen anderen Ländern zuvor. Dafür gibt es zwei Gründe. Auf der einen Seite zeigten weder die libysche Bevölkerung noch ihre Politiker ein Interesse an einer größeren internationalen Involvierung. Vertreter aller politischen Gruppen erklärten, die Lage sei unter Kontrolle. Und das nötige Fachwissen schien durchaus vorhanden. Hochgebildete Libyer, darunter mehrere Professoren renommierter westlicher Universitäten, kehrten nach Jahrzehnten im Exil in ihre Heimat zurück, um beim Wiederaufbau ihres Landes zu helfen. So wurde keine größere Mission zum Aufbau des Staates eingeladen, geschweige denn Friedenstruppen, die bei der Entwaffnung der zahlreichen bewaffneten Kämpfer hätten helfen können. Es wurden lediglich eng umrissene Unterstützungsleistungen in einzelnen Bereichen angefordert.[32]

Auf der anderen Seite glaubten UNO, NATO und EU den libyschen Beteuerungen sehr bereitwillig und mit Erleichterung.[33] Nach den negativen

---

32 United Nations Security Council, »Report of the Secretary-General on the United Nations Support Mission in Libya«, 22.11.2011 und 1.3.2012.

33 United Nations Security Council, 6639th Meeting on the Situation in Libya, Wednesday, 26.10.2011.

Erfahrungen in Afghanistan und im Irak hatte man keine rechte Lust, Truppen und eine größere Anzahl ziviler Experten in ein neues vermeintliches Abenteuer in einem muslimischen Land zu schicken. Die ohnehin überforderte und vorsichtige UNO behielt daher nur die relativ kleine, zahnlose politische Mission namens UNSMIL[34] bei, die am 16. September 2011 eingerichtet worden war.

Insgesamt lebte die internationale Gemeinschaft in der irrigen Annahme, dass Libyen für seine Zukunft gut gerüstet sei und mehr oder weniger allein gelassen werden könne. Die bereits angesprochenen negativen Auswirkungen zahlreicher jahrhundertealter Stammeskonflikte, das Erbe der chaotischen Verwaltung unter dem Gaddafi-Regime und die regionale Spaltung in Verbindung mit dem Kampf um Ressourcen und Einfluss im neuen Libyen sowie die Ambitionen islamistischer Gruppen wurden von der internationalen Gemeinschaft sträflich unterschätzt. Die logische Folge war, dass es keine umfassende internationale Mission in Libyen gab.

Übersehen wurde aber auch, dass die erste Generation der neuen libyschen Politiker, die ehemalige Gaddafi-Anhänger waren oder lange Zeit im Exil gelebt hatten, keinen dauerhaften Rückhalt in der Bevölkerung fand, die jahrzehntelang unter dem Regime gelitten hatte. Sie verschwand sehr bald von der politischen Bühne, ebenso wie viele der Experten, die für sie tätig waren.

In der Folge agierten die in Libyen engagierten Staaten angesichts der fortschreitenden Spaltung des Landes weitgehend unkoordiniert und verfolgten zudem ihre jeweils eigenen Interessen. Während Italien auf Grund der wichtigen Öl- und Gaslieferungen und der Migrationsproblematik mit der Regierung in Tripolis zusammenarbeiten muss – wer auch immer das sein mag –, ist für Frankreich ein Partner zur Bekämpfung des Terrorismus im Süden des Landes von entscheidender Bedeutung, um den destabilisierten Sahelraum in den Griff zu bekommen. Für Ägypten ist es von vitaler Bedeutung, dass der Osten Libyens nicht in die Hände von Islamisten fällt, die den Terror in Ägypten unterstützen. Algerien wiederum kooperiert mit Tripolis und will ein Ausweiten des ägyptischen Einflusses auf ganz Libyen vermeiden.

Die Vereinigten Arabischen Emirate sehen im Osten Libyens ein Bollwerk gegen die Ausbreitung der Muslim-Bruderschaft, die ihre Zentren im Westen des Landes, in Tripolis, Misrata und Zawiya hat, während Katar eben die-

---

34 United Nations, »UNSMIL – United Nations Support Mission in Libya«.

se unterstützt. Mit der Entspannung zwischen Katar und der Golfstaaten hat die Polarisierung der Positionen der beiden Länder aber auch in Libyen abgenommen.

Für die Türkei, die vor allem mit Westlibyen historische Verbindungen hat, ist dieses Land von zentraler wirtschaftlicher und strategischer Bedeutung. Die marode türkische Wirtschaft benötigt billige Energie aus Libyen, einen Exportmarkt für eigene Produkte und ein Betätigungsfeld für die Bauindustrie, während man noch immer auf Kompensationszahlungen für die Verluste aus der Zeit der Revolution wartet. Hinzu kommt, dass die Türkei die Regierung in Tripolis als Partner im Streit um die sogenannten Ausschließlichen Wirtschaftszonen im Ostmittelmeer benötigt und Libyen als Sprungbrett für eine weitere Expansion ihres Einflusses im Sahararaum betrachtet.[35]

7. Der steigende Einfluss der Islamisten und die Ausbreitung der Milizen

Der Beitrag der libyschen Islamisten zur Revolution war in deren Anfangsphase sehr begrenzt. Die meisten von ihnen waren vom Ausbruch überrascht worden – wie auch die internationale Terrororganisation Al-Qaida. Diejenigen, die erst kürzlich im Zusammenhang mit der »Jihadi Code«-Versöhnungsinitiative von Saif al Islam aus Gaddafis berüchtigten Gefängnissen entlassen wurden, wie der ehemalige Emir der LIFG, Abdelhakim Belhaj, befürchteten eine erneute Festnahme. Die allermeisten von ihnen verhielten sich zumindest vorerst ruhig.[36] Im Laufe der Monate schlossen sich jedoch mehrere Islamisten den Revolutionären an. Sie vergrößerten bald ihre Autorität, indem sie ihre Erfahrung aus früheren Kämpfen, u. a. in Afghanistan und im Irak, sowie ihre Verbindungen nach Katar nutzten. Ehemalige Führer wie Belhaj wurden zu Koordinatoren der finanziellen Hilfe und der Waffenlieferungen aus dem Emirat, was maßgeblich dazu beitrug, ihre Bedeutung zu verstärken.

Nach der Revolution verließen viele junge Männer die bewaffneten Gruppen und kehrten in ihre zivilen Berufe oder an die Universitäten zu-

---

35 Pusztai 2019.
36 Fitzgerald in Cole/McQuinn 2015, S. 182 f.

rück. Die gelichteten Reihen einiger der kampfstärksten Milizen wurden durch Islamisten aufgefüllt, wodurch deren Einfluss allmählich weiter zunahm. Gleichzeitig gelang es den Islamisten, darunter mehrere vormalige Angehörige der LIFG und zahlreiche Muslimbrüder, viele der offiziellen und halboffiziellen Sicherheitseinrichtungen des Staates und einige der wirtschaftlich relevanten Institutionen Schritt für Schritt zu übernehmen oder zumindest zu unterwandern. Dabei arbeiteten politische und radikale Islamisten Hand in Hand, aufbauend auf dem gegenseitigen Vertrauen, das zwischen vielen von ihnen in den Jahren der Haft in Abu Slim entstanden war.[37]

Eine ähnliche Entwicklung vollzog sich im Übergangsparlament, dem *General National Congress* (GNC). Nach ihrer Wahlniederlage gelang es den Islamisten, das erste gewählte Parlament Libyens mit verschiedenen Mitteln nach und nach zu übernehmen, u. a. durch Erpressung und das Vertreiben einiger unbequemer Abgeordneter von den Sitzungen. Die Ermordung des amerikanischen Botschafters Chris Stevens und dreier weiterer Amerikaner am 11. September 2012 in Benghazi durch islamistische Milizen[38] hätte ein Weckruf für das Land und den Westen sein können, doch überraschenderweise war dies nicht der Fall.[39]

Eine der wichtigsten negativen Entwicklungen in der Zeit nach der Revolution war das »Political Isolation Law«, das im Mai 2013 vom GNC auf Betreiben der Opfer des früheren Regimes und unter massivem Druck mehrerer Milizen verabschiedet wurde. Es schloss jeden, der zu irgendeinem Zeitpunkt während Gaddafis 42-jähriger Herrschaft auch nur ein halbwegs wichtiges Amt bekleidet hatte, für zehn Jahre von jeder politischen Tätigkeit aus. Dies betraf viele fähige Politiker, die eine Stütze des Demokratisierungsprozesses hätten sein können, darunter auch den gewählten Präsidenten des GNC, Mohamed Al Magariaf. Er gründete 1982 die erste Widerstandsbewegung gegen Gaddafi und überlebte mindestens drei Attentatsversuche – aber da er vor mehr als 30 Jahren, von 1977 bis 1980, Gaddafis Botschafter in Indien war, musste er zurücktreten.[40]

Die Islamisten gehörten zu den Hauptbefürwortern dieses Gesetzes. Ihr offensichtliches Ziel war es, viele gefährliche und erfolgreiche Konkurrenten

---

37 Chorin 2022, S. 272; Fitzgerald in Cole/McQuinn 2015, S. 179.
38 Chorin 2022.
39 Ebd., S. 275 f.
40 Libya Herald 2013.

mit einem Schlag auszuschalten, was ihnen auch gelang. Das »Political Isolation Law« vertiefte die Spaltung des Landes und trug nachhaltig zur weiteren Destabilisierung Libyens bei, was schließlich zum Bürgerkrieg führte.

Mit der Entwaffnung, Demobilisierung und Reintegration der Milizen wurde nach der Revolution nicht einmal ernsthaft begonnen. Im Gegenteil: Während im Oktober 2011 noch 30.000 bis 50.000 Kämpfer unter Waffen standen, waren es wenige Monate später bereits mindestens 270.000.[41] Das lag nicht nur an fehlenden Alternativen für den Einzelnen, sondern auch an der großzügigen, wenn auch nicht immer ganz freiwilligen Finanzierung so gut wie aller Milizen durch den Staat. Überlagert wurde dies von der Auffassung vieler, dass sich jeder selbst schützen müsse, weil der Staat kein Gewaltmonopol habe. Viele der Milizen widmeten sich im weiteren Verlauf dem Schmuggel, der Schutzgelderpressung und anderen kriminellen Tätigkeiten. Das ohnehin schon stetig wachsende Chaos wurde durch die Explosion von Kriminalität und Korruption jedenfalls noch gewaltig verstärkt.

International berüchtigte Terrororganisationen wie Al Qaida (AQ) und Ansar Al Sharia etablierten zumeist noch vor dem Ende der Revolution ihre lokalen Ableger mit Hilfe libyscher Heimkehrer von diversen Kriegsschauplätzen. In Benghazi schlossen sich 2014 mehrere radikal-islamistische Milizen zum *Benghazi Revolutionary Shura Council* (BRSC) zusammen. In Derna führte ein ähnlicher Vorgang zur Bildung des *Derna Mujaheddin Shura Council* (DMSC). Zawiya wurde ein wichtiger Standort der AQ-nahen *Al Farouk*-Brigade.

Der Fezzan wurde sehr bald nach der Revolution zum sicheren Hafen für die *Al Qaida in the Islamic Maghreb* (AQIM), die *Al Mourabitoun* und andere Terrorgruppen. Die Region ist auch eine Art Logistikbasis für diverse Rebellengruppen, die quer durch den Süden der Sahara bis hinein nach Nigeria operieren.[42]

Im Jahr 2014 traf auch der Islamische Staat (IS) in Libyen ein. Zuerst versuchten die Dschihadisten, Derna unter ihre Kontrolle zu bringen, was aber am Widerstand des DMSC, verstärkt durch einige AQ-Veteranen, scheiterte. Daraufhin setzte sich der IS in Benghazi und vor allem in Sirte fest, wo er ein Schreckensregime errichtete. Nachdem der IS gefährlich nahe an Misrata herangerückt war, wurde im Mai 2016 die von dieser Stadt geführte »Operation Al Bunyan Al Marsoos« begonnen. Mit massiver US-Unterstützung ge-

---

41 Pusztai/Varvelli 2015.
42 Pusztai 2017, S. 24–30.

lang es in monatelangen, harten Kämpfen, Sirte einzukesseln und die Stadt zu stürmen. Nur wenigen Terroristen gelang die Flucht in den Fezzan, wo sie aber mittlerweile ein neues Netzwerk aufgebaut haben.[43]

8. »Erfolgreiche« Wahlen

Die an sich positive »Constitutional Declaration«[44] vom August 2011 legte einen völlig unrealistischen Zeitplan für die Übergangsphase fest, was zu überzogenen Erwartungen der Bevölkerung und entsprechenden Enttäuschungen führte. Die ersten freien Wahlen am 7. Juli 2012 wurden von der internationalen Gemeinschaft euphorisch gefeiert. Rund 1,8 Millionen Libyer (von etwa 6 Millionen), etwa 62 Prozent der 2,87 Millionen registrierten Wähler[45], aber nur etwa 44 Prozent der Wahlberechtigten selbst wählten das erste Übergangsparlament, den GNC. Die Wahlbeteiligung war in der Hauptstadt besonders hoch, in den entlegeneren Gebieten dagegen minimal. Zwei Jahre später beteiligten sich im Juni 2014 nur mehr 630.000 Wahlberechtigte (14,6 %)[46] an den Wahlen für das neue Parlament, das House of Representatives (HoR). Die geringe Wahlbeteiligung und das enttäuschende Ergebnis für die Islamisten, von denen mehrere zuvor zur Wahlblockade aufgerufen hatten, waren einer der Auslöser für den nachfolgenden Bürgerkrieg. Während für die erste Runde der Kommunalwahlen 2013–2015 nur 1,5 Millionen Menschen registriert waren, lag die durchschnittliche Wahlbeteiligung bei 58 Prozent der Registrierten. Heute hat Libyen knapp 7 Millionen Einwohner, aber auch für die zweite Runde der Kommunalwahlen, die 2019 begonnen hat, sind nur 1,5 Millionen Wähler registriert. Die durchschnittliche Wahlbeteiligung liegt bislang bei nur 22 Prozent. In mehreren Städten mussten die Wahlen wegen offensichtlichen Betrugs wiederholt werden. In einigen Fällen wurden ehrliche Bürger, die die Polizei vertrauensvoll über beobachtete Unregelmäßigkeiten informierten, zusammen mit ihren Familien bedroht. Mehrere zogen daraufhin ihre Anzeigen zurück.

---

43 Pusztai 2017.
44 Interim Transitional National Council, »The Constitutional Declaration«, 3.8.2011.
45 Carter Center 2012.
46 Election Guide, »Libya – Election for Majlis Al Nuwab (Libyan Council of Deputies)«, 25.6.2014.

Keine dieser Wahlen wurde von internationalen Beobachtern glaubwürdig überwacht – zum Teil auch aus Sicherheitsgründen. Das Problem der sinkenden Wahlbeteiligung und der vielen Unregelmäßigkeiten wurde und wird von vielen internationalen Beobachtern ignoriert. Aber im Gegensatz zur tatsächlichen Wahlbeteiligung wünscht sich die überwiegende Mehrheit der Libyer laut vielen öffentlichen Erklärungen und Umfragen so bald wie möglich allgemeine Wahlen.

Demokratie hat keine Tradition in Libyen und muss erst gelernt und eingeübt werden. Die Enttäuschung über die nicht wirklich erfolgte Umsetzung der Ergebnisse der ersten Wahl 2012, bei der die Beteiligung im Vergleich zu den späteren Urnengängen ja noch relativ hoch war, sitzt tief. Die prekäre Sicherheitslage, das Misstrauen gegenüber vielen Politikern und der Verdacht auf verbreiteten Wahlbetrug demotivieren die potenzielle Wählerschaft. So mancher Libyer betrachtet die Beteiligung an einer Wahl, deren Ergebnisse seiner Meinung nach verfälscht werden und darüber hinaus ohnehin nicht relevant sind, als ein unnötiges persönliches Risiko.

9. Der »Skhirat-Prozess« – der letzte Sargnagel?

Im Jahr 2014 beschleunigte sich der Zerfall des Landes rapide. Im Mai startete General Khalifa Haftar, einer der ehemaligen militärische Führer der Revolution, in Benghazi die »Operation Dignity«, um die bereits seit 2012 anhaltende Attentatsserie zu beenden, bei der Hunderte von Mitgliedern der Sicherheitskräfte und der Zivilgesellschaft von Islamisten getötet worden waren. Haftars anschließende militärische Erfolge in den von beiden Seiten brutal geführten Kämpfen in Benghazi (2014–2017), dem Oil Crescent (2016) und in Derna (2018/19) machten ihn im Osten zum Helden und im Westen zum Albtraum. Das gilt insbesondere für Misrata, eine Hafenstadt mit jahrhundertealten engen Verbindungen zu einigen Küstenstädten in der Cyrenaika, die auch zahlreiche Kämpfer in den Krieg im Osten entsandt hat.[47]

Die HoR-Wahlen im Juni 2014 beendeten zwar die Kontrolle des Parlaments durch die Islamisten, lösten aber heftige Kämpfe in Tripolis aus. Unter der Führung schlagkräftiger, zum Teil islamistischer Milizen aus Misrata,

---

47 Wehrey 2018, S. 251 ff.

wurden rivalisierende Kämpfer aus Zintan und anderen Städten im Westen im Zuge der »Operation Libya Dawn« aus Tripolis vertrieben. Auch das neu gewählte HoR und seine Regierung verließen die Hauptstadt und flohen in den Osten nach Tobruk und Al Bayda.

Als der Oberste Gerichtshof im November – unter dem Druck der »Operation Libya Dawn« – entschied, dass die Parlamentswahlen im Juni nicht verfassungskonform gewesen waren und der GNC somit weiterhin das Parlament des Landes sei, war die Spaltung perfekt. Da nur weit weniger als die Hälfte der ursprünglichen GNC-Mitglieder an den ersten Sitzungen teilnahmen, wurden die leeren Ränge des nunmehrigen Gegenparlaments durch neu ernannte Abgeordnete aufgefüllt. Eine eigene, islamistisch orientierte Regierung wurde vereidigt, die jedoch international nie anerkannt wurde, obwohl manche Länder zu ihr Kontakte unterhielten.[48]

Nach zehnmonatigen Verhandlungen wurde am 17. Dezember 2015 in Skhirat (Marokko) das von den UNO vermittelte »Libyan Political Agreement« (LPA)[49] unterzeichnet, mit dem ein *Government of National Accord* (GNA) eingesetzt wurde. Die Billigung des LPA durch das UNSC bereits sechs Tage später verschaffte dem GNA eine frühe internationale Anerkennung, noch bevor das international weiterhin anerkannte libysche Parlament, das HoR, die Gelegenheit hatte, darüber abzustimmen, was in der Geschichte der UNO wohl einzigartig ist. Schließlich weigerte sich das HoR, das GNA zu bestätigen, und nur die internationale Anerkennung blieb übrig, um dieser Regierung eine Art von Legitimität zu verleihen.

Während die internationalen Medien und Diplomaten die Einigung und den anschließenden Umzug des neu bestellten GNA unter Fayez Al Serraj nach Tripolis am 30. März 2016 als großen Schritt zur Stabilisierung Libyens bejubelten, wurde damit in Wirklichkeit der Weg in eine erneute Eskalation geebnet.

Die Teilnehmer an den Verhandlungen in Skhirat waren keine angemessene Vertretung derjenigen, die in den Städten und Regionen Libyens tatsächlich die Macht besaßen. Die existierende, vom HoR eingesetzte und eigentlich international anerkannte Regierung wurde völlig ignoriert. Nicht wirklich überraschend wurde das Ergebnis fast sofort angefochten. Der schlecht vorbereitete überstürzte Umzug nach Tripolis, zu dem der damalige UN Special Representative (UNSR) Martin Kobler nachdrücklich

---

48 Maghur 2014; Associated Press 2014; Eljarh 2014.
49 Libyan Political Agreement 2015.

aufgefordert hatte, lieferte Al Serraj und seine im Inland nicht legitimierte Regierung der Gnade der mächtigen Milizen in der Hauptstadt aus. Während die UNO und einige europäische Länder »feel-good meetings« organisierten und Vereinbarungen mit Al Serraj unterzeichneten, die dieser häufig nicht umsetzen konnte, verschlechterte sich die Lage im Land, besonders im Großraum Tripolis und im Osten.[50]

Es wäre einfach, dem HoR die Schuld für die Entwicklungen zu geben, weil es das GNA nicht anerkannt hat, aber in Wahrheit hatte es keinen wirklichen Grund dazu. Das HoR war einfach nicht gewillt, eine Regierung zu akzeptieren, die nicht unabhängig von ihm feindlichen Milizen und bewaffneten Banden in Tripolis agieren konnte und noch dazu versuchte, ein Abkommen umzusetzen, das das HoR für fehlerhaft hielt. Doch bald wurde es ohnehin irrelevant, ob das HoR das GNA unterstützte oder nicht, weil dieses um das eigene Überleben unter den Milizen in der Hauptstadt kämpfen musste. Es erzielte kaum Fortschritte bei den alltäglichen Problemen der Bevölkerung wie der Verbesserung der Sicherheitslage und der Grundversorgung sowie bei der Eindämmung der völlig ausgeuferten Korruption. Die Stellung des selbst korrupten GNA änderte sich nur vorübergehend ab April 2019, als Haftar einen Angriff auf Tripolis begann und alle Milizen dazu brachte, unter der formalen Autorität des GNA gemeinsam ums Überleben zu kämpfen.[51]

Wie das Scheitern des Skhirat-Abkommens zeigt, ist es nicht sinnvoll, einen Friedensprozess zu etablieren, der diejenigen ausschließt, die vor Ort tatsächlich das Sagen haben, insbesondere die wichtigsten bewaffneten Akteure. Noch schlimmer war die »Auslieferung« der daraus resultierenden Regierung auf dem Silbertablett an die Milizen in Tripolis, die den LPA-Prozess in eine frühe Sackgasse manövrierte. Eine Regierung braucht einen angemessenen Schutz, um von lokalen Kriegsherren unabhängig zu bleiben. Andernfalls wird ihre Autorität niemals allgemein akzeptiert werden.[52]

Die USA und die Europäer haben sich durch die verfrühte Anerkennung und anschließende bedingungslose Unterstützung einer Regierung, die nach libyschem Recht niemals in irgendeiner Form legitimiert war, selbst die Hände gebunden und gleichzeitig Agheela Saleh, den Vorsitzenden des – nach wie vor – international anerkannten HoR, als Störfaktor sanktioniert. Dadurch war es auch der EU nicht möglich, eine echte Vermittlerrolle

---

50 Pusztai 2019.
51 Transparency International, »Our Work in Libya«.
52 Pusztai 2019.

zwischen den beiden Seiten zu übernehmen, weil die Union normalerweise nicht mit jemandem spricht, der auf ihrer Sanktionsliste steht.

10. Ein neuer Anlauf nach dem Krieg: Libya Political Dialogue Forum (LPDF)

In völliger Überschätzung seiner eigenen Kräfte und der erhofften Unterstützung durch einige Milizen in der Hauptstadt griff Khalifa Haftar mit seiner *Libyan National Army* (LNA) im April 2019 Tripolis an. In monatelangen Kämpfen war die LNA nicht in der Lage, die Stadt einzunehmen, und als im Januar 2020 die Türkei offen militärisch intervenierte, wendete sich das Blatt endgültig zu Gunsten der Verteidiger. Haftar musste seine schwer geschlagenen Truppen in den Raum Sirte zurückziehen. Das Genfer Waffenstillstandsabkommen, das am 23. Oktober 2020 unterzeichnet wurde, beendete den Bürgerkrieg.[53]

Der »Berliner Prozess«, der auf der Berliner Konferenz am 19. Januar 2020 ins Leben gerufen wurde, soll die UNO bei ihren Bemühungen um eine Konfliktlösung unterstützen.[54] Dazu wollte man gemeinsam in Sinne der UNO auf die Streitparteien einwirken und dabei in den Bereichen Politik, Sicherheit, Wirtschaft und Menschenrechte wirken. Die praktischen Auswirkungen des »Berliner Prozesses« vor Ort in Libyen sind allerdings sehr begrenzt geblieben.[55]

Auf Initiative von UN Special Representative Stephanie Williams trat am 7. November 2020 erstmals das LPDF zusammen. Es besteht aus 75 libyschen Frauen und Männer, die das soziale und politische Spektrum der libyschen Gesellschaft repräsentieren sollten. Die meisten Teilnehmer wurden entweder von Williams handverlesen oder vom HoR und HCS ausgewählt. Der Hauptzweck des in keiner Weise demokratisch legitimierten LPDF bestand darin, eine Interimsregierung auszuwählen, die Wahlen für den 24. Dezember 2021 hätte vorbereiten sollen.[56]

---

53 Pack/Pusztai 2020.
54 Auswärtiges Amt, »Zweite Berliner Libyen-Konferenz: Neue Phase für Frieden in Libyen«, 23.6.2021.
55 Die Bundesregierung, »Berliner Libyen-Konferenz – Schlussfolgerungen der Konferenz«, 19.1.2020.
56 UNSMIL, »Libyan Political Dialogue Forum«, 15.11.2020.

Anfang Februar 2021 einigte sich das LPDF zwar auf Abdul Hamid Dbeibha als Interims-Premierminister und auf ein *Presidential Council* mit Vertretern aus den drei Regionen des Landes, aber mehrere Delegierte, die für Dbeibha stimmten, waren bestochen.[57] Damit war die Glaubwürdigkeit der neuen Regierung von Beginn an untergraben. Das hielt die UNO aber nicht davon ab, das Ergebnis anzuerkennen, und auch das HoR bestätigte die Regierung, entzog ihr aber im September wiederum das Vertrauen. Dbeibha hielt sich aus der Vorbereitung der Wahlen – seiner eigentlichen Hauptaufgabe – weitestgehend heraus. Er meldete schließlich sogar seine eigene Kandidatur an, was nicht nur dem vom HoR erlassenem Wahlgesetz widersprach, sondern vor allem auch seiner eigenen vor der LPDF-Wahl abgegebenen Verpflichtung, nicht zu den Wahlen anzutreten. Auch das nahm die UNSMIL widerspruchslos zur Kenntnis. Letztendlich wurden die Wahlen am 22. Dezember auf unbestimmte Zeit verschoben, weil die Wahlkommission auf Grund der zahlreichen Einsprüche und nicht im Einklang mit den Wahlgesetzen gefallenen Entscheidungen von Berufungsgerichten nicht in der Lage war, eine endgültige Kandidatenliste zu veröffentlichen.

Ein Grundfehler des LPDF war die Annahme, dass die politische Klasse im Land ein ernsthaftes Interesse an der Abhaltung von Wahlen hat, was aber nicht der Fall ist. Die Dbeibha-Regierung, die Abgeordneten des HoR und des HCS können persönlich gut mit der aktuellen Situation leben, die so mancher von ihnen zur persönlichen Bereicherung ausnutzt.

11. Schlussfolgerungen

Nach dem erfolgreichen Ende der Revolution trugen mehrere wesentliche Entwicklungen zum stetigen Abwärtstrend des Landes bei. Eine Reihe von Kernproblemen erwies sich als unlösbar. Die Gefahr, die von radikalen Islamisten und terroristischen Gruppen in und aus Libyen ausgeht, wurde zu lange unterschätzt. Die Uneinigkeit und völlige Zersplitterung des Landes, die noch immer fast jeden echten Fortschritt unmöglich macht, wurde von der internationalen Politik viel zu spät erkannt. Die internationale Gemeinschaft hatte zweifellos ihren Anteil an der negativen Entwicklung in Liby-

---

57 United Nations Security Council, »Letter dated 8 March 2021 from the Panel of Experts on Libya established pursuant to resolution 1973 (2011) addressed to the President of the Security Council; II, E, and Annex 13«, 2021.

en, aber auch die Libyer selbst tragen dafür Verantwortung. Aussagen wie »Wir werden reicher sein als Dubai!« waren eben kein Ersatz für einen seriösen Plan zur Stabilisierung des Landes. Die internationale Gemeinschaft war sich der Bruchlinien zwischen den Regionen, der Problematik der Stammeskonflikte und der Auswirkungen der chaotischen Verwaltung unter Gaddafi nicht in vollem Umfang bewusst, aber die Libyer schon. Sie haben die Entwicklungen im Irak und die Auswirkungen der dortigen »De-Baʼathifizierung« gesehen – und das Gleiche getan.

Bei ähnlichen künftigen Szenarien scheint es notwendig, den internen Strukturen und Dynamiken von Krisenländern noch mehr Aufmerksamkeit zu schenken. Eine objektive, vorausschauende Bewertung der zu erwartenden Entwicklungen ist von größter Bedeutung. Eine umfassende Interimsverfassung könnte ein gutes Instrument sein, um einen Rahmen für eine Stabilisierung zu schaffen, während die gut zu durchdenkende Ausarbeitung der endgültigen Verfassung um einige Jahre aufgeschoben werden sollte.

In jedem Fall sollte künftig unmittelbar nach dem Erfolg einer internationalen Militärintervention in einem Krisenland eine umfassende internationale Sicherheits-, Wiederaufbau- und »Institution-building«-Mission eingesetzt werden. Die vorherige Unterstützung einer Konfliktpartei sollte von deren Zustimmung zu einer solchen Mission abhängig gemacht werden. Der gesamte, unmittelbar an den bewaffneten Konflikt anschließende Stabilisierungsprozess muss unter direkter internationaler Aufsicht stattfinden. Die beste Lösung ist wohl die Einsetzung eines UNO-Hochkommissars mit einem Exekutivmandat nach dem Vorbild des erfolgreichen Modells in Bosnien-Herzegowina.

Es ist entscheidend, dass das Gewaltmonopol der neuen Regierung sobald wie möglich wieder hergestellt wird. Dazu ist ein gut durchdachter, international überwachter und unterstützter Prozess zur Entwaffnung, Demobilisierung und Reintegration der bewaffneten Gruppen Hand in Hand mit einer Reform des Sicherheitssektors erforderlich. Ein sehr wichtiges Element ist der richtige Zeitpunkt für demokratische Wahlen. Nicht nur ein rechtlicher Rahmen und ein Mindestmaß an Sicherheit, sondern auch die richtige Einstellung der Bevölkerung ist für erfolgreiche Wahlen notwendig. Die relativ niedrige Wahlbeteiligung bereits in den Jahren knapp nach der Revolution ist ein Hinweis darauf, dass diese Einstellung nie vorhanden war, insbesondere nicht in den entlegeneren Teilen Libyens. Leider hat sich das bis heute nicht verbessert, sondern eher verschlechtert. Wenn die

Menschen, aus welchen Gründen auch immer, von den ersten Wahlen ent-täuscht sind, wird die Beteiligung an den folgenden Wahlen zurückgehen. Euphorisches Feiern von »Erfolgen«, wo es so gut wie keine gibt, kann die Glaubwürdigkeit des gesamten Stabilisierungsprozesses untergraben und zu Frustration führen.[58] Die Stabilisierung Libyens nach der Revolution ist gescheitert. Heute erfüllt Libyen die weitaus meisten der Kriterien eines »failed state«. Eine nachhaltige Besserung ist nicht in Sicht.

---

58 Fetouri 2014; Fishman 2018.

Kampf um Macht, Legitimität und Überleben: Der Krieg in Afghanistan

Florian Weigand

1. Einleitung

Afghanistan hat sich als ein scheinbar ewiges Kriegsgebiet in das Gedächtnis vieler Menschen eingebrannt. Bereits die Besetzung des Landes durch die Sowjetunion hatte das Land zum Thema in Europa gemacht. Und zwischen 2001 und 2021 – als auch deutsche Truppen in Afghanistan stationiert waren und die internationale Gemeinschaft einen neuen Staat im Land zu errichten versuchte – wurde fast täglich darüber berichtet. Im August 2021 dann, als die internationalen Truppen abzogen und die Taliban nach Jahren gewaltsamer Auseinandersetzung wieder die Macht übernahmen, kam es zu dramatischen Szenen am Flughafen in der Hauptstadt Kabul, als viele Menschen versuchten, noch rechtzeitig aus dem Land zu fliehen.

Dieses Kapitel wirft einen Blick zurück auf die Kriege in Afghanistan in den letzten Jahrzehnten. Es soll zeigen, dass diese Kriege im Namen verschiedener Ideologien gerechtfertigt wurden, wie beispielsweise Imperialismus, religiöse Ideologie, Kommunismus und Demokratie. Doch unabhängig von solchen ideologischen Ansprüchen hat es kein Machthaber in der Praxis geschafft, ein System mit weitreichender und dauerhafter Legitimität im Land zu errichten. Ein Grund dafür ist, dass eine Kernvoraussetzung für Legitimität fehlte.

Zudem soll veranschaulicht werden, dass in Konfliktkontexten »interactive Dignity«[1] – also die Erfahrung der Menschen, im täglichen Leben von Autoritäten mit Würde behandelt zu werden – eine wichtige Rolle für den

---

1 Dieser Aufsatz basiert in weiten Teilen auf meinem Buch *Waiting for Dignity: Legitimacy and Authority in Afghanistan* (Weigand 2022a). Hierin wird das Konzept einer »interactive Dignity« weiter ausgeführt.

Aufbau von Legitimität spielt. Wenn Mechanismen fehlen, die Kontrolle von Autorität auf der Makroebene sicherstellen, wie es beispielsweise in einer funktionierenden Demokratie geschieht, kommt dem täglichen Umgang zwischen Bevölkerung und Autoritäten eine besonders große Bedeutung zu. Wie sich Polizisten an einem Kontrollpunkt, Richter in einem Gerichtsprozess oder Beamte bei der Ausstellung eines Dokuments verhalten, lässt Menschen Rückschlüsse ziehen auf die Legitimität des Staates. Je nachdem, ob dieses Verhalten als fair und respektvoll wahrgenommen wird, ob es dem Wohl der Allgemeinheit zu dienen oder von Eigeninteressen getrieben zu sein scheint, gewinnen oder verlieren der Staat, aber auch bewaffnete Gruppen oder lokale Autoritäten an Legitimität.

Die internationalen Versuche des Staatsaufbaus in Afghanistan von 2001 bis 2021 führten nicht dazu, ein System mit weitreichender Legitimität aufzubauen – auch weil der parallel geführte sogenannte »War on Terror« das Vertrauen in den neuen Staat und seine internationalen Partner untergrub. Menschen nahmen den Staat im täglichen Umgang eher als korrupt und teilweise sogar als Gefahr wahr, aber nicht als eine Autorität, die für Fairness und Respekt steht. Dies machte es für die Taliban einfacher, sich als alternative Autorität darzustellen. Allerdings stehen die Taliban, die seit 2021 selbst an der Macht sind, vor einer noch viel größeren Legitimitätsherausforderung als die Regierung zuvor.

2. Afghanistan im 20. Jahrhundert

Nach dem 11. September 2001 rückte Afghanistan in den Mittelpunkt der Weltöffentlichkeit. Der damalige US-Präsident George W. Bush kündigte den Beginn eines »Global War on Terror« (eines »globalen Krieges gegen den Terror«) an, der in den folgenden Jahren weltweit viele Menschenleben kosten sollte. Das erste Ziel dieses Kriegs war Afghanistan.

Afghanistan war bereits seit Jahrzehnten von Krieg geprägt, gerechtfertigt durch rivalisierende Ideologien. Auch ausländische militärische Interventionen spielten schon vor 2001 eine bedeutende Rolle, denn Afghanistans Geschichte ist eng mit Geopolitik und Imperialismus verknüpft. Bereits im 19. Jahrhundert versuchte Großbritannien wiederholt, das Land militärisch einzunehmen, und besetzte die Hauptstadt Kabul mehrfach, verlor jedoch letztendlich alle drei Anglo-Afghanischen Kriege (1839–1842, 1878–1880, 1919). Nach dem dritten Anglo-Afghanischen Krieg unterzeichnete der afghanische König Amanullah Khan am 8. August 1919 das Friedensabkommen von Rawalpindi, bei dem Großbritannien Afghanistan vollständige Souveränität zusicherte – im Gegenzug für die Anerkennung der von den Briten gezogenen Durand-Linie als Grenze zum Britischen Raj, ihrem Kolonialreich auf dem indischen Subkontinent.[2]

Das 20. Jahrhundert wurde zunächst von Reformen des Königs Amanullah geprägt, die darauf abzielten, Afghanistan kulturell an den Westen anzunähern. So ließ der König beispielsweise westliche Paläste bauen und propagierte westliche Kleidung. Der folgende und letzte König Afghanistans, Zahir Shah (Regierungszeit 1933–1973), setzte diese Strategie fort. Er führte eine konstitutionelle Monarchie ein, sicherte Frauen mehr Rechte zu und ließ u. a. einen Zoo in Kabul bauen. Fotografien aus den 1950er und 1960er Jahren zeigen Frauen in Röcken im Büro oder in Badeanzügen am Pool des Intercontinental-Hotels. Afghanistan war sogar eine beliebte Station auf dem »Hippie-Trail« von Europa nach Indien. Doch trotz sichtbarer Veränderungen in Teilen Kabuls und in anderen Landesteilen blieb der größte Teil Afghanistans ländlich, arm und strukturell konservativ.

1973 putschte sich der Cousin des Königs, Mohammed Daoud Khan, gestützt von der pro-sowjetischen Demokratischen Volkspartei Afghanistan (DVPA), an die Macht und rief die Republik aus. Doch Mohammed Daoud Khan wurde 1978, während der sogenannten Saur-Rrevolution, ermordet, als sich andere Mitglieder der DVPA, die sich weiter an die Sowjetunion annähern wollten, an die Macht putschten und einen Revolutionsrat einsetzten. Nach weiteren Morden und Machtwechseln marschierten im Dezember 1979 sowjetische Truppen in Afghanistan ein. Machthaber Hafizullah Amin, der selbst um sowjetische Hilfe gebeten hatte, wurde von den sowjetischen Truppen erschossen.[3]

Im Anschluss organisierten sich verschiedene sogenannte *Mudschahedin*-Gruppen (Gruppierungen von Kämpfern, die Dschihad betreiben – in diesem Fall gegen die sowjetischen Truppen) im Land. Westliche Länder unterstützten den Kampf oftmals und leiteten militärische Güter über den pakistanischen Geheimdienst an diese Gruppen weiter. Angeführt wur-

---

2 Vgl. Barfield 2010, Coll 2004, Ewans 2002, Rubin 2002 und Saikal 2006 für eine detaillierte Diskussion der Geschichte Afghanistans.

3 Amin ging davon aus, dass die sowjetischen Truppen ihn unterstützen würden. Allerdings vertrauten diese ihm nicht und erschossen ihn im Tajbeg-Palast in Kabul. Vgl. Mitrokhin 2002, Bradsher 1983, Saikal 2006, Fullerton 1983.

den diese Gruppen von Männern, von denen viele noch lange bedeutende Rollen im Land spielen sollten. Dazu zählten beispielsweise Ahmad Schah Massoud, Gulbuddin Hekmatyar, Abdul Rashid Dostum, Abdul Qadir und Burhanuddin Rabbani. In den frühen 1980er Jahren fanden die meisten Kämpfe in den ländlichen Räumen Afghanistans statt, doch in den späten 1980er Jahren wurden auch die Angriffe auf Kabul verstärkt. *Human Rights Watch* berichtete 1991, dass täglich bis zu 20 Raketen in Kabul einschlugen, viele davon mit US-Geldern gekauft, die vielen Zivilisten das Leben kosteten.[4]

Nach dem Abzug der sowjetischen Truppen aus Afghanistan im Jahr 1989 versuchte die pro-sowjetische Regierung von Mohammed Nadschibullah, ohne direkte militärische Unterstützung weiter zu regieren. Doch nach dem Zusammenbruch der Sowjetunion fiel auch die finanzielle Unterstützung weg. Nadschibullah blieb noch bis April 1992 an der Macht, bis er bei den Vereinten Nationen in Kabul um Asyl bat und die Mudschahedin die Stadt einnahmen. Doch konkurrierende Mudschahedin-Gruppen verwandelten Kabul erneut in ein Schlachtfeld. Die Stadt wurde schwer bombardiert, und nach dem Sturz Najibullahs kam es zu Gräueltaten an der Zivilbevölkerung in erschreckendem Ausmaß.[5] Die Zahl der zivilen Todesopfer in Kabul zwischen 1992 und 1995 wird auf 100.000 geschätzt.[6]

In diesem Umfeld entstanden die *Taliban* (»die Schüler« oder »die Studierenden«) in der Provinz Kandahar, im Süden Afghanistans. Eine Gruppe von Mudschahedin-Kämpfern, von denen viele nach dem Sturz Najibullahs in *Deobandi Madrassas* (religiösen Schulen) in Pakistan studiert hatten, stellte sich mit pakistanischer Unterstützung als »Robin Hood«-Bewegung gegen die Machthaber in Kandahar und die von ihnen begangenen Menschenrechtsverletzungen dar.[7] Die Taliban – mit dem offiziellen Namen der Bewegung *Islamisches Emirat Afghanistan* – wurden vom Emir Mullah Omar und einer kleinen *Shura* (Rat) geführt.[8] Die Taliban gewannen schnell an Einfluss und übernahmen im Dezember 1994 die Kontrolle in Kandahar. Von dort rückten die Taliban in Richtung Kabul vor. Die Bedingungen in der Stadt wurden noch schlechter als zuvor, denn die Taliban blockierten die Straßen in die Stadt. Im September 1996 verließen Massoud und seine

---

4 Human Rights Watch 1991.
5 Human Rights Watch 2005.
6 Ewans 2002.
7 Siehe Barfield 2010 und Rashid 2001 für zwei Perspektiven auf die Entstehung der Taliban.
8 Barfield 2010.

Truppen, die zu diesem Zeitpunkt Kabul kontrollierten, die Stadt angesichts einer Taliban-Offensive. Am 26. September 1996 eroberten die Taliban Kabul, holten Najibullah aus dem Gebäude der Vereinten Nationen und töteten ihn.

Die Menschen in Kabul begannen, ein vergleichsweise stabiles Umfeld zu erleben. Doch obwohl die Taliban ihre Macht religiös begründeten, setzten sie in der Praxis oftmals eher Traditionen aus bestimmten ländlichen Räumen um, wie Elemente des kulturellen Kodex der Paschtunen, der größten Bevölkerungsgruppe Afghanistans, dem *Paschtunwali*. Damit gerieten sie in Konflikt mit Traditionen und gelebter Praxis in anderen Landesteilen und wurden an Orten wie Kabul als sehr repressiv wahrgenommen.[9] So gingen die Taliban beispielsweise gegen die verbreitete Verehrung von Heiligtümern und des religiösen Sufismus vor. Zudem verboten die Taliban Musik und verlangten von Männern, sich einen Bart wachsen zu lassen. Frauen wurden aus dem öffentlichen Raum verbannt, mussten eine Burka tragen und konnten weder zur Schule noch zur Arbeit gehen.

In der Zwischenzeit schlossen sich viele der Mudschahiedin-Kommandeure zusammen und gründeten die *Nationale Islamische Vereinigte Front zur Rettung Afghanistans*, auch bekannt als *Nordallianz*, um Gebiete im Norden des Landes gegen die Taliban zu verteidigen. Zu dieser Allianz gehörten verschiedene ethnisch geprägte Bewegungen und Parteien, geführt von tadschikischen Kommandeuren wie Burhanuddin Rabbani und Ahmad Shah Massoud von Jamiat-e Islami, usbekischen Kommandeuren, insbesondere Abdul Raschid Dostum, Hazara Kommandeure, wie Muhammad Mohaqiq sowie paschtunische Kommandeure, wie zum Beispiel Hajji Abdul Qadeer aus dem östlichen Nangarhar. Im Gegensatz zu der lediglich von Pakistan, Saudi-Arabien und den Vereinigten Arabischen Emiraten anerkannten Taliban-Regierung in Kabul wurde die Allianz zunächst von Ländern wie dem Iran, Indien, Russland und der Türkei, später aber auch westlichen Ländern unterstützt.[10] Viele dieser Kommandeure wurden als »Warlords« bekannt und erlangten nach 2001 wichtige Positionen innerhalb der neuen afghanischen Regierung.

---

9 Ebd.
10 Für weiterführende Informationen zur Nordallianz siehe Coll 2004.

3.　Afghanistan nach 2001: »War on Terror« und »Statebuilding«

Das scheinbare Ende der Taliban-Herrschaft in Afghanistan kam beinahe über Nacht. Nach dem 11. September 2001 und dem anschließenden Beginn des von Präsident George W. Bush erklärten »War on Terror« begann im Oktober die militärische USA-geführte »Operation Enduring Freedom«. Der Krieg richtete sich zunächst gegen Al-Qaida in Afghanistan, aber auch gegen die Taliban, weil diese den sich in Afghanistan aufhaltenden Osama Bin Laden nicht an die USA ausliefern wollten. Der nach der ersten Kriegswoche vorgebrachte Vorschlag der Taliban, Bin Laden an ein Drittland auszuliefern, wurde von Präsident Bush abgelehnt.[11]

Westliche Streitkräfte führten Luftschläge in Afghanistan durch, während die Kommandeure der Nordallianz, unterstützt durch westliche Gelder und Waffen sowie amerikanische Spezialkräfte, am Boden vorrückten und Kabul einnahmen. US-Verteidigungsminister Rumsfeld lehnte eine von den Taliban angebotene bedingungslose Kapitulation ab.[12] Die Taliban zogen sich in den Süden des Landes zurück und galten zum Jahresende als *de facto* besiegt. Vertreter der internationalen Gemeinschaft, der siegreichen Nordallianz und andere einflussreiche Persönlichkeiten trafen sich auf dem Petersberg bei Bonn und verabschiedeten einen ambitionierten Plan zum Aufbau eines demokratischen Staates in Afghanistan.[13] Die als besiegt geltenden Taliban wurden allerdings nicht eingeladen und nicht an den Prozessen der nächsten Jahre beteiligt.

Der UN-Sicherheitsrat unterstützte den Prozess und mandatierte die *International Security Assistance Force* (ISAF), bestehend aus verschiedenen, sich freiwillig beteiligenden Ländern (darunter auch Deutschland), um die Sicherheit in Kabul und den umliegenden Gebieten sicherzustellen. Hinzu kamen über die Jahre viele Milliarden an internationaler Unterstützung für den Staatsaufbau und die Entwicklungszusammenarbeit.[14]

Im Juni 2002 wurde eine *Loya Dschirga* (große Versammlung) eröffnet, bei der Hamid Karzai als Übergangspräsident bestätigt wurde. Ende 2003 folgte eine weitere Versammlung, bei der eine neue Verfassung beschlossen wurde. Nach langen Verhandlungen einigten sich die Teilnehmenden auf das

---

11 ABC News 2001.
12 Washington Post 2001.
13 UN 2001a.
14 UN 2001b.

von Karzai vorgeschlagene stark zentralisierte Präsidialsystem. Zudem wurden viele Rechte für die Bevölkerung in der Verfassung verankert, wie die Gleichberechtigung von Männern und Frauen, Redefreiheit und der Schutz von Minderheiten.[15] Die Verfassung galt weitgehend als demokratisch und fortschrittlich.

Unter der Ende 2004 formell gewählten Regierung Karzais, der Präsenz der ISAF und angesichts umfangreicher ausländischer Hilfe erlebten die Hauptstadt und weite Teile Afghanistans einige friedliche Jahre. Kabul wurde schnell zu einem pulsierenden städtischen Raum mit mehr als vier Millionen Einwohnern, enormen Verkehrsstaus, verschmutzter Luft und weit verbreiteter Armut, aber auch mit lebhaften Cafés, Restaurants und Kunstgalerien, nächtlich beleuchteten Hochzeitssälen und einer kritischen Medienlandschaft. Doch abseits der großen Städte waren die Taliban schnell wieder auf dem Vormarsch, so dass die Instabilität in Teilen Afghanistans bald wieder zunahm. Das ISAF-Mandat wurde mit weiteren Resolutionen des UN-Sicherheitsrats immer wieder verlängert und geografisch auf das gesamte Land ausgeweitet. Dabei setzte ISAF auf die Einrichtung von *Provincial Reconstruction Teams* (regionale Wiederaufbauteams) – »kleine Teams aus militärischem und zivilem Personal, die in den afghanischen Provinzen für die Sicherheit [...] sorgen und bei humanitären Hilfs- oder Wiederaufbauaufgaben helfen«.[16] Allerdings führten die USA auch ihre Kampfmission in Afghanistan fort.

Die parallel verlaufenden internationalen Initiativen, insbesondere der »War on Terror« auf der einen Seite und die Idee des Staatsaufbaus auf der anderen, wuchsen sich zu einem Spannungsfeld aus, das die Entwicklungen in Afghanistan über Jahre dominieren sollte. Konkurrierende Pläne und Praktiken trugen letztendlich entscheidend zum internationalen Scheitern in Afghanistan bei. Insbesondere der »War on Terror« untergrub den Staatsaufbau. Zivile Opfer durch Luftschläge und die als notwendig erachtete enge Zusammenarbeit der internationalen Gemeinschaft mit Warlords und anderen einflussreichen Persönlichkeiten, die von weiten Teilen der Bevölkerung als korrupt und gewaltsam wahrgenommen wurden, erschwerten es, Vertrauen in den neuen Staat aufzubauen.[17] Der ehemalige Mudschahiedin-Kommandeur Dostum beispielsweise, der mutmaßlich für den Tod Tausen-

---

15 Verfassung Afghanistans 2004, Ruttig 2014.
16 NATO 2007.
17 Weigand 2022b.

der Kriegsgefangener im Jahr 2002 verantwortlich war,[18] wurde später Vizepräsident Afghanistans.

Ein Beispiel für den destruktiven Effekt der unklaren und oft widersprüchlichen übergeordneten Ziele im Land war die Polizeireform.[19] 2002 einigte sich die internationale Gemeinschaft auf eine »Lead-Nation«-Strategie, bei der verschiedene Länder Verantwortung für die Reform unterschiedlicher Bereiche des Sicherheitssektors übernehmen sollten, um so zum Staatsaufbau beizutragen. Deutschland übernahm Verantwortung für die Polizei, gründend in einer langen Geschichte der Kooperation beider Länder in diesem Bereich. Deutschland hatte ambitionierte Pläne, wie beispielsweise den Aufbau eines dreijährigen Ausbildungsprogramms für Polizeianwärter. Allerdings wurden diese Ambitionen in den ersten Jahren nur unzureichend untermauert – mit neun Ausbildern und einem Budget von 13 Millionen Euro im ersten Jahr für das gesamte Land. Anstelle der von der afghanischen Regierung erhofften 70.000 ausgebildeten Polizisten im Jahr 2006 wurden nur 3.600 von Deutschland ausgebildet.[20]

Um diesem Problem entgegenzuwirken, wurde 2007 die *European Union Police Mission* (EUPOL) eingerichtet.[21] Doch auch die USA wurden ungeduldig und entschlossen sich 2003, ein eigenes Ausbildungsprogramm einzurichten. Bis 2004 wurden so rund 20.000 Polizisten von den USA ausgebildet – allerdings in der Regel nur in Fünfwochenkursen, die von englischsprachigen Ausbildern einer privaten Sicherheitsfirma mit oft schlechter Übersetzung abgewickelt wurden und militärisch ausgerichtet waren.[22] So wurde beispielsweise deutlich mehr Wert auf den Umgang mit Schusswaffen gelegt als auf ermittlerische Arbeit oder gar ein Verständnis für die Rolle der Polizei in der Gesellschaft. Weil die meisten Anwärter Analphabeten waren, konnten sie auch nach dem Kurs kaum Berichte verfassen oder andere grundlegende Polizeiaufgaben ausführen. Letztendlich wurde ein Großteil der afghanischen Polizisten damit zu Hilfssoldaten des »War on Terror«, die an Kontrollpunkten oder später sogar an der Front ihren Dienst leisteten. Eine Polizeiarbeit im zivilen Sinne, mit Polizisten, die im Umgang mit der Be-

---

18 Siehe beispielsweise Harding 2002.
19 Weigand 2013.
20 Bayley/Perito 2010; Friesendorf/Krempel 2011.
21 Ebd.
22 Ebd.

völkerung geschult sind und Verbrechen aufklären können, gab es nur sehr begrenzt.[23]

4. Rückzug des Staates und Rückkehr der Taliban

Die Taliban organisierten sich zunächst in kleinen, relativ unabhängigen Gruppen auf der lokalen Ebene, sogenannte *Mahaz*. Ab 2005 begannen die Taliban jedoch, sich besser zu organisieren.[24] Sie entwickelten *Layha*, interne Regelungen, und fingen an, anlässlich des islamischen Opferfests *Eid* Erklärungen über die Ziele der Bewegung zu veröffentlichen.[25] Dies ermöglichte es den Taliban, ihren Einfluss im Land immer weiter auszubauen. Besonders in ländlichen Gebieten übten sie Kontrolle über die Bevölkerung aus – durch Anschläge auf Militärfahrzeuge, durch Straßensperren und Geldforderungen, aber auch durch öffentliche Güter und Dienstleistungen, wie vor allem ein alternatives Justizsystem.[26] In den Städten verübten die Taliban immer häufiger Anschläge, oftmals mit vielen zivilen Opfern.[27]

Der afghanische Staat war derweil von internationalen Geldern abhängig – durch die sich auch viele persönlich bereicherten. Karzai wurde 2009 für eine zweite Amtszeit wiedergewählt. Im selben Jahr beschloss die Obama-Regierung eine »Surge« (Truppenaufstockung). Dadurch sollten die Taliban zurückgedrängt werden. Dies führte dazu, dass die Taliban teilweise wieder an Einfluss verloren und weniger sichtbar wurden. Allerdings führten die hohen Militärausgaben im Land zu einer noch weiter ausufernden Korruption, etwa bei der Versorgung und Bewachung der Militärstützpunkte. Zudem konnten die Taliban ihre »Schattenadministration« fortführen.[28] So setzten sie auf mobile Gerichte, Richter auf einem Motorrad, die auf einen Anruf hin ins Dorf kamen – ohne die Aufmerksamkeit der afghanischen Armee oder der internationalen Streitkräfte auf sich zu ziehen.[29] Zugleich

---

23 Die später entwickelte Idee einer *Afghan Local Police* (ALP) trieb die Idee einer Polizei als eine kämpfende Einheit noch weiter; vgl. Vincent/Weigand/Hakimi 2015.

24 Jackson/Amiri 2019.

25 Ebd.

26 Jackson/Weigand 2020.

27 Die jährlichen UNAMA-Berichte »Afghanistan – Protection of Civilian in Armed Conflict« verschaffen einen guten Überblick zu diesem Thema.

28 Jackson/Amiri 2019.

29 Jackson/Weigand 2020.

führte die Truppenaufstockung auch zu einer weiteren Eskalation des Konflikts. Die Zahl der zivilen Opfer stieg von knapp 6.000 im Jahr 2009 auf mehr als 10.000 im Jahr 2014.[30] Die »Surge« endete 2014, und die USA reduzierten ihre Streitkräfte im Land erheblich. Auch eine 2011 begonnene Übertragung der Verantwortung für die Sicherheit in Afghanistan von ISAF auf die afghanischen Streitkräfte wurde abgeschlossen. Ebenso begannen die Mittel für Entwicklungsprojekte zu schwinden, was insgesamt zu einer zunehmend geschwächten Wirtschaft und steigender Arbeitslosigkeit beitrug.

Die afghanischen Präsidentschaftswahlen 2014 führten zu einem Patt zwischen Ashraf Ghani – einem Technokraten, der als Wissenschaftler und Mitarbeiter der Weltbank in den USA gearbeitet hatte, bevor er Anfang der 2000er Jahre nach Afghanistan zurückkehrte – und seinem Hauptkonkurrenten Abdullah Abdullah, der früher Mitglied der Nordallianz war. Auf internationalen Druck hin bildeten beide Kontrahenten eine sogenannte »Regierung der nationalen Einheit«. Während die Erwartungen an Fortschritt und Frieden an Orten wie Kabul während der Wahl noch relativ hoch waren, wuchs in den folgenden Jahren die Frustration auf den Straßen Kabuls, da sich die Hoffnungen der Menschen nicht erfüllten.[31]

Der afghanische Staat zog sich in ein Schneckenhaus zurück und entfernte sich über die Jahre immer weiter von seiner Bevölkerung. Der für sein Mikromanagement bekannte Präsident Ghani trieb die Zentralisierung im Land weiter voran und überführte immer mehr Verantwortlichkeiten in den Präsidentschaftspalast – gut geschützt durch hohe Mauern und weit weg von den Problemen in einem in vielerlei Hinsicht diversen und dezentral organisierten Land.[32] Zu der Angst vor Anschlägen der Taliban kam ab Anfang 2015 auch noch die vor dem Islamischen Staat Khorasan hinzu, der zunächst im Westen des Landes aufkam und mit besonders brutalen Anschlägen auf die Zivilbevölkerung, insbesondere auf religiöse Minderheiten, auf sich aufmerksam machte. Ministerien, internationale Organisationen und alle, die es sich leisten konnten, bauten immer höhere Schutzmauern um sich herum. Gepanzerte Autos verstopften die Straßen Kabuls. Die einfache Bevölkerung hingegen hatte den Anschlägen wenig entgegenzusetzen und erlebte den Staat zunehmend aus der Distanz.[33]

---

30 UNAMA 2021.
31 Vgl. Goodhand/Suhrke/Bose 2016.
32 Packer 2016; Shapour 2021.
33 Andersson/Weigand 2015; Weigand/Andersson 2019; Weigand 2019.

Die mit dem Staat assoziierten Warlords und andere einflussreiche Personen im neuen System nutzten ihre Macht, um sich auf Kosten der Bevölkerung zu bereichern – beispielsweise durch Enteignungen.[34] In ländlichen Gebieten erlebten die Menschen den Staat und seine internationalen Unterstützer zudem durch Luftangriffe. Hinzu kam, dass auch die wenigen tagtäglichen Interaktionen, die die Menschen mit dem Staat hatten, oft unerfreulich waren. Sie wurden oft geprägt von negativen Erlebnissen im Umgang mit Vertretern des Staats, wie beispielsweise der Polizei. An Kontrollpunkten wurden Schmiergelder fällig, und bei Rechtsstreitigkeiten gewann oft die Person mit besseren Kontakten und Geld – wenn überhaupt eine Urteil gefällt und der Prozess nicht über Jahre verschleppt wurde. Ein Anwalt im afghanischen Innenministerium fasste die Lage zu jener Zeit in einem Interview so zusammen: »Wenn man die Polizei auf der Straße sieht, möchte man sich umdrehen und einen anderen Weg gehen.«[35]

Die Taliban hingegen nutzten diese Jahre, um sich nach der »Surge« wieder besser zu organisieren und ihren Einfluss auszubauen. Dabei unterstützten nicht nur ideologisch überzeugte Menschen die Taliban. Viele Mitglieder hatten schlechte Erfahrungen mit dem Staat oder den internationalen Truppen gemacht, wurden beispielsweise von einem Warlord enteignet oder sahen sich anderweitig unfair von staatlichen Akteuren behandelt. Diese Menschen betrachteten die Taliban als die einzige Möglichkeit, ihre Interessen oder Werte durchzusetzen. Ein interviewter Taliban-Kämpfer berichtete von einem Luftschlag mit vielen zivilen Toten, den er miterlebt hatte, und argumentierte: »Wir haben gekämpft, weil die Amerikaner die Mitmenschlichkeit bekämpften haben – nicht wegen des Islams.«[36]

Zwischen 2015 und 2019 erweiterten die Taliban ihre Kontrolle über Gebiete und Menschen im Land erheblich und entwickelten eine immer weiterwachsende Zahl an internen Regelungen zu verschiedenen Lebensbereichen.[37] Auch bauten die Taliban eine militärische Spezialeinheit auf, die sogenannte »Red Unit«, die der Führung direkt unterstand. Diese Einheit half den Taliban nicht nur beim Kampf gegen die afghanischen Streitkräfte, sondern unterstützte die Führung auch darin, mehr Macht auf lokale Taliban-

---

34 Vgl. Malejacq 2019.
35 Weigand 2022a.
36 Ebd.
37 Vgl. Jackson/Amiri 2019.

Kommandeure und ihre Gruppierungen (sogenannte *Mahaz* und *Delgai*) aus-zuüben, die zuvor oftmals unabhängig agiert hatten.

Dabei erweiterten die Taliban nicht nur ihren Einfluss auf Gebiete, sondern gerade auch auf die Bevölkerung. Die Taliban übten Macht durch verschiedene Praktiken aus. Auf der einen Seite boten sie Dienstleistungen an, auf der anderen Seite übten sie Gewalt gegen Andersdenkende aus.[38] Hinzu kam ein Steuersystem, das von der Bevölkerung Abgaben auf eine Vielzahl von wirtschaftlichen Aktivitäten verlangte. Die Taliban besteuerten landwirtschaftliche Erzeugnisse (»*Ushr*«), den Transport von Gütern auf Straßen, Bauvorhaben und Projekte der Entwicklungszusammenarbeit, insbesondere Infrastrukturprojekte.[39] Zum Beispiel wurden für Lkw-Fahrten über lange Strecken somit Abgaben sowohl an den Staat als auch an die Taliban zur Regel. Im Gegensatz zu den von den Sicherheitskräften geforderten Abgaben an Kontrollpunkten gab es bei den Taliban mit zu-nehmender Bürokratisierung jedoch zunehmend Zahlungsbelege, die an späteren Checkpoints vorgezeigt werden konnten und von einer erneuten Zahlung befreiten.

In Afghanistan wurde bei der Kategorisierung von Distrikten und Pro-vinzen als regierungs- bzw. talibankontrolliert in der Regel darauf geschaut, wer die jeweilige Hauptstadt eines Gebiets kontrollierte. Die Taliban über-ließen allerdings oftmals die Hauptstädte – oder zumindest das Gebäude des jeweiligen Gouverneurs – der Regierung und konzentrierten sich auf die Kontrolle der Bevölkerung. Somit war das vollständige Ausmaß des Ein-flusses der Taliban auf vielen von internationalen Beobachtern gezeichneten Landkarten kaum zu sehen.[40]

5.   Der Kampf um Legitimität

Während die Taliban in vielen Regionen, besonders in Städten wie Kabul, als terroristische Sicherheitsbedrohung wahrgenommen wurden, bauten die Taliban in Gebieten, die sie besser beeinflussen konnten, ihre Legitimität durch »interactive Dignity« aus. Denn in Konfliktkontexten, in denen eine Rechenschaftspflicht auf der Makroebene fehlt, wie sie beispielsweise in

---

38 Ebd.
39 Vgl Amiri/Jackson 2022; Alcis/Mansfield/Smith 2021.
40 Bahiss/Jackson/Mayhew/Weigand 2022.

demokratischen Kontexten durch Wahlen erreicht werden kann, sind tagtägliche Interaktionen von besonderer Bedeutung für die Legitimität von Autoritäten.[41] Menschen erwarten von Autoritäten, im Alltag mit Würde behandelt zu werden, fair, planbar und respektvoll, etwa an Kontrollpunkten oder bei Rechtsstreitigkeiten.[42]

Die Taliban profitierten stark davon, dass die staatlichen Strukturen als korrupt und ausbeuterisch wahrgenommen wurden. Zahlungsbelege für »Abgaben« an Checkpoints, die vor weiteren Zahlungen auf der Strecke schützten, setzten die Taliban von der unsystematischen »Korruption« an den Kontrollpunkten der Regierung ab. Doch die Taliban nutzten beispielsweise auch geschickt die Leistungen, die von der Regierung und von Nichtregierungsorganisationen erbracht wurden, um ihre eigene Position auszubauen. Im Bildungssektor erlaubten die Taliban in manchen Fällen der Regierung, Schulen in ihren Gebieten weiter zu betreiben. Allerdings mussten die Schulen den Vorgaben der Taliban folgen.[43] Diese setzten zusätzlich durch, dass Lehrer tatsächlich zur Arbeit erschienen. Somit konnten die Taliban eine Verbesserung des lokalen Bildungssystems für sich beanspruchen und ihre Legitimität ausbauen. Letztendlich wurden die meisten Leistungen in Taliban-Gebieten aber durch den Staat – und nicht durch die Taliban – erbracht.

Eine wichtige Ausnahme war allerdings das Justizsystem. Die Taliban nutzten die Unzufriedenheit der Bevölkerung mit dem staatlichen System und bauten Legitimität durch ein Justizsystem auf, das schneller und für ländliche Bevölkerungsgruppen oft einfacher zu erreichen war.[44] Das System der Taliban wurde häufig als fairer und weniger korrupt als das staatliche wahrgenommen. Im Jahr 2020 zeigte eine Studie, dass das Justizsystem der Taliban sehr systematisch organisiert war.[45] Von der Grundstruktur her ähnelte es dem System des Staates mit Gerichten auf der Distriktebene, einem Berufungsgericht auf der Provinzebene und einem höchsten Gericht auf der nationalen Ebene. Gerichte bestanden in der Regel aus einem Richter,

---

41 Vgl. Weigand 2022a für eine detaillierte Diskussion von »interactive Dignity« und Legitimität in Konfliktkontexten.
42 Ebd.
43 Amiri/Jackson 2021.
44 Weigand 2017.
45 Jackson/Weigand 2020.

einem Mufti, zuständig für religiöse Beratung, und einem Sekretär, der die Unterlagen verwaltete und Protokolle schrieb.[46]

Zwar hatten die Taliban keine Gerichtsgebäude, doch wusste die Bevölkerung in ländlichen Räumen in der Regel genau, an welchen Tagen der Woche das Gericht der Taliban an welchem Ort im Distrikt zu finden war. Beide Konfliktparteien mussten zunächst einen Vordruck mit ihren Daten und ihrer Darstellung des Geschehens ausfüllen. In der anschließenden Verhandlung konnten beide Seiten ihre Perspektive darlegen, wurden Zeugen gehört und Dokumente ausgewertet. Je nach Komplexität des Falls wurde durchschnittlich innerhalb von neun Tagen bei Schuldfällen und innerhalb von drei Monaten bei Erbschaften ein Urteil gesprochen, das mündlich erklärt und schriftlich festgehalten wurde. Als Rechtsgrundlage für zivilrechtliche Fälle galt die *Majallat*, die Auslegung islamischen Rechts der Hanafi-Schule aus dem Osmanischen Reich.

In Interviews beschrieb eine Vielzahl der befragten Menschen dieses System als erreichbar, schnell und relativ fair, mit weniger Korruption als im staatlichen System. Hinzu kam, dass viele Menschen kaum eine Alternative hatten. Mit zunehmender Unsicherheit hatte der Staat seine Gerichte im ländlichen Raum geschlossen und in die Stadt verlagert, womit sie häufig fast unerreichbar für die ländliche Bevölkerung waren. Weiterhin machten die Taliban deutlich, dass sie keine Nutzung der staatlichen Gerichte duldeten.[47] Somit waren die Taliban oft das kleinere Übel für Teile der insbesondere ländlichen Bevölkerung und erlaubten es den Taliban im Umkehrschluss, etwas Legitimität zu erreichen.[48]

6. Hastige Verhandlungen und Abzug

Bei den Präsidentschaftswahlen im Jahr 2019 kam es erneut zu einer Pattsituation zwischen Ashraf Ghani und Abdullah Abdullah. Dies führte so weit, dass beide Kandidaten parallel Vereidigungszeremonien abhielten. Letztendlich jedoch gab Abdullah nach, im Gegenzug für einen Anteil von 50 Prozent an den Regierungsposten.

---

46 Ebd.
47 Ebd.
48 Weigand 2022a.

Doch der Fokus der internationalen Aufmerksamkeit war ein anderer. Die USA hatten unter Präsident Donald Trump nach Jahren der geheimen Verhandlungen mit den Taliban begonnen, dies nun in aller Öffentlichkeit zu tun. Zwar bemühten sich die USA, den Prozess als »Friedensprozess« darzustellen, doch es bestand für niemanden irgendein Zweifel daran, dass es Abzugsverhandlungen waren. Ziel der US-Regierung war es, alle amerikanischen Streitkräfte vor den Präsidentschaftswahlen in den USA im Jahr 2020 »nach Hause« zu bringen. Auch die Taliban wussten, dass die USA unter einem erheblichen Zeitdruck standen, was ihre Verhandlungsposition erheblich stärkte.

Geführt wurden die Verhandlungen in Doha, der Hauptstadt Katars, wo die Taliban ein Büro eingerichtet hatten. Chefunterhändler auf der amerikanischen Seite war der in Afghanistan geborene Zalmay Khalilzad, der zeitgleich mit dem späteren afghanischen Präsidenten Ashraf Ghani im Libanon studiert hatte und mit dem er in gegenseitiger Abneigung verbunden geblieben war.[49] Keinen Platz am Verhandlungstisch hatte Präsident Ashraf Ghani, auch da sich die Taliban weigerten, mit ihm zu verhandeln. Präsident Ghani schlussfolgerte daher, dass die Verhandlungen lediglich die Taliban legitimieren würden. Doch blieb ihm keine Wahl, da der afghanische Staat auf die militärische Hilfe der USA angewiesen war. Zudem war der Staat auch massiv von internationalen Geldern abhängig, die fast 80 Prozent des Haushalts ausmachten.[50]

Die USA und die Taliban einigten sich im Februar 2020 auf ein Abkommen. Die internationalen Partner der USA und der afghanischen Regierung, wie beispielsweise die NATO, waren in den Verhandlungsprozess kaum eingebunden. Das Abkommen sah den vollständigen Abzug aller internationalen Streitkräfte aus Afghanistan innerhalb von 14 Monaten vor. Zudem versprachen die USA, zunächst 5.000 und letztendlich alle verbliebenen Taliban-Gefangenen, die überwiegend in Gefängnissen der afghanischen Regierung einsaßen, freizulassen. Im Gegenzug versprachen die Taliban, keine US-Streitkräfte während des Abzugs mehr anzugreifen, ferner sicherzustellen, dass afghanischer Boden nicht genutzt wird, um die Sicherheit der USA und Partner zu gefährden, ihrerseits 1.000 Gefangene freizulassen und sich an »inner-afghanischen Verhandlungen« mit der afghanischen Regierung

---

49 Mashal 2019.
50 Haque/Roberts 2020.

zu beteiligen.[51] Mit dem Abkommen gaben die USA damit sichtbar zu erkennen, dass das Abkommen auf Sicherheitsgarantien – sowohl kurzfristig während des Truppenabzugs als auch langfristig – ausgerichtet war; die Zukunft der afghanischen Regierung war hingegen nachrangig. Mit dem straffen Zeitplan für den Abzug gaben die USA ihr primäres Druckmittel gegenüber den Taliban auf.

Die Freilassung der Taliban-Gefangenen wurde zunächst durch die afghanische Regierung verzögert, die einen umfassenden Waffenstillstand forderte, der nicht nur die US-Streitkräfte, sondern auch die afghanische Armee schützen sollte. Schließlich wurden im September 2020 innerafghanische Verhandlungen zwischen der afghanischen Regierung und den Taliban aufgenommen. Sie gerieten jedoch schnell ins Stocken, und der Krieg zwischen der afghanischen Armee und den Taliban ging weiter. Die afghanische Regierung wollte trotz klarer Signale bis zuletzt nicht glauben, dass der demokratische Präsidentschaftskandidat Joe Biden Trumps Afghanistankurs fortsetzen würde. Doch nach seiner Wahl machte Präsident Biden deutlich, dass auch er den »ewigen Krieg« beenden wollte, und verpflichtete sich zum vollständigen und bedingungslosen Abzug der US-Streitkräfte bis zum 11. September 2021.

Nach Bidens Ankündigung begannen die Taliban eine groß angelegte Militäroffensive gegen die afghanischen Streitkräfte, verzichteten aber weiterhin darauf, US-Truppen anzugreifen. Gebiete fielen in hoher Geschwindigkeit an die Taliban. Dabei mussten die Taliban oftmals nur noch ihre bereits existierende Macht durch die Einnahme der Distrikthauptstädte bzw. der Regierungsgebäude vollenden. Mit dem Abzug der US-Streitkräfte und ihrer Verbündeten, die die afghanische Armee in der Vergangenheit massiv militärisch und in den letzten Jahren vor allem logistisch unterstützt hatten, war die ohnehin schon schwerfällige Logistik der afghanischen Armee für Nachschub und Instandhaltung gelähmt.

In der Nacht vom 1. auf den 2. Juli 2021 räumten die USA heimlich ihren letzten verbliebenen großen Stützpunkt im Land, den Flugplatz Bagram nördlich der Stadt Kabul, zu dem auch ein großes Gefängnis gehörte, und konzentrierten ihre Kräfte am internationalen Flughafen.[52] Weder die afghanische Regierung noch Sicherheitskräfte wurden im Vorfeld darüber informiert. Bald darauf begannen die Taliban mit der Einnahme von wei-

---

51 State Department 2020.
52 CNN 2021.

teren Provinzhauptstädten. Nach der Provinz Nimrus am 6. August fielen Dschuzdschan am 7. August und am 8. August Kundus, Sar-e-Pul und Talo-qan. Der schnelle Fortschritt der Taliban erzeugte eine fatale Dynamik. Die Moral der unzureichend ausgestatteten und versorgten Truppen der afgha-nischen Armee war schlecht, und die Taliban versprachen eine Amnestie. Zudem schien ein Sieg der Taliban unausweichlich zu sein, und zahlreiche Soldaten wollten sich den etwaigen künftigen Machthabern nicht mehr in den Weg stellen. So gaben oftmals ganze Städte kampflos auf. Innerhalb von zehn Tagen fielen fast alle Provinzen an die Taliban.[53]

Am 15. August 2021 erreichten die Taliban Kabul. Präsident Ghani und seine treuen Anhänger, Sicherheitsberater Hamdullah Mohib und Stabschef Fazel Fazly, flohen per Hubschrauber aus dem Land. Nach dem anschließen-den Zusammenbruch der bisherigen Sicherheitsordnung in Kabul drangen die Taliban in die Stadt ein und erreichten noch am selben Tag den Palast. Zur gleichen Zeit versuchten viele Menschen aus Kabul zu fliehen. Sie dräng-ten sich um den Flughafen, der nach wie vor von amerikanischen und ande-ren internationalen Streitkräften gehalten wurde. Evakuierungen verliefen chaotisch, und die Listen für Menschen, die den Flughafen betreten und ei-nes der Militärflugzeuge besteigen durften, wurden kurzfristig und oftmals willkürlich von verschiedenen Ländern zusammengestellt.[54] Manche Men-schen klammerten sich sogar an die Räder abfliegender Maschinen.

Am 29. August zielte ein US-Drohnenangriff auf einen mutmaßlichen Selbstmordattentäter in Kabul, tötete allerdings einen unschuldigen Mann und seine Familie.[55] Am 30. August verließ das letzte US-Militärflugzeug den internationalen Flughafen in Kabul. Der Widerstand gegen die Taliban in der Provinz Pandschir dauerte noch eine weitere Woche an, bis die Taliban am 6. September die vollständige Kontrolle über das Land übernahmen.

7. Afghanistan nach 2021

Doch der Krieg war noch nicht zu Ende. Der mit den Taliban verfeindete Is-lamische Staat (IS-K) verübt weiterhin blutige Anschläge gegen die Zivilbe-

---

53 BBC 2021.
54 De Luce 2022.
55 Dem Bureau of Investigative Journalism (2021) zufolge sind alleine zwischen 2015 und 2020 ge-schätzte 333 bis 878 Zivilisten bei Drohnenangriffen in Afghanistan getötet worden.

völkerung – insbesondere die Schiiten im Land –, die darauf abzielen, das Land zu spalten. Zudem waren im Jahr 2022 auch ausländische Einrichtungen, wie etwa die russische Botschaft und ein chinesisches Hotel, Ziele des IS-K. Vom IS-K abgesehen, wächst die Gefahr eines wiederaufkommenden Bürgerkriegs. So bemühen sich einige ehemalige Politiker der Republik, wie beispielsweise der Sohn des Kommandeurs Massoud, einen neuen bewaffneten Widerstand gegen die Taliban zu beginnen.[56]

Derweil stehen die Taliban vor der großen Herausforderung, Legitimität im Land zu erzeugen. Als Widerstandsbewegung konnten die Taliban ein gewisses Maß an Legitimität durch »interactive Dignity« aufbauen, indem sie das kleinere Übel für Menschen in Teilen des Landes darstellten und beispielsweise ein Justizsystem anboten, das planbarer und weniger korrupt war als die Institutionen des Staates. Seit 2021 befinden sich die Taliban allerdings in voller Verantwortung für das Land und die Menschen und können sich nicht mehr mit anderen Autoritäten vergleichen. Hinzu kommt, dass die Taliban nun Verantwortung für viele Teile des Landes haben, in dem sie nie Legitimität besaßen, sondern, ganz im Gegenteil, wo sie als Bedrohung und Gefahr für die Sicherheit wahrgenommen wurden und werden. Auch diese Menschen in Städten wie Kabul oder Mazar-e-Sharif oder Provinzen wie Pandschir oder Bamyan zu überzeugen, wird herausfordernd für die Taliban. Um Legitimität aufzubauen, müssen alle Menschen im Land Erfahrungen mit den Taliban in ihrem täglichen Leben als würdevoll empfinden.

Erste Schritte der Taliban nach ihrer Machtübernahme lassen allerdings befürchten, dass Legitimität ein untergeordnetes Ziel für die Taliban ist und lediglich ein Mittel zum Zweck der Kriegsführung war. In den Jahren 2021/22 setzten die Taliban die radikale Ideologie, die von der Führung der Bewegung in Kandahar vertreten wird, gegen jeglichen Widerstand durch. So schlossen die Taliban bereits im August 2021 weiterführende Schulen für Frauen in weiten Teilen des Landes. Im Dezember 2022 verboten sie Frauen den Besuch von Universitäten und die Arbeit für Nichtregierungsorganisationen. Zudem bauten die Taliban den Sicherheitsapparat aus und schränkten die Meinungsfreiheit massiv ein, womit sie die Grundlagen für einen Polizeistaat schufen.[57]

Somit vernachlässigen die Taliban die Idee einer »interactive Dignity« massiv. Der von den Taliban verfolgte Ansatz ignoriert nicht nur die Perspek-

---

56 Latifi 2022.
57 Jackson/Weigand 2023.

tive und Erwartungen großer Teile der Bevölkerung im Land, sondern auch die vieler Taliban-Kämpfer und der pragmatischeren Teile der Bewegung, die nicht aus ideologischen Motiven gekämpft hatten. Je weniger Legitimität die Taliban haben, je repressiver sie gegen die Bevölkerung vorgehen und je mehr sich die Bewegung spaltet, desto mehr werden auch die Taliban mit Widerstand zu tun haben – sowohl zivilgesellschaftlicher als auch bewaffneter Natur. Die Gefahr eines neuen Bürgerkriegs wächst.

Hinzu kommt eine schwierige wirtschaftliche Lage, die massive Auswirkungen auf das Leben der Bevölkerung hat. Nach der Machtübernahme durch die Taliban wurden weite Teile der im Ausland liegenden Reserven der afghanischen Zentralbank eingefroren.[58] Damit sind weitere Teile der Wirtschaft des Landes zum Erliegen gekommen. Die meisten internationalen Geldgeber haben auch die Zahlungen von Entwicklungsgeldern eingestellt, um nicht indirekt auch die Taliban und ihre Ideologie zu unterstützten. Doch damit ist der Bedarf nach humanitärer Hilfe massiv angewachsen. Die Vereinten Nationen schätzten im Jahr 2022, dass 28 Millionen Menschen in Afghanistan – zwei Drittel der Bevölkerung – auf humanitäre Hilfe angewiesen sind.[59] Die geleistete Hilfe kann kurzfristig Hunger mildern, aber die von 2001 bis 2021 aufgebauten staatlichen Strukturen verkommen, und für die Bevölkerung ergibt sich kaum eine Perspektive im Land. Die Menschen in Afghanistan nicht zu vergessen und ihnen ein würdevolles Leben zu ermöglichen, bleibt damit auch eine Verantwortung für die internationale Gemeinschaft.

---

58 White House 2022.
59 UNHCR 2022.

Der Nahe Osten vor der Transformation: Wie der Klimawandel Gesellschaften in der Region bedroht

Stefan Lukas

1. Einleitung

Die Auswirkungen des Klimawandels sorgen weltweit für immer neue Herausforderungen. Aufgrund von geografischen und physikalischen Gegebenheiten verschlechtern sich die klimatischen Bedingungen von Region zu Region in unterschiedlichem Maße. Während der Norden Europas eher mit milderen Veränderungen zu kämpfen haben wird, lassen sich die südlichen Staaten entlang des Mittelmeeres in die besonders gefährdete Kategorie einordnen. Wasserstress, Desertifikation und Extremtemperaturen nehmen vor Ort schon heute an erschreckendem Tempo und Häufigkeit zu. Ähnliches lässt sich in den Staaten des Nahen und Mittleren Ostens erkennen, wo staatliche Systeme zunehmend unter Druck geraten und neue Maßnahmen im Umgang mit dem Klimawandel gefunden werden müssen.

Schon heute entfalten Dürren, Überflutungen, Hitzerekorde sowie die daraus resultierende Ernährungsunsicherheit und Wassermangel eine destabilisierende Wirkung auf die krisengeschüttelten Staaten der Levante. Selbst bisher stabile Staaten wie die Monarchien am Golf stehen vor einem wirtschaftlichen und gesellschaftlichen Paradigmenwechsel: Nachdem der globalisierte Kapitalismus in den vergangenen Jahrzehnten maßgeblich mit günstiger fossiler Energie aus der Golfregion angetrieben wurde, neigt sich dieses Modell seinem Ende zu. Das führt zu einem Anpassungsdruck in den Gesellschaften, deren soziale, ökonomische und politische Entwicklung bislang auf fossilen Energieexporten fußt.

Das Rentenstaatsmodell, das sich vor allem in den arabischen Golfstaaten etabliert hat, beruht darauf, die enormen Einnahmen aus dem Verkauf fossiler Energie an die Bevölkerung zu verteilen. Mit dem Versprechen eines soliden Lebensstandards wird die Bevölkerung politisch weitgehend demobilisiert. Die dafür notwendigen finanziellen Mittel werden in absehbarer Zeit jedoch deutlich schrumpfen, weil die größten Energieimporteure in den Industriestaaten zunehmend auf erneuerbare Energien setzen. Der Gesellschaftsvertrag der Rentenstaaten muss somit an das post-fossile Zeitalter angepasst werden.

Die nahende Abkehr vom Export fossiler Energie und die damit verbundene Neuordnung der wirtschaftlichen und politischen Ordnung der Rentenstaaten am Golf sind ein Sekundäreffekt des Klimawandels und lediglich zwei von zahlreichen Herausforderungen, welche die Nahost-Region im Kontext des Klimawandels zu bewältigen hat: Neben Devastierung, der Versalzung von Böden und der Zunahme an Extremwetterereignissen sind es speziell die Wasser- und Nahrungsmittelknappheit, welche die Region bedrohen. Die gesamte Lebensgrundlage zahlreicher Staaten im Nahen Osten wird durch den Klimawandel in Frage gestellt.

Dieser Beitrag widmet sich diesen Herausforderungen: Zunächst wird das Rentenstaatsmodell beschrieben, das sich in den energieexportierenden Ländern des Nahen Ostens in den letzten Jahrzehnten etabliert hat, und aufgezeigt, dass dieses Modell für das post-fossile Zeitalter grundlegend überholt werden muss. Anschließend werden die sicherheitspolitischen Implikationen des Klimawandels in der Nahost-Region über die Golfstaaten hinaus beleuchtet. Dabei werden insbesondere die bedrohte Ernährungssicherheit sowie das Aufkommen neuer Verteilungskämpfe thematisiert, weil diese und die Abkehr vom fossilen Rentenstaatsmodell die beiden größten Faktoren sind, über die der Klimawandel externe sicherheitspolitische Probleme in die Region bringen wird.

Um dies zu illustrieren, wird zunächst am Beispiel von Saudi-Arabien beschrieben, wie sich das Rentenstaatsmodell entwickelt hat und wie es sich für das post-fossile Zeitalter wandeln muss. Dabei sollen zudem mögliche Lösungen im Rahmen der sogenannten »Vision 2030« diskutiert werden. Anschließend wird der Komplex der Nahrungsmittelsicherheit in der Region beschrieben. Besonders am Beispiel des Kleinstaats Katar lässt sich gut nachvollziehen, welche Herausforderungen auf die Region zukommen und welche Lösungsansätze es gibt. Daraufhin sollen die konkreten Auswirkungen des Klimawandels, worunter Extremwetterlagen wie Dürren, Sandstürme und Überflutungen fallen, und ihre gesellschaftlichen Konsequenzen für die menschliche Sicherheit diskutiert werden. Daraus resultiert eine Anpassung des Wachstumsmodells, um auch in Zukunft die Versorgung der Menschen sicherzustellen. Mögliche technische und administrative Lösungen in Zusammenarbeit mit europäischen und internationalen Partnern werden im letzten Kapitel beleuchtet.

2. Die goldenen Zeiten der Öl-Wirtschaften im Nahen Osten

Durch die geostrategische Lage als Scharnier zwischen Asien, Afrika und Europa sowie durch die enormen Energievorkommen war der Nahe Osten eine zentrale Region der Großmachtpolitik im 20. Jahrhundert. Allein Saudi-Arabien, Kuwait und die Emirate verfügen zusammen über 38,6 Prozent der weltweit bekannten Ölreserven. Nimmt man den Iran und Irak hinzu – die kriegs- und sanktionsbedingt deutlich unter ihren Möglichkeiten produzieren –, kommt man auf insgesamt über 67 Prozent.[1] Darüber hinaus verfügen diese Länder über 46 Prozent der bekannten Erdgasreserven.[2] Europäische und amerikanische Firmen wie ExxonMobil, Chevron, BP, Royal Dutch Shell, ConocoPhilipps oder Total – die sogenannten Majors – sicherten sich frühzeitig Konzessionen in der Region. Stießen sie auf Erdöl, teilten sie sich die Gewinne mit der jeweiligen Regierung. Anders als heute, wo Öl zu einem Marktpreis verkauft wird, legten die Majors den Preis des Öls fest, indem sie die hypothetischen Transportkosten zur amerikanischen Golfküste einpreisten, selbst wenn das Öl nicht in die USA verschifft wurde. Der Preis wurde so künstlich niedrig gehalten. Im Zuge der Großen Depression ab 1929 wurde verschiedenen amerikanischen Behörden die Aufgabe übertragen, die Überschusskapazitäten der heimischen Ölindustrie zu regulieren, um so zur wirtschaftlichen Genesung des Landes beizutragen. Texas war damals das Herz der amerikanischen Ölindustrie und so war es die *Texas Railroad Commission* (TRC), die faktisch von 1931 bis 1971 den weltweiten Preis für Rohöl festlegte.[3]

Diese künstlich niedrige Preissetzung sowie die Tatsache, dass die Konzessionen kein Ablaufdatum hatten und die Gewinne zwischen Unternehmen und Staat hälftig aufgeteilt wurden, missfielen den ölexportierenden Staaten mit der Zeit und so kündigte 1951 der damals frisch gewählte iranische Premierminister Mossadegh an, die iranische Ölindustrie zu verstaatlichen. Der britische Staat, dem seit 1914 mehrheitlich die Anglo-Iranian Oil

---

1 OPEC »OPEC share of world crude oil reserves, 2021«.
2 NS Energy 2019.
3 Downey 2009, S. 8 ff.

Company gehörte, wäre faktisch enteignet worden. Um dies zu verhindern, verhängte Großbritannien zunächst ein Embargo gegen iranisches Öl und stürzte dann in einem von britischen und US-amerikanischen Geheimdiensten initiierten Staatsstreich die Regierung. Dennoch gelang es ölexportierenden Ländern, die Konditionen neu auszuhandeln, bevor in den 1970ern Jahren mehr und mehr Staaten im Nahen Osten ihre Ölindustrien verstaatlichten, womit auch die 50/50-Regelung der Vergangenheit angehörte.

Der erste Ölpreisschock, der dem Überfall Ägyptens und Syriens auf Israel im Oktober 1973 folgte, markierte dann einen Epochenbruch für den Nahen Osten. Nachdem die meisten Golfstaaten 1971 ihre formale Unabhängigkeit von Großbritannien erlangt hatten, kontrollierten sie nun ihre wichtigste Einkommensquelle. Der zweite Ölpreisschock kam infolge der Iranischen Revolution 1979 und des ersten Golfkriegs zwischen dem Iran und Irak (1980–1988). Durch den Krieg zwischen zweien der größten Ölexporteure schossen die Ölpreise erneut in die Höhe, was den anderen Exportländern enorme Gewinne bescherte. In dieser Zeit entstanden die arabischen Rentenstaaten.

3. Gesellschaftstransformation am Beispiel des Rentenstaats Saudi-Arabien

Als Renteneinkommen gilt, das nicht direkt im Zusammenhang mit geleisteter Arbeit, sondern mit dem Besitz von Ressourcen verbunden ist. Bezieht ein Staat seine Einkünfte hauptsächlich aus dem Verkauf natürlicher Ressourcen und weniger aus der Besteuerung produktiver Arbeit, wird er folglich als Renten- oder Rentierstaat bezeichnet. Da ein solcher Staat nicht auf Steuergelder angewiesen ist, muss er nur in geringem Maße einen politischen Aushandlungsprozess mit seinen Bürgern eingehen; ökonomische und politische Macht konzentriert sich deswegen innerhalb einer kleinen Elite.

Am Beispiel Saudi-Arabiens lässt sich gut nachvollziehen, wie der Rentenstaat die gesellschaftliche und politische Ordnung beeinflusst. Die Grundzüge eines Rentenstaats waren in Saudi-Arabien schon angelegt, bevor die ersten Ölvorkommen gefunden wurden: Bereits in den 1920er und 1930er Jahren belohnte die saudische Führung loyale Untergebene mit Landschenkungen.[4]

Mit den ersten Ölquellen im Jahr 1938 begann sich die saudische Wirtschaft langsam zu wandeln. 1928, zehn Jahre vor den ersten Ölfunden, lag das saudische Staatseinkommen noch bei 7 Millionen US-Dollar, 1963 waren es schon 490 Millionen. Durch das Embargo der arabischen Ölexporteure während des Yom-Kippur-Krieges und mit dem Ende der Preisbindung strömten dann enorme Gewinne in das Land. Allein zwischen 1973 und 1974 verzehnfachte sich der Außenhandelsüberschuss der OPEC-Staaten von 6 Milliarden auf 67 Milliarden US-Dollar.[5] 1974 hatten die Devisenreserven der saudischen Zentralbank bereits 21,9 Milliarden US-Dollar erreicht. Doch trotz massiver Investitionen in Infrastruktur und das Militär konnte die saudische Volkswirtschaft nur einen Bruchteil dieser Gewinne sinnvoll absorbieren.

Der Überschuss der durch Ölexporte generierten Dollars – die sogenannten Petrodollars – musste also außerhalb von Saudi-Arabien investiert werden. So einigte sich der damalige US-amerikanische Finanzminister William Simon mit der saudischen Regierung darauf, dass diese fortan ihre überschüssigen Dollarreserven in amerikanische Staatsanleihen investieren würde. Dieses sogenannte Petrodollar-Recycling, also die Reinvestition überschüssigen, aus dem Ölverkauf generierten Kapitals, sollte für die nächsten Jahrzehnte eine zentrale Rolle in den saudisch-amerikanischen Beziehungen spielen. Es schuf neue Nachfrage für amerikanische Staatsanleihen, und im Gegenzug sollten die Saudis Zugang zu modernen amerikanischen Rüstungsgütern erhalten.[6] Das saudische Pro-Kopf-Einkommen wuchs in dieser Zeit explosionsartig von etwa 900 US-Dollar im Jahr 1970 auf über 17.000 US-Dollar im Jahr 1981.[7] Schlagartig gehörten einige Saudis zu den reichsten Menschen der Welt und westliche Konsumartikel strömten in das Land, während Infrastruktur und moderne Wohngebäude gebaut wurden.

Allerdings erschwert Ressourcenreichtum die Entwicklung anderer Wirtschaftssektoren. Der saudische Staatshaushalt speiste sich vor der Corona-Pandemie zu etwa 87 Prozent aus dem Ölsektor. Die Ölindustrie

---

4 Beblawi 1987, S. 387.
5 Norfield 2016, S. 56.
6 Wong, 31.3.2016.
7 Macrotrends 2023.

machte zwar 42 Prozent des BIP und 90 Prozent der Exporteinnahmen aus, trug allerdings verhältnismäßig wenig zur Beschäftigung im Land bei.[8] Arbeitsplätze im Industriesektor – Öl- sowie Nicht-Ölindustrie – machten 2019 nur 25 Prozent aller Beschäftigten im Land aus. Für die saudische Führung war es bisher leichter, die Bevölkerung teilweise mit Scheinbeschäftigungen im öffentlichen Dienst und großzügigen Subventionen auf Grundnahrungsmittel, Wasser und Treibstoff, Bildung und medizinische Versorgung zu bedenken. Wenn Bürger auf diese Weise vom Staat abhängig sind, ist es deutlich unwahrscheinlicher, dass sie gegen diesen aufbegehren werden. So ist es nicht verwunderlich, dass der Anteil der Angestellten im öffentlichen Dienst 2020 bei 67 Prozent lag.[9] In anderen Golfstaaten ist die Zahl der Angestellten im öffentlichen Dienst teilweise noch höher.[10]

Allerdings wird es für die saudische Regierung zunehmend schwierig, einer wachsenden Bevölkerung einen hohen Lebensstandard zu finanzieren. Die Internationale Energieagentur (IEA) geht davon aus, dass die Nachfrage nach Öl um das Jahr 2030 ihren Höhepunkt erreichen wird.[11] Zwar werden petrochemische, Kunststoffe, Lacke und andere Kohlenwasserstoff-Produkte weiterhin benötigt, doch wird Öl langfristig als Energieressource zum Randphänomen werden. Bis dahin müssen die ölexportierenden Länder neue Einnahmequellen finden und die Höhe der staatlichen Leistungen drastisch reduzieren. Eine weitere Herausforderung ist der demografische Wandel: Schon heute ist die Hälfte der Saudis unter 25 Jahre alt, bis 2030 werden zusätzliche 4,5 Millionen Menschen auf den Arbeitsmarkt strömen. Dies erschwert die ohnehin bereits enorme Herausforderung, die Abhängigkeit von Arbeitsmigranten zu verringern und vermehrt eigene Staatsbürgerinnen und Staatsbürger in die Wirtschaft zu integrieren.

Wie für Rentenstaaten üblich, ist Saudi-Arabien ein Überschussland und verfügt über große Währungsreserven und Kapitalanlagen, die in Krisenzeiten veräußert werden können, was das Land auch zu Beginn der Pandemie getan hat. Standen die Währungsreserven im Januar 2019 noch bei 490 Milliarden Dollar, waren diese bis November 2020 um 33 Milliarden Dollar geschrumpft.[12] Zudem kürzte Saudi-Arabien, ähnlich wie andere Staaten, sei-

---

8 CIA World Factbook, Saudi Arabia.
9 Hasanov et al. 2021.
10 Statista, Share of workforce employed in the public sector across the Gulf Cooperation Council in 2016, by country.
11 IEA: World Energy Outlook 2022.
12 Bertelsmann Stiftung 2021.

ne Ausgaben und erhöhte beispielsweise die Mehrwertsteuer von 5 Prozent auf 15 Prozent. Solche finanzpolitischen Spielräume erleichtern die Anpassung geringfügig, können aber bestenfalls nötige Reformen nur für eine begrenzte Zeit hinauszögern.[13]

Um die Wirtschaft langfristig zu diversifizieren und die Abhängigkeit vom Öl zu verringern, verkündete der saudische Kronprinz Muhammad bin Salman (MbS) 2016 die (bereits erwähnte) »Vision 2030«. Neben der Transformation der Wirtschaft sind eine Einbeziehung der Frauen sowie der Ausbau von Tourismus und erneuerbaren Energien wichtige Bestandteile der »Vision 2030«.

Was die Entwicklung des Tourismussektors betrifft, so können seit 2019 Menschen aus 49 Staaten Touristenvisa für bis zu 90 Tage erhalten. Dazu gibt es zahlreiche Großprojekte, die Städte und Regionen aufwerten sollen. Ein solches Projekt ist NEOM, eine künstliche Stadt im Nordwesten des Landes, die für insgesamt 500 Milliarden US-Dollar samt schwimmendem Containerterminal errichtet werden soll. Ob das Prestigeprojekt jemals profitabel arbeiten wird, ist fraglich, aber es dient als Testfeld für innovative Lösungen, die später im Rest des Landes angewendet werden können, wie etwa eine Kreislaufwirtschaft und Wasserentsalzungsanlagen, die vollständig mit Solarenergie betrieben werden sollen.

Tatsächlich liegt in der Solarenergie durch die großen ungenutzten Landflächen und die vielen Sonnenstunden ein großes Potenzial für Saudi-Arabien. Dazu gibt es mittlerweile sogar heimische Unternehmen, die Solarpanels für den Export herstellen.[14] Perspektivisch könnte das Land damit nicht nur sich selbst vollständig versorgen, sondern überschüssige Energie in Form von Ammoniak oder Wasserstoff exportieren. Hierzu bedarf es aber enormer Investitionen in die entsprechende Infrastruktur, doch hat die Regierung ehrgeizige Ziele: Bis 2030 sollen 50 Prozent des erzeugten Stroms aus erneuerbarer Energie kommen.[15] Der Weg dahin ist allerdings noch weit: 2020 waren es lediglich 0,3 Prozent.[16]

Wie viele andere rohstoffreiche Länder hat Saudi-Arabien einen Staatsfonds (*Sovereign Wealth Fund*, SWF), in dem Kapital gesammelt und investiert wird. Während die SWFs von Norwegen, Katar oder Kuwait Portfolioinvest-

13 Krane/Ulrichsen 2020.
14 PV Magazine 2022.
15 Alshammari 2021; Kiyasseh 2022.
16 BP Statistical Review of World Energy 2021.

ment betreiben und tendenziell auf langfristige Dividenden abzielen, hat der saudische *Public Investment Fund* (PIF) die Aufgabe, die Wirtschaft zu stabilisieren und durch geplante Investitionen im eigenen Land sowie durch das Anwerben von ausländischem Know-how die Wettbewerbsfähigkeit zu fördern.[17] Der Fonds soll schätzungsweise Assets im Wert von 620 Milliarden US-Dollar verwalten.[18] Darüber hinaus wurde im Oktober 2021 die Gründung des *National Infrastructure Fund* angekündigt, der über die nächsten zehn Jahre 53 Milliarden Dollar in den Ausbau der Infrastruktur investieren soll.[19] Angesichts der langen Liste fehlgeschlagener Großprojekte bleibt abzuwarten, ob es der Regierung gelingen wird, dieses Kapital zielgerichtet für die Diversifizierung der heimischen Wirtschaft einzusetzen.[20]

Der Zwang zur Transformation entspringt nicht nur der Tatsache, dass Öl als Energiequelle ein Auslaufmodell ist. Die Rohstoffe des Nahen Ostens haben die Welt mit billiger Energie versorgt und für einen enormen wirtschaftlichen Aufschwung gesorgt, der weltweit Menschen aus der Armut befreit hat. Allerdings kam diese Entwicklung zu einem hohen ökologischen Preis zustande, denn der menschengemachte Klimawandel ist direkt auf das Verbrennen von Öl und Gas zurückzuführen, und die Region, die die Welt mit diesen Rohstoffen versorgt hat, ist nun mit am schwersten von den klimatischen Veränderungen bedroht.

4. Ernährungssicherheit in den Golfstaaten

Der Klimawandel schlägt sich in den Golfstaaten besonders durch eine verschärfte Knappheit an Wasser und Lebensmitteln nieder. Schon in vormodernen Zeiten – und damit vor dem menschengemachten Klimawandel – ließ sich auf der Arabischen Halbinsel nur sehr begrenzt Landwirtschaft betreiben. Zwar verfügte die Arabische Halbinsel einst über eines der weltweit größten Grundwassersysteme, durch schlechtes Wassermanagement und fehlgeleitete Versuche, Landwirtschaft in der Wüste zu betreiben, wur-

17 Roll 2019.
18 Sovereign Wealth Fund.
19 Reuters, 25.10.2021.
20 Alsabban 2017.

de dieses System allerdings seit den 1980er Jahren derart beansprucht, dass dort heute akuter Wassermangel herrscht.[21]

Dazu bleibt durch den Klimawandel zunehmend der ohnehin knappe Niederschlag aus, während die Temperaturen überdurchschnittlich steigen.[22] Teilweise ließen sich die Probleme mit verbesserter Infrastruktur lindern: In den Golfstaaten werden 84 Prozent des verbrauchten Wassers wieder aufbereitet, aber nur 44 Prozent werden wieder in den Kreislauf gegeben.[23] Die VAE haben mit etwa 500 Litern den weltweit höchsten täglichen Wasserverbrauch pro Kopf – in Deutschland sind es im Vergleich 130 Liter[24] – und riskieren durch Übernutzung und Bevölkerungswachstum, ihre Süßwasserbestände bis zur Mitte des Jahrtausends aufzubrauchen.[25] Zwar haben die Golfstaaten allesamt Zugang zum Meer, doch die Entsalzung des Wassers ist ein sehr energieintensiver Prozess. Insgesamt erhält Saudi-Arabien 70 Prozent seines Trinkwassers aus Entsalzungsanlagen, in den Emiraten und Katar sind es jeweils über 90 Prozent und in Kuwait sogar mehr als 95 Prozent.[26] Im Konfliktfall sind solche Entsalzungsanlagen kaum zu schützen, und ein Ausfall könnte innerhalb weniger Tage katastrophale Folgen für die Zivilbevölkerung haben.

Mit einer knappen Süßwasserversorgung und wenig geeignetem Ackerland sind die Golfstaaten in besonderem Maße von Lebensmittelimporten abhängig. Bei Grundnahrungsmitteln wie Getreide liegt die Importquote der Golfstaaten bei über 90 Prozent.[27]

Zwar ist dieser Zustand in Friedenszeiten akzeptabel, doch im Konfliktfall offenbart sich die Ernährungsfrage als enorme Schwachstelle. Dies musste das Emirat Katar schmerzlich lernen, als eine von Saudi-Arabien angeführte Koalition 2017 ein Embargo gegen das Emirat verhängte und kurzzeitig der Import von Lebensmitteln zum Erliegen kam. Katar importierte damals 90 Prozent seiner Lebensmittel. 40 Prozent davon kamen auf dem Landweg über Saudi-Arabien, die restlichen 60 Prozent über den Seeweg durch die Straße von Hormus. Weil Katar über keinen ausreichend tiefen Hafen verfügte, mussten die Ladungen zunächst in emiratischen Hä-

21 Odhiambo 2017.
22 Alaaldin 2022.
23 Hofste/Reig/Schleifer 2019.
24 Umweltbundesamt 2022.
25 Emirates, 24.7.2013.
26 Meshkati 2019.
27 Efron et al. 2018.

fen auf kleinere Schiffe verladen werden, ehe sie Katar ansteuern konnten. Weil sich die VAE ebenfalls an dem Embargo beteiligten, waren nun sowohl der Landweg als auch der Seeweg versperrt, so dass Tausende Container im Jebel Ali Port in Dubai feststeckten.[28] So war bereits ohne die Anwendung militärischer Mittel die Versorgung der katarischen Bevölkerung massiv bedroht.

Katar reagierte mit massiven Investitionen und stellte eine Strategie für die nationale Ernährungssicherheit auf, die auf drei Pfeilern ruht: dem Ausbau der heimischen Infrastruktur, dem Aufbau heimischer Produktionskapazitäten und dem Kauf von Ackerflächen und Agrarunternehmen im Ausland. Der Ausbau der Infrastruktur war schon Jahre zuvor angestoßen worden. So wurde am Tiefseehafen Hamad Port bereits seit 2010 gearbeitet, und er wurde drei Monate nach Beginn der Blockade fertiggestellt.[29] Seither können auch große Containerschiffe das Land direkt ansteuern. Zusätzlich gebaut wurden Anlagen, mit denen Lebensmittel raffiniert, verpackt und gelagert werden können, sowie Tanks für verschiedene Sorten Speiseöl.[30]

Des Weiteren wurde die heimische Lebensmittelproduktion binnen kürzester Zeit ausgeweitet. Vor der Blockade importierte Katar 98 Prozent seiner Milchprodukte, 20 Monate später war das Land bereits ein Netto-Exporteur.[31] Allerdings ist die Milchproduktion in Katar sehr energieaufwändig: Bei sommerlichen Graden jenseits der 40° Celsius bedarf es viel Energie, um die Kuhställe auf erträgliche Temperaturen unter 30° Celsius zu kühlen, und auch das Trinkwasser für die Rinder muss energieintensiv über Entsalzungsanlagen aufbereitet werden.

Zusätzlich zur Steigerung der heimischen Produktion sucht Katar außerhalb der Golfregion nach Lösungen. Der katarische Staatsfonds *Qatar Investment Authority* (QIA) erwirbt nicht nur Anteile an Firmen weltweit, sondern kauft zudem Acker- und Weideland in Ländern wie Äthiopien, Sudan, Australien, Indien, Rumänien und der Türkei.[32] Theoretisch könnte Katar also einer erneuten Blockade widerstehen, indem es seine eigene Lieferkette und die eigene Infrastruktur nutzt, um Lebensmittel ins Land zu bringen. Allerdings ist es fraglich, ob diese Lieferkette im Kriegsfall standhalten könnte, denn sollte es in der Region zu einem militärischen Konflikt kom-

---

28 Saul 2017.
29 Collins 2018.
30 Qatar National Food Security Strategy 2018–2023.
31 The Peninsula 2019.
32 Knecht/Azhar 2018.

men, wären der Luftraum und die Wasserwege der Region ohnehin nur bedingt für zivilen Transport nutzbar. Besonders Kuwait, Bahrain, Katar und die VAE sind durch ihre geografische Lage auf freie Schifffahrtswege durch die Straße von Hormus angewiesen.

Während Katar einige Fortschritte im Kampf gegen Lebensmittelunsicherheit erzielen konnte, haben die übrigen Golfstaaten das Streben nach Autarkie aufgegeben und sind stattdessen darauf bedacht, ihre Lieferketten zu ertüchtigen.[33] Allerdings setzt diese Strategie voraus, dass man weiterhin mit ausreichend Kapital an den internationalen Märkten Lebensmittel kaufen kann. Die ölexportierenden Rentenstaaten benötigen also neue Einkommensquellen: Denn wenn der globale Trend zur Dekarbonisierung zu sinkenden Öl- und Gaspreisen führt, steht stetig weniger Kapital für den Import von Lebensmitteln zur Verfügung. Doch ein Paradigmenwechsel infolge des Klimawandels ist nicht nur in der Wirtschaft und Ernährungssicherheit der Golfstaaten sichtbar.

5. Der Klimawandel und seine regionalen Implikationen

Am 3. November 2022 besuchte der deutsche Bundeswirtschaftsminister Robert Habeck Ägypten und vereinbarte eine engere Energiekooperation sowie den Aufbau einer Lieferkette für grünen Wasserstoff (LNG). Besonders vor dem Hintergrund des russischen Angriffskrieges gegen die Ukraine und der gegen Russland verhängten Energiesanktionen ist der Deal mit Ägypten wegweisend. Die Bundesregierung strebt eine von Russland unabhängige Energiepolitik zum Vorteil der Gasexporteure im Nahen und Mittleren Osten an. Doch es ist nicht nur die Lieferung von LNG, auf die sich Deutschland mit seinen ägyptischen Partnern einigte. Besonders die Investitionen deutscher Unternehmen wie Siemens in neue Wasserstofftechnologien im Rahmen mehrerer ägyptischer Projekte lassen erkennen, dass auch hinsichtlich CO_2-armer Alternativen Fortschritte gemacht werden und die europäischen Partner neue und klimafreundlichere Wege für die Zukunft anbahnen.[34]

Dass dies dringend nötig und im Sinne der Akteure im Nahen Osten ist, zeigen hier die Ereignisse in Ägypten – keine 200 km vom Ort der Ver-

33 Woertz 2020.
34 Ellis 2022.

tragsunterzeichnung entfernt. Denn was der deutsch-ägyptische Journalist Karim el-Gawhary in einer Reihe von Beiträgen über die Küstenmetropole Alexandria skizziert, lässt eine neue Dimension des fortschreitenden Klimawandels erahnen. So sind im Zuge des klimabedingten Meeresspiegelanstieges und fehlgeleiteter Baupolitik inzwischen weite Teile der ehemals breiten Strände verloren gegangen, wodurch sich neuerdings Menschenmassen mit nur noch wenigen Quadratmetern Sand abfinden müssen.[35]

Gleichzeitig werden durch das einsickernde Meereswasser und einen menschengemachten Subsidenzeffekt immer häufiger meeresnahe Stadtteile überflutet, was zunehmend die dortige Infrastruktur und die lokale Wirtschaft stark beeinträchtigt. Zwar bemüht sich die ägyptische Regierung inzwischen um einen wirksameren Küstenschutz entlang der urbanen Gebiete im Nildelta, doch wird dabei immer offensichtlicher, dass die Bewältigung der Bedrohungslage für die Millionenmetropole Alexandria und das gesamte Nildelta deutlich größer ist, als lange von der Regierung in Kairo angenommen wurde.[36]

Beide Schlaglichter aus demselben Land zeigen, wie ambivalent das Verhältnis vieler Staaten in der Region des Nahen Ostens im Umgang mit dem nunmehr massiv einsetzenden Klimawandel ist. Auf der einen Seite erkennen erst jetzt viele staatliche Akteure die Notwendigkeit an, eine nachhaltige Wirtschaft aufzubauen. Wenngleich vielerorts neue Studien und Pläne zur energetischen Transformation, nicht selten mit Hilfe europäischer Partner, entwickelt wurden, bleibt die Umsetzung in nahezu allen Anrainerstaaten hinter dem Notwendigen zurück.

Auf der anderen Seite macht sich der Klimawandel in immer stärkeren Dimensionen bemerkbar, etwa durch den ansteigenden Meeresspiegel, die zunehmende Versalzung von Böden, die massive Verdunstung von Oberflächengewässern, das Ausbleiben von Regenfällen oder die aufkommende Wasserarmut. Es ist diese Kombination aus zu spätem Umdenken der jeweiligen Regierungen und dem sich schneller als gedacht entwickelnden Klimawandel, welche die Gesellschaften zunehmend stärker bedroht und die staatlichen Sicherheitsstrukturen vor Ort dauerhaft beeinflussen wird.

Denn in einer Region, die zu großen Teilen von ariden Gebieten durchzogen ist, die historisch gesehen mit einem konstanten Mangel an Wasser zu kämpfen haben, liegt es auf der Hand, dass Konflikte um den Zugang

---

35 El-Gawhary 2021.
36 Emmerich/Koumassi 2022, S. 6 f.

zu Wasser im Rahmen des sich beschleunigenden Klimawandels zunehmen werden. So stuft das in Washington ansässige *World Resources Institute*, das regelmäßig einen Wasserstresstest für fast alle Regionen der Welt durchführt, sämtliche Staaten im Nahen Osten in der Wasser-Stress-Kategorie als »high« oder »extremely high« ein.[37] Dennoch müssen die Folgen und Ursachen dieses Wassermangels von Land zu Land differenziert betrachtet werden: Staaten wie Syrien, Ägypten oder Jordanien sind maßgeblich vom Süßwasser der Flussläufe abhängig. Neben dem Euphrat oder Nil gehört dazu eine ganze Reihe an kleineren Flussläufen, wie dem Jordan oder dem Yarmouk.

Gleichzeitig bergen sämtliche dieser Flüsse Konflikte mit Nachbarstaaten, weil die Quellen nicht im eigenen Land liegen. Entsprechend wird Wasser zunehmend als politische Waffe benutzt. Sowohl die Türkei gegenüber Syrien als auch Äthiopien gegenüber Ägypten und Sudan haben dieses politische Druckmittel bereits in der Vergangenheit angewendet. In anderen Staaten der Region verursacht das Zusammenspiel von enormer Hitze und der daraus folgenden Verdunstung einen zunehmenden Mangel von Wasser. So verdunsten allein in Ägypten jährlich mehr als 10 Milliarden Kubikmeter Wasser aufgrund von höherer Sonneneinstrahlung und schlechten Bewässerungssystemen. Ähnlich ist es in Syrien, wo rund 2,2 Milliarden Kubikmeter pro Jahr verdunsten.[38]

Gleichzeitig beeinflusst der bereits erwähnte Subsidenz-Effekt, dass der derzeit noch handhabbare Meeresspiegelanstieg deutlich größere Schäden in urbanen Küstenregionen verursacht. Der Subsidenz-Effekt beschreibt dabei das Absinken von Böden aufgrund des Abpumpens von Grundwasser unter den Städten bis in die 1980er Jahre hinein. Zahlreiche Städte sind weltweit davon betroffen und sacken pro Jahr teilweise um mehrere Zentimeter ab. Im Nahen Osten sind vor allem Alexandria und Beirut davon betroffen.[39] Durch den erhöhten Wasserdruck infolge des Meeresspiegelanstiegs und die absackenden Landmassen in Küstennähe ist die Wahrscheinlichkeit von großflächigen Überflutungen deutlich gestiegen. Für Regionen wie das Nildelta, wo mehr als 40 Millionen Menschen leben, die zu großen Teilen von der Landwirtschaft abhängig sind, birgt der Meeresspiegelanstieg noch ein weiteres Problem: Der ansteigende Wasserdruck aus Richtung des Mittel-

---

37 Hofste/Reig/Schleifer 2019.
38 Sottimano/Samman 2022.
39 Kandarr/Motagh 2018.

meeres sorgt für ein verstärktes Einsickern von Salzwasser in die landwirt-schaftlich wertvollen Marschen des Nildeltas. In Kombination mit der stär-keren Verdunstung leidet das seit Jahrtausenden fruchtbare Nildelta deshalb unter einer sich ausdehnenden Versalzung der Böden – mit Folgen für Na-tur, Bevölkerung und Wirtschaft. Sollte der Wasserdurchfluss des Nils infol-ge des neuen Staudamm-Projektes in Äthiopien (GERD) noch weiter abneh-men, dürfte sich diese Entwicklung beschleunigen.[40]

Für viele Regionen des östlichen Mittelmeeres geht die Verknappung der Ressource Wasser mit einem Wegbrechen der Wirtschafts- und Le-bensgrundlagen einher. Vor allem in den ländlichen Gebieten verstärkt es die ohnehin schon virulenten Push-Effekte der Landflucht und treibt die Menschen in urbane Gebiete. Dort kommen sie zumeist nur unter elenden Bedingungen unter und rutschen nicht selten in die Arbeitslosigkeit.

Wie die Folgen des Klimawandels bereits jetzt zu Konflikten führen, lässt sich am syrischen Bürgerkrieg beobachten. Dieser lässt sich als einer der ers-ten Konflikte beschreiben, der teilweise auf den Klimawandel zurückzufüh-ren ist. Ausgehend von einer massiven Dürre im Zeitraum 2001–2009, zog es vor allem die sunnitisch geprägte Landbevölkerung in urbane Zentren wie Homs, Aleppo, Hama oder Deir-ez-Zor, wo sie zumeist auf widrige Lebens-bedingungen und ein repressives Regime stieß. Gleichzeitig sorgte die Dür-re, die weite Teile des Nahen und Mittleren Ostens betraf, für einen Anstieg der lokalen und regionalen Lebensmittelpreise, was für zusätzlichen Druck in den Gesellschaften führte, der sich letztendlich in den Unruhen von 2011 und dem anschließenden Bürgerkrieg entlud.[41]

Befeuert wird dieser Effekt durch einen starken Anstieg der Bevölkerung, womit ein höherer Bedarf an Wasser und Folgeprodukten für die Landwirt-schaft einhergeht. Hatte Ägypten im Jahre 1970 gerade einmal 34 Millionen Einwohner, so ist es mit mehr als 104 Millionen Einwohnern 2021 der bevöl-kerungsreichste Staat in der arabischen Welt. Auch in Ländern wie Israel, Li-banon, Syrien oder Jordanien ist die Bevölkerung seit 1970 rasant angewach-sen, was häufig zu Lasten der nationalen Ernährungs- und Gesundheitssys-teme ging.[42]

Wie ernst die Administrationen dieses Problem mittlerweile nehmen, zeigt die Äußerung des ägyptischen Präsidenten Abdel Fatah al-Sissi, der

---

40 El-Quilish/El-Ashquer/Dawod et al. 2022, S. 5.
41 Selby/Dahi/Fröhlich 2017, S. 232 ff.
42 United Nations Population Fund.

im November 2022 dazu aufrief, dass Familien nicht mehr als zwei Kinder haben sollten. Wenngleich der Bevölkerungszuwachs sich allmählich einem Höhepunkt nähert, ist davon auszugehen, dass die Kombination aus erheblichem Wassermangel, einer steigenden Landflucht und einer sich verschärfenden sozialen Situation in den meisten urbanen Räumen zu wachsenden Verteilungskämpfen führen wird. Ähnliches lässt sich bereits jetzt im pakistanischen Karatschi erkennen, wo aufgrund einer maroden Wasserinfrastruktur und des Ausbleibens von Regenfällen 60 Prozent der Stadtbevölkerung regelmäßig unter Wasserarmut leiden. Die daraus resultierenden Konflikte um die bestehenden Brunnensysteme führen zu einem signifikanten Anstieg an gewaltsamen Auseinandersetzungen – oftmals angeheizt durch organisierte Kriminalität.[43]

Doch auch abseits der Ressource Wasser sorgen die Auswirkungen des Klimawandels für neuen Druck auf die Gesellschaften im Nahen und Mittleren Osten. Regelmäßige Hitzeperioden mit neuen Höchsttemperaturen von über 50° Celsius bergen zusätzliche Spannungen für die Gesundheitssysteme. Dabei sind von der ansteigenden Zahl an Hitzetoten insbesondere ältere, ärmere und vulnerable Bevölkerungsgruppen betroffen. Weil der menschliche Körper ab Temperaturen von über 37° Celsius und über 60 Prozent Luftfeuchtigkeit exponentiell an Arbeitskraft einbüßt, sinkt mit jeder Hitzewelle die Arbeitskraft in einem Land, was diverse Studien bereits aufgezeigt haben.[44]

Auch die stark gestiegene Zahl an Wüstenstürmen dürfte diesen Trend befeuern. Wenngleich Sandstürme in der Region kein Novum sind, haben sich deren Häufigkeit und Intensität laut den Vereinten Nationen bereits deutlich erhöht. Bis 2050 wird sich deren Zahl voraussichtlich verdreifachen, und besonders in den Staaten Jordanien, Syrien und Irak dürfte die Zahl der Tage mit Sandstürmen aufgrund des Klimawandels und intensiver Landwirtschaft auf bis zu 300 Tage im Jahr ansteigen. Durch beschädigte Gebäude und Infrastruktur, zerstörte Ernten und hohe Schäden im Gesundheitssektor sind laut der Weltbank dadurch im Nahen Osten nur im Jahr 2019 Schäden in Höhe von 13 Milliarden US-Dollar entstanden. In einer Region, die sich binnen der nächsten 50 Jahre doppelt so schnell wie der Rest der Welt erhitzen wird und nach derzeitigen Berechnungen mit einem durchschnittlichen regionalen Temperaturanstieg von 5° Celsius zu rechnen

---

43 Lukas 2021, S. 57.
44 Grimshaw/van Vuuren 2019, S. 17 f.

hat, müssen demnach dringend nachhaltige Lösungen gefunden werden, die vor allem an die neuen klimatischen Gegebenheiten vor Ort angepasst sind und eine Verschlimmerung der Lage aufgrund rein wirtschaftlicher Interessen verhindern.[45]

6. Handlungsmöglichkeiten internationaler Akteure in der Region

Dadurch, dass binnen der letzten 30 Jahre in weiten Teilen Europas und des Nahen Ostens deutlich zu wenig in eine energetische Transformation investiert wurde, ist der Handlungsdruck in Bezug auf die Einhaltung der Pariser Klimaziele immens. Gleichzeitig subventionieren Staaten weltweit weiterhin fossile Energieträger. So unterstützt allein Deutschland die fossilen Energieträger mit jährlich mehr als 60 Milliarden Euro, während gleichzeitig nur ein Bruchteil dieser Gelder in den Ausbau erneuerbarer Energien fließt.[46] Zwar ist die Kritik, die häufig von europäischen Akteuren an den öl- und gasfördernden Staaten des Nahen und Mittleren Osten geübt wird, durchaus berechtigt, doch für langfristige Veränderungen müssen zudem energetische Transformationen in den Industrie- und Wirtschaftssystemen weltweit vorangetrieben werden. Doch es ist nicht zu leugnen, dass vor allem in der Region des östlichen Mittelmeeres der Handlungsbedarf beim Vorantreiben der Energiewende groß ist. So beziehen Ägypten, Syrien, Jordanien oder der Libanon nicht einmal 10 Prozent ihres Energiebedarfs aus erneuerbaren Energien. Selbst das High-Tech-Land Israel speiste 2020 seinen Energiebedarf im jährlichen Durchschnitt nur zu 5,1 Prozent aus den Erneuerbaren. Hauptgrund für den stagnierenden Ausbau ist vor allem das weiterhin billig verfügbare Gas und Öl, zumal die nötige Infrastruktur dafür bereits vorhanden ist. Diese Tendenzen dürften sich durch die Exploration neuer Gasvorkommen in Ägypten, Libanon und Israel auch nicht so rasch ändern, zumal mit dem Abschluss neuer Gaslieferverträge mit europäischen Partnern die Akteure vor Ort ermuntert werden, die eigenen Gasvorkommen weiter auszubeuten.[47]

45 Zittis/Almazroui/Alpert et al. 2022.
46 Rueter 2015.
47 Ritchie/Roser/Rosado 2022.

Angesichts der beschriebenen Entwicklungen durch den voranschreitenden Klimawandel in der Region müssen sich regionale und internationale Akteure daher die Frage stellen, wie unter den derzeitigen Rahmenbedingungen dennoch eine energetische Transformation zu mehr Resilienz und Nachhaltigkeit gelingen kann. Es ist eine Mammutaufgabe, die nur international gelöst werden kann. Dabei gab es schon in der Vergangenheit Unternehmen, die sich diesen Herausforderungen stellten: Großprojekte wie DESERTEC[48] haben bereits erste Akzente gesetzt, wie eine gemeinsame Kooperation beim Ausbau der erneuerbaren Energien aussehen kann. Ähnliches wird nun im Bereich der Wasserstoffindustrie durch europäische und regionale Partner vorangetrieben. So haben vor allem Deutschland, die Niederlande, Frankreich und Italien erste Wirtschafts- und Forschungsprojekte zum Ausbau einer gemeinsamen Wasserstoffinfrastruktur angebahnt. Bisher profitierten hiervon bereits Ägypten, Israel und die Golfstaaten, die über die nötige Infrastruktur und die finanziellen Mittel verfügen. Hauptgedanke ist hierbei, dass europäische Partner das Know-how und die wissenschaftlichen Kapazitäten zur Verfügung stellen und sowohl blauer und später grüner Wasserstoff im Nahen Osten produziert werden kann. Über die noch auszubauende Infrastruktur via Schiff oder Pipelines, wie etwa der geplanten EastMed-Pipeline, soll der Wasserstoff als nachhaltige Energiequelle schließlich zu den europäischen Märkten gelangen.[49]

Allerdings stecken alle diese Projekte noch in den Kinderschuhen und werden wohl erst in 15 bis 20 Jahren wirtschaftlich rentabel arbeiten können. Auch die Verfügbarkeit von Süßwasser, das in großen Mengen zur Herstellung des Wasserstoffs im Rahmen der Wasserstoff-Elektrolyse benötigt wird, ist ein großes Problem. So kann der massive Ausbau von Entsalzungsanlagen in Israel, Ägypten oder den GCC-Staaten hierfür bislang keine Lösung sein, da diese sehr energieintensiv sind, der Betrieb bislang auf fossilen Energieträgern beruht und das Problem der Entsorgung der Abfallprodukte bei dem Verfahren nach wie vor nicht gelöst ist. Hier hoffen die nahöstlichen Partner sehr stark auf technologische Lösungen aus Europa, weshalb sich hier eine große Gelegenheit für wissenschaftliche Einrichtungen bietet.

---

48 DESERTEC war ein von europäischen und nordafrikanischen Akteuren ins Leben gerufenes Großprojekt, das zum Ziel hatte, mit Hilfe von erneuerbaren Energien aus Nordafrika den europäischen und nordafrikanischen Energiemarkt zu stärken. Mehr dazu unter: Schmitt 2018, S. 749 f.

49 Ruseckas 2022, S. 4 ff.

Der Aufbau einer rentablen Wasserstoffindustrie wird also noch viel Zeit in Anspruch nehmen.[50]

Will man zeitnah den CO_2-Ausstoß in den Staaten des Nahen Osten senken und zugleich ein effektives Anreizsystem für die Regierungen in diesen Staaten schaffen, kommen demzufolge nur noch die herkömmlichen erneuerbaren Energiequellen Wind und Sonne in Betracht. Nicht nur verfügen in diesem Bereich nahezu alle Staaten der Region über genügend Ausbaukapazitäten, es sind zudem sämtliche technologische Voraussetzungen bereits gegeben. Alleine Ägypten könnte durch den Ausbau von Wind- und Solarenergie bis 2027 mehr als 83 Megawatt Strom fördern, womit es seinen eigenen Energiebedarf zu 53 Prozent decken könnte. Zugleich wäre der Export von Energie mittels Energienetzen (Grids) durchaus möglich, wodurch in Anlehnung an das europäische Energienetz ein neuer Markt in der Region entstehen könnte, der in der Lage wäre, die energetische Resilienz in der gesamten Region zu stärken. Staaten wie Saudi-Arabien, Irak oder Israel bemühen sich zudem schon seit einigen Jahren, ein solches Netz aufzubauen – bislang allerdings nur mit mäßigem Erfolg.[51]

Weil die Folgen des Klimawandels in der Region bereits allgegenwärtig sind, müssen sich Regierungen vor Ort ebenfalls den neuen Bedingungen anpassen und so gut wie möglich neue Formen von Resilienz schaffen. Dabei können internationale Einrichtungen und Akteure unterstützend tätig sein, beispielsweise durch Programme wie das von der EU geförderte Cascades-Programm: Durch Risk-Screening und Risk-Management können Feuerwehren, Städteplaner und Organisationen der Katastrophenhilfe in den jeweiligen Klima-Risikogebieten schneller und effektiver im Einsatz sein und kommende klima-induzierte Gefahren frühzeitig erkennen. Weil es dazu eines vernetzten Ansatzes von regionaler Expertise, hohen Rechenleistungen und klimatologischen Kenntnissen bedarf, müssen hierfür vor allem in Staaten wie Ägypten oder Syrien die sicherheitsrelevanten Rahmenbedingungen für europäische und internationale Wissenschaftler gewährleistet sein.[52]

Sollten sich die derzeitigen Entwicklungen im globalen CO_2-Haushalt so fortsetzen wie bisher und sollte die Region des Nahen Ostens bis 2100

---

50 Ebd., S. 7 f.

51 US-International Trade Administration 8.8.2022.

52 Für mehr Informationen zu wirksamen Screening-Mechanismen empfiehlt sich die Homepage des Verbundprojektes Cascades.

tatsächlich um 5° Celsius wärmer werden, dürften die zuvor beschriebenen Wetterextreme deutlich an Intensivität gewinnen. Da Systeme über einen so kurzen Zeitraum nur zu einem bedingten Maße anpassungsfähig sind, werden vor allem die Staaten Europas in der Pflicht sein, besonders geschädigte Staaten finanziell zu unterstützen. Nicht allein aufgrund der historischen Verantwortung von Staaten wie Deutschland, die kumulativ einen sehr hohen Anteil zum globalen CO_2-Budget beigetragen haben, sollten europäische Staaten ein Interesse daran haben, dass die Region stabil bleibt. Entsprechend kann es nur im Interesse europäischer Regierungen sein, dass Staaten wie Ägypten mit seinen mehr als 100 Millionen Einwohnern stabil bleiben. Fonds zur Entschädigung und Katastrophenhilfe, wie sie auf den letzten UN-Klimakonferenzen in Sharm el-Sheikh und Dubai beschlossen wurden, können nur einen ersten Schritt darstellen.

7. Ausblick

So sehr die Bemühungen auf lokaler und regionaler Ebene eine Grundlage für weitere Projekte darstellen und künftige Investitionen anstoßen können, gilt jedoch weiterhin die Prämisse, dass es nahezu ausgeschlossen ist, dass sich Staaten in den kommenden Jahrzehnten ausreichend an den rasanten Klimawandel anpassen können, wenn es die internationale Gemeinschaft nicht schafft, weltweit wirksame Maßnahmen zur Reduzierung des CO_2-Ausstoßes zu ergreifen. Dazu gehört auch, dass auf der nächsten UN-Klimakonferenz in den Vereinigten Arabischen Emiraten 2023 eine ambitioniertere Agenda als zuletzt in Sharm el-Sheikh verfolgt wird (, so dass zumindest das Zwei-Grad-Ziel von Paris noch zu halten ist.

Weil das weltweite Klimasystem äußerst träge ist – CO_2 verbleibt mehr als 1000 Jahre lang in der Atmosphäre –, müssen sämtliche Maßnahmen auf eine dauerhafte Anwendung ausgelegt sein. Als Folge dessen ist in der Nahost-Region ein gesellschaftlicher und wirtschaftlicher Wandel vonnöten, der in der Konsequenz die Gesellschaften und staatlichen Strukturen resilienter und ressourcenschonender machen sollte. Neue Bewässerungsmethoden wie etwa die Tröpfchen-Bewässerung, die Mitte der 70er Jahre in Israel entwickelt wurde, dürfen demnach nicht nur dazu führen, dass die wirtschaftliche Effektivität gesteigert wird, sondern dazu, dass verantwortungsvoller mit dem Rohstoff Wasser umgegangen wird.[53]

Dabei dürfen gesellschaftliche Strukturen wie das Rentenstaatsmodell der Golfstaaten nicht außer Acht gelassen werden. Wird der gesellschaftliche Wandel ohne Rücksichtnahme auf die Bevölkerung erzwungen, kann das zu innenpolitischer Destabilisierung führen, die wiederum einer nachhaltigen und klimaschonenden Entwicklung im Wege steht. Inwiefern Transformationspläne wie die saudische »Vision 2030« Früchte tragen werden, wird sich zeigen. Fest steht jedoch, dass dafür die betroffenen Staaten – nicht nur Saudi-Arabien – mehr in die Diversifizierung von Wirtschaft und Wasser- und Nahrungsmittelbeschaffung investieren müssen. Das Beispiel von Katar in der Krise von 2017 zeigt, dass mit Investitionen und strategischer Planung durchaus die eigene Widerstandskraft erhöht werden kann.

Nachhaltigkeit und Resilienz gehen angesichts klimatischer Herausforderungen Hand in Hand. Und wenngleich der Klimawandel bislang noch nicht der Ursprung von Konflikten in der Region ist, sondern zumeist als Brandbeschleuniger für bereits bestehende Konfliktherde gilt, kann sich dieser Umstand innerhalb des kommenden Jahrzehnts umkehren. Kipppunkte dafür sind bereits überall dort erkennbar, wo die natürlichen Ressourcen zur Neige gehen und die Verteilungskämpfe an Intensität zunehmen – sei es in den irakischen Marschen, im Nildelta oder entlang des Jordantals. Damit dies nicht geschieht, müssen die internationalen Partner ihrer Verantwortung nachkommen und die Akteure im Nahen Osten bei der Adaption an die neuen klimatischen Umstände und der Verringerung fossiler Energien unterstützen und zeitgleich ihre eigenen Energiesysteme anpassen.

---

53 Rosa/Chiarelli/Sangiorgio 2020.

II.
Regionale Machtzentren und Rivalitäten

11.
Regionale Machtzentren und Rivalitäten

Rückkehr zur staatlichen Stabilität 20 Jahre nach Beginn des Krieges? Der Irak am Scheideweg

Lucas Lamberty

1. Die besondere Bedeutung des Irak

Die Invasion des Irak im Jahr 2003 durch eine internationale Koalition unter Führung der Vereinigten Staaten war ein historischer Wendepunkt in der jüngeren Geschichte des Nahen und Mittleren Ostens. Der Regimewechsel hat das Land in den letzten beiden Jahrzehnten maßgeblich geprägt. Der Irak oszillierte zwischen dem fast vollständigen Zusammenbruch von Staatlichkeit, Gewalt und Terror und den ersten Gehversuchen einer jungen Demokratie. 20 Jahre nach der Invasion bedarf es eines erneuten Blickes ins Land, um Bilanz zu ziehen. Welchen Herausforderungen sieht sich der Irak heute gegenüber? Welche positiven Entwicklungen gibt es? Und wie ist es insgesamt um die Stabilität der staatlichen Ordnung bestellt? Diesen Fragen geht der vorliegende Beitrag nach und versucht damit ein nuanciertes Bild zu zeichnen. Ihrer Beantwortung kommt für die deutsche Außen-, Sicherheits- und Entwicklungspolitik große Bedeutung zu. Denn der Irak liegt in der südlichen Nachbarschaft von Europäischer Union und NATO. Entwicklungen vor Ort haben direkte Auswirkungen für Europa, wie nicht zuletzt die Flüchtlingskrise von 2015 und die terroristischen Angriffe des Islamischen Staates (IS) innerhalb und außerhalb der Region gezeigt haben. Als drittgrößtes Land der arabischen Welt verlaufen die großen Bruchlinien, die den Nahen und Mittleren Osten in den vergangenen Jahren geprägt haben, allesamt durch den Irak. Das Land ist somit entscheidend für die Stabilität der Region und kann Unsicherheitsfaktor oder Stabilitätsanker gleichermaßen sein.

2. Die Zerrüttung der staatlichen Stabilität

Der Irak blickt auf eine über weite Strecken durch Gewalt und Konflikte gezeichnete jüngere Geschichte zurück. Das Land befindet sich seit mehr als vierzig Jahren fast dauerhaft im Kriegs- oder Ausnahmezustand. In den 1980er Jahren führte der Irak Krieg gegen den Iran; 1990/91 folgten der Überfall auf Kuwait und der zweite Golfkrieg; im Anschluss litt das Land unter einem drakonischen Sanktionsregime. 2003 kam es zur US-geführten Invasion des Irak, die gewaltsame Aufstände im Land gegen die ausländische Besatzung und bürgerkriegsähnliche Zustände zwischen schiitischen und sunnitischen Gruppierungen hervorrief; ab 2014 folgte schließlich der Vormarsch des Islamischen Staates. Erst 2017 gelang es den irakischen Streitkräften, die letzten Gebiete des territorialen Kalifats, die noch vom IS gehalten wurden, zurückzuerobern. Die Konflikte der letzten Jahrzehnte haben den Irak maßgeblich gezeichnet. Sie haben zu einer weitgehenden Zerrüttung seiner staatlichen Ordnung geführt, deren Stabilität bereits zu Beginn der 1980er Jahre ihren vorläufigen Höhepunkt erreicht hatte.

Die Ursprünge des modernen irakischen Staates gehen auf den Vertrag von Sèvres aus dem Jahr 1920 zurück. Durch die auf Bestreben Großbritanniens beschlossene Zusammenlegung der ehemaligen osmanischen Provinzen Bagdad, Basra und Mossul entstand 1921 ein Vielvölker- und Konfessionenstaat unter britischer Mandatsherrschaft. 1932 erhielt das Haschemitische Königreich Irak seine Unabhängigkeit von Großbritannien. Die ethnisch-religiöse Zusammensetzung des Irak war damals wie heute geprägt durch eine Bevölkerungsmehrheit der schiitischen Araber von circa 55 bis 60 Prozent, einer sunnitisch-arabischen Minderheit von etwa 20 Prozent, einer kurdischen Minderheit von circa 15 bis 20 Prozent sowie etlichen weiteren kleineren ethnischen und religiösen Gruppen, darunter eine der größten christlichen Gemeinden im Vorderen Orient.[1]

Bis zum Sturz Saddam Husseins 2003 wurde der moderne irakische Staat von der sunnitisch-arabischen Minderheit dominiert, der bereits die osmanischen Herrscher und die britische Mandatsmacht im Rahmen ihrer »Teile-und-herrsche«-Strategie weitreichende Privilegien eingeräumt hatte.[2] Diese Vorherrschaft erreichte ihren Höhepunkt unter Saddam Hussein, der mit der pan-arabisch ausgerichteten Baath-Partei (»Arabische

---

1 Vgl. CIA 2023.
2 Vgl. Fürtig 2016, S. 25.

Sozialistische Partei der Wiedererweckung«) 1968 die Macht im Irak übernahm und das Land von 1979 bis 2003 als Diktator beherrschte. Hussein,
ein sunnitischer Araber aus der Stadt Tikrit, trieb die Marginalisierung
von Schiiten und Kurden systematisch voran und unterdrückte mit großer
Härte Oppositionsgruppen und Aufstände.[3]

Trotz der brutalen Vorgehensweise und der Menschenrechtsverbrechen
des Regimes erreichte der Irak zunächst in der zweiten Hälfte der 1970er Jahre durch eine rasante wirtschaftliche Entwicklung und weitreichende soziale
Reformen einen gewissen Vorbildcharakter im Nahen und Mittleren Osten.
Die vom Regime eingeleiteten Programme und Maßnahmen dienten in erster Linie dazu, die eigene Legitimität in den Augen der Bevölkerung durch
Anhebung des Lebensstandards zu erhöhen und damit das Regime aufrechtzuerhalten. Infolge steigender Erdölpreise wurde massiv in die industrielle
Modernisierung des Landes, die Elektrifizierung der Städte, die Entwicklung ländlicher Räume, den Aufbau von Infrastruktur, den Zugang zu Bildung und in die Qualität der medizinischen Versorgung investiert. Das Pro-
Kopf-Einkommen war 1980 hinter Israel und den Golfstaaten das höchste in
der Region, und das Land verfügte über eines der besten Bildungs- und Gesundheitssysteme im Nahen und Mittleren Osten.[4] Innerhalb weniger Jahre gelang es in den 1970er Jahren, die Alphabetisierungsrate im Irak deutlich zu steigern. Noch 1982 wurde Saddam Hussein von der UNESCO für
die Entwicklung des Bildungssystems und die Alphabetisierung der Bevölkerung ausgezeichnet.[5]

Das Baath-Regime schuf in dieser Zeit einen machtvollen Zentralstaat
mit starken Institutionen. Der Staat bzw. das Regime wurde in vielen Bereichen zum zentralen Ordnungsfaktor. Durch Repression und das Wirken
sich gegenseitig kontrollierender Sicherheitsorgane unterdrückte es politischen Dissens und wirkte weit in die Gesellschaft hinein. Als zentrale Instanz
des wirtschaftlichen Wachstums förderte das Regime durch gezielte Umverteilung den Wohlstand der Bürger und versuchte sie damit in den Staat zu
integrieren. Diese Strategie war durchaus erfolgreich, so dass sich im hete-

---

3 So wurden unter anderem durch den Einsatz von Giftgas im Rahmen der »Operation Anfal« 1988
   mehr als 150.000 Kurden aus Rache für die Kooperation von Teilen der kurdischen Bevölkerungs-
   minderheit mit dem Iran während des ersten Golfkriegs getötet. Vgl. Fürtig 2016, S. 109 und 136 f.
4 Vgl. IRIN 2013.
5 Saadoun 2018.

rogenen Irak sogar die Grundzüge einer nationalen Identität und eines Gesellschaftsvertrags zwischen Bürgern und Staat herausbildeten.[6]

In den folgenden Jahrzehnten büßte der Irak einen Großteil dieser Staatlichkeit durch Kriege und die zunehmende Isolierung des Landes im internationalen System wieder ein. Weite Teile der Infrastruktur wurden während des zweiten Golfkriegs durch Luftschläge zerstört. Die nach dem Überfall auf Kuwait verhängten Sanktionen der Vereinten Nationen führten außerdem dazu, dass der Irak in seiner Entwicklung immer stärker zurückfiel. Nachdem der UN-Sicherheitsrat am 6. August 1990 ein generelles Handelsverbot mit dem Irak beschlossen hatte, unter das auch der Export von Erdöl fiel, verlor der Irak seine wichtigste Einnahmequelle, was zur Verarmung großer Teile der Bevölkerung führte.

Die tiefgreifendste Zäsur für den Irak stellte jedoch die US-geführte Intervention im Jahr 2003 und der Sturz Saddam Husseins dar. Nach der militärischen Eroberung des Landes, das fortan unter internationaler Besetzung stand, wurde im April 2003 die Koalitionsübergangsverwaltung unter Führung von Paul Bremer eingesetzt, die drei folgenschwere Verordnungen erließ, die den Irak bis heute prägen. Im Rahmen der sogenannten »De-Baathifizierung« wurden erstens alle Parteimitglieder aus den leitenden Positionen im Staat entfernt. Zweitens verfügte die neue Verwaltung die Auflösung der irakischen Streitkräfte. Drittens wurde 2003 zur personellen Besetzung der ersten irakischen Selbstverwaltungsinstitution, des *Iraqi Governing Council*, ein ethnisch-konfessioneller Proporz eingeführt.[7]

In der Folge war der versuchte Staatsbildungsprozess durch eine zunehmende Ethnisierung und Konfessionalisierung von Politik und Gesellschaft, eine paralysierte und ineffiziente Verwaltung, einen drastischen Anstieg an Korruption und gewaltsame Konflikte geprägt. Die weitreichende »De-Baathifizierung« und der Ausschluss eines großen Teils der bisherigen Führungs- und Verwaltungseliten führten zum weitgehenden Zusammenbruch der Administration und der staatlichen Grundversorgung. In der entlang ethnisch-konfessioneller Linien gespaltenen irakischen Politik gewannen die Partikularinteressen einzelner Akteure ohne die ordnende Kraft einer starken, zentralen Instanz immer mehr die Oberhand. So kam es in den Jahren nach 2003 zu einer in der Sekundärliteratur als »State Capture« bezeichneten, weitreichenden Vereinnahmung der staatlichen Institutionen

---

6 Mühlberger 2022, S. 5.
7 Vgl. Fürtig 2016, S. 174 ff.

und Rentenökonomie des Landes durch einzelne Akteure.[8] Diesen gelang es immer stärker, den Staat auszubeuten, wobei die Korruption im Land ein neues, bislang ungekanntes Niveau erreichte. Durch die Auflösung der irakischen Streitkräfte schwand das staatliche Gewaltmonopol. Das wachsende Misstrauen der verschiedenen ethnisch-konfessionellen Gruppierungen unter- und gegeneinander führte im Laufe der 2000er Jahre zum fortschreitenden Zusammenbruch der staatlichen Ordnung im Irak.

Aus dem Wettbewerb um die Dominanz im Irak nach 2003 gingen die sunnitischen Araber eindeutig als Verlierer hervor. Beinahe über Nacht verloren viele ihre bisherigen politischen und gesellschaftlichen Privilegien. Im Zuge dessen setzte eine wachsende Abwendung der sunnitischen Araber vom irakischen Staat ein, der als schiitisch-arabisch und kurdisch dominiert wahrgenommen wurde. Stärker noch als die Kurden, die sich auf ihre eigene Autonomieregion im Nordirak konzentrierten, drängten die schiitischen Araber in Politik und Wirtschaft und bildeten einen Großteil der neuen Eliten im Irak. Viele Sunniten lehnten das neu entstandene politische System in der Folge als »Shia-centric State Building«[9] ab.

Im Zuge dieser Abwendung formierte sich bereits ab Ende 2003 eine sunnitisch-arabische Aufstandsbewegung im Irak, die sich aus baathistischen, national-islamistischen und dschihadistischen Gruppierungen zusammensetzte. Sie fand insbesondere unter ehemaligen sunnitisch-arabischen Angehörigen der irakischen Sicherheitskräfte großen Zulauf und richtete sich gegen die Präsenz ausländischer Truppen sowie die neue schiitisch-kurdische Dominanz.[10] Ein durch »Al-Qaida im Irak« (AQI), einer Vorgängerorganisation des IS, verübter Anschlag auf die schiitische al-Askari-Moschee in Samarra, eines der bedeutendsten schiitischen Heiligtümer, führte im Februar 2006 zu einem Aufflammen der konfessionell motivierten Gewalt.[11] In der Folge herrschten bürgerkriegsähnliche Zustände im Irak, bei denen mehr als 34.000 Zivilisten allein 2006 durch Anschläge und gewaltsame Auseinandersetzungen zwischen sunnitisch-arabischen Aufständischen, den regulären irakischen Sicherheitskräften und schiitischen Milizen getötet wurden.[12] Auf schiitischer Seite war es insbesondere die Mahdi-Armee des schiitischen Klerikers Muqtada as-Sadr,

---

8 Vgl. Mühlberger 2022, S. 19.
9 Vgl. Haddad 2016.
10 Vgl. Steinberg 2006.
11 Vgl. Fürtig 2016, S. 176.
12 Ebd.

die die konfessionellen Spannungen durch Gewalttaten gegen Sunniten anheizte.[13]

Die US-Administration begegnete der zunehmenden Gewalt im Irak in den Jahren 2006 und 2007 mit einer neuen Strategie, die eine massive Aufstockung der amerikanischen Truppenpräsenz (dem sogenannten »Surge«), ein entschiedenes Vorgehen gegen die Mahdi-Armee, Verhandlungen mit moderaten sunnitischen Aufständischen und die Formierung und Kooptierung von sunnitischen Stammesmilizen einschloss.[14] Durch die angepasste Strategie gelang es im Laufe des Jahres 2008, weite Teile der sunnitischen Aufstandsbewegung und der schiitischen Mahdi-Armee niederzuschlagen bzw. zu entwaffnen und damit eine Eskalation des Bürgerkriegs im Irak abzuwenden. Innerhalb von nur 90 Tagen töteten und inhaftierten amerikanische und irakische Spezialkräfte im Frühjahr 2010 34 von 42 Anführern der AQI, die mittlerweile unter dem Namen »Islamischer Staat im Irak« (ISI) firmierte.[15] Im folgenden Jahr begannen die USA mit dem Abzug ihrer Soldaten aus dem Irak, bevor im Dezember 2011 der damalige US-Präsident Barack Obama die Besatzung des Irak offiziell für beendet erklärte.

Das entstehende staatliche Vakuum in Syrien infolge des Bürgerkriegs und der Abzug der amerikanischen Soldaten ermöglichten den Wiederaufstieg des ISI ab 2011. Der Emir des ISI, Abu Bakr al-Baghdadi, entsandte Gefolgsleute nach Syrien, um neue Strukturen zu etablieren, die Organisation wieder aufzubauen und eine Rückkehr in den Irak vorzubereiten.[16] Im Januar 2014 stieß die nun als »Islamischer Staat im Irak und der Levante« (ISIL) bekannte Gruppierung aus Syrien kommend durch das im Westen des Irak gelegene Euphrat-Tal bis auf 60 Kilometer vor Bagdad vor. In einer zweiten großangelegten Offensive im Juni 2014 eroberte sie weite Teile der Provinzen Anbar, Ninawa, Salah ad-Din, Kirkuk und Diyala. Innerhalb weniger Tage fiel die Metropole Mossul, die zweitgrößte Stadt des Irak, fast kampflos. Mitte 2014 kontrollierte die Organisation, die sich nach Ausrufung des Kalifats am 29. Juni 2014 nur noch »Islamischer Staat« nannte, etwa ein Drittel des irakischen Staatsgebiets.[17] Damit erreichte die sunnitische Aufstandsbewegung im Irak ihren vorläufigen Höhepunkt und brachte den irakischen Staat an den Rand des Zusammenbruchs.

---

13 Vgl. Steinberg 2008, S. 2.
14 Ebd., S. 2 ff.
15 Vgl. Roggio 2010.
16 Jones 2017, S. 81.
17 Vgl. Roggio/Megahan 2014.

Mit Unterstützung der aus 85 Partnern bestehenden internationalen Allianz gegen den Islamischen Staat unter Führung der USA, die erneut Truppen in das Land entsandte, gelang es den irakischen und irakisch-kurdischen Sicherheitskräften, den Vormarsch des IS zu stoppen und die Organisation im Laufe der Jahre 2016 und 2017 zurückzudrängen. Im Dezember 2017 erklärten die irakischen Sicherheitskräfte offiziell, alle vom IS kontrollierten Gebiete zurückerobert zu haben.[18] Doch auch in der Folge kämpfte der Irak mit den Folgen der Herrschaft des Islamischen Staates. Der IS hat die Zurückverwandlung von einem Akteur, der Territorium kontrolliert, in eine irreguläre, aus dem Untergrund agierende Organisation vollzogen und stellt damit weiterhin eine Bedrohung für die Stabilität des Landes dar. Die Kriegsschäden haben die wirtschaftliche Entwicklung des Irak beeinträchtigt und Millionen Menschen zur Flucht gezwungen. Die Gräueltaten des IS haben zudem die Gräben in der Gesellschaft zwischen den verschiedenen ethnischen und religiösen Gruppierungen – insbesondere zwischen schiitischen und sunnitischen Arabern – vertieft.

Insgesamt haben die Entwicklungen der letzten Dekaden tiefe Spuren im Irak hinterlassen und das Land in seiner Entwicklung immer wieder zurückgeworfen. Sie haben die irakische Staatlichkeit zerrüttet, die Konflikte in Politik und Gesellschaft verstärkt, die Tore für externe Einflussnahme geöffnet und die Stabilität des Landes langfristig untergraben. Heute kämpft der Irak mit diesem schwierigen Erbe, das die notwendige Entwicklung des Landes beeinträchtigt.

3. Das schwierige Erbe

20 Jahre nach der US-geführten Invasion ist die staatliche Stabilität des Irak weiterhin eingeschränkt. Im *Fragile State Index* belegte der Irak 2022 Platz 23 von 179 und zählt damit zu den am stärksten durch Instabilität gezeichneten Ländern der Welt.[19] Wolfgang Mühlberger hat im Irak Tendenzen eines »failing state« ausgemacht. Dieser habe sich seit 2003 immer wieder durch Phasen vollständigen Staatsversagens ausgezeichnet.[20] Die Symptome der eingeschränkten Staatlichkeit sind für die Menschen im Land im täglichen Le-

---

18 Vgl. BBC 2007.
19 Vgl. The Fund for Peace 2023.
20 Vgl. Mühlberger 2022, S. 8.

ben zu spüren. Trotz aktuell hoher Erdölpreise ist der Irak nicht in der Lage, flächendeckend grundlegende staatliche Dienstleistungen wie die Wasser- und Stromversorgung zur Verfügung zu stellen. Im Korruptionsindex von *Transparency International* belegt das Land Platz 157 von 180.[21] Im Jahr 2022 machte der Diebstahl von etwa 2,5 Milliarden US-Dollar an Steuermitteln Schlagzeilen, ein Korruptionsskandal, der im Irak allgemein als »Raub des Jahrhunderts« bezeichnet wird,[22] sich letztendlich aber nur in eine Vielzahl an Korruptionsskandalen der letzten Jahre einreiht. Auch das staatliche Gewaltmonopol bleibt umkämpft, wie die bewaffneten Auseinandersetzungen in der »Grünen Zone«, dem Regierungsviertel in Bagdad, zwischen verschiedenen Milizen und den Sicherheitskräften im August 2022 gezeigt haben.[23]

Wichtiger noch als die Beschreibung dieser Symptome der Instabilität ist eine genaue Analyse der Herausforderungen, vor denen der Irak hinsichtlich seiner staatlichen Entwicklung steht. Mit Blick auf das politische System, den Staatsaufbau, die wirtschaftliche Verfasstheit und den Sicherheitssektor lassen sich vier Faktoren aufführen, die als direkte Folge der skizzierten Entwicklungen der vergangenen Jahre heute das schwierige Erbe des Irak prägen: ein durch Quoten bestimmtes politisches Konkordanzsystem, das die Konfessionalisierung und Ethnisierung der Politik festschreibt und notwendige Reformen im Land hemmt; ein dysfunktionaler Föderalismus, der sich sowohl durch eine fehlende Dezentralisierung von Kompetenzen im Großteil des Landes und gleichzeitig weitgehende Autonomierechte der Region Kurdistan-Irak auszeichnet; strukturelle Korruption und Nepotismus auf allen Ebenen eines ineffizienten öffentlichen Sektors und eine übergroße Abhängigkeit vom Erdölexport, die die wirtschaftliche Entwicklung und Diversifizierung des Landes ausbremsen; und schließlich die Präsenz eines starken Milizwesens mit teilweise engen Verbindungen zum Iran, das eine Parallelstruktur zu den regulären irakischen Sicherheitskräften bildet.

---

21 Vgl. Transparency International 2023.
22 Vgl. Foltyn 2022.
23 Vgl. Arraf 2022.

3.1 Das ethnisch-konfessionelle Quotensystem

Das politische System des Irak ist seit 2003 gekennzeichnet durch eine Konkordanzdemokratie,[24] die die ethnisch-religiöse Vielfalt des Landes in politische Strukturen zu übersetzen sucht und den Konsens als zentralen Entscheidungsmechanismus zwischen den verschiedenen Gruppierungen institutionalisiert hat. Im Rahmen dieses als *Muhasasa Ta'ifia* bekannten Systems beruht die Verteilung von Macht, politischen Ämtern und Wohlstand auf ethnisch-religiösen Quoten. Diese sind nicht in der Verfassung festgeschrieben, sondern Teil einer informellen Vereinbarung, die sich in der Verfassungsrealität herausgebildet hat.[25] Danach ist die Position des irakischen Staatspräsidenten für einen Kurden reserviert, die des Ministerpräsidenten für einen schiitischen Araber und die des Parlamentspräsidenten für einen sunnitischen Araber. Auch die Ministerien und andere politische Ämter werden entlang von ethnisch-konfessionellen Quoten verteilt.

Durch die Adaption dieses Systems wurden bestehende Verwerfungen in der Gesellschaft politisch festgeschrieben und vertieft und es entwickelte sich ein Parteiensystem, das allein auf ethnisch-konfessioneller Zugehörigkeit beruht. Ab 2003 sind schiitische, sunnitische und kurdische Parteien so zu den maßgeblichen Akteuren im politischen System avanciert. Waren die politischen Blöcke der drei großen Gruppen der Schiiten, Sunniten und Kurden zu Beginn noch weitgehend geschlossen, ist es innerhalb der Blöcke in den vergangenen Jahren zu starken Fragmentierungstendenzen gekommen. Am stärksten institutionalisiert ist diese Polarisierung im kurdischen Lager. Die Dualität zwischen der Demokratischen Partei Kurdistans (KDP) und der Patriotischen Union Kurdistans (PUK) existiert schon seit den 1970er Jahren. Auch das sunnitische Lager ist heute in zwei Blöcke gespalten. Wohl am weitreichendsten ist aber die Zersplitterung des schiitischen Lagers. Hier ringen fünf größere Parteien und Bewegungen um Stimmen, darunter die traditionell wichtige Dawa-Partei, die Sadristen-Bewegung und die Fatah-Allianz, die sich aus den politischen Parteien schiitischer Milizen zusammensetzt.

---

24 Der Begriff der Konkordanzdemokratie, der in Deutschland vor allem durch Gerhard Lehmbruch geprägt wurde, wird hier synonym mit dem der Konsensdemokratie von Arend Lijphart verwendet, der in der anglo-amerikanischen Politikwissenschaft als »consociational democracy« bekannt ist. Vgl. Lehmbruch 1992; Lijphard 1969.
25 Vgl. Dodge 2020, S. 147 f.

Das Zusammenwirken all dieser Parteien ist durch kontinuierliche Machtkämpfe und politische Nullsummenspiele gekennzeichnet.[26]

Die Vielzahl an miteinander um Macht, Einfluss und Ressourcen konkurrierenden Parteien, Allianzen und Gruppierungen erschwert den politischen Prozess und macht die Regierungsbildung und das Regieren zu einem Drahtseilakt. Die irakische Politik ist infolge der großen Pluralität an Akteuren enorm schnelllebig. Es gilt, eine Vielzahl an Interessen, die sich teilweise diametral gegenüberstehen, in der ethnisch-konfessionellen Konkordanzdemokratie in Einklang zu bringen. Weil in der Verfassung von 2005 keine eindeutigen Verfahren zur Machtteilung und zum Interessensausgleich festgeschrieben sind, kommt es immer wieder zu politischen Blockaden.[27] So dauerte es nach der Parlamentswahl 2021 mehr als ein Jahr, bis sich eine neue Regierung gebildet hatte. Da viele der Parteien über eigene, bewaffnete Milizen verfügen, droht zudem immer die Gefahr einer Gewalteskalation. In der Folge waren alle Regierungen seit 2005 nationale Einheitsregierungen, die fast sämtliche der im Parlament vertretenen Parteien umfassten. Aufgrund der Vielzahl an internen Vetospielern sind diese Regierungen kaum in der Lage, die notwendigen Reformen im Staat anzuschieben.

Hatte das ab 2003 etablierte System vor dem Hintergrund der Diktatur Saddam Husseins auf die Schaffung eines schwachen Staates abgezielt, in dem keine politische Kraft dominieren sollte, so haben die letzten beiden Jahrzehnte verdeutlicht, dass das *Muhasasa Ta'ifia*-Quotensystem die bestehenden Konfliktlinien verfestigt hat und mittlerweile zu einem Hemmschuh des politischen Fortschritts geworden ist. Der resultierende politische Stillstand und die grassierende Korruption haben die Legitimität der Demokratie untergraben und zu einer Abwendung vieler Iraker vom politischen System und der politischen Klasse geführt. So zeichneten sich die vergangenen beiden Parlamentswahlen sämtlich durch niedrige Wahlbeteiligung aus. Die ethnisch-konfessionelle Prägung des politischen Systems, das Vorherrschen von Partikularinteressen und die schleichende Aushöhlung der irakischen Demokratie stellen damit große Herausforderungen für die Entwicklung des Landes dar.

---

26 Ebd., S. 148.
27 Vgl. Bogaards 2021, S. 187.

3.2 Ein unausgewogener Föderalismus

Der zweite Faktor, der die Stabilität des Landes immer wieder untergräbt, ist das unausgewogene und dysfunktionale föderale System. Schon bei der Erarbeitung der Verfassung gab es grundsätzliche Meinungsverschiedenheiten über den föderalen Charakter des Irak. Während die sunnitisch-arabischen Repräsentanten sich für einen zentralistischen Staatsaufbau einsetzten, forderten die kurdischen Vertreter einen Föderalismus, der insbesondere der kurdischen Regionalregierung weitreichendere Kompetenzen als der Zentralregierung einräumen sollte. Kontrovers war zudem der Status der erdölreichen Provinz Kirkuk, die in den umstrittenen Gebieten im Irak liegt und sowohl von Kurden als auch Sunniten und Schiiten beansprucht wird. Der Staatsaufbau spielte auch bei der Ausbeutung des Erdöls eine Rolle. So setzten sich die kurdischen Vertreter dafür ein, dass die Region Kurdistan-Irak für die Ausfuhr der in der Region vorhandenen Ressourcen die alleinige Zuständigkeit erhält. Dem traten insbesondere die sunnitischen Teilnehmer entgegen, die auch hier eine stärkere Rolle der Zentralregierung forderten. Die Verfassung wurde 2005 unter großem Druck abgeschlossen.[28] Da viele der Streitpunkte nicht ausgeräumt werden konnten, wurden oftmals vage Formulierungen gewählt, die eine spätere Ausgestaltung voraussetzten. Hierzu ist es aber bislang nur in unzureichender Weise gekommen, wobei sich auch das irakische Verfassungsgericht immer wieder mit dem Vorwurf konfrontiert sieht, nicht unabhängig zu sein.[29]

Laut Verfassung verfügt der Irak über 18 Provinzen. Die vier kurdischen Provinzen sind zur Autonomen Region Kurdistan zusammengeschlossen. Diese verfügt über weitreichende Autonomierechte, wie beispielsweise eine Regionalregierung, ein Regionalparlament, eine eigene Verfassung und eigene Sicherheitskräfte. Diese erlauben es der Region Kurdistan-Irak, heute in vielen Bereichen wie ein Quasi-Staat aufzutreten. In den arabischen Provinzen hat sich dagegen ein erhebliches Maß an Zentralismus ausgebildet. So haben Provinzgouverneure und Provinzräte oft nur begrenzt Zugriff auf eigene Budgets, keine Kontrolle über Neueinstellungen im öffentlichen Dienst und kein Vetorecht gegen Projekte, die von den Ministerien der irakischen Zentralregierung in den einzelnen Provinzen implementiert werden. In vielen Fällen stehen die lokalen Sicherheitskräfte unter direkter Kontrol-

---

28 Vgl. Jawad 2013, S. 13.
29 Vgl. Zeed 2022.

le der Zentralregierung, wobei der Zugang der Provinzvertreter zu kapital-
intensiven Investitionsmitteln eines umständlichen und langwierigen Prozesses in Bagdad bedarf. Auch die 2008 und 2015 angestoßenen Dezentra-
lisierungsinitiativen haben bislang kaum Erfolge gezeigt.[30] Dadurch wird
ein effektives und effizientes Regieren im Irak erschwert – gerade auch mit
Blick auf die Bereitstellung von staatlichen Dienstleistungen.

Dem Ungleichgewicht zwischen Zentralisierung und weitreichenden
Autonomierechten kommt vor allem im Hinblick auf die Ausbeutung der
Erdöl- und Erdgasreserven des Irak eine entscheidende Bedeutung zu, die
einen Großteil der öffentlichen Ausgaben finanzieren. Laut Gesetzeslage
erfolgt der Export der Ressourcen durch die irakische Zentralregierung,
welche die erzielten Erlöse proportional durch Umverteilungsmechanismen
auf die 15 arabischen Provinzen und separat auf die vier kurdischen Provinzen verteilt. *De facto* haben die 15 arabischen Provinzen nur begrenzt Einblick
und nur wenig Kontrolle über die durch den Verkauf von Erdöl und Erdgas
erzielten Erlöse. Dies hat zur Folge, dass ressourcenreiche Provinzen wie
Basra im Südirak nicht von ihrem Reichtum profitieren. Erbil exportierte
sein Erdöl bis 2014 durch die Zentralregierung in Bagdad im Austausch für
Zahlungen in Höhe von 17 Prozent des irakischen Staatshaushalts. Nach
Beschwerden der kurdischen Regionalregierung, Bagdad komme seinen finanziellen Verpflichtungen nicht nach, hat sie mit dem unilateralen Export
des in der Region Kurdistan-Irak gewonnenen Erdöls in die Türkei begonnen. Seitdem schwelt der Streit zwischen Bagdad und Erbil, der bislang
ungelöst geblieben ist und damit immer wieder die politische Stabilität
untergräbt.[31]

Auch der zweite Streitpunkt zwischen Zentralregierung und Regionalregierung – die Statusfrage von Kirkuk und den umstrittenen Gebieten –
bleibt ein destabilisierender Faktor. Laut Verfassung hätten die Einwohner
von Kirkuk bis 2007 durch ein Referendum entscheiden sollen, ob sie sich
der Region Kurdistan-Irak anschließen. Ein entsprechender Volksentscheid
hat bis heute nicht stattgefunden, sodass es immer wieder zu Konflikten in
und um Kirkuk kommt. Seine bis dahin größte Krise erlebte der irakische
Föderalismus durch das kurdische Unabhängigkeitsreferendum im September 2017. Nachdem die kurdische Regionalregierung ohne Zustimmung
der Zentralregierung in Bagdad ein entsprechendes Referendum abgehalten

---

30 Vgl. hierzu ausführlich Al-Mawlawi/Jiyad 2021.
31 Wahab 2023.

hatte, kam es zu direkten militärischen Auseinandersetzungen zwischen den kurdischen Sicherheitskräften, den Peschmerga, sowie der irakischen Armee und schiitischen Milizen. In der Folge innerkurdischer Konflikte brach die kurdische Front zusammen, und Erbil verlor die Kontrolle über weite Teile der umstrittenen Gebiete, die es zuvor beherrscht hatte.[32] Damit brachte der unausgewogene Föderalismus im Irak mit der überproportional starken Region Kurdistan-Irak das Land an den Rand eines Bürgerkriegs.

3.3 Fehlende wirtschaftliche Diversifizierung

Auch das wirtschaftliche System des Irak stellt eine enorme Herausforderung für die Entwicklung des Landes dar. Mit den fünftgrößten Erdölreserven der Welt ist der Irak nominell ein reiches Land. Der Verkauf von Erdöl macht nicht nur 42 Prozent des irakischen Bruttoinlandsproduktes aus, sondern finanziert auch zu etwa 85 Prozent den irakischen Staatshaushalt.[33] Wie in anderen Rentierstaaten der Region ist der Erdölreichtum Fluch und Segen zugleich. Es fehlt an einer Diversifizierung und einer nachhaltigen Wirtschaftsstruktur. Die irakische Wirtschaft wird durch einen aufgeblähten öffentlichen Sektor dominiert, der für Korruption und Misswirtschaft anfällig ist. Etwa 40 Prozent aller Beschäftigten arbeiten im öffentlichen Sektor.[34] Der private Sektor bleibt dagegen weiterhin unterentwickelt.

Demgegenüber steht ein rasantes Bevölkerungswachstum. Prognosen zufolge wird sich die Bevölkerung von aktuell 40 Millionen Menschen bis 2050 auf 80 Millionen verdoppeln.[35] Das Durchschnittsalter beträgt heute 19 Jahre. Jedes Jahr drängen 700.000 junge Irakerinnen und Iraker auf den Arbeitsmarkt.[36] Dieser ist aufgrund der fehlenden wirtschaftlichen Diversifizierung nicht in der Lage, die hohen Absolventenzahlen zu absorbieren. Infolgedessen ist besonders die Jugendarbeitslosigkeit hoch, und viele junge Menschen haben keine wirtschaftlichen Perspektiven im Land. Dies führt zu Frustration und im schlimmsten Fall zu Radikalisierung oder Flucht und Migration.

---

32 Wörmer/Lamberty 2018, S. 87 f.
33 Vgl. Weltbank 2023a.
34 Vgl. International Labour Organization 2022, S. 25 f.
35 Vgl. Yassin 2022.
36 Vgl. Al-Shakeri 2022.

3.4 Ein starkes Milizwesen

Die vierte Herausforderung für die Staatlichkeit des Irak ist die Präsenz eines starken Milizwesens, das sich insbesondere ab 2014 als sogenannte »Volksmobilisierungskräfte« (*al-Haschd asch-Schabi*) im Kampf gegen den IS formiert hat. Diese setzen sich aus etwa 40 bis 60 mehrheitlich schiitischen Milizgruppen mit insgesamt mehr als 100.000 Kämpfern zusammen.[37] Ein Großteil dieser Milizen kann dem Iran-nahen Lager zugeordnet werden. Einige dieser Organisationen existieren bereits seit den Zeiten des iranisch-irakischen Kriegs, als sie sich auf Seiten des Iran im Kampf gegen Saddam Hussein formierten.

Seit November 2016 sind die »Volksmobilisierungskräfte« per Gesetz in den irakischen Sicherheitssektor integriert. Rechtlich unterstehen sie dem Oberbefehl des irakischen Ministerpräsidenten. Faktisch ist der Einfluss der irakischen Zentralregierung auf diese Milizverbände aufgrund der weitgehend autonomen Befehlsstrukturen der Gruppierungen aber gering.[38] Dazu trägt auch bei, dass es dem verabschiedeten Gesetz zum Unterstellungsverhältnis und zur Finanzierung der Organisation an den entscheidenden Stellen an Genauigkeit mangelt. Vielmehr institutionalisiert es die Milizen als permanente, vierte Säule neben den Streitkräften, der Polizei und den Nachrichtendiensten im irakischen Sicherheitsapparat. Seit 2014 hat sich so eine Ordnung gebildet, die den Staat teilweise stützt, teilweise aber auch in Konkurrenz zu ihm steht. Dieses ambivalente Verhältnis und die unklare hierarchische Unterstellung im Sicherheitssektor stellen eine Herausforderung für den Staat dar, die bislang nicht gelöst werden konnte.

Insgesamt verdeutlichen die vier skizzierten Herausforderungen des Irak, dass die Stabilität des Landes grundsätzlich unter dem Fehlen starker staatlicher Institutionen leidet. Nach der Entkernung des irakischen Staates im Jahr 2003 ist es in den vergangenen 20 Jahren bislang nicht gelungen, funktionierende Strukturen aufzubauen, die eine effiziente Regierungsführung im Land erlauben würden. Dies hat die Output-Legitimation des Staates – also seine Anerkennung durch die Bereitstellung von Dienstleistungen und durch gute Ergebnisse des Regierungshandelns – unterminiert und zur wachsenden Abwendung der Bevölkerung vom politischen System geführt. Betroffen sind nicht nur die Organe des Staates, sondern auch die

---

37 Vgl. Al-Nidawi 2019.
38 Vgl. Mansour 2021, S. 16 ff.

ihm zugrundeliegenden Regeln, die maßgeblich sind für die Gestaltung des politischen Prozesses. Der Irak ist auch 17 Jahre nach den ersten freien Wahlen im Jahr 2005 eine junge Demokratie, die sich bislang nicht konsolidiert hat. Zwar sind die Parlamentswahlen allgemein weitgehend frei und fair, doch die für die politische Gestaltung und Konfliktbeilegung notwendigen Wirkmechanismen sind nicht weit genug institutionalisiert und allgemein anerkannt, um dauerhaft Stabilität zu garantieren.[39] So werden die Demokratie und der Staat zwar nicht grundsätzlich in Frage gestellt; die konkrete Ausgestaltung ist jedoch weiterhin zwischen den verschiedenen ethnischen und konfessionellen Akteuren umstritten und muss in den unterschiedlichen Prozessen und Politikfeldern oftmals immer wieder neu ausgehandelt werden.

4. Ein neues Kapitel?

Die Aufgaben, vor denen der Irak steht, sind groß. Kurzfristig werden sich die aufgezeigten Herausforderungen nicht lösen lassen. Doch es gibt auch positive Entwicklungen. Insgesamt zeigt der Trend im Irak mit Blick auf die staatliche Stabilität bei all den negativen Aspekten in den letzten beiden Dekaden grundsätzlich in die richtige Richtung. So hat sich das Land in den letzten 19 Jahren – mit Ausnahme der Zeiträume zwischen 2006 und 2007 sowie zwischen 2014 und 2017 – im *Fragile State Index* um 19 Plätze verbessert.[40] Heute sind vor allem drei Aspekte zu nennen, die langfristig die Stärkung der staatlichen Stabilität des Landes begünstigen können, indem sie den aufgezeigten Herausforderungen entgegenwirken.

Erstens durchlebt der Irak nach der Zerschlagung des territorialen Kalifats des Islamischen Staates im Vergleich zu den letzten 20 Jahren aktuell seine bislang friedlichste Phase. Dem IS ist zwar die Rückverwandlung zu einer mit asymmetrischen Mitteln und aus dem Untergrund agierenden Aufstandsbewegung gelungen, die weiterhin über Strukturen und Zellen verfügt und regelmäßig kleinere Angriffe auf irakische und irakisch-kurdische Sicherheitskräfte verübt. Nichtsdestotrotz wurde die Organisation in den letzten Jahren aus den großen Bevölkerungszentren – allen voran der Hauptstadt Bagdad – verdrängt, so dass sie gegenwärtig nicht in der Lage ist, gro-

---

39 Vgl. European Union Election Observation Mission to Iraq 2021.
40 Vgl. Haken/Cockey 2020.

ße, komplexe Anschläge wie noch bis 2017 durchzuführen. Die Präsenz der Organisation beschränkt sich heute vornehmlich auf die schwer zu kontrollierenden Wüstengebiete an der Grenze zu Syrien sowie auf einzelne Territorien südlich von Kirkuk – weitab der irakischen Ballungsgebiete. Durch den kontinuierlichen militärischen Druck der Sicherheitskräfte ist es gelungen, ein Wiedererstarken der Organisation zu verhindern. Der irakische Staat hat es damit vollbracht, eine seiner Kernkompetenzen – die Bereitstellung von Sicherheit auf dem eigenen Staatsgebiet – zu stärken und die Lage wieder unter Kontrolle zu bringen. Das Sicherheitsvakuum, das den Irak lange ausgezeichnet hat, ist in vielen Bereichen verschwunden.

Dies ist eine wesentliche Grundlage für die Entwicklung und Stabilität des Landes. Die schrittweise Verbesserung der Sicherheitslage im Irak hat die Situation insgesamt befördert und vielen Menschen eine teilweise Rückkehr zur Normalität erlaubt. Durch den Wiederaufbau der zerstörten Infrastruktur konnten mehr als zwei Drittel der ursprünglich 3,3 Millionen Binnenvertriebenen im Irak in ihre Heimat zurückgeführt werden.[41] Dies hat den Druck auf die Kapazitäten der aufnehmenden Gemeinden reduziert und gleichzeitig bestehende Spannungen zwischen Aufnahme- und Flüchtlingsgesellschaften abgebaut. Auch die durch den Krieg und Terror gezeichnete Wirtschaft des Landes konnte sich erholen. Ausländische Direktinvestitionen haben sich dem Vorkriegsniveau von 2012 angenähert.[42] Das infolge von Terror und der Covid-19-Pandemie eingebrochene Wachstum des Bruttoinlandsprodukts hat angezogen und zeichnet sich aufgrund hoher Erdölpreise mittlerweile wieder durch zweistellige Wachstumsraten aus.[43] Die vorläufige Stabilisierung des Landes bietet ein »Fenster der Möglichkeiten«, nun die strukturellen Herausforderungen des Irak anzugehen. Lag der Fokus des Staates zwischen 2014 und 2018 fast ausschließlich auf Sicherheitspolitik und der Bekämpfung des Islamischen Staates, können nun die notwendigen Reformen in den Blick genommen werden, um die Weichen für die weitere Entwicklung des Landes zu stellen. So schwierig dies politisch durchzusetzen ist, so notwendig sind die Veränderungen in diversen Sektoren, angefangen vom Bildungssektor über die Gesundheitsversorgung bis zur flächendeckenden Bereitstellung von Gütern des allgemeinen Bedarfs wie Wasser und Energie.

---

41 Vgl. International Organization for Migration 2023.
42 Vgl. Weltbank 2023b.
43 Vgl. Weltbank 2022, S. 2.

Neben der neu gewonnenen Stabilität macht sich eine zweite Entwicklung bemerkbar: das zunehmende Vordringen der jungen Generation, deren Vetreter teilweise nach 2003 geboren sind, in alle Bereiche von Staat, Politik und Wirtschaft. Diese Generation stellt mittlerweile eine Mehrheit der Bevölkerung. Sie ist internationaler orientiert, durch die sozialen Medien vernetzt sowie säkularer und wünscht sich einen starken und funktionierenden irakischen Staat. Umfragen belegen, dass Vertreter dieser Generation die Demokratie respektieren und sich ein säkulares System wünschen, in dem die religiöse und ethnische Zugehörigkeit keine Rolle spielt. So sprachen sich im Oktober 2022 in einer Umfrage 47 Prozent der befragten jungen Irakerinnen und Iraker für eine Demokratie aus, in der Religion keine Rolle spielt; weitere 41 Prozent wünschen sich einen Staat, in dem die Religion zwar als Quelle der Gesetzgebung dienen kann, religiöse Kräfte aber keinen Einfluss in der Politik haben.[44] Auch externe Einflussnahme – sowohl von Seiten des Iran als auch der USA – wird von einem Großteil der jungen Bevölkerung abgelehnt. Das geht aus einer anderen Umfrage aus dem Jahr 2020 hervor.[45] Auch wenn die Identitätsfindung für viele Iraker weiter schwierig ist, spielt insgesamt ein neu gewonnenes Nationalgefühl eine wichtige Rolle für die junge Generation.

Die Präferenzen der jungen Bevölkerung haben sich in der seit 2003 bislang größten Protestbewegung im Irak ausgedrückt, die am 1. Oktober 2019 in Bagdad begann und sich anschließend auf viele der großen Städte im Süd- und Zentralirak ausbreitete. Diese als Oktober-Bewegung bezeichneten Massenproteste richteten sich gegen die Perspektivlosigkeit junger Menschen im Irak, Arbeitslosigkeit, Korruption, die Konfessionalisierung von Politik und die Einflussnahme externer Akteure. Ein zentrales Merkmal der Bewegung war das Eintreten für die Souveränität des Irak. So wurde die Stärkung der irakischen Staatlichkeit zu einem der langfristigen Kernziele erhoben. Eine der kurzfristigen Forderungen der Protestbewegung – das Abhalten von Neuwahlen – wurde bereits 2021 erfüllt. Erstmals zogen bei der Wahl auch Vertreter der Protestbewegung in das irakische Parlament ein.

Nicht nur durch die Oktober-Bewegung sind Vertreter der jungen Generation in die Politik vorgedrungen. Auch in den etablierten Parteien setzen sich immer mehr junge Kandidaten durch, die andere Einstellungen ha-

44 Vgl. Abdo 2022, S. 4.
45 Vgl. Konrad-Adenauer-Stiftung 2020, S. 4.

ben als ihre älteren Kollegen. Schon heute kommt es immer wieder zu Generationskonflikten innerhalb der politischen Blöcke. In den nächsten Jahren könnte sich dies weiter vertiefen und der Konfessionalisierug und Ethnisierung des politischen Systems, wie es ab 2003 durch das *Muhasasa Ta'ifia* – das ethnisch-konfessionelle Quotensystem – institutionalisiert wurde, entgegenwirken. Dadurch könnte sich die irakische Politik in Zukunft reformieren.

Die dritte Entwicklung betrifft die internationale Rolle des Lands. Der Irak zielt mittlerweile verstärkt darauf ab, vom Unsicherheitsfaktor der Region zum Stabilitätsanker zu werden. Dies betrifft insbesondere die Konfrontation zwischen dem Iran und Saudi-Arabien. Wie in kaum einem anderen Land der Region hat diese Konfrontation ihren direkten Niederschlag im Irak gefunden und damit die staatliche Stabilität unterminiert. Aus diesem Grund setzt sich das Land seit 2021 für eine Vermittlung im Konflikt zwischen Teheran und Riad ein. So fand Ende August 2021 erstmals zusammen mit Frankreich ein Gipfel in Bagdad, die sogenannte »Bagdad-Konferenz«, statt, an dem viele hochrangige Politiker aus der Region, darunter die Außenminister des Iran und Saudi-Arabiens, teilnahmen. Auch eine Serie von bilateralen Gesprächen zwischen den beiden Staaten wurde im Irak abgehalten. Im Dezember 2022 fand in Jordanien eine weitere Konferenz zur Vermittlung statt, die vom Irak, Jordanien und Frankreich organisiert wurde. Beide Konferenzen haben dazu beigetragen, dass Saudi-Arabien und der Iran im März 2023 ihre diplomatischen Beziehungen wieder aufgenommen haben.

Ziel der diplomatischen Bemühungen ist es, die Souveränität des Irak zu stärken. Insgesamt folgt die Regierung heute einem Leitbild der außenpolitischen Neutralität, das das Land in der komplizierten Gemengelage der Region – auch mit Blick auf die zunehmende globale Auseinandersetzung zwischen den USA, Russland und China – schützen soll. So möchte sich das Land aus Konflikten heraushalten, um die eigene Stabilität nicht weiter zu untergraben, und gute Beziehungen zu all seinen Nachbarstaaten unterhalten. Damit könnte der Irak regional zu einem wichtigen Akteur avancieren und die Sicherheit des Landes und des Nahen und Mittleren Ostens insgesamt fördern.

Diese drei Entwicklungen – die verbesserte Sicherheitslage, eine junge Generation, die sich durch ein neues Nationalgefühl auszeichnet und für einen souveränen Irak eintritt, und die konstruktive Rolle des Irak in der Region – könnten langfristig zur Stabilisierung des Landes und darüber hinaus beitragen. Dies ist notwendig, denn die nächsten Herausforderungen zeichnen sich bereits am Horizont ab. Der Irak ist heute das am fünftstärksten vom Klimawandel betroffene Land der Welt.[46] Darüber hinaus ist das Land durch geopolitische Verteilungskämpfe um Wasser sowie – infolge eines unzureichenden Wassermanagements – durch einen akuten Wassermangel gezeichnet.[47] Die Desertifikation im Land schreitet rapide voran, so dass das Mündungsdelta von Euphrat und Tigris – die Wiege der modernen Zivilisation – auszutrocknen und zu versalzen droht. Mit der globalen Energiewende und dem absehbaren Ausstieg aus fossilen Brennstoffen könnte dem Irak langfristig die wichtigste Einnahmequelle entfallen. Demgegenüber steht das massive Bevölkerungswachstum. Sollte es dem Land nicht gelingen, seine Wirtschaft durch Reformen zu diversifizieren und neue Perspektiven zu schaffen, droht dies zu neuen Konflikten zu führen und das Land zu destabilisieren.

5. Fazit

Der Irak steht einmal mehr an einem Scheideweg. Die Bilanz der letzten beiden Jahrzehnte fällt gemischt aus. Auch wenn die Entwicklung des Irak grundsätzlich in die richtige Richtung zeigte, haben Phasen der Instabilität das Land immer wieder zurückgeworfen. Strukturelle Faktoren wie das ethnisch-konfessionell dominierte politische System, der unausgewogene und dysfunktionale Föderalismus, die Rentierökonomie mit einem aufgeblähten und durch Korruption gezeichneten öffentlichen Sektor und das andauernde Bestehen von Milizen bestimmen die Lage im Land. Die Staatlichkeit bleibt eingeschränkt und der Irak insgesamt anfällig für Destabilisierungstendenzen. Gleichwohl machen die positiven Aspekte – allen voran der Aufstieg der jungen, Post-2003-Generation – Mut für die weitere Demokratisierung und Entwicklung des Irak. Der Irak befindet sich heute in einer entscheidenden Phase seiner jüngeren Geschichte. Die aktuell wohl sicherste Zeit seit 2003 muss das Land nutzen, um durch gezielte Reformen den Grundstein für eine nachhaltige Zukunft zu legen. Gelingt dies nicht, könnte das Land langfristig wieder im Chaos versinken. Um dies zu verhindern, wird der Irak weiterhin die Unterstützung der internationalen

---

46 Vgl. International Organization for Migration 2022, S. 2.
47 Vgl. Skelton 2022.

Gemeinschaft benötigen. Hier kann Deutschland eine besondere Rolle spielen. Die Bundesrepublik sollte den Irak auf seinem demokratischen Weg begleiten und dazu beitragen, dass die Institutionen des irakischen Staates und die staatliche Macht insgesamt gestärkt werden.

Zwischen repressivem Autoritarismus, gesellschaftlicher Liberalisierung und Identitätskonstruktion: Machtpolitik unter Muhammad bin Salman in Saudi-Arabien

Sebastian Sons

1. Einleitung

Nach der Thronbesteigung von König Salman bin Abdulaziz Al Saud im Januar 2015 erwarteten Beobachter zuerst keine weitreichenden Veränderungen in der saudischen Politik. Doch insbesondere der rasante Machtanstieg von Muhammad bin Salman bin Abdulaziz Al Saud, der im direkten Anschluss an die Inauguration seines Vaters am 23. Januar 2015 zum Verteidigungsminister und später, im Juni 2017, zum Kronprinzen und im September 2021 auch zum saudischen Premierminister ernannt wurde, leitete einen bemerkenswerten Politikwechsel in der saudischen Innen-, Wirtschafts- und Außenpolitik ein.[1] Seitdem gilt »MbS«, wie er im In- und Ausland bezeichnet wird, aufgrund seiner Machtfülle als »De-Facto«-Herrscher.[2] Unter ihm vollzieht Saudi-Arabien eine signifikante Neuorientierung in relevanten Politikfeldern, die auf der einen Seite durch einen repressiven Führungsstil des Autoritarismus geprägt ist, während gleichzeitig ein gesellschaftlicher Liberalisierungs- und wirtschaftlicher Diversifizierungskurs eingeschlagen wurde. Weiterhin hat unter MbS eine Marginalisierung traditioneller Vetokräfte und einflussreicher Akteure stattgefunden, die das bisherige System des »segmented clientelism«[3] herausfordert und in bestimmten Bereichen hat erodieren lassen. Dieser Ausschluss traditioneller Günstlinge saudischer Politik wie den Religionsgelehrten oder Händlerfamilien erfolgte zu Beginn der Ägide des Kronprinzen vor allem mit einem Kurs der kompromisslosen Härte, der nicht vor der Anwendung von Gewalt zurückschreckte. In diesem

---

1 Douglas 2022.
2 Feierstein/Guzansky 2021.
3 Hertog 2006.

Zusammenhang lässt sich auch eine Zunahme der repressiven Maßnahmen gegen vermeintliche Kritiker oder Oppositionelle konstatieren, die im Oktober 2018 in der Ermordung des saudischen Journalisten Jamal Khashoggi im saudischen Konsulat in Istanbul mündete. Als Konsequenz dieser Tat geriet die Herrschaft Muhammad bin Salmans unter harte Kritik im Inland sowie vor allem im Ausland, was sich phasenweise auch auf die persönliche Reputation des Kronprinzen auswirkte, der besonders in Europa und den USA als *Persona non grata* betrachtet wurde.[4] Trotz dieser Kritik konnte er seine Herrschaft jedoch konsolidieren: Sein Credo, ein »neues Saudi-Arabien« entwickeln zu wollen, das sich aus althergebrachten Normen, verkrusteten Herrschafts- und Verwaltungsstrukturen sowie vom Dogma des islamischen Klerus emanzipiert und einen eigenen Weg der Modernisierung einschlägt, wird durch eine ambitionierte Wirtschafts- und Gesellschaftspolitik zum Ausdruck gebracht. Sie beruht darauf, die rentenbasierte Wirtschaft des Königreichs von den Einnahmen aus der Erdölproduktion unabhängiger zu gestalten[5] und eine nationalistische Identitätspolitik[6] zu forcieren. Diese Identitätspolitik wirkt sich auch auf die saudische Außen- und Regionalpolitik aus, die seit 2015 zwei Phasen durchlaufen hat: Während die erste Phase zwischen 2015 und 2019 von einer pro-aktiven Politik des Interventionismus[7] gekennzeichnet war, lässt sich seitdem eine Rückkehr zum traditionellen Pragmatismus konstatieren.[8] Insbesondere die Beilegung der sogenannten »Golfkrise«[9] zwischen Saudi-Arabien, den Vereinigten Arabischen Emiraten (VAE), Bahrain und Ägypten auf der einen und Katar auf der anderen Seite, das vom sogenannten »Blockadequartett« zwischen Juni 2017 und Januar 2021 isoliert werden sollte, kennzeichnet ebenso die Neujustierung saudischer Regionalpolitik zugunsten diplomatischer Annäherungsversuche wie die zeitweisen Bemühungen der saudischen Führung, den seit 2015 andauernden militärischen Konflikt im Jemen zu deeskalieren, sowie die Bereitschaft, mit dem regionalen Rivalen Iran mit Hilfe irakischer Vermittlungen direkte Gespräche u. a. über eine Wiederaufnahme diplomatischer Beziehungen zu führen. Diese Bemühungen führten im März 2023 zum Erfolg. Zuletzt zeigten sich Saudi-Arabien und die Türkei verstärkt

---

4 Sons, 25.11.2022.

5 Bianco/Sons 2021.

6 Alhussein 2019; Al-Rasheed 2020.

7 Steinberg 2018.

8 Sons 2022.

9 Krieg 2019; Ulrichsen 2020.

interessiert daran, die bilateralen Spannungen zu verringern, nachdem sich das Verhältnis nach der Ermordung Khashoggis deutlich verschlechtert hatte. Dieser strategische Kurswechsel, der auf diplomatischer Annäherung an regionale Rivalen und politischer Machtdemonstration fußt, soll dazu führen, Saudi-Arabien in einer multipolaren Weltordnung als einflussreiche Mittelmacht[10] zu positionieren, die die einstigen Abhängigkeiten von traditionellen Partnern wie den USA modifiziert und diversifiziert. Gleichzeitig werden neue Modelle der Zusammenarbeit wie mit China ausgebaut und international eine ausbalancierende Interessenpolitik zugunsten nationaler Prioritäten betrieben, die sich gerade nach dem Beginn des russischen Angriffskriegs gegen die Ukraine im Februar 2022 in einer gegenüber den USA konfrontativen Ölpreispolitik niedergeschlagen hat.[11] Saudi-Arabien ist mit dieser Politik daran interessiert, die eigene Position als regionale Führungsmacht zu konsolidieren und die wirtschaftlichen Partnerschaften und politischen Allianzen zu diversifizieren, während innenpolitisch der Kronprinz ein Narrativ des nationalistischen Erfolgs proklamiert, um sich als »Architekt«[12] des »vierten saudischen Staates«[13] zu präsentieren.

2. Transformation der saudischen Patronagenetzwerke: Marginalisierung von traditionellen Akteuren

Saudi-Arabiens Innenpolitik war jahrzehntelang geprägt von einer engen Anbindung traditioneller Eliten an die machtpolitischen Entscheidungszentren der Herrscherfamilie der Al Saud. Im Rahmen dieser Bündnispolitik agierte der König zumeist als *primus inter pares*,[14] um auf der Grundlage seiner genealogischen Abstimmung und die durch den islamischen Klerus (*ulama*)[15] verliehene religiöse Autorität einflussreiche Eliten aus Wirtschaft, Handel und Religion an sich zu binden und zu kooptieren. Diese Strategie des Klientelismus und der Patronagepolitik[16] galt lange Jahre als Symbol für die Stabilität des saudischen Herrschaftssystems. In der saudischen

10 Mitreski 2021; Mabon 2022.
11 England/Al-Atrush, 22.5.2022; Ulrichsen et al., 18.10.2022.
12 Schranner 2022.
13 Steinberg 2022.
14 Steinberg 2014.
15 Teitelbaum 2000.
16 Hertog 2010.

Rentenökonomie[17] profitierten Günstlinge des Staates in erster Linie von den Annehmlichkeiten aus den Öleinnahmen, woraus Loyalitätsnetzwerke entstanden, die die Machtbasis der Al Saud festigten. Daraus entwickelten sich staatsnahe Eliten, die zunehmend über höhere Privilegien und Pfründe verfügten als jene Akteure, die von diesen Netzwerken ausgeschlossen waren. Folglich erreichten bestimmte Familienzweige oder Händlerfamilien Monopolstellungen in spezifischen Wirtschaftsbereichen, was zu einer wachsenden Hierarchisierung innerhalb der gesellschaftlichen Machtverhältnisse führte:[18] Während die Herrscherfamilie als Machtzentrum darüber verfügen konnte, Privilegien in Form von Staatsaufträgen an Wirtschaftsakteure, politischen Einfluss an bestimmte Familien oder Mitglieder des Königshauses sowie religiöse Autorität an die *ulama* zu delegieren, um durch diese Annehmlichkeiten die eigene Machtposition zu zementieren, blieben viele andere Akteure von diesen Privilegien ausgeschlossen. Nach der Thronübernahme Salmans und dem damit einhergehenden Machtaufstieg seines Sohnes MbS wurden diese traditionellen Patronagenetzwerke zunehmend marginalisiert. Als Symbol dieser Politik gilt die Verhaftungswelle im November 2017,[19] bei der mehr als 200 einflussreiche Personen aus der saudischen Elite[20] festgesetzt und im Luxushotel »Ritz-Carlton« in Riad inhaftiert wurden. MbS nutzte diese Kampagne dafür, das bislang unumstrittene Machtmonopol einstiger einflussreicher Klienten des Staates aufzubrechen und ein Klima der Unsicherheit zu schaffen. MbS wollte sich Respekt verschaffen, da er aufgrund seines Alters (zur Zeit seiner Ernennung zum Kronprinzen war er 32 Jahre alt), seiner fehlenden Erfahrung in der Politik und seines relativ niedrigen Bekanntheitsgrades bei Teilen der Eliten nur ein augenscheinlich geringes Ansehen besaß. Er wurde als Zögling seines Vaters wahrgenommen, dem es an Statur und Netzwerken fehlte, um die notwendige Legitimation von den staatsnahen Eliten zu erhalten. Die öffentlichkeitswirksame Marginalisierung von weiten Teilen des saudischen Establishments muss somit als Signal von MbS verstanden werden, sich gegen althergebrachte Machtstrukturen zu richten, um seine eigene Position auf Kosten traditioneller Eliten zu stärken. Gleichzeitig richtete sich diese Aktion auch an eine Zielgruppe, die für ihn im Verlauf

---

17 Moritz 2020; Gray 2018.
18 Hertog 2010.
19 Kirkpatrick, 5.11.2017.
20 Aljazeera, 10.8.2021.

seiner Ägide immer wichtiger werden sollte: Er repräsentiert die jüngere saudische Generation, die in den letzten Jahren von den Annehmlichkeiten der traditionellen Eliten weitgehend ausgeschlossen geblieben war. 67 Prozent der saudischen Bevölkerung sind jünger als 35 Jahre,[21] und 2020 betrug die Jugendarbeitslosigkeit (Personen zwischen 15 und 24 Jahren) 29,4 Prozent.[22] Die Inhaftierung der »alten Garde« sorgte also auch dafür, der jungen Bevölkerung zu signalisieren, ihnen neue Räume der Einflussnahme zu öffnen und traditionelle Netzwerke zu schwächen. Mit dieser Maßnahme erarbeitete sich MbS somit einen Vertrauensvorschuss bei der jüngeren Generation, die ihn als Anwalt ihrer Interessen und als Architekt eines neuen Gesellschaftssystems betrachtete, der verkrustete Strukturen aufweichte und Ressourcen neu verteilen wollte. Die Kampagne gegen das Establishment wurde in den saudischen Medien und der politischen Führung als rigides und kompromissloses Vorgehen gegen korrupte Systemgünstlinge porträtiert, was den Eindruck verstärkte, die Eliten hätten sich auf Kosten der Jugend bereichert. Zuletzt generierte der Kronprinz durch die Inhaftierungen milliardenschwere Einnahmen, die er für seine geplanten Modernisierungspläne nutzen konnte. Es wird vermutet, dass die verhafteten Personen insgesamt über 100 Mrd. US-Dollar zahlten,[23] um ihre Freilassung zu erwirken und einer juristischen Anklage sowie einer weiteren gesellschaftlichen Stigmatisierung vorzubeugen. Im Verlauf seiner Herrschaft wurden weitere mögliche Konkurrenten und Kritiker seines Führungsstils weitgehend entmachtet. Prominentestes Beispiel dieser Politik war die Absetzung des langjährigen Innenministers und amtierenden Kronprinzen Muhammad bin Nayif, der als enger Vertrauter der USA und als Vertreter des traditionellen saudischen Establishments galt. Am 21. Juni 2017 wurde er von König Salman seiner Pflichten als Kronprinz entbunden und musste stattdessen seinem Nachfolger MbS Treue und Loyalität schwören.[24] Seit 2020 steht er unter Hausarrest, um mögliche Ambitionen und Aktivitäten, ein Gegengewicht zum Machtmonopol des Kronprinzen herzustellen, zu unterbinden.[25] Mit der Marginalisierung bin Nayifs setzten sich demnach die Bemühungen des neuen Kronprinzen fort, seine Position als wichtigstes Machtzentrum innerhalb des saudischen Systems zu konso-

---

21 General Authority for Statistics 2020.
22 World Bank, Juni 2022 (a).
23 Kalin/Paul, 30.1.2018.
24 Reuters, 21.6.2017.
25 Riedel, 12.2.2021.

lidieren und sich gegen potenzielle Konkurrenten außerhalb und innerhalb der eigenen Familie zu behaupten.

3. Sozioökonomische Herausforderungen und ihre Konsequenzen: soziale Liberalisierung und wirtschaftliche Diversifizierung

Während es dem Kronprinzen mit dieser Machtpolitik gelang, sein Profil als »starker Mann«[26] bei weiten Teilen der jungen saudischen Bevölkerung zu schärfen, forcierte er darüber hinaus auch Maßnahmen der sozialen Liberalisierung. Vor dem Hintergrund sozioökonomischer Herausforderungen wie steigender Jugendarbeitslosigkeit, unzureichender Erfolge bei der Nationalisierung des Arbeitsmarktes sowie einer hohen Abhängigkeit von ausländischen Arbeitskräften im Privatsektor bei gleichzeitiger Dominanz von saudischen Angestellten im öffentlichen Dienst, hatte sich bei den saudischen Entscheidungsträgern schon seit geraumer Zeit ein Problembewusstsein entwickelt, diesen Fehlentwicklungen zu begegnen und die wirtschaftliche Diversifizierung voranzutreiben. Die Abhängigkeit von den Öleinnahmen verdeutlichte besonders in Zeiten des niedrigen Ölpreises den unausgewogenen Charakter des saudischen Wirtschaftssystems. Allerdings hatten bislang die politischen Bemühungen nicht zu den gewünschten Erfolgen geführt: Das traditionelle Rentierstaatssystem blieb weitgehend intakt, und die Versuche, ölunabhängige Wirtschaftssektoren zu fördern oder die Privatwirtschaft zu stärken, hatten kaum Fortschritte gezeigt. Die Bekanntgabe der »Vision 2030«[27] im April 2016 orientiert sich an diesen Zielen zur wirtschaftlichen Diversifizierung, setzt diese Ambitionen allerdings in einen gesellschaftspolitischen Kontext und formuliert die Absicht, neben sozioökonomischen Reformen auch gesellschaftliche Liberalisierungsmaßnahmen umzusetzen. Vor allem Frauen sollen von diesen Maßnahmen profitieren, was sich in einer Anpassung der Geschlechterpolitik niederschlug.[28] Dementsprechend zielen viele Arbeitsmarktmaßnahmen darauf ab, den Anteil weiblicher Arbeitskräfte zu erhöhen und damit auch

---

26 FAZ, 21.6.2017.
27 Vision 2030.
28 Botschaft Saudi-Arabien in Washington, August 2019.

das Humankapital der weiblichen Bevölkerung für die wirtschaftliche Diversifizierung besser als bisher zu nutzen. Lag der Anteil der weiblichen Arbeitskräfte auf dem Arbeitsmarkt 1990 noch bei 11 Prozent, erhöhte er sich 2019 auf 18,2 Prozent und 2021 auf 20,4 Prozent.[29] Mittlerweile stehen Frauen auch traditionell männerdominierte Berufszweige offen, darunter etwa im Militär, in Kunst, Bildung und Wissenschaft sowie schrittweise auch in der Petrochemie und der Politik. Staatliche Programme wie *Tamheer*[30], das Frauen Schulungsmaßnahmen in ihren jeweiligen Berufen anbietet, oder *Wusool*[31], welches arbeitenden Frauen Transportmöglichkeiten bereitstellt, sollen die Arbeitsbedingungen für Frauen auf dem Arbeitsmarkt verbessern. Vor dem Hintergrund, dass der prozentuale Anteil von saudischen Universitätsabsolventinnen in den letzten Jahren ebenfalls stetig gestiegen ist, sollen Akademikerinnen vermehrt in Wirtschaft, Politik und Kultur sichtbar und einflussreich werden. Der Anteil der Schulabsolventinnen stieg zwischen 1992 und 2020 kontinuierlich von 10 auf 74 Prozent,[32] während der Anteil der Universitätsabsolventinnen 2019 bei 55,8 Prozent lag.[33] Dazu wurden gesellschaftliche Normen wie die Geschlechtertrennung in Büros, Einkaufsläden und Restaurants ebenso aufgehoben wie 2018 das traditionelle Fahrverbot für Frauen.[34] Gleichzeitig betonte die saudische Regierung, die progressive Geschlechterpolitik als Pfeiler ihrer Machtkonsolidierung nutzen zu wollen, indem vor allem die Loyalität der weiblichen Bevölkerung gewonnen werden sollte. Dabei adressierte der Kronprinz als »Triebfeder der emanzipatorischen Gleichberechtigung«[35] insbesondere gut ausgebildete Frauen der saudischen Mittelschicht, die häufig im Ausland studieren und einer urbanen Elite angehören, in denen traditionelle patriarchalische Geschlechterverhältnisse hinterfragt und neu verhandelt werden. Um Geschlechterpolitik als Ausdruck der sich wandelnden politischen Rhetorik und Agenda zu präsentieren, werden zunehmend weibliche Vorbilder stilisiert, die als Symbole der saudischen Emanzipation vom Staat instrumentalisiert werden, um bei der eigenen Bevölkerung, aber auch bei einem ausländischen Publikum um Sympathien und Rückhalt zu werben.

29 World Bank 2022c.
30 Harvard Kennedy School.
31 Human Resources Development Program.
32 World Bank, 2022b.
33 Statista, 16.3.2021.
34 BBC, 24.6.2018.
35 Sons 2022.

Dazu gehören z. B. die saudische Botschafterin in Washington, Reema bint Bandar Al Saud,[36] Sarah al-Suhaimi, Direktorin der saudischen Börse, die es ebenso auf die *Forbes*-Liste der einflussreichsten Frauen des Nahen und Mittleren Ostens geschafft hat wie Hutham Olayan[37], eine der mächtigsten Geschäftsfrauen des Königreichs. Außerdem werden weibliche Idole im Sport wie die Tennisspielerin Yara al-Haqbani[38] als »Vorzeigefrauen«[39] für die staatliche Imagekampagne genutzt und dienen vielen saudischen Frauen als Vorbilder, um berufliche und gesellschaftliche Erfolge anzustreben.

4. Ein »neues Saudi-Arabien«: Saudische Identitätspolitik und Nationalismus

Die Justierung der Geschlechterverhältnisse dient dabei dem Zweck, eine saudische Identitätspolitik zu forcieren, in der traditionelle Werte in Einklang mit gesellschaftlicher Liberalisierung gebracht werden sollen. In diesem Kontext sollen ambitionierte Infrastruktur- und Unterhaltungsmaßnahmen wie der Bau der technologischen Megastadt *The Line* oder die Organisation der Unterhaltungsfestivals *Riyadh Season*, *Riyadh Boulevard* oder *Jeddah Season* einerseits den Aufbruch des saudischen Königreiches in eine neue Ära der Modernisierung und der Öffnung symbolisieren. Andererseits soll damit aber auch ein kulturidentitäres Erzählmuster verbunden werden, das solche Projekte als kontinuierliche Schritte der saudischen Metamorphose darstellt, um die kulturellen Wurzeln der imaginierten saudischen Gesellschaft nicht zu ignorieren. Im Rahmen dieser Identitätspolitik findet auch eine Adaption der traditionellen Religionspolitik statt, im Zuge dessen die einstmals einflussreiche religiöse Elite weiter an Macht verloren hat.[40] Allerdings deutet der Umstand, dass die Religionspolizei weiterhin ebenso existiert wie das *Ministry of Islamic Affairs, Dawah, and Guidance*, darauf hin, dass es der politischen Führung vor allem darauf ankommt, die religiöse Deutungshoheit zu gewinnen und sie im Sinne eines saudischen Nationalismus umzugestalten, ohne jedoch die Religion

---

36 Brüggmann, 18.1.2021.
37 Arab News, 13.3.2021.
38 Ferrari, 31.10.2022.
39 Sons, 5.11.2014.
40 France 24, 14.1.2022.

als Identitätsklammer der saudischen Gesellschaft völlig zu schwächen.[41] Dafür stehen insbesondere die Einführung des saudischen Nationalfeiertages als »crucial element in the ongoing construction of Saudi Arabia's national narrative«[42] sowie der Ausbau der Wüstenoase Al-Ula als nationales Kulturzentrum.[43] Mit einer umfassenden Reform des Bildungssektors sollen solche nationalistischen Tendenzen ebenfalls gefördert werden. Dabei werden religiöse Inhalte reduziert, während in der Schulbildung neue Fächer eingeführt werden,[44] die die historische Entwicklung Saudi-Arabiens stärker akzentuieren.[45] Damit will MbS die saudischen Traditionen im Zuge seiner Erneuerungspolitik nicht negieren, sondern sie stattdessen als wichtiges Fundament der saudischen Nation bewahren. In dieser nationalistischen Erzählung sollen sich konservative und traditionelle Werte der sich öffnenden Gesellschaft nicht widersprechen, sondern ergänzen. Ziel dieser neuen Bildungsmaßnahmen ist es außerdem, die Lücke zwischen den Anforderungen des Arbeitsmarktes und den bildungspolitischen Voraussetzungen zu schließen, indem sich Curricula stärker an den Bedürfnissen der Wirtschaft orientieren, um die bereits beschriebene Stärkung des Privatsektors voranzutreiben.[46]

Neben diesen Veränderungen innerhalb des Bildungssektors hat sich auch der Sport zu einem weiteren Politikfeld entwickelt, das in der saudischen Identitätspolitik zunehmend an Bedeutung gewinnt. So strebt Saudi-Arabien mit der Ausrichtung internationaler Sportgroßereignisse danach, dem katarischen und emiratischen Vorbild nachzueifern und sich als Plattform für sportliche Veranstaltungen zu positionieren. Beispiele hierfür sind die Ausrichtung von Formel-1-Rennen in Dschidda seit 2021, die Organisation des Riader Marathons, Wrestling- und Boxkämpfe sowie die Ausrichtung der asiatischen Winterspiele 2029[47] oder die wahrscheinliche Austragung der Fußball-WM 2034.[48] Damit und mit der Übernahme des englischen Fußballvereins Newcastle United im Oktober 2021[49] und des kostspieligen Transfers des portugiesischen Superstars Cristiano Ronaldo

---

41 Farouk/Brown, 7.6.2021.
42 Alhussein, 23.9.2022.
43 Zalayat, 27.7.2022.
44 Nihal, 16.9.2021.
45 Almoaibed, Dezember 2020.
46 Almoaibed, Juni 2020.
47 Tagesschau, 4.10.2022.
48 New York Times, 15.11.2023.
49 Sons, 10.11.2021.

zum saudischen Klub Al-Nasser im Januar 2023[50] möchte die saudische
Führung zum einen den internationalen Bekanntheitsgrad erhöhen und
sich als attraktive Touristendestination sowie als Investitionsstandort präsentieren. Zum anderen wird mit solchen Projekten eine sportbegeisterte
und globalisierte junge Bevölkerung adressiert, die sich über sportliche
Großereignisse mit der politischen Führung identifizieren soll. Während
Katar bei der Vorbereitung auf die Fußball-Weltmeisterschaft 2022 den
Breitensport förderte und mit der Gründung der *Aspire Academy* bereits
2004 oder der Einführung eines Nationalen Sporttages seit 2012 Sport als
integralen Bestandteil der katarischen Modernisierung und der Transformation definierte,[51] lassen sich ähnliche Entwicklungen in Saudi-Arabien
erst in den letzten Jahren landesweit beobachten.[52] Besonders im Bildungs-
bereich soll die Einführung von Sportunterricht für Jungen wie Mädchen
bereits in der frühen Entwicklungsphase physische Aktivitäten fördern, um
den grassierenden Zivilisationskrankheiten entgegenzuwirken. So litten
in Saudi-Arabien im Jahr 2019 18,7 Prozent der Bevölkerung (zwischen 20
und 79 Jahren) an Diabetes[53] und mehr als 50 Prozent an Übergewicht.[54]
Ziel der »Vision 2030« ist es, 40 Prozent der saudischen Bevölkerung bis
2030 zu regelmäßigen sportlichen Aktivitäten zu animieren. In den letzten
Jahren haben sich unabhängige, regionale Breitensportorganisationen entwickelt, die Laufgruppen, Yogakurse oder Fitnesstrainings anbieten. Der
Staat versucht mit der Gründung der *Sports for All Federation* (SFA) im Jahr
2019, bei der sich mittlerweile Sportinitiativen registrieren müssen, solche
lokalen und regionalen Breitensportangebote zu zentralisieren und zu regulieren. Damit zielt die Regierung darauf ab, bestehende Angebote stärker
zu organisieren und zu kontrollieren und gleichzeitig deren Potenzial zum
Aufbau einer nationalen Sportindustrie zu nutzen. Immerhin bietet dieser
Sektor vielen saudischen Staatsangehörigen ein potenzielles Arbeitsfeld,
das durch den Staat ausgebaut und professionalisiert werden soll. Weiterhin werden von der SFA zahlreiche Breitensportaktivitäten angeboten,
um die physische Mobilität der saudischen Bevölkerung zu verbessern. So
wurden während der Corona-Pandemie digitale Kurse durchgeführt, um
Sportangebote für das häusliche Umfeld zu schaffen (»Move to Game«).

---

50 Der Spiegel, 3.1.2023.
51 Reiche/Brannagan 2022.
52 Sons, 20.7.2021.
53 World Bank.
54 Alluhidan et al. 2022.

Außerdem wurden Walking- und Jogging-Festivals (»Step together«) oder Trainingskurse für Frauen durchgeführt (»Women's Fitness Festival«).[55] Solche Initiativen können als identitätsbildende Maßnahmen betrachtet werden, die Sport als Bestandteil des nationalen Gesellschaftsvertrages proklamieren und die Fitness des Einzelnen als Inbegriff von Leistungsstärke und Loyalität zur politischen Führung in Zeiten der gesellschaftlichen Transformation definieren. Trotz dieser Bemühungen existieren jedoch weiterhin viele Herausforderungen: So ist die Anzahl an Lehrer:innen mit 10.000 bei 300.000 Schüler:innen zu gering, da 2021 entschieden wurde, nur noch saudische Lehrkräfte im Rahmen der »Saudisierung« einzustellen, während vorher fast 90 Prozent der Lehrkräfte aus dem Ausland rekrutiert wurden.[56]

5. Bewahrung der Deutungshoheit: Repression und soziale Stigmatisierung

MbS fungiert innerhalb dieser Identitätspolitik als personifiziertes Symbol für den gesellschaftlichen und wirtschaftlichen Aufschwung des Königreiches und duldet in dieser Erzählung keine Konkurrenz. Vor diesem Hintergrund lässt sich das repressive Vorgehen gegen potenzielle Kritiker:innen und Oppositionelle erklären, die aus der Sicht des Königshauses als mutmaßliche Herausforderer des Alleinvertretungsanspruchs des Kronprinzen gelten. Prominentestes und folgenreichstes Beispiel dieser Repressionskampagne ist die Ermordung des saudischen Journalisten Khashoggi im Oktober 2018. Die Inhaftierung von Gegnerinnen des Fahrverbots für Frauen wie z. B. Loujain al-Hathloul sollte ein Exempel statuieren,[57] die alleinige Autorität des Kronprinzen bei der Konzeption und Umsetzung gesellschaftlicher Reformen nicht zu untergraben. Aus dem Blickwinkel der saudischen Führung ist ausschließlich er befugt und befähigt, gesellschaftliche Veränderungen wie die Aufhebung des Fahrverbots zu legitimieren, so dass Kritik an sozialen Missständen im Königreich mittlerweile auch als direkte Opposition gegen die Herrschaft des Kronprinzen sanktioniert wird. Äuße-

---

55 Sports for All Federation 2020.
56 Interview mit europäischem Berater mit Fachexpertise im Bereich der saudischen Sportpolitik und des Bildungssystems, Riad, 1.3.2022.
57 OHCR, 10.12.2020.

rungen von saudischen Staatsangehörigen auf sozialen Medien zu sensiblen politischen Themen haben zu drakonischen Gefängnisstrafen geführt, wie die Fälle von Salma al-Shehab[58] und Nourah bint Saeed al-Qahtani exemplarisch belegen.[59] Somit wird die soziale Ächtung von »Nestbeschmutzern« zum machtlegitimierenden Instrument der politischen Führung, da sie als »Landesverräterinnen« und als »Feindinnen der saudischen Nation« marginalisiert und gesellschaftlich ausgeschlossen werden.[60] In diesem Zusammenhang hat sich die Anzahl der Hinrichtungen deutlich erhöht: Im März 2021 rollte mit 81 Hingerichteten die größte Exekutionswelle seit 1980[61] durch das Land: Sie richtete sich vor allem gegen mutmaßliche Unterstützer der jemenitischen Huthis sowie gegen saudische Schiiten.[62] Die schiitische Minderheit in Saudi-Arabien leidet noch immer unter prekären Lebensbedingungen und ist wirtschaftlich und politisch benachteiligt.[63] Deren Mitglieder wwrden insbesondere nach dem Ausbruch schiitischer Proteste im Zuge des sogenannten »Arabischen Frühlings« als potenzielle Terroristen und soziale Außenseiter (»other Saudis«[64]) stigmatisiert. Dies zeigten u. a. die Ermordung des schiitischen Predigers Nimr al-Nimr im Januar 2016 sowie weiterer 47 Menschen,[65] einer Hinrichtungswelle im Jahr 2019 mit 37 Todesurteilen,[66] das anschließende Vorgehen saudischer Sicherheitskräfte gegen schiitische Demonstranten sowie die Zerstörung von mehrheitlich von Schiiten bewohnten Siedlungen in der Ostprovinz.[67] Die Exekutionen dienen somit der Abschreckung nach außen und der Schaffung nationaler Einheit nach innen, um damit die Legitimation der politischen Führung als Schutzpatron der loyalen saudischen Bevölkerung zu zementieren. Dass hierbei die Strafverfolgung sowie die Beweisführung nicht völkerrechtlichen Standards entsprechen, ist von internationalen Be-

---

58 Human Rights Watch, 19.8.2022.
59 El Yaakoubi, 30.8.2022.
60 Batrawy, 19.5.2018.
61 Gambrell, 12.3.2022.
62 El Yaakoubi, 12.3.2022.
63 Al-Jiyusi, 13.3.2022.
64 Matthiesen 2014.
65 Deutsche Welle, 1.2.2016.
66 Amnesty International, 21.4.2020.
67 BBC, 16.8.2017.

obachtern wie Menschenrechtsaktivisten[68] oder den Vereinten Nationen[69] kritisiert worden.

Weiterhin führten die strategische Zerstörung weiter Teile der Altstadt Dschiddas sowie die damit verbundene Umsiedlung von bestimmten Bevölkerungsgruppen sowie die Ausweisung von langjährigen Bewohnern dieser Stadteile ohne saudische Staatsangehörigkeit zu lokaler Kritik[70] vor allem in sozialen Netzwerken unter Stichworten wie »Zerstörung Dschiddas« oder »Säuberung der Slums«[71]. Etwa 70 Prozent der Bevölkerung stammen aus Ländern wie Eritrea und Äthiopien, Pakistan und Bangladesch sowie Tschad und Jemen.[72] Insgesamt sollen im Januar 2022 63 Bezirke von den Maßnahmen betroffen[73] und bereits 1,5 Millionen Einwohner gezwungen worden sein, ihre Wohnungen zu verlassen.[74] In Videos der Stadtverwaltung wurde daraufhin die Kampagne als notwendige Maßnahme zum Kampf gegen Kriminalität und Bettelei dargestellt, womit weite Teile der Betroffenen kriminalisiert wurden, was die lokale Kritik weiter anwachsen ließ. Nach Aussagen der saudischen Behörden soll es sich bei 40 Prozent der Stadtfläche Dschiddas um Slums (*ashwa'iyat*) handeln, die der »Renovierung« bedürften.[75] Aus staatlicher Perspektive dienen diese Maßnahmen der Modernisierung der Altstadt und sind Teil der Strategie, die Hafenstadt am Roten Meer im Rahmen des *Jeddah Central Project* (JCP)[76] zu einem Zentrum des Kulturtourismus, der Kunst und der Filmindustrie aufzubauen. Aufgrund der öffentlichen Kritik an diesen Maßnahmen sah sich die lokale Verwaltung im Juli 2022 gezwungen, erste Kompensationszahlungen in Höhe von 266 Millionen US-Dollar anzuweisen und für einen Teil der Obdachlosen Dienstleistungen bereitzustellen.[77]

---

68 Human Rights Watch, 15.3.2022.

69 OHCR, 14.3.2022.

70 Usher, 11.3.2022.

71 Bei Twitter wurden unter den Hashtags »
   foreignlanguagearabic_« (»Zerstörung Dschiddas«) und »
   foreignlanguagearabic_« (»Säuberung der Slums«) Videos und Nachrichten zu den Abrissmaßnahmen veröffentlicht. Siehe dazu https://twitter.com/search?q=%23الإزاحياء_الإ&src=typed_query&f=top und https://twitter.com/search?q=%23هدم_جدة&src=typeahead_click&f=top [abgerufen am 15.2.2023].

72 Interview mit saudischem Journalisten, Riad, 19.2.2022.

73 Al-Ahmed et al., 3.2.2022.

74 Interview mit saudischer Menschenrechtsaktivistin, 27.1.2022.

75 Hagmann, 14.2.2022.

76 Sambidge, 18.12.2021.

77 Saudi Gazette, 27.7.2022.

6. »Wir gegen die anderen«: Instrumentalisierung neuer und
    alter Feindbilder und außenpolitische Diversifizierung

Neben der Instrumentalisierung von internen Feindbildern wie der schiitischen Minderheit oder Menschenrechtsaktivistinnen werden auch externe
Akteure anlassbezogen und strategisch dämonisiert und in der öffentlichen
Rhetorik als Bedrohung der sozialen Kohäsion und der inneren Sicherheit
denunziert. Traditionell werden anti-iranische Diffamierungen von saudischen Offiziellen und in weiten Teilen der staatsnahen Medien genutzt,
um die Islamische Republik als ernsthafte Bedrohung für die saudische
Nation und die nationale Einheit darzustellen. Insbesondere die Regionalpolitik Irans, die im Zentrum des anti-iranischen Narrativs steht, wird
konstant als interventionistische Einmischung in interne Angelegenheiten
und als strategisches Instrument Irans zur Destabilisierung der direkten
saudischen Nachbarschaft charakterisiert. Das Engagement iranischer
Akteure im Jemen, im Libanon, im Irak sowie in Syrien dominiert die saudische Bedrohungswahrnehmung, die von realen Sicherheitsrisiken sowie
von traditionellen Stereotypen geprägt ist. Insbesondere die phasenweise
Eskalation des Konflikts im Jemen, durch den die Zahl der Raketen- und
Drohnenangriffe der Houthis auf saudisches Territorium angestiegen ist,
hat die »Iranoia«[78] intensiviert: Die Houthis werden in der saudischen
Öffentlichkeit zumeist als fünfte Kolonne der Islamischen Republik und
enge Verbündete der Revolutionsgarden porträtiert, so dass die Risiken
der nationalen Sicherheit eng mit den Destabilisierungsbemühungen Irans
verbunden werden. Dieses Bedrohungsszenario führte vor allem in den
ersten Jahren der Salman-Führung zu einer konfrontativen Rhetorik gegen
Iran: So bezeichnete der Kronprinz den iranischen Revolutionsführer Ali
Khamenei als »neuen Hitler«.[79] Diese Rhetorik hat hauptsächlich zwei Ziele:
Zum einen dient das iranische Feindbild als einendes Element, um soziale
Kohäsion in Zeiten externer Bedrohungen zu schaffen und einen saudischen
Patriotismus zu schüren, der einen gewichtigen Teil der nationalen Identi-
tätspolitik darstellt. Mit anti-iranischer Propaganda werden zum anderen
tradierte Feindbilder gestärkt und populistische Stereotype bedient, um die
Machtposition der saudischen Führung zu stärken und sich gegen externe
Bedrohungen abzugrenzen. In diesem Rahmen werden die saudischen

---

78 Sons 2016.
79 Goldberg, 2.4.2018.

Schiiten immer wieder als Handlanger der iranischen Expansionspolitik diffamiert.

Neben Iran, das seit der Iranischen Revolution 1979 in unterschiedlichen Phasen immer wieder als oberstes Feindbild konstruiert wurde, hat sich insbesondere seit dem Amtsantritt von US-Präsident Joe Biden im Januar 2021 eine USA-kritische Öffentlichkeit in Saudi-Arabien entwickelt, die ebenso als Werkzeug der saudischen Identitätspolitik betrachtet werden kann. Obwohl Saudi-Arabien und die USA seit Jahrzehnten eine enge sicherheits-, wirtschafts- und energiepolitische Partnerschaft verbindet und die Vereinigten Staaten als wichtigster Lieferant von Rüstungsgütern über strategische Relevanz für die saudische Sicherheit verfügen, hat sich das bilaterale Verhältnis in den letzten Jahren verschlechtert und wird dementsprechend als »unterkühlt« beschrieben. Hauptursache dafür ist die saudische Wahrnehmung, von den USA im Hinblick auf externe Bedrohungen wie aus dem Iran nicht ausreichend unterstützt zu werden. Die Versuche verschiedener US-Administrationen, die US-amerikanische Militärpräsenz im Nahen und Mittleren Osten zu reduzieren und die von der Regierung unter Barack Obama unterstützten Verhandlungen über das iranische Atomprogramm wurden in Saudi-Arabien als vertrauensschädigende und naive Maßnahmen bewertet, die der regionalen Einflussnahme Irans nützten und von der Islamischen Republik als »Freifahrtschein« betrachtet wurden. Selbst unter Präsident Donald Trump, der mit seinem ersten Auslandsbesuch nach Saudi-Arabien sein enges Verhältnis zum Königreich zum Ausdruck gebracht hatte, bestanden bestimmte Vorbehalte fort. So wurde die ausbleibende US-amerikanische militärische Reaktion auf die vermutlich aus Iran gesteuerten Raketenangriffe auf die saudischen Ölraffinerien Abqaiq und Khurais im September 2019[80] als fehlende Unterstützung und Vertrauensbruch bewertet: Auf der einen Seite schlug sich das in einer taktischen Annäherung an Iran sowie auf der anderen Seite in einer weiteren Distanzierung von den USA nieder. Weiterhin stellte sich die US-Administration trotz der engen Beziehungen Trumps und seines Schwiegersohns Jared Kushner zum Kronprinzen während der Blockade Katars nicht eindeutig auf die Seite des Blockadequartetts, sondern suchte eine diplomatische Lösung. Unter Biden hat sich das Klima der gegenseitigen Entfremdung zu einer Situation der verhärteten Positionen entwickelt. Bereits während seines Wahlkampfes hatte Biden Saudi-Arabien als »Außenseiter« bezeich-

---

80 Hubbard et al., 14.9.2019.

net und MbS aufgrund der Ermordung Khashoggis hart kritisiert.[81] Biden kündigte eine rekalibrierte Politik gegenüber Saudi-Arabien an, und innerhalb der Demokratischen Partei und des US-Kongresses nahm die Kritik am Königreich massiv zu.[82] Erst im Juni 2022 besuchte Biden Saudi-Arabien, um vor dem Hintergrund der sich durch den russischen Angriffskrieg gegen die Ukraine erhöhenden Energiepreise von der saudischen Regierung eine Änderung ihrer Ölpreispolitik im Rahmen der OPEC+ zu erwirken. Stattdessen betonte die saudische Führung jedoch, an der OPEC+-internen Vereinbarung mit Russland zur Stabilisierung der Ölpreise und zur Festlegung der Förderobergrenzen festhalten zu wollen, und brüskierte damit die US-Administration. Vor diesem Hintergrund haben anti-amerikanische Vorbehalte in der Öffentlichkeit zugenommen.[83] Es wird betont, sich aus der historischen Abhängigkeit der USA lösen, eigene nationale Interessen vertreten und daher die Diversifizierung außenpolitischer Partnerschaften forcieren zu wollen. Insbesondere die wirtschaftlichen Beziehungen zu China haben sich in den letzten Jahren intensiviert und sollen künftig weiter ausgebaut werden: So hat China bereits 2014 die USA als wichtigsten Handelspartner abgelöst,[84] und bei seinem Besuch in Riad im Dezember 2022 vereinbarte der chinesische Präsident Xi Jinping, Saudi-Arabien enger in die chinesische Investitionsoffensive der »Neuen Seidenstraße« (»Belt and Road Initiative«, BRI) zu integrieren.[85]

Mit dieser Hinwendung zu Systemrivalen der USA proklamiert Saudi-Arabien einen eigenen Kurs der sicherheits- und wirtschaftspolitischen Unabhängigkeit und betont seine Eigenständigkeit innerhalb einer multipolaren Welt.[86] Die saudischen Bestrebungen, die Wirtschaft zu diversifizieren und die Gesellschaft zu liberalisieren, sollen den schrittweisen Aufstieg Saudi-Arabiens zu einer Mittelmacht innerhalb einer multipolaren Weltordnung unterstreichen.[87] Im Rahmen dieser Politik zeigt sich auch ein wachsender Pragmatismus in der saudischen Regional- und Außenpolitik, der von einer taktischen Annäherung an regionale Rivalen wie Katar, Irak, die Türkei oder auch Iran charakterisiert ist. Während die saudische Regio-

---

81 Emmons, 21.11.2019.
82 Saric, 7.6.2022.
83 Koelbl, 28.3.2022.
84 Nereim/Pierson, 6.12.2022.
85 Arab News, 9.12.2022; Chen, 24.10.2021.
86 Singh, 7.12.2022.
87 Al-Tamimi 2013.

nalpolitik in den ersten Jahren nach Amtsantritt von MbS noch von einem aktivistischen Interventionismus dominiert wurde, der sich in der militärischen Intervention im Jemen, der diplomatischen Krise mit der Türkei, dem erzwungenen Rücktritt des libanesischen Premierministers Saad Hariri, der Ermordung Khashoggis oder der Isolation Katars niederschlug, zeigt sich nach den Anschlägen auf die saudischen Ölraffinerien eine Rückkehr zum Pragmatismus etwa gegenüber Iran und zur traditionellen saudischen Diplomatie[88] oder »niche diplomacy«.[89] Insgesamt fanden nach Vermittlung der irakischen Regierung fünf Gesprächsrunden zwischen iranischen und saudischen Vertretern des Geheim- und Sicherheitsdienstes in der irakischen Hauptstadt Bagdad statt, die als Zeichen der Annäherung bewertet wurden,[90] und im März 2023 zur Wiederaufnahme der diplomatischen Beziehungen – unter chinesischer Vermittlung – führten.

7. Zusammenfassung und Ausblick

Die saudische Führung unter Kronprinz Muhammad bin Salman verfolgt eine Politik der gesellschaftlichen Liberalisierung und der sozioökonomischen Diversifizierung, während gleichzeitig mit repressiver Machtpolitik der autoritative Charakter des politischen Systems manifestiert wird. Die Konzentration der Entscheidungsbefugnisse auf den Kronprinzen, dessen Marginalisierung traditioneller Eliten und die Adressierung neuer Klienten in Gestalt der jungen Bevölkerungsteile und der Frauen prägen seit 2015 die innenpolitische Transformation des saudischen Staates. Dieser definiert sich zunehmend über eine nationalistische Agenda, während traditionell religiöse Einflüsse an Deutungshoheit verlieren oder im Sinne des saudischen Nationalismus adaptiert werden. Dementsprechend lassen sich im Hinblick auf die das Verhältnis zwischen Herrschern und Bevölkerung grundlegende Veränderungen erkennen, die durch die Fokussierung auf neue Adressaten (Jugend, Frauen) staatlicher Privilegien sowie die Propagierung einer neuen saudischen Identität definiert sind. Allerdings stellen diese Modifikationen weder einen radikalen Bruch mit der traditionellen saudischen Gesellschaftspolitik dar, noch haben sich die Interessen der saudischen

---

88 Rieger 2019.
89 Cooper 1997.
90 Al-Aloosy, 18.5.2022.

Führung grundlegend gewandelt. Stattdessen möchte der Kronprinz mit seiner Identitätspolitik zeitgenössische und traditionelle Elemente der saudischen Gesellschaftsordnung vereinen und miteinander kombinieren, um religiöse Normen und Bezüge in seine Vorstellung eines »neuen Saudi-Arabiens« zu integrieren, ohne den islamischen Charakter des Königreichs aufzugeben. Mit diesem Kurs will das saudische Königshaus vor allem die eigene Machtposition sichern und seinen Führungsanspruch – mit MbS im Zentrum der Entscheidungsbefugnisse – zementieren.

Vor diesem Hintergrund befindet sich die saudische Gesellschaft in einem fluiden Entwicklungsprozess, der von nationalistischen Elementen, propagandistischem Populismus, sinnstiftendem Traditionsbewusstsein und selbstbewusster Hybris geprägt ist und als heterogenes identitätsprägendes Phänomen verstanden werden muss. Hierbei fungiert die politische Führung zwar als maßgeblicher Akteur bei der Identitätskonstruktion, die saudische Gesellschaft erweist sich aber als zu divers, als dass die Regierung ohne Aushandlungsprozesse mit der Bevölkerung die eigenen Vorstellungen eines modifizierten Gesellschaftsvertrages durchsetzen könnte. Zwar hat die Monopolisierung von Macht unter dem Kronprinzen ebenso zugenommen, wie die Freiräume zu offener und kritischer Diskussion abgenommen haben. Dennoch prägen unterschiedliche Zentrifugalkräfte die Fortentwicklung der saudischen Gesellschaft, so dass heterogene und sich widersprechende Tendenzen bei der sozialen und politischen Ausgestaltung Saudi-Arabiens immer wieder vorkommen werden. Diese Widersprüchlichkeiten werden vermutlich auch in Zukunft saudische Identitätskonstruktionen und -vorstellungen prägen und müssen von der politischen Führung verstanden werden, um dauerhaft die eigene Legitimation bewahren zu können.

Regional- und außenpolitisch forciert die saudische Führung das eigene Nation Branding als starke, autonome und entwicklungsfreudige Kraft im Hinblick auf wirtschaftliche und gesellschaftliche Entwicklungsfortschritte. Diese Strategie dient einerseits dazu, die saudische Identität zu stärken und sich gegen regionale Rivalen abzugrenzen und sich andererseits an die Spitze eines golfarabischen Entwicklungstrends zu stellen, der technologischen Fortschritt, den Ausbau der Unterhaltungs- und Kreativbranche, des Tourismussektors oder der Sport- und Kulturindustrie als treibende Kräfte der gesellschaftlichen Öffnung und der politischen Machtkonsolidierung definiert. In diesem Zusammenhang erhält auch verstärktes Engagement im Klimaschutz und beim Ausbau der erneuerbaren Energien politische Relevanz, was sich u. a. in Energiepartnerschaften mit wirtschaftlichen Akteuren aus Europa in Zeiten der Energiekrise aufgrund des russischen Angriffskriegs gegen die Ukraine,[91] der »Saudi Green Initiative« sowie beim Ausbau der Wasserstoffproduktion z. B. mit Deutschland niederschlägt. Dieses Vorgehen dient zum einen dazu, die Energiediversifizierung ernsthaft voranzutreiben und die Energiepolitik Saudi-Arabiens zu transformieren, und kann deswegen nicht ausschließlich als Strategie des »Greenwashings« bezeichnet werden.[92] Zum anderen wird Energie- und Klimapolitik innen- wie außenpolitisch als machtkonsolidierendes Instrument eingesetzt, indem sich die saudische Führung als verantwortungsbewusster Akteur der Klimapolitik präsentiert, obwohl fundamentale Fortschritte bislang ausgeblieben sind. Damit nutzt Saudi-Arabien die Klima- und Energiepolitik auch als Element der eigenen Nation-Branding-Strategie.[93] Damit wagt die saudische Führung allerdings einen sensiblen Balanceakt: Auf der einen Seite entsprechen die Diversifizierung der außenpolitischen Partnerschaften und die intensivierte Zusammenarbeit mit China den wirtschaftspolitischen Notwendigkeiten, um sozioökonomische Herausforderungen meistern zu können. Auf der anderen Seite erfordert die selbstbewusste Haltung Saudi-Arabiens, sich als selbständige Mittelmacht in einer multi- oder nicht-polaren Weltordnung zu behaupten, die Fähigkeit, trotz bestehender Differenzen weiterhin mit traditionellen Partnern wie den USA zusammenzuarbeiten. Um den Diversifizierungskurs erfolgreich bestreiten zu können, sind die saudische Führung sowie die lokale Wirtschaft auf ausländische Investitionen, auf Technologietransfer und gut ausgebildete Fachkräfte aus den USA oder Europa angewiesen und sich darüber auch durchaus im Klaren.[94]

---

91 Bianco 2022.
92 480 Zumbrägel 2022; Zumbrägel 2020.
93 Peterson 2006.
94 Ibish 2022.

Die Türkei unter Recep Tayyip Erdoğan

Gülistan Gürbey

1. Einführung

Seit der Machtübernahme der regierenden »Partei für Gerechtigkeit und Entwicklung« (AKP) unter der Führung von Recep Tayyip Erdoğan im November 2002 befindet sich die Türkei in einem politischen und gesellschaftlichen Umbauprozess, der nicht schmerzfrei verläuft und von Turbulenzen begleitet ist. Erdoğan und seine AKP dominieren seither Politik und Gesellschaft maßgeblich. Dabei hatte die AKP mit ihrer Machtübernahme im November 2002 für eine gesellschaftliche Aufbruchsstimmung gesorgt und Anlass zu Hoffnungen auf die lang ersehnte demokratische Wende der Türkei gegeben. Doch hielt diese Euphorie nicht lange an. Denn im Laufe der Zeit bahnte sich zunehmend ein autokratischer Staats- und Regierungskurs an, der von Präsident Erdoğan angeführt wird und von personalisierter Machtakkumulation, Hypernationalismus, Polarisierung, Erosion der Demokratie, Islamisierung, Militarisierung der Innen- und Außenpolitik und staatlicher Repression gekennzeichnet ist.

Nichtsdestotrotz negieren Präsident Erdoğan und seine AKP-Regierung diese autokratische Entwicklung, indem sie ununterbrochen eine »Neue Türkei« propagieren, und zwar innenpolitisch als Abgrenzung zur kemalistisch-säkularen »alten« Türkei und außenpolitisch zur Demonstration der Türkei als eine neue, selbstbewusste Führungsmacht in der Region und in der Welt. Bereits im Herbst 2012 veröffentlichte die Partei ihre strategische Vision für 2023, anlässlich des 100. Jahrestages der Gründung der Türkei und der zeitgleich anstehenden Präsidentenwahl und Parlamentswahl. Nach dem Selbstverständnis dieser ambitionierten Agenda steht die »Neue Türkei« kurzum für eine liberale westliche Demokratie, eine präsidentielle Demokratie, die 2023 zu einer der zehn größten Volkswirtschaften der Welt aufgestiegen ist und die Vollmitgliedschaft in der Europäischen Union (EU) anstrebt.[1]

Der vorliegende Beitrag befasst sich mit der innen- und außenpolitischen Entwicklung der Türkei in der Ära der AKP-Regierung unter Erdoğan. Dabei wird der Weg von der sogenannten »defekten Demokratie« hin zu einer zunehmenden autokratischen Entwicklung unter Berücksichtigung der ideologischen Einbettung und der Ziele der AKP als auch der inneren und äußeren Einflussfaktoren kursorisch dargelegt. Abschließend werden die Ursachen für den wiederkehrenden Autoritarismus einer kritischen Betrachtung unterzogen.

2. Innenpolitischer Wandel: Von Reformen zur aufsteigenden Autokratie

Nach ihrer Machtübernahme im November 2002 setzte die AKP-Regierung in ihrer ersten Regierungszeit ihren Schwerpunkt auf den innenpolitischen Reformprozess. Die AKP konnte auf eine breite gesellschaftliche Zustimmung zurückgreifen, darunter aus liberalen Kreisen und all jenen Schichten, die den autoritären Staatskemalismus[2] ablehnten. Außerdem forcierte der in Schwung gekommene EU-Beitrittsprozess als Katalysator den inneren Demokratisierungsprozess. Unter diesen günstigen Voraussetzungen konnte die AKP-Regierung im Rahmen des Reformprozesses von 2002 bis 2005 die bislang weitreichendsten Reformen in der Geschichte der modernen Republik verabschieden, darunter umfangreiche Verfassungsänderungen, mehrere sogenannte Harmonisierungspakete und weitreichende Gesetzesänderungen.[3] Die verabschiedeten Reformen waren substanzieller Art. Sie erhöhten die demokratischen Standards im Bereich der Bürgerrechte, der Presse- und Meinungsfreiheit, des Menschenrechtsschutzes als auch des Minderheitenschutzes. So wurden u. a. die Todesstrafe abgeschafft und der jahrzehntelang anhaltende Ausnahmezustand in den kurdischen

---

1 Siehe AK Parti 2023; Yeni Akit 2014.
2 Kemalismus bezeichnet die Gründungs- und Staatsdoktrin der Türkischen Republik, basierend auf Ideen von Mustafa Kemal Atatürk. Kernelemente des Kemalismus sind ein rigider türkischer Nationalismus, ein autoritäres Staats- und Nationsverständnis, ein zentralistischer starker Staat, ein strenger Laizismus sowie Westorientierung.
3 Siehe dazu Kramer 2004.

Gebieten im Südosten des Landes endgültig aufgehoben. Auch wirkte sich die Ausweitung der individuellen Freiheitsrechte günstig auf die Lebenssituation der Kurden aus. Private Fernseh- und Radiosendungen in Kurdisch etablierten sich innerhalb einer kurzen Zeit; von der kurdischen Namensgebung wurde schnell Gebrauch gemacht. Noch im August 2005 räumte Erdoğan – damals als Ministerpräsident – in Diyarbakır ein, dass der türkische Staat in der Vergangenheit Fehler in der Kurdenpolitik gemacht habe und dass er die Kurdenfrage mit »mehr Demokratie, mehr Bürgerrechten, mehr Wohlstand« lösen werde.[4] Seine Rede und die verabschiedeten Reformen hatten eine Symbolwirkung und weckten hohe Erwartungen in der kurdischen Bevölkerung.

Der innere Reformschwung sorgte für Euphorie sowohl innerhalb als auch außerhalb der Türkei. Die USA und die EU sahen die AKP-regierte Türkei unter Erdoğan als Modell für die Vereinbarkeit zwischen Demokratie und moderatem Islam.[5] Während der innere Reformprozess innergesellschaftliche Debatten auslöste und deren Pluralisierung bewirkte, stießen die Reformen der AKP-Regierung auf strikte Ablehnung der kemalistisch-säkularen Eliten in Staatsbürokratie, Justiz und Militär sowie in der kemalistisch-nationalen CHP (Republikanische Volkspartei) und der ultranationalistischen MHP (Nationalistische Aktionspartei). Sie sahen das verfassungsmäßige Grundprinzip der Unteilbarkeit der Nation und des Laizismus gefährdet und waren davon überzeugt, dass die Agenda der AKP-Regierung von einer islamistischen Unterwanderung geleitet sei. Der Sieg bei den Parlamentswahlen vom 22. Juli 2007[6] ermutigte Erdoğan und seine AKP, die ideologische Hegemonie über die türkische politische Landschaft anzustreben, den Einfluss der kemalistisch-säkularen Eliten in Staatsverwaltung, Justiz und Militär zu schwächen und »islamische« Reformen wie die Aufhebung des Kopftuchverbots an Universitäten durchzusetzen. Unterstützt wurde Erdoğan und seine AKP beim inneren Machtkampf mit der kemalistisch-säkularen Opposition und den alten Eliten von der islamisch-türkisch-nationalistischen Gülen-Bewegung[7] des in den USA im Exil lebenden Predigers Fethullah Gülen. Die AKP unter Erdoğan ging Anfang

---

4 Vgl. Rede von Recep Tayyip Erdoğan in Diyarbakır am 12. August 2005: https://www.youtube.com/watch?v=g5D1ezQOw7w.

5 Vgl. Deutsche Welle 2004.

6 Die AKP erlangte mit 46,6 Prozent der Stimmen die absolute Mehrheit.

7 Gestärkt vor allem durch die ideologische türkisch-islamische Synthese infolge des Militärputsches von 1980 in der Türkei wuchs die Bewegung zu einem mächtigen, intransparenten, global

der 2000er Jahre mit der Gülen-Bewegung ein strategisches Bündnis ein. So wurden Schlüsselpositionen im Staatsapparat, in der Justiz, im Bildungsministerium, Innenministerium, dem Sicherheitsapparat mit Angehörigen der Bewegung besetzt. Der Gülen-Bewegung nahestehende oder ihr angehörende Staatsanwälte und Richter leiteten sogenannte Säuberungen gegen kritische kemalistisch-säkulare Vertreter im Staatsdienst und im Militär ein.

Der Machtkampf mit den kemalistisch-säkularen Eliten, die seit Gründung der Republik Staat und Politik dominieren, nahm an Intensität zu und polarisierte die Gesellschaft zunehmend. Gleichzeitig ging dieser Prozess mit einer zunehmenden Einschränkung der Presse- und Meinungsfreiheit und einer wachsenden Einflussnahme auf die Justiz einher. Auch zeigten sich die ersten Umrisse eines Umbauprozesses von Staat und Gesellschaft nach genuinen ideologischen, islamisch-konservativen und neo-osmanischen Wert- und Moralvorstellungen – ein Prozess, der sich in der Folgezeit beschleunigen sollte und der bis heute anhält.

Dieser Machtkampf um die Deutungshoheit und Dominanz über Staat und Gesellschaft, der die zweite Amtszeit der AKP-Regierung (2007–2011) unter Erdoğan bestimmte, äußerte sich in verschiedenen innenpolitischen Streitfragen, darunter vor allem der Versuch des Militärs (öffentlich über ein Ultimatum im Internet) und des Verfassungsgerichts, die Wahl des von der Regierung nominierten Präsidentschaftskandidaten, des damaligen Außenministers Abdullah Gül, im Jahr 2007 zu verhindern, sowie das gescheiterte Verfahren vor dem Verfassungsgericht zum Verbot der AKP im Jahr 2008. Als Reaktion darauf leitete die AKP-Regierung weitreichende Maßnahmen ein, um die Hegemonie des Militärs und der Justiz zu brechen. Dazu dienten vor allem zwei große, hochgradig politisierte Gerichtsverfahren (die sogenanntem Ergenekon- und Balyoz-Prozesse), die 2008 und 2010 eingeleitet wurden. Im Rahmen dieser Untersuchungen, die mit Hilfe der Anhänger der Gülen-Bewegung in der Polizei und der Justiz durchgeführt wurden, wurden Dutzende Offiziere und Generäle, Journalisten und Wissenschaftler angeklagt, einen Sturz der zivilen Regierung zu planen, und zu langen Haftstrafen verurteilt. Bereits im Oktober 2007 setzte die AKP die Direktwahl des Staatspräsidenten durch das Volk durch, nachdem entsprechende Gesetzesänderungen der illiberalen Verfassung aus der Zeit des Militärput-

---

agierenden Netzwerk, das aus verschiedenen Unternehmen, Medien-, Zeitungs- und Verlagshäusern sowie Universitäten und privaten Schulen im In- und Ausland besteht. Siehe Tinç 2017.

sches von 1980 in einem Referendum am 21. Oktober mit absoluter Mehrheit der Stimmen (67,51 %) angenommen wurden. Schließlich erlangte die AKP-Regierung Erdoğans weitgehende Kontrolle über das Militär und die Justiz mit der partiellen Verfassungsreform von über 20 Verfassungsartikeln, die trotz heftiger innenpolitischer Auseinandersetzungen in einem Referendum am 12. September 2010, dem 30. Jahrestag des Militärputsches von 1980, mit fast 58 Prozent der Wählerstimmen angenommen wurden.[8] Geschickt hatte Erdoğan das Referendum an diesem Tag als eine Abstimmung zwischen der autoritären »alten Türkei« und der demokratischen »neuen Türkei« dargestellt.

Dass die AKP bei den Parlamentswahlen am 12. Juni 2011 zum dritten Mal gewann und ihr Wahlergebnis auf 49,9 Prozent steigerte, hatte zweifelsohne auch mit dem wirtschaftlichen Aufstieg zu tun. Mit einer neo-liberalen Wirtschaftspolitik setzte die Regierung Erdoğans unter Beteiligung ihr nahestehender Unternehmen (die sogenannten anatolischen Tiger als neue aufsteigende, islamisch-konservative wirtschaftliche Eliten) gigantische Großbauprojekte um und brachte die marode Infrastruktur voran, darunter den Ausbau moderner Nahverkehrssysteme und Erdgasnetze, den Bau von neuen Wohnblöcken, Einkaufszentren, Flughäfen und Brücken. Neue Wirtschafts- und Industriezentren entstanden in anatolischen Städten wie Kayseri, Konya und Gaziantep. Die Regierung erneuerte das Gesundheitssystem und die sozialen Sicherungssysteme und ermöglichte einen ausgeweiteten Zugang zu Diensten der sozialen Grundversorgung.[9] Bei der Senkung der Inflationsrate (2004: 9,4 %) und beim jährlichen Wirtschaftswachstum (von 2003 bis 2007 wuchs das BIP um 7,3 Prozent jährlich[10]) erzielte die Regierung beachtliche Erfolge. Gleichwohl war diese Aufwärtsentwicklung durch den Ausbau klientelistischer Netzwerke gekennzeichnet, um politisch-wirtschaftliche Unterstützung und Loyalität zu erzeugen. Vor allem über die kommunalpolitische Verankerung dieser informellen Netzwerke wurden unterschiedliche Kapitalinteressen von den großen Konglomeraten bis hin

---

8 Die partielle Verfassungsreform sah u.a. die Aufhebung der Immunität und die Ermöglichung der Verurteilung der Putschisten von 1980 und hoher Militärgeneräle sowie eine weitgehende Neuordnung in den höchsten Institutionen der Judikative (im Verfassungsgericht und im Hohen Rat der Richter und Staatsanwälte) vor. Die Zahl der Mitglieder in beiden Gremien wurde erhöht und ihre Wahl neu geregelt. Dem Präsidenten und dem Parlament wurden mehr Befugnisse bei der Ernennung von Richtern und Staatsanwälten eingeräumt.

9 Yüzecan-Özedemir 2012.

10 Boratav 2016, S. 49, Tab. 2.

zu kleineren, exportorientierten Firmen und Bauunternehmen bedient, wie etwa durch bevorzugte Vergabe von öffentlichen und privaten Aufträgen in der Bauwirtschaft und in der Rüstungsindustrie an parteinahe, loyale Unternehmer.[11]

Um Legitimation und Zustimmung zu erzeugen, verbanden Erdoğan und seine Regierung ihre ideologische Rückbesinnung auf die osmanisch-islamische Vergangenheit geschickt mit ihrer Baupolitik sowie ihrer Religions- und Kulturpolitik durch symbolträchtige Maßnahmen, wie etwa durch Nachahmung von Bauten und Namensgebung aus der Zeit des Osmanischen Reiches oder Ausstrahlung von Fernsehserien, die die osmanische Vergangenheit heroisieren. Zugleich untermauerten Erdoğan und seine Regierung ihr Ziel, Staat und Gesellschaft zu einer »Neuen Türkei« nach eigenen Wertvorstellungen auszurichten, was durch diverse Maßnahmen und Bestrebungen und unter Nutzung staatlicher Institutionen wie z. B. dem Amt für Religiöse Angelegenheiten, das dem Präsidenten Erdoğan unterstellt ist, geschehen sollte. Das Bestreben, stärker in die Privatsphäre einzugreifen und ideologisch geleitete Wertvorstellungen und Lebensstile der Gesellschaft überzustülpen, äußerte sich z. B. in der Frage des Alkoholkonsums und des Alkoholverbots im öffentlichen Raum, im ideologischen Anspruch, eine »religiös-moralische Jugend« zu erziehen, in der Familienplanung, in der Aufrechterhaltung traditioneller Geschlechterrollen, in der Diskussion um geschlechtergetrennte Studentenwohnheime und in der Aufwertung religiöser Schulen und ideologisch-religiöser Inhalte im Erziehungswesen.[12] Die direkte oder indirekte Einflussnahme von Erdoğan und seiner Regierung auf die Medien nahm immer mehr zu: Sie diente primär der Machtkonsolidierung und kalkulierte im Gegenzug die Einschränkung der Meinungs- und Pressefreiheit bewusst ein.[13]

2011 dominierten Erdoğan und seine AKP-Regierung die Staatsinstitutionen und hatten den Machtkampf mit den kemalistisch-säkularen Eliten im Staat weitgehend für sich entschieden. Im Gegenzug bahnte sich aber

---

11 Becker 2016.

12 Näheres zur Bildungspolitik siehe: von Schwerin 2017; Galler 2012; Kulaçatan 2020.

13 So legte der Media Ownership Monitor Türkei (2016) dar, wie die Kontrolle über enge politische und wirtschaftliche Verflechtungen vieler wichtiger Medienbesitzer erfolgt und wie Medienbesitzer durch Bevorzugung bei Vergabe von öffentlichen Aufträgen in anderen Branchen wie Energie, Transportwesen, Bauwirtschaft, Panzeraufträge, Häfen an das Regime gebunden werden und auf diese Weise Kritik an der Regierungspolitik unterbunden wird. Näheres dazu: Media Ownership Monitor Türkei 2016.

eine neue Rivalität mit den einstigen Verbündeten, den Gülenisten, an, die machtpolitisch motiviert war und später zum Bruch führte. Nach 2011 bewirkten mehrere aufeinanderfolgende Ereignisse, dass Erdoğan seine Kontrolle über die Partei sicherte und gemeinsam mit seiner Regierung den autoritären Regierungskurs dramatisch ausbauen und zugleich die einstigen Verbündeten zurückdrängen konnte.

Erstens nutzten Erdoğan und seine Regierung die Gezi-Park-Proteste, um die bürgerlichen und politischen Freiheiten weiter einzuschränken und sämtliche regierungskritischen Stimmen insbesondere in den Medien durch repressive und gesetzliche Maßnahmen zu unterbinden. Erdoğan und seine Regierung betrachteten diese breiten gesellschaftlichen Proteste als direkte Bedrohung, weil sie an die Proteste in der arabischen Welt 2011 erinnerten, die den Sturz von zahlreichen Regimen herbeigeführt hatten. Die Proteste gegen die profitorientierte und umweltzerstörende staatliche Baupolitik, die Ende Mai 2013 auf dem Gelände des Gezi-Parks, der unmittelbar an den Taksim-Platz in Istanbul angrenzt, begannen, weiteten sich aufgrund der repressiven staatlichen Reaktion rasch landesweit aus. Die Regierung ließ die Proteste mit exzessiver Gewalt niederschlagen und Demonstranten verhaften.[14]

Zweitens nutzten Erdoğan und seine Regierung den im Dezember 2013 öffentlich gewordenen und von den Gülenisten forcierten Korruptionsskandal gegen Regierungsmitglieder und Erdoğans Familie, um die Gülenisten im Staatsapparat zu beseitigen. Nach einer Kabinettsumbildung ließ die Regierung Tausende Polizisten, Richter und Staatsanwälte versetzen und Schlüsselpositionen in der Justiz und im Sicherheitsapparat neu besetzen. Zudem ging sie zunehmend gegen all jene Medien vor, die der Gülen-Bewegung nahestanden. Ferner wurde gesetzlich die Kontrolle des Internets verschärft und die Telekommunikations-Aufsichtsbehörde ermächtigt, Internetseiten auch ohne richterlichen Beschluss zu sperren.[15] Außerdem wurde dem Justizministerium mehr Einfluss bei der Ernennung von Richtern und Staatsanwälten eingeräumt und ein umstrittenes Gesetzespaket

---

14 Amnesty International 2013.

15 Bereits zuvor wurden in der Türkei wiederholt Internet-Plattformen gesperrt, allerdings war dies nur mit richterlichem Beschluss möglich. Betroffen waren die Blog-Plattform Wordpress, die Video-Portale DailyMotion und Vimeo und Youtube, das bis 2010 sogar zwei Jahre lang gesperrt war.

zur inneren Sicherheit[16] verabschiedet, das im April 2015 in Kraft trat und die polizeilichen Befugnisse deutlich erweiterte.

Drittens setzten Erdoğan und seine Regierung auf eine Beendigung der seit Anfang 2013 laufenden Friedensgespräche mit der kurdischen PKK (Arbeiterpartei Kurdistans), als die Regierung bei den Parlamentswahlen im Juni 2015 durch das Erstarken der kurdischen HDP (Demokratische Partei der Völker) ihre absolute parlamentarische Mehrheit verlor. Daraufhin startete die Regierung Erdoğans im Juli 2015 eine neue Kriegsstrategie gegen die PKK und initiierte zugleich massive Repressalien gegen die HDP und das gesamte zivilgesellschaftlich-kurdenpolitische Spektrum. Unter dem Vorwurf des Terrorismus und der Bedrohung der Nation wurden Tausende Personen, darunter die Führungsriege der HDP[17] und ihrer lokalen Organisationen, verhaftet, gewählte HDP-Bürgermeister willkürlich abgesetzt, prokurdische Vereine sowie Zeitungen und andere Medienorgane verboten. Schließlich gelang es Erdoğan und seiner Regierung mittels Gewalt und Repression sowie unfairer Wahlbedingungen, bei den vorgezogenen Parlamentswahlen im November 2015 erneut die absolute Mehrheit zu erzielen und eine Allianz mit der ultranationalistischen MHP einzugehen, die bis heute andauert.

Viertens beschleunigte der gescheiterte Putschversuch von Teilen des Militärs am 15. Juli 2016 gegen Erdoğan und dessen Regierung diesen bereits auf Hochtouren laufenden Prozess der Autokratisierung. Daraufhin ließ die Regierung den Ausnahmezustand ausrufen, der bis Mitte Juli 2018 andauerte und die Grundrechte außer Kraft setzte und Erdoğan ermöglichte, per Dekret zu regieren. Aufgrund des Putschversuchs folgten mehrere Säuberungs- und Verhaftungswellen, Verbote, Suspendierungen und Entlassungen. Betroffen waren nicht nur mutmaßliche Putschisten der Fethullah Gülen-Bewegung, sondern auch Kurden sowie Kritiker aus allen Gesellschaftsbereichen – von Justiz, Militär und den Sicherheitsorganen über Wirtschaft, Wissenschaft, Kunst und Kultur bis hin zu zivilgesellschaftlichen Einrichtungen. Es folgten die reihenweise Schließung von Zeitungen, Fernsehsendern und Internetseiten sowie die Verhaftung von kritischen Journalisten und Wissenschaftlern.[18]

---

16 Die Zeit 2015.

17 Der Parteivorsitzende Selahattin Demirtaş und die Co-Vorsitzende Figen Yüksekdağ sowie weitere HDP-Abgeordnete sind seit November 2016 inhaftiert; ihnen drohen jahrelange Haftstrafen.

18 Human Rights Watch 2019; European Commission 2016, 2018.

Um Präsident Erdoğans eigene Vormachtstellung zu festigen und das Regime abzusichern, wurden neben der Umstrukturierung des Militärs die militärischen und paramilitärischen Instrumentarien verfeinert sowie neue paramilitärische Einheiten aufgebaut, die dem Präsidentenamt unterstellt sind. Somit wurden die repressiven Fähigkeiten des Staates in allen Bereichen der Innen- und Außenpolitik signifikant gestärkt und durch Gesetzesänderungen untermauert.[19]

Noch unter dem Ausnahmezustand führte die Regierung Erdoğans am 16. April 2017 das Referendum für die Verfassungsänderung zur Einführung eines Präsidialsystems durch. Nur eine knappe Mehrheit von 51,4 Prozent der Wähler stimmte zu, obwohl Erdoğan und seine regierende AKP gemeinsam mit dem ultranationalistischen Bündnispartner MHP durch massiven staatlichen Propagandaeinsatz die gesamte Kampagne bestimmte und die Opposition hingegen aufgrund unfairer Bedingungen nicht die gleichen Chancen hatte.[20] Der angenommene Verfassungsentwurf war eine Zäsur und zementierte mit verfassungsrechtlichen Mitteln den autokratischen Staats- und Regierungskurs und den ideologisch geleiteten Staats- und Gesellschaftsumbau unter Erdoğan. Er ebnete den Weg für ein autokratisches Präsidialsystem, da er die ungeteilte Macht beim Präsidenten bündelt und zugleich die Gewaltenteilung und die parlamentarisch-demokratischen Kontrollmechanismen aushöhlt. Bereits zuvor hatte die Venedig-Kommission des Europarates in ihrem Bericht[21] die Verfassungsänderungen zur Einführung des Präsidialsystems als einen gefährlichen Rückschlag für die Demokratie bezeichnet. Die Kommission warnte vor einem »Ein-Personen-Regime« und der Gefahr des Abgleitens in ein autoritäres System. Dieses neue Präsidialsystem wurde schließlich mit der Präsidentenwahl und Parlamentswahl am 24. Juni 2018, die die Regierung vorgezogen hatte, eingeführt. Aus diesen Wahlen gingen Präsident Erdoğan und seine AKP als Sieger hervor. Präsident Erdoğan erhielt 52,5 Prozent der Stimmen, und das von Erdoğan angeführte Wahlbündnis von AKP und der ultranationalistischen MHP erzielte mit 53,6 Prozent der Stimmen die absolute Mehrheit im türkischen Parlament.

---

19 Siehe ausführlicher zur Paramilitarisierung im Sicherheitsregime: Taş 2020; siehe zur Geschichte paramilitärischer Gruppen und Gewalt insbesondere Işık 2021.
20 Die Zeit 2017; OSCE 2018.
21 Council of Europe Venice Commission 2017.

3. Wandel in der Außenpolitik: Von Soft Power zur Hard Power

Die Außenpolitik der AKP-Regierung ist vom geostrategischen Konzept der »strategischen Tiefe« geleitet, das Ahmet Davutoğlu[22] entwickelt hat. Davutoğlu entwirft darin eine proaktive und multidimensionale Ausrichtung der türkischen Außenpolitik auf der Grundlage von ideologischen, neo-osmanischen und pan-islamischen[23] Komponenten. Alle Elemente umfassen eine dezidierte Rückbesinnung auf die osmanische Vergangenheit sowie die islamische, religiös-kulturelle Identität und erheben einen Anspruch auf außenpolitische Einflussnahme und Führung der ehemals osmanisch beherrschten Gebiete. Als das Zentrum dieses historischen Hinterlandes soll die Türkei als Soft Power mit politischen, wirtschaftlichen, diplomatischen und kulturellen Mitteln Einfluss in früheren osmanischen Gebieten ausüben, die für sie von strategischem und nationalem Interesse sind. Vorrangiges Ziel ist es, die Türkei zu einer unumgehbaren Regionalmacht in den angrenzenden Regionen, inklusive Europa, Nordafrika, dem Mittelmeer, Westasien und dem Nahen Osten, und dadurch zu einem wichtigen regionalen und globalen Akteur zu machen sowie als Wirtschafts- und Energiezentrum zu etablieren. Geleitet vom Prinzip der »Null-Problem-Politik« mit den Nachbarn, die Davutoğlu formulierte, sollte die Türkei durch eine konstruktive Politik in der eigenen Nachbarschaft und weltweit an Respekt gewinnen und daraus ihren internationalen Einfluss beziehen.[24]

Bis zum Ausbruch der Proteste in der arabischen Welt 2011 weitete die AKP-Regierung als Soft Power mit politischen, wirtschaftlichen, diplomatischen und kulturellen Mitteln ihren Einfluss im Nahen Osten, in Kaukasus, in Afrika und auf dem Balkan aus. Die Null-Problem-Politik wurde vor allem

---

22 Ahmet Davutoğlu war von 2003 bis 2009 außenpolitischer Berater von Ministerpräsident Erdoğan und von Mai 2009 bis August 2014 Außenminister. Nach Erdoğans Wechsel in das Amt des Staatspräsidenten im August 2014 wurde er Vorsitzender der AKP und Ministerpräsident, bis er im Mai 2016 aus dem Ministerpräsidentenamt gedrängt wurde. Infolge der Entfremdung zwischen Erdoğan und Davutoğlu trat Davutoğlu 2019 aus der AKP aus und gründete die Zukunftspartei (Gelecek Partisi). Noch in seiner Zeit als Universitätsprofessor entwickelte Davutoğlu 2001 in seinem Buch das Konzept. Vgl. Davutoğlu 2007, 2010. Siehe auch: Gürbey 2011, 2010.

23 Näheres zum pan-islamischen Ansatz der Außenpolitik der AKP-Regierung bei Özkan 2014. Özkan bezeichnet Davutoğlu als Pan-Islamist und seine Außenpolitik als eine pan-islamistische im Sinne einer expansionistischen Außenpolitik, die auf einer islamistischen Ideologie basiert und die Dominanz der Türkei in ihrem Hinterland – Nahost, Balkan und Kaukasus – beansprucht, um neuen »Lebensraum« zu schaffen.

24 Gürbey 2010.

durch ökonomische Kooperation und Interdependenz vorangetrieben, mit dem Ziel, eine mögliche militärische Eskalation mit den Nachbarn zu vermeiden und das Vertrauen anderer Länder in die Türkei zu stärken. Dies war wichtig, um den Ausbau des Einflusses nicht zu gefährden sowie innere Unterstützung zu gewinnen. So investierte die Regierung erhebliche Anstrengungen in die Verbesserung ihrer historisch angespannten Beziehungen zu Syrien, Irak, Iran und Russland und startete (letztlich gescheiterte) Initiativen zur Wiederaufnahme diplomatischer Beziehungen zu Armenien. Sie positionierte sich als Vermittlerin in Konflikten zwischen dem Iran und dem Westen, Israel und Syrien, Serben und Muslimen in Bosnien sowie zwischen der Hamas und Fatah in Palästina oder auch im Gaza-Krieg 2008/09.[25]

Vor allem Syrien galt als das erfolgreiche Vorzeige-Beispiel der »Null-Problem-Politik« der Türkei mit den Nachbarländern. Die AKP-Regierung baute die Beziehungen zum einst als »Feind« eingestuften Syrien u. a. durch militärstrategische und wirtschaftliche Abkommen, Visafreiheit und die Einrichtung einer Freihandelszone signifikant aus. Syrien war von strategischer Bedeutung und diente als Sprungbrett auf dem Weg der Türkei zu einer regionalen Führungsmacht. In wirtschaftlicher Hinsicht war Syrien das Tor zu den lukrativen Märkten Ägyptens, Jordaniens und der Golfstaaten. Außerdem konnte durch exponierte Beziehungen mit Syrien die strategische Rivalität mit dem Iran in Schach gehalten und die Unterstützung für die kurdische PKK unterbunden sowie Kontrolle über die regionale Dimension der Kurdenfrage gewährleistet werden. Auch mit der kurdischen Regionalregierung im Nord-Irak leitete die AKP-Regierung 2008 erstmals eine Öffnungspolitik[26] ein, die eine wirtschaftliche und sicherheitspolitische Kooperation in erster Linie mit der von Masud Barzani geführten KDP (Demokratische Partei Kurdistans) umfasste.

Ferner intensivierte die Regierung auch ihre Beziehungen mit afrikanischen, lateinamerikanischen und asiatischen Staaten. Vor allem Afrika avancierte zu einer der bedeutendsten Regionen, mit der die Beziehungen spürbar ausgebaut wurden. So erklärte die Regierung das Jahr 2005 zum »Jahr Afrika« und baute ihr diplomatisches Netz und die Flugverbindungen in Afrika aus. Mit Hilfe der Netzwerke der Gülen-Bewegung in Afrika startete sie eine Offensive, die von wirtschaftlicher Zusammenarbeit, Handel, Investitionen, Entwicklungshilfe und humanitärer Hilfe

---

25 Vgl. Senkry 2009; Rubin 2008.
26 Vgl. International Crisis Group 2008; Barkey 2015; Gürbey 2015.

über Gesundheitsdienste, Bildung, kulturelle Zusammenarbeit, religiöse und zivilgesellschaftliche Aktivitäten bis hin zu Rüstungs- und Militär-kooperationen reicht(e).[27] Die Regierung richtet(e) regelmäßige türkisch-afrikanische Gipfeltreffen aus, die die Beziehungen institutionalisierten. Mit dieser aktiven Afrika-Politik bediente die Regierung die ökonomischen Interessen ihrer islamisch-konservativen Unternehmer, diversifizierte ihre wirtschaftlichen und militärischen Beziehungen und präsentierte sich als regionaler und globaler Akteur.

Parallel zum Bestreben nach innerer Machtkonsolidierung nahm die Regierung auch Einfluss auf das außenpolitische Personal. So wurde noch unter Davutoğlu die Gesamtgröße des Auswärtigen Dienstes ausgeweitet und die neuen Kader zunächst aus der Gülen-Bewegung rekrutiert. Kandidaten, die keine Karriere als Botschafter gemacht hatten, wurden Botschafter und anschließend zu Karriereposten im Auswärtigen Dienst befähigt. Die De-professionalisierung der türkischen Diplomatie verschärfte sich insbesondere nach dem gescheiterten Militärputsch und dem Übergang zum Präsidialsystem durch die Konzentration aller Entscheidungen beim Präsidenten und durch den um sich greifenden AKP-Klientelismus. So ist Außenpolitik eine Domäne des Präsidenten geworden, die primär von seinen Direktiven abhängig ist. Zudem ist die Loyalität zum Präsidenten das entscheidende Kriterium für die Rekrutierung.

Das neue Engagement der Türkei als Vermittlerin, das Wirtschafts-wachstum der vergangenen Jahre sowie das stabile politische System mit den freien Wahlen steigerten das Ansehen der Regierung als auch Erdoğans Prestige als charismatische und starke Führungsfigur in der internationalen Politik. Dies hatte zur Folge, dass die Türkei 2009/10 einen rotierenden Sitz im Sicherheitsrat der Vereinten Nationen erhielt. Auch verbesserte sich das Verhältnis zu den USA, nachdem es sich infolge der Weigerung des türkischen Parlamentes 2003, den US-Truppen den Einmarsch in den Irak über die Türkei zu gewähren, verschlechtert hatte. So lobte der ehemalige US-Präsident Barack Obama in seiner Rede in Ankara im April 2009 die Rolle und Vorbildfunktion der Türkei für die Vereinbarkeit von Demokratie, Wirt-

---

27 Das 2017 eingerichtete somalische türkische Einsatzführungskommando (Camp TURKSOM) in Mogadischu ist das größte türkische militärische Ausbildungszentrum im Ausland. Auch sind die türkischen Rüstungsexporte in zahlreichen afrikanischen Staaten gestiegen, insbesondere der Export von unbemannten Luftfahrzeugen (UAVs) und gepanzerten Fahrzeugen. Siehe zur Visualisierung des Aktivismus der Türkei in Afrika: Center for Applied Turkey Studies 2022.

schaftsliberalismus und Islam.[28] Auch die EU und die NATO applaudierten der Regierung für ihre Vermittlungsrolle und erfolgreiche Modellfunktion.

In der Zeit bis zum Ausbruch des Arabischen Frühlings 2011 agierte die AKP-Regierung außenpolitisch zunehmend autonom, während ihr außenpolitisches Handeln weder antiwestlich noch von einer Achsenverschiebung geprägt war, was sich aber erst später herauskristallisieren sollte. Dennoch wurden noch in dieser Zeit die ersten Anzeichen einer stärkeren Rolle der Ideologie und der islamistischen Weltanschauung der türkischen Entscheidungsträger sichtbar. Dies äußerte sich vor allem in einer Reihe eskalierender Krisen mit Israel.[29] Mit seinem kämpferischen Stil und seinen rhetorischen Interventionen positionierte sich Erdoğan in der internationalen Politik als Verfechter der »muslimischen Sache«, was ihm Beifall im Innern als auch in den Gesellschaften der arabischen Welt brachte, aber auch die ideologischen Elemente seines außenpolitischen Handelns deutlich zum Vorschein treten ließ.

Seit den Protesten in Nordafrika und im Nahen Osten im Jahr 2011 verlagerte sich die auf Soft Power setzende Außenpolitik der Regierung Erdoğans parallel zur inneren Autokratisierung und den regionalen Entwicklungen (Krieg in Syrien, Kampf gegen den Islamischen Staat) immer mehr in Richtung einer aggressiven und konfrontativen Außenpolitik unter Einsatz von Hard Power. Dieser zunehmende Rückgriff auf militärische Mittel war und ist jenseits von (geo-)politischen, wirtschaftlichen und Sicherheitsinteressen deutlich von einer stärkeren Rolle der ideologischen Triebkräfte in der Außenpolitik begleitet, was sich teilweise in einer neo-osmanischen Expansion mit militärischen Mitteln niederschlägt. Die Türkei geriet (und gerät) dadurch mit traditionellen Verbündeten wie den USA, der EU und der NATO in Konflikt. So sind nicht nur der Irak und Syrien, sondern auch Libyen, das östliche Mittelmeer sowie der aserbaidschanisch-armenische Konflikt in Bergkarabach Schauplätze, auf denen die Türkei ihre Interessen auch mit militärischen Mitteln durchzusetzen sucht.

Die Hoffnungen Erdoğans und seiner Regierung, dass nach dem Sturz der Machthaber in den Ländern des »Arabischen Frühlings« die der AKP

---

28 Kálnoky 2009.

29 Dazu gehörten der Eklat von Erdoğan auf dem Weltwirtschaftsforum von Davos 2009, als er den israelischen Präsidenten Simon Peres wegen der israelischen Kriegsstrategie in Gaza öffentlich kritisierte und das Podium verließ, sowie der israelische Angriff auf die von der Türkei geführte humanitäre Hilfsflottille »Mavi Marmara«, um damit die Blockade des Gazastreifens im Jahr 2010 zu durchbrechen.

ideologisch verwandten »Muslimbrüder« die Macht ergreifen würden, wurden spätestens mit dem Militärputsch in Ägypten im Juli 2013 enttäuscht.[30] Der Ausbruch des Krieges in Syrien im März 2011 führte zu einem abrupten Ende der Null-Problem-Politik Davutoğlus. So setzten Erdoğan und seine Regierung auf eine ideologisch, pro-islamisch-sunnitisch ausgerichtete und antikurdische Politik sowie auf eine flexible politisch-militärische Strategie, um die hegemoniale Vormacht in der Region auszubauen als auch den Kriegsfolgen zu begegnen. Nicht nur die Flucht von rund vier Millionen Menschen in die Türkei stellte die Regierung vor einige Herausforderungen. Vor allem galt es aus Sicht von Erdoğan und seiner Regierung, der Erstarkung der Kurden in Nordsyrien unter Führung der PYD (Demokratische Unionspartei), die als Ableger der PKK in Syrien gilt, militärisch entgegenzuwirken.[31]

Auf den Eintritt Russlands in den Syrien-Krieg im September 2015 reagierte die Regierung Erdoğans schnell und suchte den Schulterschluss mit Russland und dem Iran. Die bilateralen Beziehungen zwischen Ankara und Moskau, die nach dem Abschuss eines russischen Kampfjets durch die türkische Luftwaffe im November 2015 an der syrisch-türkischen Grenze einen Tiefpunkt erreicht hatten, erholten sich seit Juni 2016 rasch.[32] Seither ist die strategische Kooperation zwischen der Türkei und Russland gewachsen und von einer persönlichen Beziehung zwischen Erdoğan und dem russischen Präsidenten Wladimir Putin geprägt. Während die enge Kooperation mit Russland und vor allem der Kauf russischer S-400-Raketensysteme immer mehr zu Spannungen im Verhältnis zu den westlichen Bündnispartnern, also den USA und der EU, führten, verschaffte sich die Regierung hingegen einen größeren Handlungsspielraum im Kriegsgeschehen in Syrien, um ihre kurden- und machtpolitischen Interessen erfolgreich durchzusetzen. So marschierte das türkische Militär gemeinsam mit den von der Türkei unterstützten islamistischen Proxies[33] ab 2016 mehrmals in die kurdischen Gebiete in Nordsyrien ein und eroberte Territorien. In diesen eroberten Gebieten etablierte die Regierung Erdoğans *de facto* Protektorate, die unter türkischer Hoheit stehen und von islamistischen und ultranationalistischen Mili-

---

30 Aksu/Ertem 2017.

31 Gunes/Lowe 2015.

32 Russland reagierte darauf mit wirksamen Sanktionsmaßnahmen, unter denen die türkische Wirtschaft besonders litt. Daraufhin entschuldigte sich Präsident Erdoğan brieflich beim russischen Präsidenten Wladimir Putin.

33 Siehe zu den islamistischen Proxies der Türkei: Dangeleit 2019; Pany 2019.

zen, die die Regierung militärisch unterstützt und einsetzt, kontrolliert werden, etwa in der mehrheitlich kurdisch besiedelten Region Afrin in Nordsyrien, die infolge des völkerrechtswidrigen militärischen Einmarsches im März 2018 eingenommen wurde.[34] Durch die territorialen Gewinne steigerte die Regierung nicht nur ihren Einfluss, sondern setzte auch die USA stärker unter Druck, damit diese ihre militärische Unterstützung der PYD und deren militärischen Arm YPG (Volksverteidigungseinheiten) beenden. Nicht zuletzt setzte die Regierung gemeinsam mit Moskau rüstungspolitische und energiepolitische Interessen durch, die mit Blick auf ihre Abhängigkeit von russischen Erdgasimporten von Bedeutung sind. Bereits einen Tag vor dem türkischen Einmarsch in Afrin genehmigte Ankara dem russischen Öl- und Gasunternehmen Gazprom die Verlegung des zweiten Stranges von »Turk-Stream«[35] in der Wirtschaftszone und in den Hoheitsgewässern der Türkei.

Außer Syrien wurden auch der Irak, Südkaukasus, Libyen und das östliche Mittelmeer zu Schauplätzen der Hard-Power-Taktik Ankaras. Im Streit über die Ausbeutung der Erdgasfelder im östlichen Mittelmeer und die Abgrenzung der maritimen Interessensphären versuchte die Regierung durch eine Eskalationsstrategie, die auf militärischer Macht basiert und eine kontrollierte militärische Konfrontation einkalkuliert, Fakten zu schaffen und als aufstrebende Seemacht ihren Machtradius signifikant zu erweitern. Damit forderte sie Griechenland und Zypern heraus und löste Spannungen im Verhältnis zu den westlichen Bündnispartnern (EU und USA) als auch zu den betroffenen Regionalstaaten aus. Die aktive Einmischung unter Androhung und Anwendung militärischer Gewalt ist zugleich integraler Bestandteil des neuen türkischen Konzepts der Vorwärtsstrategie, um auf diese Weise die eigene Sicherheit zu gewährleisten und die Interessen der Türkei durchzusetzen. Die maritime Dimension wird von der Militärdoktrin »Mavi Vatan« (Das Blaue Heimatland bzw. Die Blaue Heimat) verkörpert,[36] die die

---

34 Siehe zu den militärischen Einmärschen der Türkei in Nordsyrien: Gürbey 2018; Gottschlich 2021; Deutscher Bundestag 2018, 2019.

35 TurkStream ist das Projekt einer Gaspipeline aus Russland in die Türkei durch das Schwarze Meer. Der erste Strang dieser Gaspipeline ist für den türkischen Markt gedacht, der zweite Strang für die Gasversorgung der Länder Süd- und Südosteuropas.

36 Es handelt sich um den pensionierten Konteradmiral Cem Gürdeniz, ehemals Direktor im Hauptquartier der türkischen Marine, der die Doktrin entwickelte. Konteradmiral Cihat Yaycı, der bis Mai 2020 Chef der türkischen Kriegsmarine war, baute die Doktrin aus. Yaycı ist auch der Urheber des türkisch-libyschen Memorandums vom November 2019 über die Abgrenzung ihrer maritimen Interessensphären im östlichen Mittelmeer, das zu Lasten von Griechenland und Zypern geht. Yaycı 2020; Deutscher Bundestag 2020.

Türkei als führende Seemacht in den drei Meeren (Schwarzes Meer, Ägäis, Mittelmeer) verortet und vorsieht, dass die Türkei am Horn von Afrika und am Golf ihre nationalen Interessen in einer erweiterten Einflusszone auch unter Einsatz von militärischen Mitteln verfolgt. Die Regierung unterstützt diese Machtprojektion durch den Ausbau der türkischen Militärtechnologie und Rüstungsindustrie, um die Entwicklung eigener Waffensysteme, Raketen, Panzer und sogar ein eigenes Raumfahrt-Programm signifikant voranzutreiben.[37] Vor allem bei der Drohnentechnik[38] erreichte die Türkei unter Erdoğan einen Durchbruch und längst Weltniveau. Diese werden auf den Kriegsschauplätzen in Syrien und Libyen, aber auch in der Autonomen Region Kurdistan im Nordirak gegen die PKK eingesetzt und damit erprobt und weiterentwickelt. Drohnen wurden auch zur Unterstützung der türkischen Forschungs- und Bohrschiffe bei ihren Erdgaserkundungen in den umstrittenen Gewässern im östlichen Mittelmeer eingesetzt. Nicht zuletzt errichtete die Regierung Erdoğans in mehreren Kontinenten mehr als zehn militärische Stützpunkte, darunter Nordzypern, Autonome Region Kurdistan im Nordirak, Katar, Aserbaidschan, Kosovo, Bosnien-Herzegowina, Albanien, Mali, Somalia und Sudan.

Die Folgen der militärischen Eskalationsstrategie der neo-osmanischen Außen- und Regionalpolitik sind ambivalent. Zum einen gelingt es der türkischen Führung, innenpolitische Zustimmung zu erzeugen und den Machterhalt zu sichern, indem militärische Einmischung und territoriale Eroberungen jenseits der Grenzen mit den Narrativen »Überleben der unteilbaren Nation« und »Zweiter Befreiungskrieg der Türkei« gegen die Verschwörung innerer und äußerer Mächte legitimiert und mit der historischen Größe des Osmanischen Reiches konnotiert werden. Mit einer flexiblen Strategie gelingt es Erdoğan und seiner Regierung immer wieder, den eigenen Handlungsspielraum etwa in Syrien, in Libyen sowie im östlichen Mittelmeer deutlich zu erweitern und gleichzeitig die türkische Gesellschaft und Öffentlichkeit durch eine von einer militaristischen Rhetorik inszenierten Bedrohungs- und Kriegshysterie von innenpolitischen Herausforderungen abzulenken und zugleich Unterstützung zu erlangen. Auch gelingt es Erdoğan und seiner Regierung, mit der Eskalationsstrategie den Druck zu er-

---

37 T.C. Cumhurbaşkanlığı İletişim Başkanlığı 2020.
38 Baykar Defense, geführt von Selçuk Bayraktar, dem Schwiegersohn von Staatspräsident Erdoğan, ist der wichtigste türkische Hersteller von Drohnen, die u. a. an die Ukraine und Katar geliefert werden; vgl. https://baykardefence.com; Yanarocak/Parker 2020.

höhen und Fakten zu schaffen, die ihre Verhandlungsposition stärken, wie
etwa durch die Instrumentalisierung der Flüchtlingsfrage im Kontext der
seit März 2016 bestehenden Flüchtlingsvereinbarung mit der EU. Zum anderen bewirkten die expansionistischen Ambitionen und politischen Aktionen von Erdoğan und seiner Regierung eine zunehmende Isolierung der Türkei. Mit sämtlichen Anrainerstaaten, darunter Israel, Ägypten, Griechenland
und Saudi-Arabien, geriet die Türkei in Konflikt, ebenso wie mit den USA
und der EU, während der Westen zum Feindbild degradiert und als Hinder-
nis auf dem Weg zur aufstrebenden Regionalmacht angesehen wird.

Seit 2021 bemüht sich die Regierung nunmehr, die geschädigten Beziehungen zu den Anrainerstaaten Ägypten, Israel und Saudi-Arabien zu verbessern, um sich in der durch die Allianzen zwischen Israel und den Golfstaaten neu zu ordnenden Region nicht weiter zu isolieren sowie potenzielle
Investitionen aus Saudi-Arabien oder den Emiraten sicherzustellen, die für
Erdoğan und seine Regierung bei der Bewältigung der aktuellen Finanz- und
Wirtschaftskrise von Bedeutung sind. Auch gelang es Erdoğan im Kontext
des seit Februar 2022 laufenden russischen Angriffskrieges in der Ukraine,
sich als starker Führer auf der internationalen Bühne zu inszenieren, indem
er sich geschickt als unerlässlicher Vermittler positionierte – eine Rolle, die
auch von den westlichen Bündnispartnern unterstützt wird. Infolge dieses
taktisch-pragmatischen Politikmodus Erdoğans und seiner Regierung, der
schnelles und flexibles Agieren und Reagieren ermöglicht, brachte Erdoğan
Bewegung in die angespannten Beziehungen zu den westlichen Bündnispartnern und punktete zugleich innenpolitisch.

4. Fazit: Autoritarismus: (k)ein Novum?

Die »defekte«[39] türkische Demokratie hat sich unter der Führung von Präsident Erdoğan und seiner AKP längst von demokratischen Standards und
vom Konzept der westlich-liberalen Demokratie der EU entfernt und sich zu
einer elektoralen Autokratie[40] transformiert. Die faktische Monopolisierung

---

39 Siehe zu defekten Demokratien: Merkel 2004.
40 Autokratisierung bezeichnet alle Prozesse, die die Qualität von Demokratie vermindern. Elektorale Autokratien weisen zwar teilweise demokratische Elemente auf, wie z. B. die Mehrparteien-
   wahlen, garantieren aber liberale Freiheitsrechte (Meinungs-, Vereinigungs- und Pressefreiheit)
   nicht. Auch verlaufen abgehaltene Wahlen oftmals unter erschwerten Bedingungen, da ein fairer

der Macht durch Zentralisierung und Personalisierung ist mit der Einführung des Präsidialsystems im Juni 2018 nunmehr verfassungsrechtlich verfestigt. In wesentlichen Kernbereichen der Demokratie, vor allem Gewaltenteilung, Pressefreiheit, bürgerliche und politische Grundfreiheiten, ist eine staatliche Kontrolle und Gleichschaltung größtenteils abgeschlossen.[41] Gesetzgebung und Praxis stehen überwiegend nicht im Einklang mit der Rechtsprechung des Europäischen Gerichtshofs für Menschenrechte. Die Türkei steht unter der Beobachtung des Europarates, um die Einhaltung der Menschenrechte und der Rechtsstaatlichkeit zu überprüfen.

Zahlreiche Tatsachenberichte bestätigen diese Entwicklung. Während Freedom-House 2019 die Türkei von »partly free« auf »unfree« herabstufte, konstatierte der Bertelsmann-Transformationsindex (BTI) 2018, dass in keinem anderen Land der Welt die Gewaltenteilung zuletzt so stark vorangetrieben worden sei wie in der Türkei und dass die defekte Demokratie sich rasant einer Autokratie nähere.[42] Laut BTI ist die Türkei inzwischen eine »gemäßigte Autokratie«[43]. Auch der *Varieties of Democracy Report 2022*[44] kategorisiert die Türkei als »elektorale Autokratie« und listet die wichtigsten autokratischen Herrscher, darunter auch die Türkei. Der *Report* stellt fest, dass der Prozess der Autokratisierung, der 2006 begann, sich weiter beschleunigte und die politische Polarisierung[45] ein toxisches Ausmaß erreicht hat, die die Gesellschaft weitgehend durchdrungen und weiterhin prägt. Zugleich konstatiert der Bericht, dass Polarisierung als strategisches Instrument Erdoğans und seiner Regierung zum Machterhalt und zum Abbau der Demokratie fungiert.

Wettbewerb für alle Parteien nicht gewährleistet ist und die Amtsinhaber den fairen Wettbewerb gezielt einschränken. Näheres dazu siehe Lührmann/Lindberg 2019; Lührmann/Hellmeier 2020; Levitsky/Way 2010; Schädler 2006.

41 Näheres zu Rückschritten im Bereich der Pressefreiheit, der bürgerlichen und politischen Grundfreiheiten, zur willkürlichen Anwendung von Rechtsbestimmungen, zur kollektiven Bestrafung mit dem Terrorismus-Vorwurf und einer Bedrohung für die nationale Sicherheit, zur Kriminalisierung jeder Opposition und zur Missachtung des Rechts auf Leben in den kurdischen Gebieten: European Commission, 2016, 2022; Human Rights Watch 2015; Reporter ohne Grenzen 2016, 2019.

42 Bertelsmann Transformationsindex 2018.

43 Bertelsmann Transformationsindex 2022.

44 Varieties of Democracy Institute (V-Dem Institute) 2022.

45 Siehe zum Zusammenhang von Polarisierung und Erosion der Demokratie insbesondere Somer 2019.

Die Neigung zum Autoritarismus im politischen System der Türkei ist im Kern nicht neu, sondern stellt eine historische Kontinuität und Reproduktion traditionell-autoritärer Staatsführung dar. Die kemalistisch-säkularen Gründereliten und ihre Nachfahren haben jahrzehntelang so gehandelt, um den Staat und die Gesellschaft nach kemalistisch-ideologischen Wertvorstellungen zu formen und die absolute Macht zu erlangen. Die AKP übernimmt diese Strukturen, füllt sie aber mit eigenen Wertvorstellungen, um den kemalistisch-nationalistisch-säkular geprägten autoritären Staat und die Gesellschaft nach eigenen Maßstäben umzubauen und sich ebenfalls die absolute Macht zu sichern. So war ein wesentliches Ziel der kemalistischen Eliten beispielsweise, eine »kemalistisch-säkulare« Jugend heranzuziehen, während die AKP unter Präsident Erdoğan eine sogenannte »islamisch-konservative« Jugend schaffen will. Gemeinsam ist diesen beiden konträren Zielen der autoritäre Anspruch, Staat und Gesellschaft nach ideologisch geleiteten Wertvorstellungen auszurichten.

Die Ursachen der Neigung zum Autoritarismus liegen in historisch gewachsenen systemimmanenten Defekten der türkischen Demokratie und im ideologischen Selbstverständnis der AKP. Zu den systemimmanenten Defekten zählen auf der Werteebene vor allem ein historisch gewachsenes, autoritäres Staat- und Nationsverständnis und eine von Autoritarismus geprägte politische Kultur. In ideologischer Hinsicht gehen diese Defekte auf die Gründungszeit der modernen Republik zurück und sind im Primat eines rigiden türkischen Nationalismus begründet. Damit verbunden war und ist ein autoritäres Staats- und Nationenverständnis, das im Kern den Staat als unangreifbar und omnipotent und das Individuum als im Dienst des Staates betrachtet. Die Fortführung dieser autoritären Staatstradition ging auch in der Vergangenheit auf Kosten von demokratischen Grundfreiheiten, allen voran die Presse-, Meinungs- und Versammlungsfreiheit und der Schutz von Minderheiten. Auch bewirkte sie die Herausbildung von nicht-legitimierten Akteuren und Parallelstrukturen im Staat mit dem Ziel, den Staat zu schützen, und zwar auch gegenüber gewählten Regierungen. Der türkische Begriff »Derin devlet« (»tiefer Staat«) steht für diese Staatstradition und ist ein Ergebnis des autoritären Staatsverständnisses.[46]

Trotz gesellschaftlichen Wandels und des Anpassungsdrucks ist die historisch gewachsene autoritäre Staatstradition im Kern ungebrochen. Zwar standen und stehen strenge Kemalisten für den Schutz dieser autoritären

---

46 Für eine umfassendere Analyse des »tiefen Staates« siehe: Söyler 2015.

Tradition, doch es ist nicht allein ein Anliegen der Kemalisten. Es geht um viel mehr: Die Sozialisierung des nationalen Kollektivs mit diesen Werten durchdrang alle staatlichen Institutionen und Strukturen und formte eine politische Kultur, die in ihren Grundzügen nicht demokratisch fundiert, sondern autoritär ausgerichtet ist.

Präsident Erdoğan und seine AKP-Regierung perpetuieren die autoritäre Staatstradition vor allem zum Machterhalt und zur Machtausweitung. Dabei spielt das Primat eines rigiden türkischen Nationalismus eine entscheidende Rolle, so dass auch für Erdoğans »Neue Türkei« die Errichtung eines starken, omnipotenten Staates mitsamt seiner Dominanz über die Gesellschaft unabdingbar ist. So ist auch unter der AKP-Regierung der traditionelle Grundsatz von der unteilbaren Einheit von Staatsgebiet und Staatsvolk, der den Herrschaftsanspruch eines omnipotenten Staates und dessen Ideologie sichert, staatstragend. Dieser Grundsatz ist verfassungsrechtlich unveränderbar. Zum Schutze des Grundsatzes der unteilbaren nationalen Einheit können die Grundrechte, wie etwa Meinungsfreiheit, Pressefreiheit und Versammlungsfreiheit, willkürlich eingeschränkt werden. Dies geschah konsequent in der Vergangenheit und geschieht gegenwärtig auch unter der AKP-Regierung. Ferner kommen zum Hyper-Nationalismus zwei weitere ideologische Kernelemente der AKP hinzu: sunnitischer (Pan-)Islamismus und Neo-Osmanismus. Die Rückbesinnung auf die imperiale osmanisch-islamische Vergangenheit impliziert eine Herangehensweise in der politischen Strategie Erdoğans und seiner AKP, die extern eine hegemoniale Führung und intern ein Machtmonopol sowie eine islamisch-konservative Gesellschaft unter Beibehaltung des traditionell gewachsenen autoritären Staatsverständnisses anstrebt und Pluralismus *a priori* als Gefahr für das Erreichen ihrer Ziele betrachtet. Die »Neue Türkei« Erdoğans reiht sich nunmehr unter die autokratisch geführten Länder ein. Ohne die Überwindung dieser autoritären Staatstradition zugunsten liberaler Werteordnungen und demokratischer Institutionen bleibt die Gefahr eines Autoritarismus – ob mit oder ohne Präsident Erdoğan – weiterhin bestehen.

Die Lage Israels im Nahen Osten

Alexander Brakel

In der ersten Ausgabe seines inzwischen zum Standardwerk avancierten Buchs *A History of the Middle East* zeichnete der britische Nahostexperte Peter Mansfield 1991 ein düsteres Bild der israelischen Zukunft: Die Wirtschaft des Landes sei defizitär und daher nicht ausreichend stark, um den großen, zu seiner Verteidigung notwendigen Militärapparat zu unterstützen. Deshalb sei es auf die bleibende Unterstützung der USA angewiesen, die wiederum wegen der Politik gegenüber den Palästinensern in Frage stünde. Die Unterdrückung der Intifada im kolonialen Stil habe Israels demokratischer Legitimität schwer geschadet. Die USA könnten sich deshalb von ihrer traditionellen Politik der Unterstützung des jüdischen Staates abwenden und auf die Errichtung eines palästinensischen Staates drängen. Angesichts einer wachsenden weltweiten Feindschaft gegenüber Israel wegen der Behandlung der Palästinenser sei Israels langfristiges Überleben nicht sicher, solange der Staat sich weigere, die Besetzung des Gaza-Streifens und des Westjordanlandes aufzugeben.[1]

Über dreißig Jahre später stellt sich die Situation vollkommen anders dar, als von Mansfield vorausgesagt: Obwohl der Konflikt mit den Palästinensern weiterhin ungelöst ist und das Westjordanland immer noch unter israelischer Besatzung steht, ist Israels internationale Position nicht nur nicht schlechter geworden, sondern hat sich im Gegenteil deutlich verbessert. Seit Mansfields Buch hat sich die Zahl der arabischen Staaten, mit denen Israel diplomatische Beziehungen unterhält, von eins (Ägypten) auf sechs (Ägypten, Jordanien, Vereinigte Arabische Emirate, Bahrain, Marokko, Sudan) erhöht. Die Beziehungen zu den Vereinigten Staaten sind auf sehr hohem Niveau stabil. Und trotz gelegentlicher Reibereien mit der Europäischen Uni-

---

1 Mansfield 1991, S. 343 ff.

on und einigen Mitgliedsstaaten gilt das auch für das Verhältnis zu fast allen Ländern Europas.

Was sind die Gründe dafür, dass die Lage des Landes so wesentlich besser ist, als vor drei Jahrzehnten vorhergesagt? Mehrere Faktoren kommen zusammen: die erfolgreiche Verwaltung des israelisch-palästinensischen Konflikt, der Arabische Frühling und die Relativierung der »palästinensischen Frage«, der Wunsch nach Absicherung des Status quo der konservativen arabischen Länder, die Politik des Iran in der Region sowie Israels wirtschaftliche Stärke. Im Folgenden werden diese Faktoren im Einzelnen beleuchtet, um auf dieser Grundlage einen Ausblick zu wagen.

1.　Von der Lösung zur Verwaltung des Nahostkonflikts

Die Wahl Benjamin Netanjahus zum Premierminister im März 2009 beendete *de facto* den Friedensprozess mit den Palästinensern.[2] Netanjahu, der in den 1990er Jahren seinen Aufstieg ins Amt des Regierungschefs seiner prinzipiellen Opposition zum Oslo-Prozess verdankte, erteilte auch in seiner zweiten Amtszeit der Bildung eines palästinensischen Staats mehrfach eine kategorische Absage.[3] Stattdessen ging er dazu über, den Konflikt zu verwalten.[4] Eine Kombination aus Überwachungs- und Sicherheitsmaßnamen, enger Zusammenarbeit mit der Palästinensischen Autonomiebehörde und einer Beschränkung des palästinensischen Zugangs zum israelischen Kernland (also Israel gemäß der internationalen Definition in den Grenzen von 1967) sorgte für einen deutlichen Rückgang von Terroranschlägen.[5] Anders als während der Zweiten Intifada, als regelmäßig auch Bomben in Bussen und Cafés in Jerusalem und Tel Aviv detonierten, sind Israelis heute relativ sicher vor palästinensischem Terrorismus, vor allem, wenn sie nicht

---

2 Die Konzentration auf die israelische Haltung zum Friedensprozess soll nicht den Eindruck erwecken, es gäbe nicht zahlreiche Friedenshindernisse auf palästinensischer Seite. Vielmehr entspricht dieser Fokus dem thematischen Zuschnitt des Artikels, der sich mit der israelischen Politik beschäftigt.

3 McLoughlin, 16.3.2015; Lazaroff, 08.04.2019. Netanjahus häufig zum Beweis des Gegenteils angeführte Rede an der Bar-Ilan-Universität 2009, vgl. war lediglich eine Reaktion auf amerikanischen Druck: Ziv 2013; Haaretz, 14.6.2019. Zudem hat Netanjahu sich später selbst von den Aussagen der Rede distanziert, vgl. Ravid, 8.3.2015.

4 Cofman Wittes 2020.

5 Berda 2018.

in den Siedlungen leben.[6] Diese positive Erfahrung kontrastiert für die meisten Israelis mit der Erinnerung an die Jahre des Friedensprozesses, die eine vergleichbare Sicherheit nicht gebracht hatten, sondern im Gegenteil von häufigen Terroranschlägen begleitet waren. Insbesondere die von einer regelrechten Terrorwelle begleitete Zweite Intifada, die auf das Scheitern der Verhandlungen in Camp David im Spätsommer 2000 folgte, ernüchterte viele Israelis.[7]

In der Konsequenz verschwand der israelisch-palästinensische Konflikt weitgehend aus dem politischen Leben des Landes.[8] Zwar beschwören ausländische Kommentatoren bei jedem Anzeichen von Unzufriedenheit auf palästinensischer Seite die Gefahr einer erneuten Intifada. Angesichts der Zerrissenheit der palästinensischen Führung, der weitverbreiteten Enttäuschung der Palästinenser über die Fatah und Hamas gleichermaßen, des Fehlens einer charismatischen alternativen Führungsfigur sowie des gut ausgebauten israelischen Überwachungssystems ist diese Gefahr jedoch äußerst gering. Zudem hat Israel bereits seit der Ersten Intifada nicht nur die Freizügigkeit der Palästinenser aus dem Westjordanland nach Israel stark eingeschränkt, sondern auch zahlreiche palästinensische Arbeitskräfte durch Migranten ersetzt. Dadurch wird die Möglichkeit der Palästinenser, die israelische Wirtschaft, wie während der Ersten Intifada, durch Generalstreiks massiv zu behindern, deutlich eingeschränkt.[9]

Obwohl der Friedensprozess offensichtlich tot ist, profitiert Israel weiterhin von seinen Ergebnissen. Der Oslo-Prozess der neunziger Jahre hatte die Palästinensische Autonomiebehörde etabliert und ihr die Verwaltung von rund 40 Prozent des Westjordanlandes übertragen. Mehr als 90 Prozent der im Westjordanland lebenden Palästinenser stehen seitdem unter der Regierung der Autonomiebehörde, die mit Israel nicht nur in Sicherheitsfragen einschließlich Terrorprävention zusammenarbeitet, sondern auch die Aufgaben übernimmt, die laut Völkerrecht der Besatzungsmacht obliegen. Weil die Autonomiebehörde von der internationalen Gemeinschaft mit jährlichen Milliardenzahlungen subventioniert wird, entlastet dieses Arrangement Israel auch finanziell enorm, weil die Kosten der Besatzung weitgehend von Dritten getragen werden. Die hochkorrupte Autonomiebehörde wiederum

---

6 Miller/Lissner 2015.
7 Vieweger 2017, S. 280 f.
8 Plessner 2021.
9 Klinov 2016, S. 507.

hat keinerlei Interesse daran, das Arrangement aufzukündigen, auch wenn die Grundannahme, die seinerzeit zu ihrer Gründung geführt hat, längst obsolet geworden ist. Denn anders als vorgesehen, ist aus der »Oslo-Ordnung« nicht innerhalb weniger Jahre ein palästinensischer Staat erwachsen, und die Aussichten, dass sich dies ändern wird, stehen schlecht. Ein Eingeständnis dieses Scheiterns und die Selbstauflösung würden die Mitglieder der Autonomiebehörde jedoch ihrer Posten und Privilegien sowie des Zugriffs auf weitere, illegale Einnahmequellen berauben. Dass seit 2005 bzw. 2006 keine Präsidentschafts- und Parlamentswahlen mehr stattgefunden haben, ist ebenfalls im Interesse der Palästinenserführung sowie der Israelis, weil so die islamistische Hamas von der Regierung ferngehalten werden kann. Zudem kann die israelische Seite gegenüber internationalen Partnern auf die mangelnde demokratische Legitimation der Autonomiebehörde verweisen, die deshalb als Verhandlungspartner für eine umfassende Friedensordnung nicht in Frage komme.[10]

Etwas komplizierter ist die Situation im Gaza-Streifen, in dem seit 2007 die Hamas regiert. Anders als die im Westjordanland tonangebende Fatah erkennt sie Israel nicht an, dennoch haben beide Seiten einen *modus vivendi* gefunden: Israel akzeptiert *nolens volens* die Herrschaft der Hamas im 2005 geräumten Gaza-Streifen, und die Hamas verzichtet weitgehend auf Angriffe auf den jüdischen Staat. Diese implizite Vereinbarung ist brüchig, denn sowohl die Hamas selbst als auch andere Terrorgruppen wie der Islamische Jihad beschießen Israel immer wieder mit Raketen. Seit 2005 hat Israel deshalb vier Kriege mit insgesamt über 100 eigenen Toten geführt, dennoch ist die Lage aus Sicht des israelischen Militärs besser als vor dem Rückzug. Dies liegt nicht zuletzt daran, dass das Land mit dem »Iron Dome« ein hocheffektives Raketenabwehrsystem errichtet hat, mit dessen Hilfe die Wirkung des regelmäßigen Beschusses aus Gaza weitgehend neutralisiert werden kann.[11]

Der Status quo sichert folglich der momentanen palästinensischen Führung um Präsident Abbas ihre Macht im Westjordanland und die der Hamas im Gazastreifen. Gleichzeitig bewahrt er die israelische Regierung vor zu hohem Druck zur Wiederaufnahme des Friedensprozesses. Allerdings hat auch das Interesse der USA, über Jahrzehnte der stärkste Treiber der Nahost-Friedensdiplomatie, in den letzten Jahren eine deutliche Änderung erfahren.

---

10 Asseburg 2018.
11 Asseburg 2018, Miller/Lissner 2015. Für Einzelheiten des Verhältnisses zwischen Israel und der Hamas siehe Bacqoni 2018.

2. Die veränderte Rolle der USA

Über Jahrzehnte hatten die USA im Nahen Osten einen Kurs des Status-quo-Erhalts verfolgt, der in erster Linie drei Zielen verpflichtet war: der Sicherung der westlichen Ölversorgung, der Sicherheit Israels und der Minimierung des sowjetischen Einflusses.[12] Mit dem Ende des Kalten Krieges fiel der letzte dieser Faktoren weg. Zugleich begann eine zwei Jahrzehnte dauernde Phase, in der die USA versuchten, den Nahen Osten stärker nach ihren Vorstellungen zu formen. Der erste amerikanisch-irakische Krieg 1991 bildete den Auftakt zu einer langen, von Sanktionen und wiederholten Luftschlägen gekennzeichneten Phase der Auseinandersetzung mit dem Irak, die schließlich in der erneuten Invasion des Landes zwölf Jahre später mündete.

Unmittelbar nach der Befreiung Kuwaits von der irakischen Besatzung 1991 drängte die amerikanische Regierung unter Präsident George H. W. Bush auch auf eine Lösung des israelisch-palästinensischen Konflikts. Ähnliche Vorstöße hatte es zwar schon in allen Präsidentschaften seit der Amtszeit von Richard Nixon, vor allem aber unter Jimmy Carter gegeben. Neu waren indes die Vehemenz sowie die Bereitschaft, zum Erreichen dieses Ziels anhaltend hohen Druck auf Israel auszuüben. Schon als Vizepräsident unter Ronald Reagan hatte sich Bush wiederholt kritisch zur israelischen Besatzungspolitik geäußert. Sein Außenminister James A. Baker III., der federführend Bushs Nahostpolitik verantwortete, teilte diese Haltung.[13]

Ausschlaggebend waren jedoch neben dem Drängen Michail Gorbatschows und einer entsprechenden amerikanischen Zusage, um die sowjetische Unterstützung für den Krieg gegen Saddam Hussein zu gewinnen, zwei andere Faktoren: ein Gefühl der Verpflichtung gegenüber den arabischen Bündnispartnern in diesem Krieg sowie die Euphorie nach dem Ende des Kalten Krieges. Nun schien die Zeit gekommen zu sein, die letzten verbliebenen Großkonflikte zu lösen.[14] Das Ergebnis war eine Abfolge immer neuer Friedensinitiativen der amerikanischen Regierung von der Madrid-Konferenz 1991 über den Gipfel in Camp David 2000 bis zu den Verhandlungen in Annapolis 2008, die allesamt scheiterten.[15]

---

12 Gelvin 2018, S. 17.
13 Baker/Glaser 2020, S. 434–436.
14 Mead 2022, S. 349–358.
15 Black 2017, S. 302–424.

Gleichzeitig scheiterten auch die deutlich weitgehenderen Pläne der Regierungen von George W. Bush zu einer umfassenden Demokratisierung des Nahen Ostens. Sein Nachfolger Barack Obama verfolgte anfangs noch ähnliche Ziele, auch wenn er sie nicht mit militärischen Mitteln erreichen wollte. Nach dem Scheitern des Arabischen Frühlings kehrten die USA dann jedoch zur Politik der Status-quo-Sicherung zurück. Die amerikanische Weigerung, den Militärputsch gegen den demokratisch gewählten ägyptischen Präsidenten Mohammed Mursi als solchen zu benennen, war wohl der stärkste Ausdruck davon, dass die USA künftig Stabilität zur Leitlinie ihrer Nahostpolitik machen würden.[16]

Allerdings hatten die Folgen der »Arabellion« eine langjährige Gewissheit zerstört: die angebliche Zentralität des palästinensisch-israelischen Konflikts für die gesamte Region. Schon die Bezeichnung »Nahostkonflikt« verdeutlicht die Annahme, die meisten oder zumindest viele Probleme der Region seien untrennbar mit der Auseinandersetzung zwischen Israelis und Palästinenser verbunden.[17]

Gleichzeitig droht der Nahe Osten in einer Flut von Problemen zu versinken, die weder mit Israel noch mit der Lage der Palästinenser zu tun hatten: Bürgerkriege erschüttern Syrien, Libyen und Jemen, im Irak ist die Staatlichkeit weitgehend zusammengebrochen, der Libanon ist hochgradig instabil. In Jordanien und Ägypten regieren autoritäre Regime, denen es bisher nicht gelungen ist, die grundlegenden Probleme ihrer Länder zu lösen. Der Klimawandel wird den Nahen Osten, der schon heute die trockenste Region der Welt ist, besonders hart treffen. Die Liste dieser Probleme ließe sich fortsetzen.[18] Gemeinsam ist ihnen, dass sie vollkommen unabhängig von der Fortsetzung oder Beendigung der israelischen Besatzungspolitik sind.[19]

Diese Erkenntnis sowie die lange Reihe vergeblicher Vermittlungsbemühungen zwischen Israelis und Palästinensern haben die Bereitschaft der Amerikaner zu einer Wiederaufnahme einer großangelegten Friedensdiplomatie sichtlich erlahmen lassen. Die beiden entscheidenden von den Vereinigten Staaten vermittelten Verhandlungserfolge – der israelisch-ägyptische Friedensschluss in Camp David 1979 und der Beginn des Oslo-Prozesses in den neunziger Jahren – waren nur durch immensen amerika-

---

16 Mead 2022, S. 487–516.
17 Ebd., S. 542. Zu Einzelheiten der Kerry-Initiative siehe Birnbaum/Tibon 2014.
18 Für eine umfassende Analyse der Probleme der Region siehe Hermann 2018 und Hermann 2021.
19 Gelvin 2018, S. 136.

nischen Druck auf Israel zustande gekommen.[20] Die Lösung des Konflikts zwischen Israelis und Palästinensern, die beiden Seiten mehr Kompromissbereitschaft abverlangt hätte, als sie je in Verhandlungen gezeigt haben, gelang dennoch nicht.[21] Seit den frühen 1990er Jahren ist Israel dank seiner stark gewachsenen Wirtschaft zudem deutlich unempfindlicher gegenüber etwaigem äußeren Druck geworden, weshalb eine solche Politik noch weniger erfolgversprechend sein dürfte als vor dreißig Jahren.[22] Hinzu kommt die veränderte Situation in den beiden großen amerikanischen politischen Parteien: Die Republikaner haben sich seit den Tagen von Bush und Baker immer stärker der Position der israelischen Rechten angenähert. Sie sprechen sich anders als früher auch nicht mehr für eine Zwei-Staaten-Lösung aus.[23] Unter Präsident Donald Trump haben sie endgültig die Rolle des Vermittlers aufgegeben und Kernforderungen der israelischen Regierung (Anerkennung Jerusalems als Hauptstadt und der Annexion des Golan, juristische Akzeptanz des Siedlungsbaus) zur Regierungspolitik erhoben, ohne auf der anderen Seite den Palästinensern Zugeständnisse zu machen. Bei den Demokraten hingegen hat der langjährige pro-israelische Konsens Risse bekommen. Neben den weiterhin vorhandenen unerschütterlichen Unterstützern des jüdischen Staates gibt es eine wachsende Zahl von Parteilinken, die ein hartes Vorgehen gegen die fortgesetzten Menschenrechtsverletzungen Israels verlangen, bis hin zur Forderung, die amerikanische Militärhilfe an Konditionen zu binden. Diese Faktoren zusammengenommen – die geringe Aussicht auf einen Durchbruch, die relativierte Bedeutung des israelisch-palästinensischen Konflikts, das vorrangige Interesse an Stabilität im Nahen Osten und die Angst vor innenpolitischen und innerparteilichen Debatten – haben die Bereitschaft der amerikanischen Politik, Israel zu Zugeständnissen zu drängen, beinahe auf null reduziert. Auch als im Frühjahr 2021 ein erneuter Krieg zwischen Israel und der Hamas im Gazastreifen ausbrach, schaltete sich Präsident Joe Biden erst relativ spät ein. Dem Ende der Feindseligkeiten folgte keine darüber hinausgehende US-Friedensinitiative.[24] Mit seiner Aussage, die Zeit sei nicht reif dafür, machte

---

20 Thrall 2017, S. 5–40.
21 Mead 2022, S. 385–419.
22 Miller/Lissner 2015.
23 Guttman, 10.7.2016.
24 Tibor 2022.

der amerikanische Präsident diese Haltung jüngst noch einmal explizit deutlich.[25]

Ähnlich sieht das Bild für die EU aus. Bereits 1980 hatte sich die Europäische Gemeinschaft für eine Zwei-Staaten-Lösung eingesetzt und die israelische Besatzungspolitik scharf kritisiert. Seitdem ist sie dieser Linie treu geblieben, so dass ihre Israelpolitik nicht nur prinzipienfester, sondern auch beständiger als die der Vereinigten Staaten war.[26] In den impliziten Schlussfolgerungen liegen Amerikaner und Europäer indes nicht weit auseinander: Auch auf dem alten Kontinent ist die Bereitschaft denkbar gering, mit ganzer Kraft zu versuchen, Israel zu Zugeständnissen zu bewegen. Anders als die USA verfügt die EU auch nur über sehr beschränkte Mittel zur Einflussnahme. Ohne Mitwirkung aus Washington könnte Brüssel zwar einzelne Maßnahmen der israelischen Politik verhindern, nicht aber eine umfassende Lösung herbeiführen.[27] Die meisten europäischen Staaten sind nicht bereit, für einen solch geringen Preis einen derartigen Aufwand zu betreiben, zumal sich die EU nicht mehr auf einen breiten Konsens unter ihren Mitgliedsstaaten in der Nahostpolitik stützen kann. Besonders die Visegrád-Staaten haben zuletzt mehrfach grundsätzliche Positionen der Union in Frage gestellt. Mehrfach ist es vor allem wegen der ungarischen und polnischen Stimmen nicht gelungen, eine abgestimmte Position zu gewissen israelischen Maßnahmen zu formulieren. Daran dürfte sich so schnell nichts ändern.[28]

---

25 Barron u. a. 2022.

26 Asseburg 2020, S. 64.

27 Ein Beispiel, das diesen Mechanismus zeigt, sind die Ereignisse um das Beduinendorf Chan al-Ahmar östlich von Jerusalem im Westjordanland: Israel wollte dieses Dorf für den Bau weiterer Siedlungen räumen. Das ist Teil einer Strategie, Jerusalem durch einen Kranz von Siedlungen von den palästinensischen Gebieten abzuschneiden. Folglich könnte der Ostteil der Stadt im Falle eines Friedensschlusses nicht mehr Hauptstadt des palästinensischen Staats sein, wie von den Palästinensern in sämtlichen Verhandlungen gefordert. Nach heftigem internationalem Protest, unter anderem von acht europäischen Staaten, darunter Frankreich und Deutschland, ließ die Regierung Netanjahu schließlich von diesem Vorhaben ab, vgl. Deutsche Welle, 21.10.2018.

28 Asseburg/Goren 2019.

3. Partner für den Status quo

Die Führung der arabischen Staaten hatte nie ein vertieftes Interesse am
Schicksal der Palästinenser gezeigt. Selbst als 1948 sechs arabische Staaten
dem neugegründeten jüdischen Staat den Krieg erklärten, spielte die Rivalität untereinander eine größere Rolle als die Verteidigung der palästinensischen Bevölkerung. Diese musste jedoch seitdem als Begründung für die
anhaltende Feindschaft mit den Israelis herhalten. Auch nach dem Scheitern der eigenen revanchistischen Pläne spätestens mit der ägyptisch-syri-
schen Niederlage im Jom-Kippur-Krieg 1973 hielten die arabischen Staaten
an der anti-israelischen Rhetorik fest. Selbst Ägypten und Jordanien, die 1979
bzw. 1994 Friedensverträge mit ihrem israelischen Nachbarn schlossen, ließen nicht davon ab. Ein entscheidender Beweggrund dabei war das Bedürf-
nis, die eigene Bevölkerung, für die die »palästinensische Sache« politisches
Mobilisierungspotenzial besaß, nicht gegen sich aufzubringen. Gleichzeitig
wuchs unter den Regierungen zahlreicher arabischer Staaten das Interesse an dem wirtschaftlich und strategisch wichtiger werdenden Israel. Als die
Oslo-Verträge die Lösung des israelisch-palästinensischen Konflikts scheinbar in greifbare Nähe rückten, führte dies auch zu einer Entspannung zwischen Israel und seinen arabischen Nachbarn, die jedoch durch die Zweite
Intifada weitgehend zum Erliegen kam.[29]

Der Arabische Frühling brachte ein erneutes Umdenken, vor allem in den
Golfstaaten. Die Umstürze in Tunesien, Libyen und Ägypten und die Mas-
senunruhen in anderen Staaten erschütterten das Vertrauen der Golfmonarchien in die Stabilität ihres Herrschaftssystems, einer großzügigen Wohl-
fahrtsdiktatur. Zudem hatten sie erleben müssen, dass die USA langjährige Verbündete wie den ägyptischen Präsidenten Husni Mubarak zugunsten
der Demokratiebewegung fallengelassen hatten.[30] Israel dagegen war dieser Demokratiebewegung von Beginn an reserviert begegnet. Die Gefahr,
dass diese islamistische und israelfeindliche Parteien an die Macht bringen
konnte, überzeugte die Vertreter des jüdischen Staates, eher auf den Erhalt
des Status quo zu setzen. Auf dieser Grundlage bildete Israel vor allem mit
Saudi-Arabien, später auch mit den Vereinigten Arabischen Emiraten und
Bahrain seit der »Arabellion« ein informelles Netzwerk aus.[31]

---

29 Asseburg/Henkel 2021, S. 1.
30 Lynch 2022.
31 Gelvin 2018, S. 136; Cook 2020.

4. Der iranische Faktor

Neben dem gemeinsamen Interesse an der Aufrechterhaltung des Status quo eint Israel und zahlreiche Staaten der Region die Sorge vor der aggressiven Politik des Iran. Insbesondere seitdem das Land infolge der amerikanischen Invasion im Irak 2003 und des daraus folgenden Machtvakuums dort Fuß gefasst hat und Ähnliches sich auch in dem vom Bürgerkrieg geplagten Syrien abzeichnet, fürchtet Israel einen »schiitischen Korridor« vom Iran bis zum Libanon. Durch diesen könnte Teheran die Hisbollah noch besser als bisher mit Waffen versorgen. Inzwischen besitzt diese Terrororganisation, gegen die Israel im letzten Libanonkrieg 2006 bereits keinen klaren Sieg erringen konnte, Schätzungen zufolge rund 150.000 Raketen, darunter auch solche modernster Bauart.[32]

Die Golfmonarchien verfolgen insbesondere das Streben des Irans nach einer Vormachtstellung, die ihre eigene Position gefährden könnte, mit Argwohn. Vor allem in Bahrain fürchtet das sunnitische Herrscherhaus zudem, der Iran könnte die sunnitische Bevölkerungsmehrheit instrumentalisieren.

Wie bereits im Falle des Arabischen Frühlings fühlten sich Israel und die Golfmonarchien auch bezüglich des Iran von den USA verraten, als diese 2015 nach langen Verhandlungen das Atomabkommen (»Joint Comprehensive Plan of Action«, JCPOA) abschlossen. Ihre Kritik richtete sich vor allem darauf, dass der JCPOA die nukleare Bewaffnung des Iran nur vorübergehend, nicht dauerhaft verhinderte und seine konventionelle Bewaffnung sowie die Unterstützung für regionale Terrorgruppen wie Hisbollah oder die Al Ashtar-Brigaden nicht sanktionierte. Dank der Aufhebung von Sanktionen auf Öl- und Gashandel habe Teheran im Gegenteil deutlich mehr Geld für diese Aktivitäten zur Verfügung.[33] Die Golfstaaten und Israel suchten zusammen nach Wegen, die Anstrengungen der Obama-Regierung zu kontern und erfolgreich auf seinen Nachfolger Trump und dessen Iranpolitik Einfluss zu nehmen.[34] Auch wenn Letzteres gelang und die Amerikaner sich 2018 aus dem JCPOA zurückzogen, wurde schnell klar, dass dies nicht gleichbedeutend mit einem erhöhten Eintreten für die Sicherheit in der Region war. Als im September 2019 ein iranischer Angriff auf die Ölförderanlagen in Abqaiq und Khurais die Hälfte der saudischen Ölförderung für zwei Wochen

---

32 Yadlin/Orion 2022.
33 Zu den Terrorgruppen, die als Irans Stellvertreter agieren, siehe Lane 2021.
34 Rahman 2021, S. 3.

lahmlegte, reagierten die USA darauf anders als in früheren Fällen nicht.[35] Auch in Syrien und im Jemen schritt Washington nicht ein und ermöglichte Teheran damit die Ausdehnung seines Einflussbereichs.[36] Die Golfstaaten und Israel sehen sich deshalb nicht nur in ihrer Sorge vor einer weiteren expansiven Machtausdehnung und möglicher direkter Aggression Teherans, sondern auch im Bewusstsein vereint, sich künftig nicht mehr unbedingt auf die militärische Unterstützung der USA verlassen zu können.

5. Wirtschaftsfaktor Israel

In den ersten fünf Jahrzehnten seiner Existenz war Israel ein relativ armes Land, das innerhalb kurzer Zeit mit dem Zustrom von Millionen von Juden aus aller Welt fertig werden musste. Eine wichtige Geldquelle waren dafür die Zahlungen aus dem Ausland, vor allem den USA und – infolge der Wiedergutmachung – der Bundesrepublik.[37] Die starke Abhängigkeit von diesen auswärtigen Geldflüssen bot zugleich einen Hebel für die politische Beeinflussung von außen. So machte die Regierung Bush 1991 die Gewährung eines Milliardenkredits, den Israel für die Integration der jüdischen Zuwanderer aus der Sowjetunion benötigte, von der Teilnahme an der Friedenskonferenz in Madrid abhängig.[38]

Seitdem hat sich das Bild deutlich gewandelt. Israel ist zu einem reichen Land geworden. Das Bruttoinlandsprodukt pro Kopf liegt kaufkraftbereinigt bei 38.300 US-Dollar und damit etwa auf dem Niveau von Italien.[39] Die Abhängigkeit vom Ausland ist dadurch deutlich gesunken. Die israelische Hightech-Industrie zieht zudem zahlreiche internationale Unternehmen an, die dort Fähigkeiten vorfinden, die sie in anderen Ländern nicht haben. Das betrifft etwa auch deutsche Automobilunternehmen oder die Deutsche Telekom, die in Beer Sheva ein Forschungslabor eingerichtet hat.[40]

---

35 Steinberg 2020a.
36 Kurtz-Ellenbogen 2022.
37 Klinov 2016, S. 471–498.
38 Thrall 2017, S. 71.
39 CIA World Factbook, https://www.cia.gov/the-world-factbook/field/real-gdp-per-capita/ country-comparison, abgerufen am 20.9.2022.
40 Klinov 2016, S. 498–515; Engel 2016.

6. »Abraham Accords«

Zusammengenommen haben diese Faktoren über die Jahre zu einer immer engeren Zusammenarbeit auf unterschiedlichen Feldern, vor allem aber im Bereich der Sicherheit, geführt. Im September 2020 unterzeichneten Israel, die VAE und Bahrain die »Abraham Accords«, in denen sie die beiderseitigen Beziehungen normalisierten und denen die Etablierung diplomatischer Beziehungen folgte. Wenig später zogen Marokko und Sudan nach. Auch wenn die »Accords« nur durch intensive amerikanische Vermittlung zustande gekommen waren, entsprachen sie dem Willen aller Beteiligten und bildeten den Auftakt zu einer weiteren Intensivierung der Zusammenarbeit. Die VAE legten einen 10 Milliarden Dollar schweren Investmentfonds auf, der in ein breites Spektrum israelischer Industrieunternehmen investieren soll, und im Mai 2022 unterzeichneten die Emirate und Israel ein Freihandelsabkommen.[41] Zwei Monate zuvor waren die Außenminister aller fünf Unterzeichnerstaaten der »Abraham Accords« und Ägyptens im israelischen Sde Boker zu einem Gipfeltreffen zusammenkommen. Wichtiger noch als die symbolische Wirkung, die von der Zusammenkunft im Kibbuz des israelischen Staatsgründers David Ben Gurion ausging, war der Beschluss, dieses Format zu verstetigen und sechs Arbeitsgruppen einzurichten, um die Zusammenarbeit in den Bereichen Sicherheit, Gesundheit, Tourismus, Energie, Bildung sowie Lebensmittel- und Wassersicherheit voranzutreiben.[42]

Neben zahlreichen privatwirtschaftlichen Geschäften hat sich auch der Tourismus zwischen den Unterzeichnerstaaten, vor allem zwischen Israel und den Emiraten, intensiviert, was Hoffnung auf verstärkten Austausch zwischen den Bevölkerungen der Länder macht.[43] Und obwohl Saudi-Arabien bisher nicht durch ein vergleichbares Abkommen die intensive Zusammenarbeit mit dem jüdischen Staat offiziell gemacht hat, bedeuten die Öffnung des saudischen Luftraums für israelische Flugzeuge und die Einrichtung von Direktflügen nach Israel eine deutliche Verbesserung der wirtschaftlichen Beziehungen.[44]

---

41 Kurtzer-Ellenbogen 2022; Yellinek 2021.
42 Kurtzer-Ellenbogen/Youssef 2022.
43 Yellinek 2021.
44 Barron 2022.

7. Ausblick

Die wesentlichen oben genannten Entwicklungen dürften sich fortsetzen. Der Nahe Osten wird eine fragile und krisengeschüttelte Region bleiben. Insbesondere Europa wird aus Furcht vor Flüchtlingsströmen und Terroristen das Hauptaugenmerk auf die Stabilisierung der Region richten. Bei der Bekämpfung des Terrorismus aber bleibt Israel ein wichtiger Partner. Auch die USA sind zu einer Politik des Status-quo-Erhalts zurückgekehrt, auch weil ihnen die Mittel fehlen, die Rolle eines Hegemonen zu spielen. Kurzzeitig aufgekeimte Hoffnungen auf eine Demokratisierung sind ebenso verflogen wie die vom Ende des Kalten Krieges beflügelte Vorstellung, auch die letzten Großkonflikte der Welt ließen sich lösen.[45]

Zwei weitere Entwicklungen treten hinzu: Die USA werden ihre Ressourcen weiterhin in erster Linie auf die geopolitische Konkurrenz mit China richten. Der russische Angriff auf die Ukraine hat zudem Russland vom Konkurrenten zum offenen Feind des Westens gemacht. Beide Konflikte werden die geopolitischen Entscheidungen der USA und der EU auf absehbare Zeit bestimmen. Das dürfte den Schwerpunkt der Außenpolitik weiter von Werten zu Interessen verschieben. Westliche Staaten werden vorrangig versuchen, mehr Verbündete für die Auseinandersetzung mit Russland und China zu gewinnen, und dabei Fragen von Menschenrechten und Demokratie hintanstellen. Der Besuch von US-Präsident Biden in Saudi-Arabien im Juli 2022 zeigt dies ebenso wie der von Bundeswirtschaftsminister Robert Habeck in Katar und den VAE im März desselben Jahres.

Zumindest in der nahen Zukunft werden vor allem die USA der israelischen Sicherheit verpflichtet bleiben. Im Bemühen, das eigene militärische Engagement im Nahen Osten zu reduzieren, setzen sie dabei auf die Stärkung und mögliche Erweiterung der Abraham-Abkommen.[46] Die bisherigen Vertragsparteien dürften an einer verstärkten Zusammenarbeit mit Jerusalem interessiert sein, die Ausweitung um weitere Vertragsparteien ist nicht ausgeschlossen. Der wahrscheinlichste Kandidat hierfür ist Saudi-Arabien, allerdings voraussichtlich erst nach dem Ableben von König Salman ibn Abd al Aziz. Sein Sohn und wahrscheinlicher Nachfolger Muhammed bin Salman al-Saud hat bereits mehrfach ein starkes Interesse an einer Normalisierung

45 Lynch 2022.
46 Hassan/Muasher 2022.

der Beziehungen erkennen lassen, ist jedoch bisher von seinem Vater an der Umsetzung dieser Wünsche gehindert worden.[47]

Zudem zeichnet sich momentan eine Wiederannäherung zwischen Jerusalem und Ankara ab. Angesichts der wechselhaften türkisch-israelischen Beziehungen bleibt jedoch abzuwarten, wie dauerhaft diese Entwicklung sein wird.[48] Israels Bedeutung für die Region dürfte wegen seines starken Militärs, seiner wirtschaftlichen Stärke und der Attraktivität seiner Technologie weiter steigen.

Während Israel folglich kein westlicher Druck größeren Ausmaßes droht, bleibt seine größte außenpolitische Bedrohung der Iran. Bisher sind sämtliche Versuche gescheitert, Teherans geopolitische Ambitionen einzudämmen. Die Chancen zur Wiederbelebung des JCPOA stehen nicht gut, und sollte es dennoch gelingen, werden die ersten damit verbundenen Beschränkungen im kommenden Jahr fallen. Für den Fall des Scheiterns bleiben angesichts der von Experten angenommenen »break-out time« von nur einem Monat, die Iran bis zum Bau einer Nuklearwaffe benötigt, nur wenige Möglichkeiten. Auch wenn Israel an der Kombination aus gezielter Tötung iranischer Nuklearspezialisten, Cyberattacken und unter Umständen auch verdeckten Militärschlägen festhalten wird,[49] scheint es das iranische Atomprogramm nur verlangsamen, aber nicht verhindern zu können.[50] Ein nuklear bewaffneter Iran würde wahrscheinlich aus Furcht vor der israelischen Zweitschlagskapazität von der seit Langem gepflegten Vernichtungsrhetorik gegen Israel nicht zu einem Atomschlag übergehen. Die Bombe gäbe ihm aber Schutz vor einem israelischen Angriff. Teheran könnte dann umso ungestörter konventionell aufrüsten, seine Handlanger wie die Hisbollah im Libanon, die Hamas und den Islamischen Dschihad im Gazastreifen oder die Baqir-Brigaden in Syrien mit Waffen versorgen und sie zu einem Stellvertreterkrieg verpflichten, der die gesamte Region destabilisieren könnte. Insbesondere ein erneuter Libanonkrieg könnte zu erheblichen, auch zivilen Opfern in Israel führen.[51]

Wie schon heute wird Israel weiterhin versuchen, ein Erstarken der iranischen Verbündeten an seiner Nordgrenze durch gezielte Luftschläge zu verhindern. Allerdings ist es dabei auf die Abstimmung mit Moskau ange-

47 Yossef 2021; Steinberg 2020a.
48 Cook 2022a.
49 Yadlin 2022.
50 Haaretz, 1.9.2022.
51 Kaye 2021.

wiesen, seitdem die Russen sich in Syrien festgesetzt haben und den dortigen Luftraum kontrollieren. Bisher ist es den Israelis gelungen, ein gutes Verhältnis zum Kreml aufrechtzuerhalten. Durch den russischen Angriff auf die Ukraine wird der Spagat zwischen dem wichtigsten Verbündeten in Washington und der im Nahen Osten einflussreichen Militärmacht Russland jedoch schwieriger. Sollte der Krieg in der Ukraine noch lange dauern, dürfte Washington den Druck auf Israel erhöhen, sich klarer zu positionieren. Angesichts der veritablen Bedrohung, die die iranische Präsenz in Syrien und Libanon darstellt, könnte Israel gezwungen sein, sich (vorsichtig) von seinem wichtigsten internationalen Unterstützer abzusetzen.[52]

Umgekehrt könnten sich auch die USA (und die EU) langsam von Israel abwenden. So wie die abnehmende geopolitische Bedeutung des Nahen Ostens und des »Nahostkonflikts« die Wahrscheinlichkeit internationalen Drucks auf Israel senkt, so könnte sie auch zu einer wachsenden Gleichgültigkeit für die Situation des Landes führen.[53] Die schärfer werdende Kritik von Menschenrechtsgruppen, aber auch auf amerikanischen Universitätscampi bringt die Gefahr einer beschleunigten Abkehr Washington von seinem traditionellen Partner im Nahen Osten mit sich, und sei es nur, um innenpolitische und innerparteiliche Debatten zu vermeiden.[54] Auch wenn eine solche Entwicklung eher mittel- als kurzfristig erfolgen dürfte, birgt sie ein hohes Sicherheitsrisiko für Israel, das weiterhin auf die amerikanische Militärhilfe angewiesen ist.[55]

Die langfristig größte Bedrohung der israelischen Sicherheit bleibt jedoch die »Palästinenserfrage«. So erfreulich für Israel die Annäherung an zahlreiche arabische Staaten ist, so sehr beschränkt sich diese Annäherung auf die dortige Herrschaftselite. Umfragen zeigen deutlich, dass die Mehrheit der Bevölkerung in Marokko, Sudan und Bahrain den neuen Kurs ablehnt und weiterhin einen sehr ablehnenden Blick auf den jüdischen Staat hat. Ebenso wird dem Eintreten für die »palästinensische Sache« hohe Be-

---

52 Indyk 2022.

53 So die pointierte Analyse eines der engagiertesten US-Diplomaten im Nahostfriedensprozess, des zweimaligen amerikanischen Botschafters in Israel, Martin Indyk (Indyk 2020). In Deutschland kommt hinzu, dass mit wachsendem zeitlichem Abstand zum »Dritten Reich« das Gefühl einer besonderen deutschen Verantwortung für den jüdischen Staat abnimmt: Petersen 2018.

54 Tibor 2022. Zur Kritik von Menschenrechtsorganisationen siehe B'Tselem 2021; Sfard 2020; Human Rights Watch 2021; Amnesty International 2022.

55 Yadlin/Orion 2022.

deutung beigemessen.[56] Anders als für die Regierenden hat das Schicksal der Palästinenser für die Bevölkerung der arabischen Staaten weiterhin hohes Mobilisierungspotenzial. Das zeigte sich zuletzt wieder während des Gaza-Krieges 2021. Seit dem Arabischen Frühling fokussiert sich Israel einseitig auf die Zusammenarbeit mit den Eliten und hat seine alte Vision aufgegeben, in Freundschaft mit der benachbarten arabischen Bevölkerung zu leben.[57] Damit setzt es jedoch auf die Dauerhaftigkeit extrem labiler Regierungen. Kein einziges Problem, das zum Ausbruch des Arabischen Frühlings geführt hatte, ist inzwischen gelöst worden. Insbesondere die hohe Jugendarbeitslosigkeit birgt gesellschaftliche Sprengkraft. Klimawandel und weiterhin schnelles Bevölkerungswachstum werden die Probleme noch verschärfen. Erneute Umsturzversuche sind damit wahrscheinlich. Sollte einer dieser Versuche erfolgreich sein, dürfte Israel sich einer feindlichen Regierung gegenübersehen. Neben dem Vorwurf, die Palästinenser zu unterdrücken, müsste Jerusalem dann auch mit dem Odium leben, mit den gestürzten autoritären Regimen gemeinsame Sache gemacht zu haben, auch gegen die Bevölkerung.[58]

Und auch ohne Regimewechsel könnten größere Auseinandersetzungen etwa in der Westbank eine Verschlechterung der Beziehungen zwischen Israel und seinen neuen arabischen Partnern zur Folge haben, vergleichbar den Entwicklungen während der Zweiten Intifada. Nicht umsonst haben die Unterzeichner der »Abraham Accords« wiederholt die Dringlichkeit der »palästinensischen Frage« betont.[59]

Vor allem aber bleibt die ungelöste Frage nach der Zukunft von Gazastreifen und Westjordanland das größte Problem für Israel.[60] So erfolgreich das Verwalten des Konflikts in den letzten Jahren war, so wenig nachhaltig ist die Situation. Die Unzufriedenheit der Palästinenser mit ihrer Lage kann sich zu einem beliebigen Zeitpunkt in Massenprotesten, auch gewaltsamen, Bahn brechen. Das hat sich zuletzt im Frühjahr 2021 während des Gazakriegs und der vorangegangenen Unruhen auf dem Tempelberg gezeigt. Die Proteste fanden damals zeitgleich im Westjordanland, Ostjerusalem, dem Gazastrei-

---

56 Lynch 2022. Zur generellen Haltung zu Israel und den Palästinensern siehe: https://www.dohainstitute.org/en/News/Pages/ACRPS-Releases-Arab-Index-2017-2018.aspx, abgerufen am 22.9.2022.

57 Lynch 2012, S. 202 f.

58 Ebd.

59 Kurtzer-Ellenbogen/Yussef 2022.

60 Yossef 2021.

fen und im israelischen Kernland statt. Dass Palästinenser aus allen vier Landesteilen sich in großer Zahl dem Protest anschlossen, markiert auch das Scheitern der israelischen Strategie, die vier Gruppen auseinanderzudividieren. Selbst die Palästinenser in Israel, die israelische Staatsbürger sind und somit über bedeutend mehr demokratische Mitsprachemöglichkeit verfügen als die Bürger irgendeines anderen Land des Nahen Ostens, sind für die »Palästinenserfrage« zu mobilisieren. Das gilt umso mehr für die Bevölkerung Ostjerusalems und der Westbank, deren politischer und sozioökonomischer Status deutlich schlechter ist.[61]

Bereits in der Vergangenheit haben sich sämtliche Versuche, das Problem lediglich durch bessere wirtschaftliche Chancen für die palästinensische Bevölkerung zu lösen, als unzureichend erwiesen. Eine dauerhafte Lösung wird um die Gewährung gleicher Rechte nicht herumkommen. Die von der internationalen Gemeinschaft hierfür bevorzugte Variante, die Zwei-Staaten-Lösung, gerät unter den Palästinensern immer stärker in Misskredit. Auch in Israel wird sie nur noch von einer Minderheit der jüdischen Bevölkerung unterstützt. Allerdings stößt sie dort weiterhin auf mehr Unterstützung als eine echte Ein-Staaten-Lösung, in der sämtliche zwischen Mittelmeer und Jordan lebenden Palästinenser die israelische Staatsbürgerschaft erhielten.[62]

Eine politische Mehrheit für die Durchsetzung einer Zwei-Staaten-Lösung liegt jedoch in weiter Ferne. Gleichzeitig verringert der fortschreitende Siedlungsbau die faktischen Möglichkeiten, eine solche durchzusetzen. Sollte es irgendwann zu einer Großeskalation kommen, könnte Israel gezwungen sein, unter deutlich schlechteren Bedingungen eine Lösung aushandeln zu müssen.[63] Allerdings ist nicht abzusehen, wie schnell die Lage kippen wird. Momentan befindet sich Israel in einer deutlich besseren Situation als über Jahrzehnte von Experten vorhergesagt.

Die schrecklichen Ereignisse des 7. Oktober 2023 haben die Situation in Israel in ein neues, dramatisches Licht gerückt, ohne die meisten Annahmen dieses Essays in Frage zu stellen. Vor allem der immer schon fragile *modus vivendi* zwischen Israel und der Hamas ist von den Anschlägen der Islamisten vernichtet worden. Zukünftige Studien werden zeigen müssen, ob die Terrororganisation die stillschweigende Übereinkunft mit Israel zeitweise, vor

---

61 New York Times, 15.5.2021.
62 Shikaki/Scheindlin 2018..
63 Hassan/Muasher 2022.

allem ab 2017, ernstgemeint oder immer nur als Atempause zur Vorbereitung der Oktober erfolgten Angriffe verstanden hat.

Gescheitert ist mit dem 7. Oktober auch und erneut die Annahme, Israel könne den Konflikt mit den Palästinensern erfolgreich »verwalten«. Selbst wenn eine weitgehende oder vollständige Vernichtung der Hamas gelingen sollte, wird dies nicht das Hauptproblem beseitigen: Millionen von Palästinensern, die in unterschiedlichen Formen der Rechtlosigkeit unter israelischer Herrschaft leben. Neue Widerstandsorganisationen werden sich bilden, viele werden zum Terror als Mittel zur Erreichung ihrer Ziele greifen. Und angesichts der wirtschaftlichen und politischen Lage der Palästinenser wird diesen Gruppen die Rekrutierung neuer Anhänger nicht schwerfallen. Die zahlreichen Anschläge und bewaffneten Auseinandersetzungen, die im vergangenen Jahr schon vor den Anschlägen der Hamas die Westbank erschüttert haben, geben einen Vorgeschmack.

Gleichzeitig rückt eine politische Lösung in immer weitere Ferne. In Israel sind nach dem 7. Oktober die Zweifel weiter gewachsen, ob eine palästinensischen Staatsgründung sich mit der eigenen Sicherheit vereinbaren ließe. Und die israelische Regierung hat bisher jeder Form von Zugeständnissen an die Palästinenser eine klare Absage erteilt.

Zudem bestätigt die aktuelle Krise erneut das abnehmende Interesse der USA und Europas an einer Neuauflage des Friedensprozesses. Die Vereinigten Staaten und zahlreiche europäische Staaten haben auf die Angriffe der Hamas zwar mit Solidaritätserklärungen und teilweise substantieller militärischen Hilfslieferungen an Israel reagiert. Sie mahnen auch zu einer weitergehenden politischen Lösung, unternehmen jedoch keine wirklichen Initiativen.

In den Staaten der »Abraham Accords« beweist sich auf der einen Seite, dass auch autokratische Herrscher die Stimmung der Bevölkerung nicht vollständig ignorieren können und dass diese Stimmung weiterhin pro-palästinensisch ist. Das setzt der weiteren Annäherung an Israel klare Grenzen. Andererseits deutet nichts darauf hin, dass einer dieser Staaten ernsthafte politische Schritte für »die palästinensische Sache« unternehmen könnte. Damit bleibt Israels Situation, wenn auch unter dramatischeren Vorzeichen, so wie vor Jahresfrist: erfolgreich, aber langfristig labil.

III.
Spielwiese der internationalen Politik?

Treibsand: Die Vereinigten Staaten im Nahen und Mittleren Osten

Christian Koch und Christian E. Rieck

Die Vereinigten Staaten scheinen im Nahen und Mittleren Osten keine glückliche Hand zu haben. Die langjährige Verstrickung der USA in die regionale Ordnung hat deren Fragmentierung, Autokratisierung und Destabilisierung nicht dauerhaft verhindern können – trotz eines enormen Aufwands an personellen, finanziellen und militärischen Ressourcen. So schätzt das »Costs of War Project« der Brown University, dass sich allein die direkten Kosten in den zwei Jahrzehnten seit den tragischen Ereignissen vom 11. September 2001 für die USA auf acht Trillionen US-Dollar belaufen; zudem sind in diesem Zeitraum über 900.000 Kriegsopfer in der Region zu beklagen.[1] Die indirekten Kosten, einschließlich der für das Ansehen und die Glaubwürdigkeit der USA, sind hier noch gar nicht berücksichtigt.

Die Ära des *American Middle East* begann allerdings schon vor dem 11. September 2001, und zwar mit dem Sieg der von den USA angeführten militärischen Koalition, die den irakischen Überfall auf Kuwait im August 1990 zurückschlug. Dieses unmittelbare militärische Eingreifen der USA läutete eine Phase beispiellosen amerikanischen Einflusses im Nahen und Mittleren Osten ein.[2] Dennoch stieß Amerikas Triumphalismus nach dem Kalten Krieg auch im Nahen Osten an seine Grenzen. Wie Emma Sky feststellte, läutete die fehlgeleitete Invasion des Irak im Jahr 2003 eine zwanzigjährige Glaubwürdigkeitskrise der USA in der Region ein: Sie nennt als klaren Beweis für diesen Ansehensverlust das amerikanische Scheitern, das Blutvergießen in Syrien nach 2011 zu beenden. Doch auch der ambitionierte, aber letztlich we-

---

1 Brown University, 2021. Die finanziellen Kosten wurden bis Ende Mai 2021 berechnet. Die geschätzte Zahl der Todesopfer umfasst nur diejenigen, die als unmittelbare Folge von Kriegen in der Region getötet wurden, und nicht die Todesfälle infolge von Krankheiten oder Vertreibung.
2 Kaye 2022, S. 7–24.

nig wirkungsvolle Afghanistan-Einsatz seit 2001 können dazugezählt werden.[3]

Mehrere US-Präsidenten haben versucht, das amerikanische Engagement im Nahen und Mittleren Osten zu korrigieren, insbesondere als Reaktion auf das Scheitern des letzten Irakkriegs oder den katastrophal zu Ende gehenden Einsatz in Afghanistan, aus dem sich die amerikanischen Truppen im August 2021 nach zwanzigjähriger Präsenz wenig ehrenvoll zurückziehen mussten. Dabei hatten drei aufeinanderfolgende amerikanische Regierungen – von Obama über Trump bis hin zu Biden – diesen Rückzug diskursiv vorbereitet und immer wieder Schritte in diese Richtung unternommen. Eine bittere Ironie der Geschichte lautet, dass ausgerechnet die Taliban, die die Intervention der USA ursprünglich ausgelöst hatten, unmittelbar nach dem westlichen Abzug wieder die Macht übernahmen. Auch angesichts dieser unrühmlichen Vorgeschichte steht der Nahe und Mittlere Osten 2023 auf der außenpolitischen Agenda in Washington nicht mehr an oberster Stelle: Abgelöst wurde er von Themen wie dem Krieg in der Ukraine, der wachsenden Sorge über die chinesische Systemkonkurrenz und einer möglichen Invasion Taiwans, dem sich verschärfenden Klimawandel sowie der Wiederentdeckung des westlichen Bündnisses. Eine weitergehende Entflechtung aus dem Beziehungsgeflecht des Nahen und Mittleren Ostens wird jedoch zwangsläufig sehr schwierig – nicht zuletzt, weil sich die Region selbst in einer Transformationsphase befindet und es keinen Ersatz für die USA als (extraregionale) geopolitische Ordnungsmacht gibt.

Obwohl die USA versuchen, ihr politisches und militärisches Engagement in der Region zu reduzieren, sind es die Entwicklungen im Nahen und Mittleren Osten selbst, die Amerika in der Region halten: An erster Stelle steht in diesem Zusammenhang das Bekenntnis Washingtons zur Sicherheit des Staates Israel, seit jeher eine tragende Säule des amerikanischen Engagements in der Region. Daher werden die atomare Aufrüstung des Irans sowie dessen Infragestellung des Existenzrechts Israels die Aufmerksamkeit der USA weiter auf sich ziehen. Zudem ist die Relevanz der Energiefrage im Zuge des Krieges in der Ukraine wieder stark gestiegen, wie der jüngste Streit zwischen den USA und Saudi-Arabien in Bezug auf Riads restriktive Ölförderpolitik zeigt. Auch die Tatsache, dass die globale Energiewende weg von fossilen Brennstoffen nur langsam voranschreitet,

---

3 Sky 2019, S. 4.

unterstreicht die zentrale Bedeutung der Erdölförderländer im Nahen und Mittleren Osten.

Der vorliegende Beitrag skizziert zunächst die amerikanische Nahostpolitik, insbesondere seit dem Rückzug Großbritanniens aus der Region, der Ende der sechziger Jahre einsetzte. Die zunehmende Verstrickung der USA in die inneren Angelegenheiten der Region und die damit verbundenen Auswirkungen auf die amerikanische Außenpolitik werden anhand der Iranischen Revolution 1979, der irakischen Invasion Kuwaits 1990, der Ereignisse vom 11. September 2001 sowie des dritten Golfkriegs 2003 analysiert. Der letzte Abschnitt des Kapitels behandelt die Entwicklungen der letzten 20 Jahre und deren Konsequenzen – und wagt auch einen Ausblick auf die zu erwartende Ausrichtung der amerikanischen Politik in den kommenden Jahren.

1. Auf der Suche nach der richtigen Balance

Mit Blick auf den Nahen und Mittleren Osten können die Vereinigten Staaten durchaus als widerwillige Macht bezeichnet werden, die ihre Präsenz in einer ungeliebten Region sukzessive erweiterte – auch gegen den eigentlichen Willen Washingtons, wenn regionale Dynamiken die Weltmacht immer wieder tiefer in die Region hineinziehen. Während das amerikanische Engagement in der Region angesichts der engen Beziehungen der USA zum israelischen Staat und der Rolle, die die US-Regierung sowohl in der Suez-Krise 1956 als auch im Yom-Kippur-Krieg 1973 spielte, vorwiegend durch das Prisma des arabisch-israelischen Konfliktes betrachtet wird, liegt der Schlüssel zum Verständnis des sich vertiefenden Fußabdrucks der USA im Nahen und Mittleren Osten eher am Persisch-Arabischen Golf. Mit der Ankündigung des Vereinigten Königreichs, sich ab 1968 aus seinen Gebieten »östlich von Suez« zurückzuziehen, drohte nach Abschluss des britischen Rückzugs im Jahre 1971 ein Machtvakuum.[4] Auch wenn das Ausfüllen dieser Lücke durch die USA nicht zwangsläufig war, war dennoch ein stetiger Ausbau des amerikanischen Engagements in der Region zu beobachten:[5] Ein erster Schritt war die Etablierung einer Zwei-Säulen-Politik am Golf, mit der Washington durch politische, finanzielle und militärische Ertüchtigung von Iran und

---

4 Vgl. Barr 2018; Smith 2013.
5 Oren 2007; Ulrichsen 2020, S. 4 f.

Saudi-Arabien die Aufrechterhaltung der regionalen Sicherheit an diese beiden regionalen Führungsmächte delegierte. Die Hauptrolle sollte hierbei der iranische Schah übernehmen, der sein Land als die natürliche Vormacht in der Golfregion betrachtete. Doch Washington vertiefte parallel dazu auch die Beziehungen zu Saudi-Arabien. Präsident Truman selbst teilte dem saudischen König Abdulaziz 1950 mit: »Es könnte keine Bedrohung für Ihr Königreich eintreten, die die Vereinigten Staaten nicht unmittelbar beunruhigen würde.«[6]

Der arabisch-israelische Krieg von 1973 und das anschließende Ölembargo, das von den arabischen Erdölproduzenten unter Führung Riads verhängt wurde, beförderten in Washington die Erkenntnis, dass sich die USA in der Region mehr selbst engagieren müssten und sich nicht ausschließlich auf deren Verbündete verlassen könnten. Der Aufstieg der Petromonarchien führte seither dazu, dass die amerikanische Nahostpolitik nun überwiegend energiepolitisch definiert wurde, was den Stellenwert der Golfregion für die amerikanische Politik weiter erhöhte.[7] Zudem wuchs in Washington die Hoffnung, dass sich durch die Unterzeichnung des Abkommens von Camp David im Jahr 1977 unter der Präsidentschaft Jimmy Carters der Konflikt zwischen Palästinensern und Israelis lösen oder zumindest entschärfen ließe.

Durch die Iranische Revolution von 1979 und die sowjetische Invasion in Afghanistan Ende desselben Jahres wurden die USA tiefer in die Golfregion verstrickt. Eine direkte Folge war die sogenannte Carter-Doktrin, die der Präsident in seiner Rede zur Lage der Nation am 23. Januar 1980 verkündete: »Unsere Position ist absolut klar: Ein Versuch einer äußeren Kraft, Kontrolle über die Region des Persischen Golfs zu gewinnen, wird als Angriff auf die lebenswichtigen Interessen der Vereinigten Staaten von Amerika angesehen, und ein solcher Angriff wird mit allen erforderlichen Mitteln, einschließlich militärischer Gewalt, abgewehrt werden.«[8] Mit seiner Erklärung verband der amerikanische Präsident ausdrücklich die Sicherheit der Golfregion mit der nationalen Sicherheit der USA selbst.

---

6 Zitat aus Yergin 2020, S. 60.
7 David M. Wight spricht von einer »von Petrodollars getriebenen Transformation des Mittleren Ostens«, vgl. Wight 2021.
8 Address by President Carter on the State of the Union before a Joint Session of Congress, Foreign Relations of the United States 1977–1980, 2022.

Der Sturz von Schah Reza Pahlavi und der Erfolg der Islamischen Revolution in Teheran beendeten auch die Zwei-Säulen-Politik der USA.[9] Saudi-Arabien allein war jedoch politisch und militärisch nicht in der Lage, den Wegfall des Iran als prowestlichen Stabilitätsanker zu kompensieren, weshalb diese Rolle zunehmend den Amerikanern selbst zufiel. Als im September 1980 der Iran-Irak-Krieg ausbrach, nahmen die USA zunächst eine abwartende Haltung ein, auch um nicht in eine direkte Konfrontation mit der einen oder anderen Konfliktpartei zu geraten und so in der Region selbst als Kriegsteilnehmer betrachtet zu werden. Die Revolution und insbesondere die Geiselnahme der amerikanischen Botschaftsangehörigen in Teheran hatten einerseits den Iran zu einem Feind der USA gemacht. Das Baath-Regime im Irak galt aber ebenfalls als problematisch, denn es trat als Teil der arabischen Abwehrfront auf, die das klare Ziel verfolgte, den Einfluss der USA in der Region einzudämmen und zurückzudrängen. Aus Sicht Washingtons sowie der arabischen Golfstaaten sollte jedoch ein iranischer Sieg über den Irak unbedingt verhindert werden, da sich sonst die islamische Revolution in der Region ausbreiten könnte – wie nicht zuletzt die Besetzung der Großen Moschee in Mekka Ende 1979 durch militante Islamisten zeigte, deren Ziel der Sturz des Königshauses Saud war. Daher wurde Bagdad dann doch die erforderliche amerikanische Unterstützung zuteil, um einen iranischen Vormarsch zu vereiteln. Mitte der 1980er Jahre erforderte der sogenannte Tankerkrieg, in dem der Iran und der Irak damit begannen, Angriffe auf die internationale Schifffahrt im Persisch-Arabischen Golf zu führen, den Einsatz des US-Militärs sowie das Umflaggen von Öltankern auf amerikanische Flagge, um Öllieferungen aus der Region zu schützen. Hierbei trafen amerikanische und iranische Streitkräfte direkt aufeinander, was die USA weiter in die Konfliktdynamik der Region hineinzog.

Das Ende des Iran-Irak-Krieges im Jahr 1988 erwies sich angesichts der Tatsache, dass die Ursachen des Konfliktes kaum angesprochen wurden, für die Vereinigten Staaten nur als kurze Verschnaufpause. Bereits im August 1990 stand mit dem irakischen Überfall auf Kuwait die nächste Krise vor der Tür. Anfang 1991 wurde unter Führung der USA eine multinationale »Koalition der Willigen« geschmiedet, die mehr als 500.000 Soldaten für eine Strafaktion gegen das Regime von Saddam Hussein bereitstellte. Diese Streit-

---

9 Insgesamt kritisch zu den amerikanischen Großvisionen für die Region, in der Präsident Reagan die Chance erblickte, »dem Weltfrieden und der Zukunft der Menschheit zu dienen«, die allerdings die Fähigkeiten der USA notorisch überschätzten, vgl. Simon 2023.

kraft bestand zwar fast ausschließlich aus amerikanischen Truppen, signalisierte jedoch die notwendige politische Rückendeckung in der Region, um den Einmarsch in Kuwait schnell und dauerhaft rückgängig machen zu können. Da Saddam Hussein nach der »Operation Desert Storm« jedoch an der Macht blieb, während die islamistische Regierung im Iran ebenfalls weiter ihre amerikafeindliche Politik verfolgen konnte, musste die amerikanische Militärpräsenz in der Region verstetigt werden. Zudem schlossen die USA mit mehreren arabischen Golfstaaten langjährige Verteidigungsabkommen ab.

Für die amerikanische Nahostpolitik war dies das Ende des *offshore balancing*, das Konflikte in der Region aus der Ferne bearbeitete, und der Beginn einer aktiven, durch amerikanische Truppen selbst durchgeführten, sogenannten doppelten Eindämmungspolitik: In einer Rede vor dem *Washington Institute of Near East Policy* erklärte der damalige Sonderbeauftragte für Angelegenheiten des Nahen Ostens und Südasiens, Martin Indyk, dass die USA nicht länger von den widerstreitenden Interessen und Animositäten der beiden »Backlash-Staaten« [Iran und Irak] abhängig sein würden, um die regionalen Aggressionen des jeweils anderen abzuschrecken, sondern »sowohl dem irakischen als auch dem iranischen Regime entgegenzuwirken, ohne sich auf das eine zu verlassen, um dem anderen entgegenzuwirken«.[10]

Diese doppelte Eindämmungsstrategie band nun amerikanische Machtmittel für einen längeren Zeitraum in der Region, einerseits, um nach der Befreiung Kuwaits Flugverbotszonen im Irak zu überwachen, und andererseits, um das Regime im Iran abzuschrecken. Die Konzentration der USA auf die Bedrohung der regionalen Sicherheit durch den Iran und den Irak hatte dabei zur Folge, dass sich Washington im Rest der Region auf die Unterstützung durch überwiegend autokratische Verbündete stützte. Zuvorderst waren dies die Golfmonarchien, hauptsächlich Saudi-Arabien, gefolgt von Jordanien unter König Abdullah, sowie in Nordafrika Ägypten unter Hosni Mubarak und Tunesien unter Zine El-Abidine Ben Ali.

Die Beziehungen zu Israel standen weiter im Mittelpunkt der amerikanischen Nahostpolitik. Washington betrachtete die Pflege enger Verbindungen zu Ägypten und Jordanien als entscheidend dafür, die Wahrscheinlichkeit eines regionalen Krieges im Zusammenhang mit dem arabisch-israelischen Konflikt zu minimieren. Dieses Beziehungsgeflecht sollte Israels Sicherheit gewährleisten, das in Washington häufig als einzige Demokratie

---

10 Rede am Washington Institute for Near East Policy, 1993, Clinton Presidential Library.

der Region bezeichnet wurde und wird. Ende 1991 riefen die USA die Friedenskonferenz von Madrid ins Leben. Damit wollten sie erstens den israelisch-palästinensischen Friedensprozess wiederbeleben, aber auch die arabische Welt und Israel in eine darüber hinausgehende regionale Sicherheitsarchitektur einbetten. Mit der Unterzeichnung des Osloer Abkommens zwischen Israel und den Palästinensern im Jahr 1993 und dem israelisch-jordanischen Friedensvertrag von 1994 wurden konkrete Fortschritte erzielt. Andere Bemühungen, die sich aus dem Friedensprozess von Madrid ergaben, wie der Aufbau einer breiteren, stabileren Sicherheitsstruktur im Nahen und Mittleren Osten, verloren dagegen schnell an Dynamik. Die USA waren trotz ihrer Vormachtstellung in der Region nicht imstande, die dafür notwendigen Kompromisse herbeizuführen. Bereits Ende der 1990er Jahre hatten die USA ihre Rolle als regionaler Friedensvermittler im Wesentlichen aufgegeben, da sie sich nicht in der Lage sahen, die tiefsitzenden Feindseligkeiten zwischen den regionalen Akteuren durch Vermittlung zu überwinden.

Al-Qaidas Terroranschläge vom 11. September 2001 zementierten in Washington dann einen stärker sicherheitspolitisch orientierten Ansatz gegenüber dem Nahen und Mittleren Osten, der 2003 im »War on Terror« und der Invasion des Irak gipfelte. Osama Bin Ladens Motivation, die Vereinigten Staaten direkt anzugreifen, lag in seinem Widerstand gegen die Stationierung von US-Truppen in seinem Heimatland Saudi-Arabien im Jahr 1990 begründet, die auf Einladung Riads geschah und das Königreich vor einer möglichen Aggression Saddam Husseins schützen sollte. Die Stationierung von Truppen zur Befreiung Kuwaits 1990 hatte also ein Jahrzehnt später verheerende Folgen für die USA selbst. Der Schock und die Wut über den 11. September führten zum festen Entschluss der Regierung George W. Bush, ein eindeutiges Zeichen amerikanischer Macht zu setzen: Es sollte sowohl eine direkte Antwort auf die Anschläge selbst sein, aber auch eine unzweideutige Botschaft für die Staaten im Nahen und Mittleren Osten, innerhalb ihrer Grenzen gegen terroristische Bedrohungen vorzugehen. Die Invasion des Irak im März 2003 übermittelte diese Botschaft klar und deutlich.

Während die amerikanische Übermacht in der Lage war, das Regime von Saddam Hussein innerhalb weniger Monate zu stürzen, verwandelte nach dem Einmarsch das Fehlen einer kohärenten politischen und wirtschaftlichen Wiederaufbaustrategie den militärischen Triumph der USA bald in einen Pyrrhussieg. Besonders schädlich waren die Entscheidungen des von neokonservativen Kräften innerhalb der Regierung Bush eingesetzten Zivilverwalters Paul Bremer, sowohl die irakischen Streitkräfte aufzulösen als auch jedem Mitglied der einstigen Staatspartei Ba'ath zu verbieten, in der neuen irakischen Regierung tätig zu werden. Das Bild der USA in der irakischen Bevölkerung wandelte sich schnell von dem eines Befreiers zu dem einer Besatzungsmacht, weil die neue Verwaltung grundlegende öffentliche Dienstleistungen wie die Stromversorgung zu langsam wiederherstellen und auch die Sicherheit vor Ort nur unzureichend gewährleisten konnte. Diese Frustrationen führten zu einem sich schnell ausbreitenden Aufstand, der die amerikanischen Opferzahlen in die Höhe schnellen ließ. Er setzte zudem eine Debatte in den USA in Gang, in dessen Verlauf die Bereitschaft in der amerikanischen Öffentlichkeit, die militärischen Einsätze zu unterstützen, bröckelte.

Die Invasion des Irak nach den Anschlägen vom 11. September führte auch zu Spannungen mit vielen amerikanischen Partnern in der Region: Saudi-Arabien und andere arabische Golfstaaten argumentierten vehement, es sei besser, die Eindämmungsstrategie gegenüber Irak fortzuführen, als eine Büchse der Pandora zu öffnen, die zu weitreichender regionaler Instabilität führen werde. In ihrer Einschätzung sollten die Golfstaaten recht behalten, weil der Iran schnell begann, das Machtvakuum im Irak auszunutzen, um sich selbst als Vetospieler in der irakischen Innenpolitik zu etablieren. Diese Situation hält bis heute an. Der damalige saudische Außenminister Prinz Saud al-Faisal unterstrich seine Frustration mit der amerikanischen Vorgehensweise 2005: »Wir haben gemeinsam einen Krieg geführt, um den Iran aus dem Irak herauszuhalten, nachdem der Irak aus Kuwait vertrieben wurde. Jetzt übergeben wir das ganze Land ohne Grund an den Iran.«[11]

Gleichzeitig wurden die USA immer tiefer in die inneren Angelegenheiten Afghanistans hineingezogen. Auch hier führte der von den USA primär verfolgte militärische Ansatz dazu, dass die lokale Bevölkerung kein Vertrauen in die amerikanische Politik entwickeln konnte, weil die entwicklungsfeindlichen politischen Verhältnisse im Land dadurch nicht verbessert wurden, sondern die westliche Militärpräsenz in den Provinzen vielmehr als Verbündete einer als korrupt und illegitim erachteten Regierung in Kabul wahrgenommen wurde. Das verstärkte den Rückhalt für die gewaltsame Opposition gegen diese Präsenz noch. Dass Washington jeden Eindruck von zuhause umstrittenem *Nation-Building* vermeiden wollte, führte zu einer vorwiegend taktischen statt strategischen, mithin einer reaktiven statt proaktiven

---

11 Reuters, 20.9.2005.

Herangehensweise an die Entwicklungen vor Ort in Afghanistan. Die Situation der Afghanen konnte so nicht nachhaltig verbessert werden. Verbunden mit der Tatsache, dass der Friedensprozess zwischen Israel und den Palästinensern weitgehend ins Stocken geraten war und die völkerrechtlich illegale Besetzung von Teilen der Westbank durch die israelische Siedlerbewegung von Washington geduldet wurde, führte dies zu einer weit verbreiteten Verurteilung der amerikanischen Nahostpolitik durch die Mehrheit der arabischen und nichtarabischen Bevölkerung in der Region.[12]

Der Arabische Frühling machte die Widersprüche, mit denen sich die USA in der Region konfrontiert sahen, noch deutlicher. Während Präsident Obama mit seiner Rede an der Universität Kairo im Juni 2009 einen »Neuanfang« in den Beziehungen zwischen den Vereinigten Staaten und Muslimen auf der ganzen Welt skizzierte,[13] befand sich seine Regierung bald in einem Dilemma: Wie sollte man auf die Proteste reagieren, die sich schnell auf den gesamten Nahen und Mittleren Osten ausbreiteten? Das Bekenntnis Washingtons zur Förderung von Freiheit, Demokratie und Rechtstaatlichkeit trat angesichts der Gefahr regionaler Instabilität schnell in den Hintergrund. Zwar wurde in Kairo der langjährige (amerikafreundliche) Autokrat Hosni Mubarak im Februar 2011 von Washington politisch fallengelassen. Doch die Forderung der Regierung Obama nach einem Regierungswechsel in Ägypten wurde bald von anderen Regierungen im Nahen Osten als Warnzeichen gelesen, dass auch sie sich bald im amerikanischen Spannungsfeld zwischen Demokratieförderung (Idealismus) und fortgesetzter Partnerschaft (Realismus) wiederfinden könnten. Das Ende Mubaraks musste den arabischen Regierungen als weiteres Beispiel für die Unzuverlässigkeit der USA erscheinen.

Die Reaktion dieser Länder war eine weitere Entfremdung von der von Washington vorgegebenen Politik sowie ihre Entschlossenheit, eine konterrevolutionäre Politik zu verfolgen, um das Überleben der bestehenden Regime zu sichern. Während der zweiten Amtszeit Obamas, als die durch den Arabischen Frühling ausgelöste Begeisterung nachließ und Probleme wie die Instabilität des Irak anhielten, drehte sich die Stimmung in Washington: Das eigene Engagement sollte verringert und den Partnern in der Region mehr Verantwortung für die regionale Sicherheit überlassen werden. Die klare Botschaft der Regierung Obama an diese Staaten war, dass die Region

---

12 Meinungsumfragen dokumentieren dies: Pew Research Center 2009.
13 Obama 2009.

lernen müsse, »ihre Nachbarschaft zu teilen«, und nicht darauf warten dürfe, dass die USA bestehende Konflikte entweder eindämmten oder lösten.[14] Gemeint war in diesem Zusammenhang insbesondere die Rivalität zwischen Saudi-Arabien und dem Iran.

Bereits zum Zeitpunkt des Amtsantritts der Regierung Barack Obamas war jedoch deutlich geworden, dass der nahostpolitische Ansatz der USA verändert oder zumindest strategisch angepasst werden musste. Denn die letzte Phase des amerikanischen Idealismus war an den Realitäten in der Region gescheitert: Hatten die USA den Irak-Krieg 2003 noch unternommen, um nach der Absetzung Saddam Husseins im Irak ein demokratisches Modell für die Region zu etablieren und damit auch die fortdauernde Macht der USA zu demonstrieren, wurde allerdings schnell deutlich, dass viele dieser Ideen auf naiven Annahmen, auf Wunschdenken und auch einer gewissen Hybris basierten.[15] Wie schon in der Vergangenheit führte die widersprüchliche Politik, einerseits demokratisch verfasste, rechenschaftspflichtige Regierungen zu fördern und zugleich autokratische Regime zu unterstützen, dazu, dass letztere schnell wieder die Oberhand gewannen – weil auch die Regierung Obama in ihrer Nahostpolitik mehr Realismus einziehen ließ und wohl auch einziehen lassen musste.

2. Tiefgreifender Wandel in den Beziehungen zu Washington

Die Vereinigten Staaten haben im Nahen und Mittleren Osten stets eine Reihe grundlegender und konsistenter Interessen verfolgt: Erstens waren die USA als *offshore balancer* immer entschlossen, jede Destabilisierung des regionalen Systems durch einen übermäßigen Einflussgewinn einzelner Mächte zu verhindern, seien es der sowjetische Einfluss während des Kalten Krieges, die russische Präsenz in der Gegenwart, der revolutionäre Iran nach 1979 oder der expansionistische Irak unter Saddam Hussein 1990. Zweitens garantieren die USA das Existenzrecht Israels, einschließlich aller notwendigen militärischen Unterstützungsleistungen, um sich selbst effektiv verteidigen zu können. Dieser Israel-Faktor bestimmt bis heute den Umfang und die Tiefe der amerikanisch-arabischen Beziehungen. Drittens halten die USA die Seewege offen und stellen damit die globale Energie-

---

14 Goldberg 2016.
15 Burns 2019.

versorgung sicher. Für Washington ist eine zuverlässige Erdölförderung ein globales öffentliches Gut und steht deshalb im Zentrum des nationalen Interesses. Viertens versuchten die USA stets, allein oder im Verbund mit ihren regionalen Verbündeten, einen regionalen Flächenbrand zu verhindern, so in den arabisch-israelischen Konflikten von 1956, 1967 und 1973. Ein solcher Krieg, der die gesamte Region in Mitleidenschaft ziehen würde, wird in Washington als Gefahr für die ersten drei Kerninteressen betrachtet.

In jüngerer Zeit traten weitere Interessen hinzu, darunter der Kampf gegen den Terrorismus, die Unterbindung regionaler nuklearer Proliferation sowie die Stabilisierung der Staaten in der Region, um Staatszerfall wie in Libyen, aber auch einen erneuten Arabischen Frühling zu verhindern. Die gescheiterte Freiheitsrevolution hat gezeigt, dass politische Instabilität nicht zu Liberalisierung führt und Entwicklungsfortschritte zunichtemacht. Stabilität hat für die USA deshalb Vorrang vor einer möglichen gesellschaftspolitischen Modernisierung in den einzelnen Staaten des Nahen und Mittleren Ostens. Dieses Interesse teilt Washington mit seinen wichtigsten Verbündeten in der Region, darunter Israel wie auch die Golfmonarchien.

Während amerikanische Interessen im Nahen Osten eine gewisse Konstanz aufweisen, gilt das nicht für die regionalen Dynamiken, innerhalb derer sich Washingtons Nahostpolitik abspielt. Als Reaktion hierauf haben die Vereinigten Staaten eine Reihe von taktischen Anpassungen ihrer Nahostpolitik vorgenommen, auch um ihre übergeordneten strategischen Ziele weiter verfolgen zu können. Zugleich hat der Nahe und Mittlere Osten seine zentrale Stellung in der US-Außenpolitik verloren, so dass der – auch nach dem Krieg gegen die Hamas – herrschende überparteiliche Konsens in Washington lautet, das amerikanische Engagement in der Region zu reduzieren und sich stattdessen auf die sich verstärkende Rivalität mit China sowie auf andere Herausforderungen wie den Klimawandel und die russische Invasion der Ukraine zu konzentrieren. Diese Debatte ist nicht neu: Bereits im Jahre 2012 empfahl ein Gremium des Senats der Vereinigten Staaten, dass die USA ihre militärische Präsenz im Nahen und Mittleren Osten deutlich reduzieren und auf eine stärkere Lastenteilung mit ihren Verbündeten setzen sollten, die Mitglied im Golfkooperationsrat (GCC) sind. Bei letzterer handelt es sich um eine ambitionierte Regionalorganisation, bestehend aus Bahrain, Katar, Kuwait, Oman, Saudi-Arabien und den Vereinigten Arabischen

Emiraten (VAE).[16] Seitdem hat sich diese Debatte nicht nur weiter intensiviert, sondern auch zunehmend polarisiert. Während einige Kommentatoren vorschlagen, dass sich die USA vollständig aus der Region zurückziehen und ihre Position als kaum selbst involvierter *offshore balancer* wieder einnehmen müssten, um nur dann in regionale Entwicklungen einzugreifen, wenn es absolut notwendig sei, stellen andere das bestehende Beziehungsgefüge insgesamt in Frage und fordern eine klare Distanzierung der USA von ihren traditionellen Verbündeten in der Region.[17]

Die amerikanische Nahostpolitik wird auch in Zukunft in und von der Golfregion bestimmt werden, da sich das Machtgefüge im Nahen und Mittleren Osten eindeutig zu Gunsten der GCC-Staaten verschoben hat. Innerhalb dieser Staatengruppe ist die Sorge groß, die USA könnten sich dauerhaft aus der Region zurückziehen, was auch zu einem reduzierten Engagement Washingtons für deren Sicherheit führen würde. Der plötzliche und überstürzte Rückzug aus Afghanistan im August 2021 sowie das Versäumnis der USA, einerseits auf die Angriffe des Iran oder von diesem unterstützter Gruppen auf die saudischen Ölanlagen in Abiqaiq und Khurais im September 2019 adäquat und andererseits auf den Raketen- und Drohnenangriff auf die VAE Anfang 2022 kraftvoll zu reagieren, werden von den Golfmonarchien als klares Signal dafür gewertet, dass der alte Grundsatz »Sicherheit für Öl«, der die Beziehungen zwischen beiden Seiten jahrzehntelang definierte, bald nicht mehr gelten könnte. In diesem Zusammenhang verlautbarte der Berater des Präsidenten der VAE für diplomatische Angelegenheiten Anwar Gargash: »Wir werden in der kommenden Zeit sehen, wie sich Amerikas Fußabdruck in der Region wirklich entwickeln wird. Ich glaube, wir wissen es noch nicht, aber Afghanistan ist [hierfür] definitiv ein Test, und um ehrlich zu sein, ist es ein sehr besorgniserregender Test.«[18] Die ausbleibende Reaktion Washingtons auf Bedrohungen, die von den GCC-Staaten als unmittelbar schädlich für deren Sicherheit betrachtet werden, offenbart sowohl die militärische Verwundbarkeit der Region als auch die Zweifel der Golfmonarchien, das Abhängigkeitsverhältnisses zu den USA in Bezug auf die eigene Landesverteidigung fortzusetzen. Offenbar haben die gemeinsamen Interessen der letzten Jahrzehnte nicht zu einem größeren gegenseitigen Vertrauen geführt. Infolgedessen erklärte Prinz Turki Bin Faisal Al-Saud, der

---

16 United States Senate 2012.
17 Indyk 2020.
18 Reuters, 3.10.2021.

ehemalige saudische Geheimdienstchef, dass der GCC seine Zukunft »außerhalb des westlichen Paradigmas« denken müsse.[19]

Angesichts ihrer Defizite bei den eigenen Verteidigungsfähigkeiten müssen die GCC-Staaten vorerst weiter konkrete Sicherheitsgarantien Washingtons für die regionale Stabilität einfordern. Präsident Biden erklärte bei seinem Besuch im Juli 2022 selbst: »Lassen Sie mich klar sagen, dass die Vereinigten Staaten ein aktiver, engagierter Partner im Nahen und Mittleren Osten bleiben werden«, um abschließend zu versichern, »dass die Vereinigten Staaten nirgendwohin gehen werden«.[20] Die Entscheidung von Präsident Biden, seine erste Amtsreise als Präsident nach Riad zu unternehmen, war ein klares Signal in diese Richtung. Doch von Anfang an war die Reise von erheblichen Kontroversen geprägt, hatte Joe Biden doch während des Präsidentschaftswahlkampfs Saudi-Arabiens noch als Paria-Staat charakterisiert sowie weitere amerikanische Waffenlieferungen an das Königreich aufgrund des andauernden Krieges im Jemen eingeschränkt. In diesem Zusammenhang erklärte Präsident Biden in einem Gastkommentar in der *Washington Post* am 9. Juli 2022, dass das Ziel seiner Reise darin bestehe, »die Beziehungen zu dem Land, das seit 80 Jahren ein strategischer Partner ist, neu auszurichten – aber nicht abzubrechen.«[21] Insgesamt bleibt die Politik seiner Regierung aber von der gleichen skeptischen Haltung gegenüber einem weiteren Engagement in der Region beherrscht, wie sie bereits die Regierungen Obama und Trump prägte. Die amerikanische Nahostpolitik solle sich realistischere Ziele setzen, was Washington in der Region erreichen könne und was nicht.

Die Beziehungen zwischen Washington und Riad können mithin als Richtschnur für die künftige amerikanische Nahostpolitik dienen: So wie Saudi-Arabien in Bezug auf seine Sicherheit alternativlos auf die USA angewiesen bleibt, haben auch die USA keinen anderen Partner, durch den ihr Einfluss in der Region aufrechterhalten werden könnte. Denn der Irak kämpft auch 20 Jahre nach dem amerikanischen Einmarsch weiter mit innenpolitischer Instabilität, Syrien liegt seit dem Ausbruch des Bürgerkriegs 2011 und der russischen Intervention in Trümmern, Ägypten ist ein Schatten seiner selbst und wirtschaftlich und sozial tief gespalten. Auch die Hoffnung einiger politischer Kreise in Washington, durch das Nuklearabkommen,

19 Harris 2021.
20 Holland/Renshaw 2022.
21 Biden 2022.

den »Joint Comprehensive Plan of Action« (JCPOA), einen Normalisierungsprozess mit dem Iran einzuleiten, hat sich nicht erfüllt. Darüber hinaus werden die Beziehungen zwischen Riad und Washington mit dem Aufstieg Muhammad bin Salmans als Kronprinz und zukünftigem Herrscher Saudi-Arabiens aller Wahrscheinlichkeit nach in eine Phase größerer Volatilität und Instabilität eintreten. Beide Seiten stellen ihre Beziehungen zueinander zunehmend in Frage,[22] mit dem möglichen Ergebnis, dass Saudi-Arabien zwar nicht als Antagonist betrachtet würde, aber seinen Status als Verbündeter verlieren könnte.[23]

Hinweise, dass sich die Beziehungen zwischen den USA und Saudi-Arabien in einem tiefgreifenden Wandlungsprozess befinden, gibt es mindestens seit der Jahrtausendwende:[24] Immer wieder werden staatliche Unterstützungsprogramme der USA für Saudi-Arabien eingefroren, so etwa 2004, als der US-Kongress der Ansicht war, das Land sei im Kampf gegen den Terrorismus nicht kooperativ genug. Dass die Beziehungen zwischen Riad und Washington jedoch selbst den 11. September 2001 überleben konnten, ist bemerkenswert und deutet auf ein gewisses Maß an gegenseitiger Verbundenheit. Doch die Rufe nach einer Neubewertung der Beziehungen zu den Vereinigten Staaten kommen zunehmend aus den Golfstaaten selbst.[25] Die Bereitschaft der arabischen Staaten, sich amerikanischen politischen Positionen auch aktiv zu widersetzen, ist ein qualitativ neuer Faktor in den bilateralen Beziehungen mit den USA. Die Beziehungen sind transaktionaler geworden.

---

22 Luck 2020. Auch die amerikanischen Vermittlungsversuche einer saudisch-israelischen Normalisierung – einschließlich eines möglichen Transfers ziviler Nukleartechnologie an Riad – ändern an diesem Befund nichts: Die Partner wollen die Grundlagen ihrer bilateralen Beziehung transformieren.

23 Friedman/Bayoumy 2019.

24 Vgl. z.B. Chanin/Gause 2003; Pollack 2003; Oxford Analytica 2003. Im April 2003 gab der damalige Verteidigungsminister Donald Rumsfeld bekannt, dass die Vereinigten Staaten ihre Truppen aus Saudi-Arabien auf Bitten der Regierung in Riad abziehen würden, wo sie seit der Operation »Desert Storm« im Jahr 1991 stationiert gewesen waren.

25 Der saudische Analyst Nawaf Obaid schrieb 2011: »For more than 60 years, Saudi Arabia has been bound by an unwritten bargain: oil for security [...] American missteps in the region since September 11, an ill-conceived response to the Arab protest movements and an unconscionable refusal to hold Israel accountable for its illegal settlement building has brought this arrangement to an end.« Vgl. Obaid 2011. Auch die VAE verfolgen eine von den USA unabhängigere Außenpolitik, vgl. Steinberg 2020.

3. Der Nahe und Mittlere Osten im Zeichen einer neuen Multipolarität

2023 blieben die USA der wichtigste Partner für viele Staaten des Nahen und Mittleren Ostens, aber die Region befindet sich zugleich im Übergang zu einer stärker multipolar geprägten Ordnung, in der auch nichtwestliche Großmächte dort Einfluss zu nehmen suchen. Die Vereinigten Staaten werden in der Region nicht mehr als alleiniger Garant der regionalen Sicherheit betrachtet. Ob der Ruf der Vereinigten Staaten als konstruktiver Akteur im Nahen und Mittleren Osten je wiederhergestellt werden kann, erscheint heute zweifelhaft. Auch die Verbündeten der USA stellen zunehmend ihre Entschlossenheit unter Beweis, ihre eigenen strategischen Autonomiegrade zu vergrößern. So ging es beim 2021 begonnenen Dialog zwischen Riad und Teheran sowohl um die Lösung bilateraler Probleme, auch wenn Saudi-Arabien darüber hinaus direkte Verbindungen zum Iran herstellen möchte, die nicht von Washington beaufsichtigt oder kontrolliert werden. Zudem ging die Initiative für die jüngsten regionalen Entspannungsbemühungen in Bezug auf den Iran, die Türkei und Israel (Abraham-Abkommen) von den GCC-Staaten aus, nicht primär von Washington.

Die strategischen Interessen und Prioritäten der USA und ihrer Partner in der Golfregion entwickeln sich auseinander. Während Washington für eine neue regionale Ordnung als regionales Bündnis gegen den Iran eintritt,[26] hat der saudische Außenminister, Prinz Faisal bin Farhan Al-Saud, solchen Ideen eine deutliche Absage erteilt. Auf der Pressekonferenz zum Dschidda-Gipfel für Sicherheit und Entwicklung im Juli 2022 stellte er fest, dass es so etwas wie eine »arabische NATO« nicht geben wird. Der diplomatische Berater der Vereinigten Arabischen Emirate, Anwar Gargash, ließ verlautbaren, dass dies ein »theoretisches« Konzept sei und für die VAE keine Option darstelle:[27] »Wir sind offen für eine Zusammenarbeit, aber nicht für eine Zusammenarbeit, die gegen ein anderes Land in der Region abzielt, und ich erwähne ausdrücklich den Iran [...]. Die VAE werden keiner Gruppe von Ländern beitreten, die eine Konfrontation als Richtung vorgeben.«[28] Der sicherheitspolitisch-militärische Ansatz, den die USA nach dem 11. September eingeschlagen haben, ist mit der Politik der arabischen Golfstaaten nicht

---

26 Vgl. den Vorschlag für eine *Middle East Strategic Alliance*, auch *Arab NATO* genannt: Farouk 2019.
27 Jacobs/Foucher 2022.
28 Irish 2022.

mehr uneingeschränkt vereinbar, weil diese Staaten ihre eigene wirtschaftliche und politische Zukunft durch die anhaltenden Spannungen in der Region bedroht sehen.

In dieser strategischen Divergenz spielt auch die Palästinenserfrage eine Rolle: Der ehemalige saudische König Abdullah war Ende August 2001, also kurz vor den Anschlägen des 11. September, so frustriert von der amerikanischen Nahostpolitik, dass er an den damaligen Präsidenten Bush schrieb, dass »eine Zeit kommt, in der sich Völker und Nationen trennen. Wir stehen an einem Scheideweg. Es ist an der Zeit, dass sich die Vereinigten Staaten und Saudi-Arabien mit ihren getrennten Interessen befassen.«[29] Denn eine zentrale Enttäuschung auf saudischer Seite bleibt die Tatsache, dass es auch die nachfolgenden US-Regierungen versäumt haben, die von König Abdullah vorgeschlagene arabische Friedensinitiative als Beitrag zur Lösung des Konflikts in Palästina konstruktiv aufzugreifen. Auch während seines Besuchs in Israel im Juli 2022 und unmittelbar vor seiner Ankunft in Riad erwähnte Präsident Biden diese Friedensinitiative mit keinem Wort. Während die VAE und Bahrain ihre Beziehungen zu Israel im Rahmen der Abraham-Abkommen dennoch weitgehend normalisiert haben, betrachtet Saudi-Arabien Fortschritte bei der Lösung der Palästinenserfrage als wesentlich, um einem solchen Schritt zu folgen. Insofern bleibt der Nahe Osten ein Mosaik beweglicher Teile.

Auch in Bezug auf den Iran bleibt die Strategie Washingtons in den Augen der Golfstaaten uneindeutig. Die Tatsache, dass die USA im Vorfeld des JCPOA von 2015 zahlreiche Geheimgespräche mit dem Iran geführt haben, sahen die Golfstaaten als weiteren Beleg dafür, dass die USA hinter ihrem Rücken verhandelten. Die GCC-Staaten fürchten, dass Washington und Teheran eine Einigung über ihre Köpfe hinweg erzielen könnten, die im Zusammenhang mit dem Nuklearabkommen dem Iran wie schon während der Pahlavi-Zeit wieder eine vorherrschende Position in der Region zuspricht. Präsident Biden hat zwar erklärt, dass er entschlossen sei, den Iran daran zu hindern, Atomwaffen zu erwerben. Auch der Sicherheitspakt, den er während seines Besuchs in Israel unterzeichnete, verpflichtet die USA, dem Iran den Atomwaffenstatus zu verwehren. Präsident Biden hat jedoch auch seine Überzeugung bekräftigt, dass dieses Problem diplomatisch zu lösen sei. Diese Uneindeutigkeit zwingt die GCC-Staaten dazu, gegenüber Teheran ihre eigenen Wege zu gehen.

---

29 Dorsey 2001.

Schließlich stellt sich die Frage, welche Art von Beziehung der Nahe und Mittlere Osten zu Asien pflegen möchte, insbesondere zu China und Russland – auch als potenzielle Alternative zu den Vereinigten Staaten. Washington besteht darauf, dass die arabischen Staaten ihren Teil dazu beitragen, dem Aufstieg Chinas entgegenzuwirken und Pekings Einfluss zumindest in ihrer Weltregion zu begrenzen. Im Juni 2020 forderte der damalige stellvertretende US-Außenminister für Angelegenheiten des Nahen Ostens, David Schenker, dass vor allem die GCC-Verbündeten chinesische »Investitionen, Großaufträge und Infrastrukturprojekte sorgfältig prüfen« sollten, und warnte, dass diese »auf Kosten von Wohlstand, Stabilität, fiskalischer Tragfähigkeit und der langjährigen Beziehung zu den Vereinigten Staaten gehen könnten«.[30] Der Golfkooperationsrat strebt jedoch für seine Mitgliedsstaaten nach politischen und Handelsbeziehungen mit China wie auch mit den anderen asiatischen Staaten. Diese gehören nicht nur zu den größten Importeuren von Erdöl aus der Golfregion, die wirtschaftlichen und politischen Verbindungen nach Asien sind darüber hinaus eine wichtige Grundlage für die Diversifizierung der Volkswirtschaften am Golf. Auch bleibt China eine bedeutsame Quelle von Hochtechnologie, einschließlich der dafür notwendigen seltenen Erden – aber auch des Materials, das Handelsbeschränkungen durch die USA unterliegt. Sowohl Nuklear- als auch Drohnentechnologie sind hierfür typische Beispiele. Der saudische Staatsminister für Auswärtige Angelegenheiten, Adel Al-Jubair, erklärte, dass das Königreich seine Beziehungen weiter autonom diversifizieren werde: »Wir bauen Brücken zu den Menschen, wir sehen das eine nicht als ausschließlich für das andere an [...]. Wir wollen in der Lage sein, mit allen Umgang zu haben, und wir wollen mit allen in Kontakt treten können.«[31] Während seines Besuchs im Riad betonte Präsident Biden zwar: »Wir werden nicht weggehen und ein Vakuum hinterlassen, das von China, Russland oder dem Iran gefüllt werden könnte.«[32] Klar ist jedoch schon heute, dass die wirtschaftliche Zukunft des Nahen und Mittleren Ostens vor allem in Asien liegt, wie die Handelsbilanzen der letzten Jahre zeigen: So übertraf das Handelsvolumen zwischen dem GCC und der Volksrepublik China 2021 erstmals den kombinierten Warenhandel des GCC mit den USA sowie mit der Eurozone.[33]

---

30 Harris 2020.
31 Turak 2022.
32 Associated Press, 16.7.2022.
33 Neve 2022.

Die russische Invasion in der Ukraine hat zu Spannungen zwischen den arabischen Staaten und den USA geführt. Obwohl die Region nicht Teil des Konflikts ist, werden dessen Sicherheit und wirtschaftliche Entwicklung auch von den Ereignissen in Kiew und Moskau beeinflusst. Zugleich schwindet der Einfluss Washingtons auf seine regionalen Partner auch bei für den Westen sensiblen Themen: So enthielten sich die VAE im UN-Sicherheitsrat bei der Abstimmung über eine erste Resolution zur Verurteilung des russischen Angriffskrieges, und Saudi-Arabien erhöhte seine Ölproduktion Anfang Oktober 2022 auch deshalb nicht, um die OPEC+-Abkommen mit Russland nicht zu unterminieren. Beide Seiten, Amerika wie auch die regionalen Akteure, müssen sich auf die Konsequenzen des Krieges gegen die Ukraine einstellen, insbesondere auf die Tatsache, dass der Krieg noch einige Zeit andauern könnte und die Sanktionen gegenüber Russland ebenfalls lange aufrechterhalten werden. Dennoch sind die arabischen Länder nicht bereit, ihre eigenen Beziehungen zu Moskau einzuschränken.

Die Akteure im Nahen und Mittleren Osten sind sich dennoch bewusst, dass China und Russland trotz aller wirtschaftlichen und politischen Verflechtung die jahrzehntelang gewachsenen, tiefen Bande zu Washington vorerst nicht, vielleicht niemals ersetzen können. Die Vereinigten Staaten bleiben für viele Länder der Region der unverzichtbare Sicherheitspartner. Angesichts der volatilen regionalen Sicherheitslage müssen die arabischen Staaten jedoch sicherheitspolitisch auch eigene Wege gehen und sich von ihrer einseitigen Abhängigkeit von den USA lösen – eine Herausforderung, die in ihrem Ausmaß vielleicht mit der Überwindung der deutschen Energieabhängigkeit von Russland vergleichbar ist. In einer Umfrage vom Sommer 2022 gaben 59 Prozent der Befragten aus Saudi-Arabien an, dass angesichts des schwindenden Vertrauens in die USA Russland und China als potenzielle Partner betrachtet werden sollten.[34] Es gibt also Anzeichen für ein neues, größeres Machtspiel um den Nahen und Mittleren Osten. In der Region will man aus dieser aufkeimenden Multipolarität durch strategische Autonomie den größten Nutzen ziehen – damit die arabischen Staaten Akteure und nicht Arena in dieser Multipolarität werden.

---

34 Pollack 2022.

4. Ausblick: »Old habits die hard«

Dennoch muss Washington feststellen, dass alte Gewohnheiten nur schwer abzulegen sind. Im Juli 2022 waren noch immer 68.000 US-Soldaten und große Mengen vorpositionierter militärischer Ausrüstung im Nahen und Mittleren Osten stationiert, die bei Bedarf jederzeit abrufbar sind. Für die USA bleiben Waffenlieferungen an nahöstliche Staaten eine tragende Säule der heimischen Verteidigungsindustrie. Allein nach Saudi-Arabien haben die USA seit 1973 Waffen im Wert von mehr als 47 Milliarden US-Dollar geliefert, betrachtet man die gesamte Region, so summieren sich die Waffenverkäufe in diesem Zeitraum auf über 170 Milliarden US-Dollar.[35] Die Gefährdung der Sicherheit des Staates Israel sowie die Bedrohung durch den Terrorismus setzen weitere starke Anreize, die Region auch in Zukunft politisch nicht zu vernachlässigen.

Unklar bleibt, welche Konsequenzen ein Rückzug der USA aus dem Nahen und Mittleren Osten genau hätte. Weil der Nahe und Mittlere Osten die einzige Weltregion ist, die keinen regionalen Konfliktlösungsmechanismus hat, sieht sich Washington immer wieder in der Pflicht, dort zumindest ein Mindestmaß an Stabilität zu gewährleisten. Angesichts dieser Tatsache ist der Vorschlag, die Staaten in der Region sollten mehr Verantwortung zur Bewältigung ihrer eigenen Probleme übernehmen, nur schwer realisierbar. Aber auch die USA müssen sich den Vorwurf gefallen lassen, dass ihre eigene Politik der letzten Jahrzehnte mehr dazu beigetragen habe, die Region zu destabilisieren, als einen Beitrag zu einem funktionierenden Sicherheitsmanagement zu leisten.[36]

In der Folge sind die Beziehungen zwischen den Vereinigten Staaten und ihren Verbündeten im Nahen und Mittleren Osten zunehmend transaktional geprägt und nicht mehr von vornherein kooperativ. Mit dem Ende des Kalten Krieges fehlt heute ein gemeinsamer strategischer Rahmen, der divergierende Interessen zwischen den Partnern zusammenhalten könnte. Durch die Beziehungen im Verteidigungs- und Energiebereich bleiben die Staaten des Nahen und Mittleren Ostens mit den USA verflochten, doch die Beziehungen sind zunehmend durch unterschiedliche Weltanschauungen bestimmt.

---

35 Vgl. SIPRI Arms Transfer Database 2023. Der saudische Staatsfonds hält darüber hinaus amerikanische Staatsanleihen im Gesamtwert von ca. 113 Milliarden US-Dollar, die VAE halten weitere 70 Milliarden US-Dollar; vgl. Statista 2023.
36 Cordesmann 2021. In Bezug auf Präsident Trump vgl. Simon 2020.

Die Zukunft der amerikanischen Nahostpolitik bleibt daher ungewiss: Einerseits ist der Region Washingtons Aufmerksamkeit sicher, weil amerikanische Kerninteressen in den Bereichen Energiesicherheit, nukleare Nicht-Proliferation und Kampf gegen den Terror berührt bleiben – aber auch, weil gerade die arabische Halbinsel im Gegensatz zu den Staaten in Nordafrika und an der Levante die kohärenteren, stabileren und dynamischeren Akteure beheimatet. In diesem Teil des Mittleren Ostens wird die Position der USA andererseits ständig herausgefordert, auch aufgrund der Tatsache, dass Washington sich mit einer durchsetzungsfähigen und selbstbewussten Generation von Golfherrschern konfrontiert sieht.[37]

Das amerikanische Engagement in der Region wird weitergehen. Die kommenden Jahre werden aller Wahrscheinlichkeit nach von einer Dichotomie zwischen fortgesetztem Engagement und der Suche nach alternativen Einflussmechanismen gekennzeichnet sein – geleitet vom Bestreben, die politischen, wirtschaftlichen und militärischen Kapazitäten der amerikanischen Verbündeten in der Region zu stärken, damit diese einige der gegenwärtigen und künftigen Herausforderungen selbst bewältigen können. Es bestehen dennoch berechtigte Zweifel, ob ein solcher Ansatz die Stabilität der Region insgesamt verbessern wird.

Die Crux des amerikanischen Engagements wird dabei stets die widersprüchliche Erwartungshaltung der regionalen Akteure bleiben. Man könnte das die »Treibsand-Theorie« im Nahen und Mittleren Osten nennen: Jedes Engagement sowie jedes Nichthandeln des *offshore balancer* müssen von den Vertretern regionaler und nationaler Autonomie als Anmaßung und Einmischung empfunden werden, während es den kooperativ eingestellten regionalen Verbündeten als zu zaghaft oder zu wankelmütig erscheint. Washington tut stets also zugleich zu viel und zu wenig in der Region. Auch diese undankbare Verstrickung will das Bild vom Treibsand einfangen. Das letzte Kapitel der glücklosen amerikanischen Erfahrung im Nahen und Mittleren Osten ist somit noch nicht geschrieben.

---

37 England/Al-Atrush/Schwartz/Kerr 2022.

Kontinuität und Wandel versuchter Einflussnahme an der »strategischen Peripherie« vom 19. bis zum 21. Jahrhundert: Russland und der »Nahe Süden«

Bastian Matteo Scianna

»What is Russia up to in the Middle East?«, fragte Dmitri Trenin 2018.[1] Das direkte, auch militärische Eingreifen Wladimir Putins in den syrischen Bürgerkrieg kam für manche Beobachter überraschend, während es für andere abermals die expansive Außenpolitik und aggressive Machtprojektion des Kremls demonstrierte. Doch welche Interessen verfolgt Moskau in der Region, die von Russland aus gesehen auch der »Nahe Süden« genannt werden kann? Eine Untersuchung der russischen Nahostpolitik muss der Frage nach Kontinuitäten und Diskontinuitäten im Vergleich zur sowjetischen Ära nachgehen und allgemeine Entwicklungsmuster der russischen Außenpolitik seit 1991 einbeziehen. Viacheslav Morozov hat zu Recht darauf hingewiesen, dass man prinzipiell zwei Denkschulen unterscheiden kann. Auf der einen Seite argumentiert eine Mehrheit, dass nach dem Zusammenbruch der UdSSR das strategische Hauptziel des Kremls die Wiedereingliederung in die internationale Staatengemeinschaft und eine Annäherung an die USA und die Europäische Union (EU) gewesen sei, wodurch man Wohlstand und Frieden habe sichern wollen. Folgt man dieser Sichtweise, wich die selektive Kooperation seit den späten 1990er Jahren einer zunehmend konfrontativen Haltung – sei es, weil russische Befindlichkeiten und Interessen ignoriert worden waren oder Moskau die westlichen Sicherheits- und Ordnungsmodelle offener abzulehnen begann.[2] Die zweite Denkschule negiert, dass es jemals eine Prioritätenverschiebung gegeben hatte. Demnach habe Russland immer versucht, einen Großmachtstatus zurückzugewinnen und ei-

---

1 Vgl. Trenin 2018.
2 Vgl. Morozov 2022, S. 15 f.

ne exklusive Einflusssphäre an den Rändern des eigenen Staatsgebietes zu etablieren.[3] Nur die eigene Schwäche während der 1990er Jahre habe eine (temporär) eher zurückhaltende Außenpolitik bedingt, die durch die Wiedererlangung außen- und verteidigungspolitischer Handlungsfähigkeit sofort *ad acta* gelegt worden sei.

Dieser Aufsatz geht von der Prämisse aus, dass es geopolitische Grundkonstanten und langfristige Interessen sowohl des Zarenreichs als auch der Sowjetunion und der Russischen Föderation im Nahen Osten gab (und gibt). Diese manifestierten sich unterschiedlich und waren nie deckungsgleich, doch gewisse Kontinuitätslinien stechen hervor. Um sowohl Unterschiede als auch Ähnlichkeiten herauszuarbeiten, wird im Folgenden eine historische Analyse der Zeit vor 1990 vorangestellt. Außenpolitik findet nicht in einem luftleeren Raum statt, weshalb stellenweise auch auf die innenpolitischen Entwicklungen eingegangen wird.[4] Die Nahostpolitik soll hierbei als Teil der gesamten Außenpolitik betrachtet werden. Denn trotz des oftmals zweitrangigen Stellenwerts der Region versuchten die Machthaber in Moskau ihren Einfluss dort zu vergrößern, um in Europa bzw. gegenüber dem Westen ihre Interessen besser durchsetzen zu können. Der »Nahe Süden« war somit nicht nur Peripherie, sondern stellenweise ein wichtiger Hebel für übergeordnete außenpolitische Ziele, weshalb man von einer »strategischen Peripherie« sprechen kann.

1.   Sozialismus in der Wüste? Die Sowjetunion und der Nahe Osten

Bereits das zaristische Russland sah die Landnahme gen Osten und Süden als messianische Aufgabe und Grundlage des eigenen imperialen Anspruchs an. Die eigene Machstellung schien aufgrund von Instabilität oder Überfällen an den langen Landgrenzen, wie schon in den Zeiten vor der Romanow-Dynastie, immer wieder gefährdet.[5] Das Zarenreich expandierte im 19. Jahrhundert und fürchtete sich zugleich vor etwaigen Bedrohungen an den westlich-europäischen, aber auch an den südlichen Grenzen zum Kaukasus

---

3 Ebd., S. 16.
4 Vgl. hierzu Issaev 2022; Adomeit 2017.
5 Borshchevskaya 2022, S. 8 ff.

und dem Nahen Osten.[6] Durch zahlreiche Kriege gegen das Osmanische Reich entstand eine Erzfeindschaft. Man rang um Einfluss im Schwarzen Meer und im Kaukasus. Erst der verlorene Krimkrieg beendete 1856 das russische Großmachtstreben im (bzw. gen) Nahen Osten. Doch gegenüber dem Iran und Großbritannien verblieben im persischen Raum und in Ägypten (Suezkanal) erhebliche Interessengegensätze, die erst 1907 mit der Konvention von St. Petersburg entschärft werden konnten.[7] Die Südexpansion im 19. Jahrhundert folgte dabei primär geo- und sicherheitspolitischen Motiven; ökonomische Gesichtspunkte waren zweitrangig.[8] Man wollte als Großmacht wahrgenommen werden und es kristallisierte sich eine außenpolitische Grundkonstante heraus: das Streben nach eisfreien Häfen und einem Zugang zum Mittelmeer. Neben die Eroberungen traten auch Abkommen, in denen Russland als Schutzmacht agierte – eine Methode, die auf lange Zeit hinaus angewandt werden sollte.

Die laizistische Sowjetunion blieb, wie schon das zaristische Russland, ein Vielvölkerreich. Die muslimische Bevölkerungsgruppe umfasste mehrere Millionen Personen.[9] Durch die Gründung der Union der Sozialistischen Sowjetrepubliken (UdSSR) entstanden 1922 auch im Kaukasus und in Zentralasien eigene Sowjetrepubliken. Zum einen sollten sie den Zugriff auf Ölvorräte sichern und zugleich als kulturelle Brücke in den Nahen und Mittleren Osten dienen. Dennoch war es lange vor allem dem Charakter der Sowjetunion geschuldet, dass von einem florierenden grenzüberschreitenden Austausch keine Rede sein konnte. Der Kreml begrenzte die Personenfreizügigkeit trotz eines regen Pilgerverkehrs nach Mekka[10] und riegelte die eigenen Staatsgrenzen hermetisch ab.[11]

Die Sowjetunion verfolgte im »Nahen Süden« wirtschaftliche und strategische Interessen, zumal die neuen Machthaber aufgrund ideologischer Motive revolutionäre Bestrebungen gegen die in der Region immer noch dominanten westlichen Kolonialmächte wohlwollend unterstützten. Offiziell verabschiedete man sich von einer expansiven Machtpolitik, die auf Religion und Nation beruhte; inoffiziell führte man sie unter dem Deckmantel des Kommunismus, des Selbstbestimmungsrechts und der Dekolonisa-

---

6 Die östlichen Grenzen zu China und den USA spielten meist eine untergeordnete Rolle.
7 Bachmann 2011, S. 25 f.
8 Ebd., S. 26.
9 Vgl. grundlegend Kappeler 2008.
10 Borshchevskaya 2022, S. 17.
11 Chandler 1998.

tion weiter. Der messianische Ansatz, das orthodoxe Russland als »drittes Rom« in einer »Zivilisierungsmission« und pan-slawistischen Bestimmung zu sehen, wich dem ideologischen Glauben und dem damit einhergehenden Sendungsbewusstsein des Marxismus-Leninismus. Dies zielte auch auf Staaten, die nicht unmittelbar an die Sowjetunion grenzten. Zum Beispiel wurden die ägyptischen Unabhängigkeitsbestrebungen gegen die britische Kolonialmacht genau verfolgt und unterstützt. Mit Persien und der Türkei betrieb man hingegen pragmatisch-freundschaftliche Machtpolitik. Insgesamt blieb der Nahe und Mittlere Osten somit in den 1920er und 1930er Jahren ein »integraler Bestandteil der sowjetischen Sicherheitspolitik«.[12]

2.   Die Nachkriegszeit: Zwischen Disengagement, Pan-Arabismus und regionalen Allianzen

In der unmittelbaren Zeit nach dem Zweiten Weltkrieg blieb der Nahe Osten für die Sowjetunion ein »Nebenschauplatz«.[13] Bereits 1946 musste man sich im Wettstreit mit dem Westen um Einfluss in Griechenland, der Türkei und im Iran geschlagen geben.[14] Trotz der aktiven Unterstützung Ägyptens und der frühen Parteinahme für den entstehenden israelischen Staat entwickelte der Kreml zunächst keine aktive Nahostpolitik oder gar eine strategische Vision.[15] Dies hing auch mit der allgemeinen Großwetterlage zusammen. Die Umrisse des Kalten Krieges begannen sich immer klarer abzuzeichnen. Aus ehemaligen Verbündeten auf Zeit wurden Konkurrenten, ja Gegner. Die sowjetische Außenpolitik musste auf ein neues Fundament gestellt werden. Die Erfahrungen des Zweiten Weltkrieges spielten hierbei eine wichtige Rolle. Der deutsche Überfall am 22. Juni 1941 prägte sich tief in das Bewusstsein der sowjetischen Elite ein. Jegliche westliche Präsenz im Nahen Osten, etwa amerikanische und britische Militärbasen, die sich von Marokko bis Pakistan erstreckten, oder die NATO-Mitgliedschaft der Türkei wur-

---

12 Bachmann 2011, S. 30.
13 Ebd., S. 51.
14 Trenin 2018, S. 18 ff. Im Iran warfen die sowjetische Besatzung während des Zweiten Weltkriegs und der zögerliche Abzug 1946 einen sehr langen Schatten; vgl. Borshchevskaya 2022, S. 18 f.
15 »Der Kreml« muss aufgrund des Umfangs dieses Beitrags so undifferenziert bleiben. Für den Entscheidungsprozess sowie einzelne Partei- und Ressortinteressen vgl. Vasiliev 2018, S. 171–207. Zur sowjetischen Außenpolitik generell vgl. Zubok 2007.

den als Bedrohung und mögliches Sprungbrett für offensive Aktionen gegen die UdSSR wahrgenommen. Die alte Einkreisungsangst bzw. *cauchemar* der unsicheren Ost- und Südgrenzen war zurück. Die Gründung des Bagdad-Paktes im Februar 1955, eines Verteidigungsbündnisses zwischen der Türkei, dem Irak, Pakistan, dem Iran und Großbritannien (die USA erhielten einen Beobachterstatus), wurde in Moskau scharf verurteilt.[16] Doch man schaute nicht nur untätig zu.

Der anti-imperialen Rhetorik fiel im Kontext der Dekolonisationsprozesse eine wichtige Funktion zu. Dies bescherte der Sowjetunion die Möglichkeit, ihre Ideologie und eigene Ordnungsvorstellungen zu exportieren. Zudem näherte sich Chruschtschow den neutralen und blockfreien Staaten an, die seit der Bandung-Konferenz im April 1955 immer besser organisiert waren.[17] Der XXI. Parteitag der KPdSU hielt fest, dass sich viele Staaten der »Dritten Welt« nicht mehr nur im Orbit des »westlichen Imperialismus« befänden, sondern zu Partnern für die UdSSR erwachsen könnten.[18] Regionale Akteure nutzten die anti-imperiale Stoßrichtung des Kremls, um ihre Interessen durchzusetzen, die zumindest zeitweilig mit denen Moskaus übereinstimmen konnten.[19] Denn letztlich half die UdSSR auch Staaten, die in erster Linie einen nationalen und keinen kommunistisch motivierten Befreiungskampf führten und teilweise kommunistischen Gruppen in ihrem Land nachjagten.[20] Zugleich lockerte sich die enge Bindung Moskaus an den israelischen Staat, den man anfangs noch als idealen anti-kolonialen Partner ausgemacht hatte.[21]

In den 1950er Jahren baute die Sowjetunion ihren Einfluss in Ägypten und Syrien, zwei Staaten, die sich den kolonialen Befreiungskampf immer expliziter auf die Fahnen schrieben, sukzessive aus. Deren Konflikt mit Israel führte dazu, dass der ägyptische Präsident Gamel Abdel Nasser die Sowjetunion um Militärhilfe bat, die ab Herbst 1955 gewährt wurde. Neben umfangreichen Materiallieferungen von Panzern, Artilleriegeschützen und Kampfflugzeugen wurden ägyptische Soldaten in Polen und der Tschechoslowakei ausgebildet und sowjetische Militärberater in das Land am Nil entsandt. Durch dieses und zusätzliche wirtschaftliche Abkommen bestärkt, versuch-

---

16 Vasiliev 2018, S. 35.
17 Ebd., S. 29.
18 Ebd., S. 30.
19 Bachmann 2011, S. 192 f.
20 Katz 2022, S. 41.
21 Ebd., S. 39.

te Nasser eine Allianz mit Syrien, Saudi-Arabien und Jemen zu schmieden, die als Pendant zum Bagdad-Pakt fungieren sollte.[22] Der Kreml hatte somit einen Fuß in der nahöstlichen Tür und unterstützte Bewegungen, die gegen die Status-quo-Monarchien der Region aufbegehrten – ohne selbst »regime change« zu instigieren.[23] Im selben Zeitraum unterzeichnete man zahlreiche wirtschaftliche Kooperationsabkommen. Die zentralstaatliche Planung (mit Fokus auf Agrarreformen) war im Vergleich zu freien Marktmodellen des Westens häufig willkommener.[24] Auch Afghanistan, das mit der UdSSR eine 2000 Kilometer lange Grenze teilte, bekam seit 1954 umfangreiche Militär- und Wirtschaftshilfe – nur Indien und Ägypten erhielten höhere Summen. Dies richtete sich primär gegen Pakistan und zeigte, dass Moskau den Mittleren Osten bzw. den »Südosten« nicht aus dem Blick verlor, sondern in gesamtstrategische Überlegungen einbezog.[25]

Durch die Suezkrise intensivierte sich 1956 das sowjetische Engagement. Frankreich und Großbritannien wurden international als neo-koloniale Hasardeure an den Pranger gestellt. Der Kreml nutzte die Empörung geschickt, um das eigene »Gegenmodell« der nationalen Befreiung und der »sozialistischen Friedenspolitik« zu propagieren – während zeitgleich sowjetische Panzer die Revolution in Ungarn niederwalzten. In den Vereinten Nationen (VN) forderte Moskau ein sofortiges Ende der israelisch-britisch-französischen Aktion und drohte mit Gegenmaßnahmen, sollte Ägypten in Bedrängnis geraten.[26] Für die Sowjetunion zahlte sich die eindeutige Positionierung und harte Haltung aus, doch auch die USA begannen sich der Region stärker zuzuwenden. Die sogenannte Eisenhower-Doktrin markierte den Beginn einer direkteren militärischen und politischen Präsenz der Vereinigten Staaten im Nahen Osten.[27] Der Kreml bezeichnete diese als Einmischung in der inneren Angelegenheiten der arabischen Staaten und schwang sich als Schutzmacht auf, die nicht nur den Frieden in der Region, sondern die wirtschaftliche und politische Unabhängigkeit der Araber sichern wollte.[28]

---

22 Nasser konnte sich in seiner Ablehnung des Bagdad-Pakts auf die Zustimmung in anderen blockfreien Staaten stützen; vgl. Vasiliev 2018, S. 36.

23 Trenin 2018, S. 22 f.

24 Bechev/Gaub/Popescu 2021, S. 14.

25 Vasiliev 2018, S. 52 f.

26 Ebd., S. 37 ff.

27 Zur Eisenhower-Doktrin vgl. Doran 2016; Barr 2019.

28 Vasiliev 2018, S. 45.

In Syrien ereignete sich ein erster Zwischenfall, der zeigte, wie unmittelbar die Großmachtinteressen nun kollidierten. Die pro-westliche Regierung in Damaskus war gestürzt worden. Die neuen Machthaber unterzeichneten im Sommer 1957 ein umfassendes militärisches und wirtschaftliches Abkommen mit der UdSSR. Im September besuchte ein sowjetisches Marinegeschwader den Hafen Latakia – der bis heute eine strategische Relevanz für Moskau besitzt, da man seit den 1960er Jahren im Mittelmeer ein navales Gegengewicht zur 6. US-Flotte aufbaute, deren Flugzeugträgergeschwader im Ernstfall die südlichen Gebiete der Sowjetunion angreifen sollten.[29] Trotz des internationalen Drucks auf Damaskus ging die Regierung eine Art Fusionsabkommen mit Ägypten ein, das zur Gründung der Vereinigten Arabischen Republik (VAR) führte. Im Westen fürchtete man einen sozialistisch geprägten Pan-Arabismus und einen Dominoeffekt bei einem Sturz weiterer Herrscherfamilien: Im Irak wurde im Sommer 1958 der König ermordet und eine Republik ausgerufen, die sofort aus dem Bagdad-Pakt austrat. Jordanien und der Libanon drohten ebenfalls im Chaos zu versinken und dem westlichen Lager von der Stange zu gehen, woran die Sowjetunion und Nasser eifrig arbeiteten.[30] Doch die USA und Großbritannien unterstützten Jordanien und den Libanon, so dass der sowjetische Einfluss begrenzt blieb und einen zusätzlichen Dämpfer erhielt, als Syrien sich 1961 aus der VAR löste und das Experiment damit beendete. Versank die Führungsriege der UdSSR unter Nikita Chruschtschow im Treibsand des Nahen Ostens? Die 1950er Jahre hatten gezeigt, wie gezielt Moskau versuchte, sich der anti-imperialen und zunehmend auch sozialistischen Rhetorik zu bedienen und regionale Gegenallianzen zu formieren. Von einer passiv-reaktiven sowjetischen Politik im »Nahen Süden« konnte in dieser Phase keine Rede sein. Die UdSSR besaß zwar keine Vormachtstellung im Nahen Osten, als 1964 Leonid Breschnew als neuer Generalsekretär das Ruder im Kreml übernahm, aber die meisten arabischen Länder waren blockfrei oder nicht mehr durch Status-quo- und westlich orientierte Dynastien regiert.[31] Die Sowjetunion versuchte daher weiterhin, anti-amerikanische und anti-westliche Kräfte zu

---

29 Ebd., S. 75 ff.; Borshchevskaya 2022, S. 19 f. Nach dem Bruch mit Albanien besaß die UdSSR im Mittelmeerraum keinen Flottenstützpunkt mehr. Man fand sich in der schwierigen Lage wieder, zwar eine neue Basis zu wollen, war aber zuvor stets unter dem anti-kolonialen Deckmäntelchen mit dem Ziel, die britischen und amerikanischen Militärstützpunkte in der Region zu beseitigen, hausieren gegangen.

30 Vasiliev 2018, S. 47.

31 Vgl. ebd., S. 58.

unterstützen und sich für Konflikte mit dem Westen oder dessen regionalen Verbündeten zu rüsten. Die konservativen Golfmonarchien nahmen die UdSSR als Unruhestifter wahr und gingen auf Distanz.[32] In der Folge blieb Ägypten (vor Syrien) der wichtigste Anker des Kremls im Nahen Osten. Die Auflösung der VAR und die daraus resultierende Eiszeit zwischen Kairo und Damaskus brachte den Kreml diplomatisch in keine leichte Position, doch 1966 konnte man eine Wiederannäherung beider Staaten vermitteln.[33] Der sowjetische Einfluss im Nahen Osten erreichte in den darauffolgenden Jahren seinen Höhepunkt, weil Moskau die Region bewusst als »strategische Peripherie« im Ost-West-Konflikt nutzte.

3. Der Höhepunkt des sowjetischen Einflusses 1967–1973

Der Sechstagekrieg 1967 war keineswegs von Moskau losgetreten worden und der Kreml hatte Schwierigkeiten, auf Nasser einzuwirken. Umgekehrt wollte man eine Demütigung Ägyptens nicht in Kauf nehmen, sondern den eigenen »Festlanddegen« stärken.[34] Sowohl die USA als auch die UdSSR versuchten, den Konflikt einzuhegen und nicht global eskalieren zu lassen. Der sowjetische Einfluss im Nahen Osten zeigte sich daher neben wirtschaftlicher und militärischer Hilfe in Form von diplomatischer Rückendeckung, etwa in den Vereinten Nationen (VN), wodurch man dem Narrativ der arabischen Staaten mehr Geltung verschaffte und eine Gegenöffentlichkeit schuf. Moskau schreckte nicht davor zurück, Israel einen Genozid zu unterstellen, und lancierte anti-israelische und anti-zionistische Medienoffensiven.[35] Dies verschlechterte die Beziehungen zu Israel dermaßen, dass manche Autoren gar von einem kriegsähnlichen Zustand gesprochen haben.[36] Die Sowjetunion brach 1967 die diplomatischen Beziehungen zu Israel ab, wodurch sie allerdings die arabisch-israelischen Friedensgespräche weniger beeinflussen konnte.[37] Auf der anderen Seite sorgte die Positionierung der

---

32 Katz 2022, S. 42 ff. Diese Wahrnehmung gab es auch in pro-sowjetischen Staaten mit nationalistischen Regimen, die die kommunistischen Parteien in ihrem Land sehr genau im Auge behielten; vgl. ebd.
33 Vgl. Vasiliev 2018, S. 63.
34 Ebd., S. 65.
35 Ebd., S. 69.
36 Vgl. Ginor/Remez 2017.
37 Katz 2022, S. 42.

USA auf Seiten Israels nach 1967 für das »biggest opening into the Arab world« für die UdSSR, der die Rolle als pro-arabischer Gegenpol zufiel.[38]

Die Sowjetunion erhöhte ihre militärische Unterstützung für Ägypten und Syrien, baute eine permanente militärische Präsenz auf (vorwiegend durch maritime Kräfte im östlichen Mittelmeer, aber auch durch Kampfflugzeuge und Luftabwehr-Fähigkeiten) und entsandte weitere Militärberater.[39] Zudem eröffneten sich neue Möglichkeiten durch die Machtübernahme der Baath-Partei im Irak im Juli 1968 sowie die Staatsstreiche im Sudan und in Libyen 1969 – zu einem Zeitpunkt, da Großbritannien alle Positionen »East of Suez« räumte. Die Sowjetunion zeigte darüber hinaus immer deutlicher Flagge in angrenzenden Regionen: am Horn von Afrika und am Golf von Aden.[40] Somalia wurde ein wichtiger Verbündeter und weil das Land in die Arabische Liga aufgenommen wurde, wuchs der sowjetische Einfluss im Nahen Osten weiter.[41] Hierbei muss auch die Entwicklung in Südostasien einbezogen werden. Der Morast, in dem die USA in Vietnam versanken, schien sowjetischen Stimmen rechtzugeben, die die USA in der »Dritten Welt« schwächen wollten. Die Sowjetunion unterstützte anti-israelische und anti-amerikanische Kräfte, auch terroristische Gruppen,[42] ohne einen direkten Krieg mit den USA heraufzubeschwören.[43] Die regionalen Verbündeten verlangten jedoch immer umfangreichere Hilfe und Rückendeckung, die Moskau nicht garantieren wollte und oftmals auch nicht konnte.[44]

Die Grenzen des sowjetischen Einflusses in der Region und des Stellenwertes, den man dortigen Entwicklungen beimaß, wurden 1972 deutlich. Die Entspannungspolitik gegenüber den USA schien dem Kreml wichtiger als die Befindlichkeiten lokaler Verbündeter. Andererseits folgten Letztere auch eigenen Interessen: Nassers Nachfolger, Anwar Al-Sadat, warf die rund 15.000 sowjetischen Spezialisten und Militärberater aus dem Land (die Marine- und Rüstungskooperation wurde fortgeführt). Dies wurde in Moskau als Demütigung aufgefasst, aber es reduzierte das Risiko einer direkten militärischen Involvierung in der Region.[45] Die Gefahr, dass ein

---

38 Ebd., S. 42 f.
39 Im syrischen Tartus baute die UdSSR seit 1971 eine Marinebasis auf.
40 Vgl. Patman 1990.
41 Katz 2022, S. 39.
42 Borshchevskaya 2022, S. 21.
43 Vasiliev 2018, S. 73.
44 Katz 2022, S. 42.
45 Vasiliev 2018, S. 84 ff.

Konflikt im Nahen Osten globale Folgen haben könnte und nicht zwingend im Interesse Moskaus war,[46] wurde bereits 1973 während des Jom-Kippur-Kriegs deutlich.

Der Kreml war in die Angriffspläne der Ägypter und Syrer nicht eingeweiht worden, unterstützte sie dennoch militärisch und entsandte als Drohkulisse knapp 100 Kriegsschiffe und U-Boote in das östliche Mittelmeer.[47] Als das Kriegsglück sich gegen die Ägypter wandte, übte die UdSSR Druck auf den eigenen Verbündeten aus, einen Waffenstillstand auszuhandeln. Damit wollte man einen kompletten Kollaps Ägyptens vermeiden. Dies verdeutlichte die Grenzen sowjetischer Machtprojektion, aber auch ihre wichtige Funktion als Gegengewicht zu den USA. Trotz der Niederlage Ägyptens (und seiner Verbündeten) hatte man die See- und Luftwege für militärischen Nachschub offengehalten, eine beträchtliche Flotte mobilisiert, den USA diplomatisch Paroli geboten, die eigenen Verbündeten an der Macht gehalten und am Waffenstillstand federführend mitgewirkt. An Moskau vorbei konnte im Nahen Osten nichts entschieden werden. Doch Sadat dankte es der Sowjetunion nicht. Er beendete die »special relationship« mit Moskau, schloss Abkommen mit den USA und Frieden mit Israel – was ihn selbst das Leben kostete.[48] Man sollte daher den Nahen Osten nicht nur als Spielwiese der Großmächte im Ost-West-Konflikt sehen: Die Entwicklungen konnten sich ohne Zutun oder gegen die Interessen Moskaus (oder Washingtons) entfalten und regionale Akteure durch einen Seitenwechsel außenpolitische Bewegungsfreiheit gewinnen.

Nach 1973 kamen die Sowjets im Nahen Osten in die Bredouille, da z.B. Ägypten, aber auch viele andere Staaten einen unabhängigeren Weg einschlugen und oftmals revolutionäre Gruppen bekämpften. Im Jemen, in Algerien, im Sudan oder in Libyen konnte die UdSSR ihren Einfluss weiter geltend machen,[49] doch die Intensität der Zusammenarbeit und die Gestaltungsmöglichkeiten waren ungleich geringer als in den 1950er und 1960er Jahren. Moskau forciere immer stärker eine »Rüstungsaußenpolitik«,[50] was direkte Folgen für viele Staaten hatte. Die UdSSR erhielt nicht nur politischen Einfluss, sondern konnte Konflikte anheizen oder verlängern und somit einen Sieg der pro-westlichen Seite verhindern bzw. erschweren.

---

46 Bechev/Gaub/Popescu 2021, S. 16.
47 Vasiliev 2018, S. 89.
48 Sadat fiel 1981 einem Attentat zum Opfer.
49 Bechev/Gaub/Popescu 2021, S. 15.
50 Vasiliev 2018, S. 97 und 101 ff.

Doch auch Waffenverkäufe konnten den generellen Trend nicht umkehren: Der Kreml verlor im Nahen Osten an Einfluss.

Im Nahost-Friedensprozess spielte die Sowjetunion keine Rolle. Die negativen Reaktionen der arabischen Staaten auf das ägyptisch-amerikanisch-israelische Rapprochement von Camp David blieben ungenutzt. Zumal der nunmehr anti-westliche Iran, der nach dem Sturz des Schahs 1979 eher pro-sowjetisch auftrat, und der Irak sich durch den Golfkrieg als Gegengewicht zu Israel oder Ägypten aus dem Spiel nahmen. Die anti-israelische Rhetorik aus dem Kreml und die Fokussierung auf Syrien als engsten Verbündeten – der immer wieder Gegensätze mit dem Irak, dem zweiten wichtigen arabischen Partner Moskaus, hatte – zeitigten ebenfalls keine Erfolge. Als Israel 1982 im Libanon einmarschierte und syrische Verbände in Bedrängnis gerieten, war aus Moskau wenig zu hören und zu sehen:[51] Man verweigerte eine direkte Intervention auf Seiten der Syrer.[52] Damaskus erhielt allerdings Waffenlieferungen, unter anderem neueste Flugabwehrsysteme, die von mehreren tausend sowjetischen Soldaten bedient wurden.[53] Die UdSSR unterstrich hiermit, dass man – wie schon 1973 im Falle Ägyptens – nicht zusehen würde, wenn ein befreundetes Regime zu fallen drohte.[54] Gleichwohl zeigte dies zum wiederholten Male, dass man zwar Interessen zu verteidigen bereit war, aber die Konflikte begrenzen wollte. Von letztlich entscheidender außenpolitischer Relevanz waren die eigene Politik gegenüber den USA und das Mächtegleichgewicht in Europa.

4. Schwindender Einfluss und das Afghanistan-Desaster: Die 1980er Jahre

Unter Michail Gorbatschow trat kein wirklicher Wandel der sowjetischen Nahostpolitik ein. Der neue Machthaber hatte der Region nie Priorität beigemessen,[55] doch er erbte *nolens volens* viele Probleme. Da die meisten arabischen Staaten den Friedenskurs Sadats, der mit dem Abschluss des Camp David-Abkommens 1978 seinen Höhepunkt erreichte, ablehnten,

---

51 Zumal die Diadochenkämpfe um Breschnews Nachfolge in vollem Gang waren; vgl. ebd., S. 115.
52 Bechev/Gaub/Popescu 2021, S. 18.
53 Ebd., S. 17; Vasiliev 2018, S. 115.
54 In den libanesischen Bürgerkrieg griff Moskau nicht direkt ein.
55 Vasiliev 2018, S. 239 und 244.

taten sich für Moskau neue Wege auf. Algerien, Syrien, der Irak und die Palästinenser bemühten sich um engere Kontakte, und die islamistische Revolution im Iran sowie der kommunistische Umsturz in Afghanistan schienen den sowjetischen Zielen im Nahen und Mittleren Osten in die Hände zu spielen.[56] Die UdSSR versuchte einen diplomatischen Spagat, da man zu rivalisierenden Regionalmächten ähnlich gute Beziehungen unterhalten wollte.[57] Im Iran-Irak-Krieg erhielt Saddam umfangreiche Militärhilfe, wenngleich auch dem Iran sowjetisches Material geliefert wurde – meist über Umwege. Moskau appellierte wiederholt an beide Seiten, die Feindseligkeiten einzustellen, und bemühte sich um eine Position der Äquidistanz.

Zur gleichen Zeit brach der Kreml in Afghanistan mit seiner vorherigen Nahostpolitik, die stets darauf ausgerichtet war, eine direkte militärische Involvierung, die über Waffenlieferungen, Ausbildungsmissionen und Militärberater hinausging, zu vermeiden. Der sowjetische Krieg in Afghanistan von 1979 bis 1989 war sehr kostspielig, führte zu hohen eigenen Opferzahlen (auch muslimischer Rotarmisten) und erwies sich als schwierig zu beenden.[58] Das daraus resultierende Trauma beschäftigte nicht nur die sowjetische, sondern noch die russische Gesellschaft eine lange Zeit und sensibilisierte die Machthaber im Kreml – einschließlich Putins – hinsichtlich derart umfassender Interventionen.[59] Zudem ging durch den brutalen Krieg viel politisches Kapital in der muslimischen (und in der restlichen) Welt verloren. Erst der Abzug aus Afghanistan brachte einige Sympathien zurück, doch besonders Saudi-Arabien kritisierte die sowjetische Politik fortwährend und lehnte sich immer stärker an die USA an.[60]

Im Morast des Afghanistankrieges feststeckend, im Ost-West-Gegensatz unter erheblichem Druck stehend und primär innenpolitische Reformen verfolgend, verwaltete Gorbatschow den Einflussschwund Moskaus im »Nahen Süden«. Zusätzliche direkte oder indirekte militärische Interventionen wie in den 1970er Jahren waren angesichts des kostspieligen Afghanistan-Einsatzes ausgeschlossen. Die USA waren mit Abstand der einflussreichste externe Machtfaktor in der Region und konnten sich auf ein Netz starker Verbündeter stützen, z.B. Israel, die Golfstaaten, Ägypten oder die Tür-

---

56 Ebd., S. 107.
57 Katz 2022, S. 44.
58 Braithwaite 2013.
59 Borshchevskaya 2022, S. 17 und 22 ff.; Kalinovsky 2011.
60 Katz 2022, S. 40 und 45.

kei. Und die UdSSR? Zu dem ehemals engsten Partner am Nil stellte sich nur langsam wieder ein Vertrauensverhältnis her, mit Syrien lag man im Clinch, weil der Kreml immer näher an eine Anerkennung Israels und die Aufnahme zwischenstaatlicher Beziehungen rückte,[61] und die verbliebenen sowjetischen Partner, z.B. Libyen, besaßen kaum Gewicht. Das eigene sozioökonomische Gesellschaftsmodell und die kommunistische Ideologie verfingen kaum mehr, zumal die Sowjetunion selbst kleinere Brötchen backen musste.[62]

5. Neue Ära oder alte Muster nach 1990/91?

Trotz der eigenen wirtschaftlichen Probleme wollte der Kreml die Regionen am Golf und am Indischen Ozean nach dem Ende des Iran-Irak-Krieges 1988 in eine friedliche und idealerweise von externen Mächten entmilitarisierte Zone verwandeln – was auch den Abzug der amerikanischen Seestreitkräfte bedeutet hätte.[63] Von dem Einmarsch Saddams in Kuwait im August 1990 wurde man in Moskau eiskalt erwischt, zumal die Ereignisse in Ost- und Mitteleuropa prioritär behandelt wurden. Die irakische Invasion war ein erster Lackmustest der neuen, im Entstehen begriffenen internationalen Ordnung und neuer Kooperationsformen im Zuge von Gorbatschows postuliertem »Neuen Denken«.[64] Die Sowjetunion stellte die Militärhilfe an den Irak ein, verurteilte den Angriff und pochte unentwegt auf eine politische Lösung, also den Abzug aller irakischen Verbände und die Wiederherstellung der territorialen Integrität Kuwaits.[65] Die eigenen diplomatischen Bemühungen in Bagdad scheiterten jedoch ebenso wie die Appelle der internationalen Staatengemeinschaft. Das militärische Eingreifen der US-geführten Allianz nahm der Kreml hin, wenngleich das sowjetische Militär vor einem Festsetzen der USA an der eigenen Südflanke warnte.[66] Gorbatschow unterschied trotz seiner kooperativen Haltung sehr deutlich zwischen der

61 Eine Rolle im Friedensprozess wurde angestrebt, da man auf diese Weise eine anti-sowjetische Stoßrichtung vermeiden, internationales Prestige gewinnen und die eigene Machtposition als Quasi-Garantiemacht sichern wollte; vgl. Vasiliev 2018, S. 254.
62 Bechev/Gaub/Popescu 2021, S. 18 f.
63 Vasiliev 2018, S. 278.
64 Morozov 2022, S. 18.
65 Vasiliev 2018, S. 286.
66 Ebd.; Borshchevskaya 2022, S. 29.

Befreiung Kuwaits und darüber hinausgehenden, gegen Saddam gerichteten Schritten (wobei auch ersteres nur im VN-Rahmen stattfinden sollte).[67] Der Kreml war somit stetig bemüht, bei wichtigen Entscheidungen nicht umgangen zu werden. Dies war nicht zuletzt wichtig, da Gorbatschow innen- und außenpolitisches Prestige zu gewinnen hoffte.[68] Doch die USA bestimmten den Kurs. Moskau musste einschwenken, zumal man die Glaubwürdigkeit als neuer konstruktiver Partner nicht untergraben wollte und der Irakfrage nur sekundäre Bedeutung zukam.[69]

Nach dem Zusammenbruch der Sowjetunion war die Präsidentschaft Boris Jelzins bis 1999 durch eine zurückhaltende Nahostpolitik geprägt. Zunächst musste der innenpolitische Konkurs verwaltet werden, der jedoch ebenso außenpolitische Implikationen hatte. Die Auflösung der UdSSR führte zu einem weit verbreiteten kulturellen Erzählmuster, dass sich im »nahen Ausland« viele ethnische Russen befänden, für die Moskau eine Schutzfunktion erfüllen müsse. Aus diesem imperialen Argumentationsmuster folgte, dass neben dem Kaukasus auch Zentralasien, zwei traditionelle »Brücken« in den Nahen und Mittleren Osten, eine hohe Relevanz erhielt (nicht zuletzt aufgrund der blutigen Konflikte in Tschetschenien[70] und in den zentralasiatischen Republiken).[71] Bei ihrer Auflösung beheimatete die Sowjetunion rund 70 Millionen muslimische Bürger,[72] von denen sich viele über Nacht im Ausland wiederfanden. Durch die Gemeinschaft Unabhängiger Staaten (GUS) sollte eine natürliche Brücke zum »Nahen Süden« aufrechterhalten werden. Doch die 1990er Jahre waren eine Zeit der außenpolitischen Schwäche: Der Fokus lag auf Europa und dem Eintritt in internationale Organisationen. Dabei entstand in den auswärtigen Beziehungen das Paradoxon, dass Russland zwar eine unipolare amerikanische Ordnung ablehnte und einer multipolaren Weltordnung das Wort redete, aber sich selbst als Antipode und »power balancer« zu den USA sah (und sieht). Die Machthaber in Moskau dachten weiterhin in bipolaren

---

67 Vasiliev 2018, S. 287 f.
68 Borshchevskaya 2022, S. 29.
69 Trenin 2018, S. 33; Vasiliev 2018, S. 291.
70 In Moskau machte man Saudi-Arabien mitverantwortlich und erinnerte an dessen Unterstützung für die afghanischen Widerstandskämpfer; vgl. Katz 2022, S. 46.
71 Für Zentralasien vgl. Malashenko 2013.
72 Vasiliev 2018, S. 290.

Kategorien, wohingegen neue Formate, etwa die der BRICS-Staaten, kein relevantes operatives Gewicht erhielten.[73]

Moskau versuchte sich weiterhin im Nahen Osten zu engagieren, aber es wurde schnell deutlich, dass Jelzin der Region keine Priorität beimaß,[74] zumal nicht vergessen werden darf, mit welch großen innen- und vor allem wirtschaftlichen Problemen Russland zu kämpfen hatte. Wollte man weiterhin einen konstruktiven Kurs verfolgen, konnte man kaum seine spärlichen Ressourcen für anti-westliche Akteure im Nahen Osten opfern, die die Kooperation mit dem Westen gefährdeten und kaum Vorteile für Russland bringen würden.[75] Daher ließen sich die Beziehungen zu pro-westlichen Regierungen im Nahen Osten müheloser verbessern, und Moskau streckte seine Fühler zu allen Staaten der Region aus.

Zu Israel entwickelte sich eine neue Art sub-staatlicher Bindung, weil allein zwischen 1990 und 1992 rund 400.000 jüdische Bürger der Sowjetunion nach Israel auswanderten.[76] Die (Wieder-)Aufnahme diplomatischer Beziehungen im Oktober 1991, kurz vor dem Zusammenbruch der UdSSR, markierte den Endpunkt eines Revirements zu einer pragmatischeren Israelpolitik des Kremls. Den Nahost-Friedensprozess stützte Moskau weiterhin. Aus Prestigegründen wollte man neben den USA als Garantiemacht auftreten, doch entscheidend blieben andere.[77]

Erst gegen Ende der 1990er Jahre nahm Russland die Region wieder stärker in den Blick. Diese Rekalibrierung wurde dadurch begünstigt, dass mit Jewgeni Primakow seit 1996 ein Arabist und erklärter Gegner einer US-dominierten Weltordnung das Außenministerium führte.[78] Zudem verschlechterten sich die Beziehungen zu Washington, weshalb Moskau sich wieder anti-westlichen Staaten annäherte, denen man zuvor die kalte Schulter gezeigt hatte.[79] Durch eine Stärkung des Iran[80] und des Irak wollte man ein Gegengewicht zur US-Dominanz aufbauen, und bereits 1997 wurde ein Pipe-

---

73 Morozov 2022, S. 17.
74 Borshchevskaya 2022, S. 33 f. Dass Jelzin die afghanischen Machthaber »im Stich ließ«, sorgte für großen und langanhaltenden Unmut bei nationalistischen Hardlinern in Moskau; vgl. ebd., S. 31.
75 Katz 2022, S. 45.
76 Vasiliev 2018, S. 257. Die Sowjetunion hatte jüdische Auswanderung stets unterbunden.
77 Ebd., S. 316; Borshchevskaya 2022, S. 31.
78 Ebd., S. 36 f.
79 Katz 2022, S. 46.
80 Im Zuge des Iran-Irak-Krieges hatten sich die Beziehungen verbessert, obwohl Teheran afghanische Aufständische gegen die Rote Armee unterstützte; vgl. Vasiliev 2018, S. 277 ff.

line-Projekt mit der Türkei beschlossen.[81] Russland versuchte, sich als Alternative zu den amerikanischen Positionen zu gebärden: Man forderte eine rasche Aufhebung der Sanktionen gegen den Irak, lehnte 1998 die amerikanisch-britischen Luftschläge gegen Saddam vehement ab und trat als »ehrlicher Makler« im jemenitischen Bürgerkrieg auf.[82]

Die Rolle als Gegengewicht wandelte sich mit dem Amtsantritt Wladimir Putins immer mehr zu der eines aktiven Vetospielers. Statt Kooperationsbereitschaft in einigen Fragen setzte Moskau immer mehr auf eine multipolare Ordnung zur Einhegung des amerikanischen und westlichen Einflusses, beschränkte sich zunächst auf das unmittelbare »nahe Ausland«, griff jedoch immer weiter aus und entwickelte eigene Gegenmodelle zur regionalen (und internationalen) Ordnung.

6.　Die Gefahren des Terrorismus und der Demokratisierung im »Nahen Süden« 2000–2011

Putin wollte die russische Position im Nahen Osten stärken. Dadurch sollte auf dem internationalen Parkett Einfluss gewonnen, die USA geschwächt und Instabilität an den südlichen Grenzen verhindert werden.[83] Als er 2000 die Amtsgeschäfte als Präsident übernahm, schien es gar eine Möglichkeit zur Zusammenarbeit mit dem Westen zu geben. Zum einen begann Moskau in Tschetschenien einen langjährigen rücksichtslosen Krieg, der auch die Zivilbevölkerung in starke Mitleidenschaft zog. Zum anderen führten die Terroranschläge des 11. September 2001 dazu, dass scheinbar kongruente Interessen mit den USA und dem Westen im Kampf gegen den Terrorismus herrschten.

Diese Illusion endete 2003. Moskau opponierte gegen die US-Intervention im Irak und den Sturz Saddams, was in vielen arabischen Staaten, etwa in Saudi-Arabien, mit Sympathie zur Kenntnis genommen wurde.[84] Der Kreml verglich den Krieg mit ähnlich unliebsamen unilateralen amerikanischen Aktionen im Kosovo, und es begann »a decisive turn in Putin's

81 Bechev/Popescu/Secrieru 2021, S. 2; Borshchevskaya 2022, S. 33 ff.
82 Morozov 2022, S. 21.
83 Borshchevskaya 2022, S. 44 ff., 49 f. Zur Putin'schen Außenpolitik vgl. Donaldson/Nadkarni 2018.
84 Katz 2022, S. 49.

foreign policy towards the promotion of ›multipolarity‹«.[85] Diese Strategie diente dem gezielten Aufbau von Machtzentren oder -blöcken, die sich einer US-Dominanz entgegenstellen sollten.[86] Die Farbrevolutionen in Georgien (2003), der Ukraine (2004) und Kirgistan (2005)[87] sowie die NATO- und EU-Osterweiterun, die Europäische Nachbarschaftspolitik ab 2004 und die Östliche Partnerschaft seit 2009 schienen in Putins Augen nicht nur den russischen Einfluss in Europa, sondern auch im Kaukasus und in Zentralasien zu gefährden. Die russische Nahostpolitik muss daher in enger Verbindung zu den Plänen einer Eurasischen Union (2011) betrachtet werden.[88] Denn hierin zeigte sich erneut das Ziel des Kremls, nicht-westliche Staaten und solche im »nahen Ausland« an sich zu binden bzw. westliche Einflussnahme zu stoppen. Zudem verdeutlichte es die omnipräsente Angst, dass der Westen terroristische oder destabilisierende Bewegungen in Russland oder an dessen Peripherie unterstütze und heimlich einen »regime change« in Moskau anvisiere.

Putin intensivierte die wirtschaftlichen Beziehungen zum Nahen Osten, speziell die Energie- und die Rüstungsexportpolitik standen im Mittelpunkt.[89] Er versuchte dabei gezielt Länder einzubinden, mit denen man traditionell keine guten Kontakte gepflegt hatte. Dies war einfacher, da Moskau nicht auf Ölimporte vom Golf angewiesen war. In den Maghreb-Staaten zeigte sich Russland ebenso, wie man versuchte, mit dem Golf-Kooperationsrat zusammenzuarbeiten.[90] Der Kreml bemühte sich um atmosphärische Verbesserungen mit Saudi-Arabien – und der Türkei. Trotz der NATO-Mitgliedschaft des Landes hatte schon die Sowjetunion immer wieder versucht, dort Fuß zu fassen. Unter Putin gelang dies nun besser. Der Export russischer Verteidigungsgüter in die Türkei sorgte im Westen immer wieder für Unruhe. In Damaskus und Teheran folgte Putin einer alten sowjetischen Methode: durch Waffenlieferungen den eigenen Einfluss zu stärken.[91] In den Atomverhandlungen mit dem Iran spielte der Kreml

---

85 Morozov 2022, S. 24.
86 In Putins Augen kann Russland leichter als Vermittler im Nahen Osten agieren, da man keine koloniale Vergangenheit in der Region habe; vgl. Borshchevskaya 2022, S. 37.
87 Dieser Reihe könnte man auch den Sturz des serbischen Präsidenten Slobodan Milošević (2000) und die Zedernrevolution im Libanon (2005) hinzufügen.
88 Morozov 2022, S. 24 ff.
89 Trenin 2018, S. 113–133.
90 Vgl. detailliert Ghanem 2021; Frolovskiy 2021; Kozhanov 2022.
91 Borshchevskaya 2022, S. 50 f.

ebenfalls eine wichtige Rolle, weshalb die USA und andere westliche Partner stets auf Moskau zugingen, um eine pragmatische und konstruktive Zusammenarbeit zu erreichen. Eine reibungslose Partnerschaft entstand mit dem Mullah-Regime aber nicht.[92] Auch der erklärte Erzfeind des Iran nahm in den russischen Überlegungen eine bedeutende Stellung ein: Mit Israel entstand eine intensive Zusammenarbeit, die es im Kalten Krieg so nicht gegeben hatte.[93] In Bezug auf Afghanistan kooperierte Russland mit den USA – und zwar nicht nur aufgrund des Interesses an den Anti-Terror-Maßnahmen, sondern um die eigene Südflanke abzusichern.[94]

In den 2000er Jahren zeichnete sich immer deutlicher ab, dass Moskau an alten Verbündeten festhielt, zugleich aber neue Allianzen schmiedete und mit allen Staaten der Region zu tragfähigen Beziehungen kommen wollte – ebenso mit nicht- oder quasi-staatlichen Gruppen wie der Hisbollah, Fatah oder Hamas.[95] Mark N. Katz sieht hierin einen Unterschied zur sowjetischen Nahostpolitik, die mit vielen regionalen Akteuren gar nicht erst in Kontakt gekommen sei.[96] Dieser Versuch führt jedoch zu Widersprüchen, da widerstrebende Interessen regionaler Partner teils nur schwer unter einen Hut zu bekommen waren. Die inhärenten Widersprüche eines allzu flexiblen Pragmatismus, bei dem rivalisierende Akteure unterstützt werden, könnten diese in die Arme der USA treiben oder die russische Glaubwürdigkeit untergraben. Umgekehrt kann Russland in die Rolle eines Mediators schlüpfen, etwa bei Konflikten, die den Iran betreffen.[97] Bislang waren Bemühungen in diese Richtung nicht von überragendem Erfolg gekrönt, was die Grenzen der russischen Gestaltungsfähigkeit verdeutlicht.[98]

7. Der Arabische Frühling 2011 und das russische Rollback

Die Umbrüche durch den sogenannten Arabischen Frühling hatten bedeutende Rückwirkungen auf die russische Außenpolitik. Mit Ägypten und Tu-

---

92 Saivetz 2021; Tazmini 2022.
93 Katz 2021.
94 Morozov 2022, S. 29.
95 Putin lud Hamas-Vertreter 2006 nach ihrem Wahlsieg (und den bis heute letzten Wahlen) nach Moskau ein.
96 Katz 2022, S. 37.
97 Ebd., S. 55.
98 Ebd., S. 56 f.

nesien waren zwar zunächst enge US-Verbündete durch ihre eigene Bevölkerung gestürzt worden. Aber regionale Instabilität war nicht im Interesse des Kremls, zumal es auch befreundeten Regimen in Libyen und Syrien an den Kragen ging. Aus der Sicht Putins drohten zudem eine Demokratisierung, die auf den post-sowjetischen Raum ausstrahlen könnte, und eine Stärkung des westlichen Einflusses im Nahen Osten. Im Kreml sah man den »Arabischen Frühling« somit als eine Fortsetzung der Farbrevolutionen und fürchtete einen »Russian Spring«.[99]

Die Intervention einer internationalen Koalition in Libyen im Frühjahr 2011 sandte Schockwellen bis nach Moskau. Präsident Dmitri Medwedew hatte durch die russische Enthaltung im VN-Sicherheitsrat den Weg für eine Intervention zum Schutz der Zivilbevölkerung geebnet. Doch die großzügige Ausdehnung des VN-Mandats durch die USA und ihre europäischen und arabischen Verbündeten war Wasser auf die Mühlen derjenigen Fraktion in Moskau, die immer vor einem amerikanischen Unilateralismus, der Einmischung in innere Angelegenheiten souveräner Staaten und westlichen »regime change«-Phantasien gewarnt hatte. Nicht nur verlor Russland letztlich viel Geld, da die Schulden des Gaddafi-Regimes nie zurückgezahlt wurden, sondern auch viel Vertrauen.[100] Putin verglich die Intervention mit einem »mittelalterlichen Kreuzzug«.[101] Bei diesen Äußerungen spielte auch die russische Innenpolitik eine Rolle, denn der Unmut in der Bevölkerung schien zu wachsen.

Vor den Präsidentschaftswahlen im März 2012 protestierten über Monate hinweg viele Russen für faire Wahlen und Demokratie. Doch Putin, der wieder Präsident wurde, unterdrückte diese Reformwünsche. Er folgte hiernach verstärkt der Devise: »securing Russian domestic political space from any kind of outside influence and intensifying support for the existing anti-Western regimes all over the world, but with a special emphasis on Russia's immediate surroundings«.[102] Den innenpolitischen Faktor hat Roland Dannreuther daher als einen entscheidenden Unterschied zur Nahostpolitik der UdSSR hervorgehoben, da Letztere immer auf stabileren innenpolitischen Beinen gestanden habe.[103] Die Unterstützung anti-westlicher Regime und expansivere Verhaltensweisen wurden schnell deutlich.

---

99 Trenin 2018, S. 41 f.
100 Ebd., S. 44 ff.
101 Zitiert nach Borshchevskaya 2022, S. 47.
102 Morozov 2022, S. 30; vgl. auch Borshchevskaya 2022, S. 47 f.
103 Dannreuther 2012.

Der neue Kurs einer aggressiveren, mit militärischen Mitteln agierenden Außenpolitik zeigte sich bei den Kämpfen in der Ostukraine und der Annexion der Krim 2014, die eklatant gegen das Völkerrecht verstieß und die europäische Sicherheitsordnung zertrümmerte.[104] Erstmals war Putin bereit, seine Streitkräfte umfassend gegen einen Nachbarstaat einzusetzen – in weit größerem Maße als 2008 gegen Georgien. Dies hatte Folgen für die russische Nahostpolitik. »With all this in mind, Syria was the perfect arena for what the Russian leadership probably saw as developing its geopolitical success achieved in Ukraine.«[105] Vereinfacht gesagt: Hatte man aus Putins Sicht in der Ukraine den »Vorstoß« des Westens an der eigenen Westflanke aufgehalten, konnte man dies nun in Syrien an der Südflanke erreichen. Der Nahe Osten gewann dadurch erneut als »strategische Peripherie« Relevanz. Wenngleich der Westen nicht direkt – oder gar militärisch – im syrischen Bürgerkrieg intervenierte, sah Moskau das Land als seinen Einflussbereich und nationale Interessen berührt. Putin investierte nach seiner Wiederwahl in die russische Marine und stärkte damit die Fähigkeiten der Machtprojektion im Mittelmeer,[106] was der Krim, aber auch dem Stützpunkt im syrischen Tartus eine erhöhte Bedeutung verlieh. Moskau folgte einer ähnlichen Maxime wie im Kalten Krieg: Wichtige Verbündete werden in Ausnahmefällen auch mit militärischen Mitteln gestützt,[107] obwohl weniger Assad selbst, sondern geostrategische Interessen den Ausschlag gaben und diese durch einen »offensive, preventative move« gewahrt werden sollten.[108] Durch die russische (und iranische) Unterstützung konnte sich der syrische Diktator Baschar al-Assad an der Macht halten und den Konflikt für sich entscheiden.[109] Obwohl die Türkei, Katar oder Saudi-Arabien gegen Assad agierten, nahmen die russischen Beziehungen zu diesen Staaten keinen langfristigen Schaden.[110] Moskau stärkte durch die Intervention seine Funktion als »verlässlicher« Partner und Gegengewicht zu den USA im Nahen Osten.

---

104 Vgl. Allison 2014.
105 Morozov 2022, S. 32.
106 Borshchevskaya 2022, S. 52. Ebenso versuchte man 2013 in Montenegro (nicht erfolgreich) und in Zypern (teilweise erfolgreich, doch im Herbst 2022 aufgekündigt) Militärstützpunkte zu errichten.
107 Katz sieht Putin in diesem Sinne als erfolgreicher als die Sowjetunion, die Ägypten und Somalia als Verbündete verloren; vgl. Katz 2022, S. 38. Allerdings müsste ergänzt werden, dass die Bedeutung Syriens kaum mit der Ägyptens in den 1970er Jahren (oder heute) verglichen werden kann.
108 Trenin 2018, S. 55.
109 Vgl. hierzu ausführlich Borshchevskaya 2022; Lavrov 2021; Allison 2013; Bino/Krause 2017.
110 Katz 2022, S. 49 f.

Die 2010er Jahre stehen somit für eine offensivere Nahostpolitik des Kremls, da man z. b. auch in Libyen direkter eingriff, wenngleich mit einem weit geringeren Kräfteeinsatz als in Syrien.[111] Im Jemen, wo seit 2014 ebenfalls ein blutiger Bürgerkrieg tobt, agierte Russland zurückhaltender. Man verurteilte den Putschversuch und die Interventionen anderer Mächte. Putin trat als Beschützer nationaler Souveränitätsrechte und als Gegner eines internationalen Interventionismus auf.[112] Ebenso hielt Russland sich bei der Bekämpfung des Islamischen Staats (IS) zurück,[113] wohingegen man aktiver auf die kurdischen Akteure in Syrien und im Irak zuging.

Die Verringerung des US-Engagements im Nahen Osten eröffnete neue Handlungsoptionen. Viele Staaten wandten sich nun auf Grund mangelnder Alternativen an Moskau.[114] Russland stieß vom Nahen Osten über das östliche Mittelmeer bis in die Sahel-Zone und den Maghreb in die durch das Desinteresse und den Rückzug des Westens entstandenen Machtvakua vor – wie andere illiberale Regime auch.[115] War die russische Politik daher wirklich nicht darauf ausgerichtet, die USA zu ersetzen, sondern strebte Putin nur danach, auf Augenhöhe wahrgenommen zu werden?[116] Die russische Regierung entwickelte 2019 in einem Strategiepapier eigene Visionen für eine regionale Sicherheitsarchitektur im Nahen Osten. Sie zielte darauf ab, den Einfluss der USA zu reduzieren.[117] Dies stellt in den Augen Viacheslav Morozovs eine Blaupause für die grundsätzlichen außenpolitischen Ordnungsvorstellungen Moskaus dar, die nicht auf der Verbreitung von Demokratie und dem Schutz von Menschenrechten beruhen, sondern auf Nicht-Einmischung in die inneren Angelegenheiten souveräner Staaten und (anti-westlicher) Multipolarität anstelle amerikanischer bzw. westlicher Dominanz. Hier lassen sich deutliche Parallelen zur anti-imperialen, in der Wahl ihrer Verbündeten flexiblen und auf staatliche Souveränität zielenden

---

111 Souleimanov 2019.

112 Zur russischen Jemenpolitik vgl. Ramani 2022. Die Parallele zur Nicht-Einmischung der Sowjetunion in den libanesischen Bürgerkrieg drängt sich, trotz der unterschiedlichen Gemengelage, auf. Das Beispiel Jemen zeigt somit auch, dass Moskau seine Kräfte nicht überstrapazieren möchte bzw. die eigenen Mittel endlich sind.

113 Russland flog mehr Luftangriffe gegen Anti-Assad-Gruppen als gegen den IS; vgl. Gaub 2021.

114 Als Kooperationspartner bringt der Kreml zudem, gerade um die eigene wirtschaftliche Schwäche auszugleichen, immer wieder China in Position; siehe Katz 2022, S. 51. Vgl. auch den Beitrag von Stefan Lukas und Julia Gurol in diesem Band.

115 Neitzel/Scianna 2021, S. 105 ff.

116 So argumentiert Trenin 2018, S. 63 und 138.

117 Morozov 2022, S. 33 f.

Nahostpolitik der Sowjetunion ziehen – die jenseits dieser Rhetorik freilich immer eigenen Interessen nachging, nach Einfluss strebte und einer Demokratisierung keinen großen Stellenwert beimaß.

8. Fazit

Russland ist nach einer Phase der Schwäche in den 1990er Jahren wieder ein Machtfaktor im Nahen Osten. »It is not just a return to an important region, but a comeback to the global scene.«[118] Das Wort »return« legt bereits nahe, dass es eine lange Tradition russischer Einflussnahme im »Nahen Süden« gibt, die oftmals vergessen und auf die militärische Intervention Putins in Syrien verkürzt wurde. Wie dieser Beitrag versucht hat zu zeigen, weisen die zaristische, sowjetische und russische Nahostpolitik viele Unterschiede, aber auch Ähnlichkeiten auf. In den letzten 100 Jahren waren die Machthaber in Moskau stets darauf bedacht, ihren Einfluss im »Nahen Süden« geltend zu machen – und sei es nur, um sich als Großmacht zu gebärden oder im Wettstreit mit dem Westen an der globalen Peripherie zu punkten. Man trat als Gegenpol zu westlichen Interessen auf und offerierte ein alternatives Angebot internationaler Ordnung. Demzufolge unterstützte man oftmals Bewegungen und Staaten, die gegen einen westlich dominierten Status quo aufbegehrten: zunächst in Form anti-imperialer Gruppen, gefolgt von der Unterstützung eigener Verbündeter im Ost-West-Konflikt. Doch trotz der steten Präsenz im Nahen Osten sank der tatsächliche Einfluss Moskaus nach 1973 rapide. Die sowjetische Nahostpolitik blieb meist eher reaktiv und entwickelte nie eine strategische Vision, was seit den 2000er Jahren eher zu konstatieren ist.

Unter Putin zeigten sich die Eckpfeiler der russischen Nahost-, aber auch der allgemeinen Außenpolitik sehr deutlich: eine Ablehnung dessen, was man als westliche Alleingänge und Interventionen in die internen Angelegenheiten souveräner Staaten sah, eine Unterstützung aller Akteure, die sich hiergegen auflehnten, und somit das stete Rekurrieren auf multipolare Ordnungsvorstellungen und das Positionieren als vertrauenswürdigere Alternative oder Gegengewicht zu den USA und anderen westlichen Staaten. Putin ist auch mit den reaktionärsten Status-quo-Mächten in der Region

---

118 Trenin 2018, S. 134.

eng verbunden (und versucht nicht, sie zu stürzen), was bei einer großen Demokratisierungswelle dem russischen Einfluss einen herben Schlag verpassen könnte. Der wirtschaftliche Spielraum des Kremls ist heute geringer, zumal die ökonomische Stärke der regionalen Akteure zugenommen hat und mit China neue Konkurrenten auftreten. Wenn der Kreml die strategische Balance in der Region oder eigene vitale Interessen gefährdet sah, schreckte man nicht vor dem Einsatz militärischer Mittel zurück. Auf Sichtweisen des Westens oder Kooperationsangebote wurde, im Gegensatz zur Jelzin-Zeit,[119] gar nicht oder nur selten eingegangen, da man Gegenmodelle zu entwerfen und durchzusetzen versuchte.

Ein Streben nach regionaler Dominanz oder zumindest Augenhöhe mit den USA lässt sich somit für die Zeit von 1953 bis 1973 und die 2010er Jahre erkennen. Der Kreml griff militärisch in Konflikte ein und versuchte verlorengegangen geglaubtes Terrain wiedergutzumachen. Die eher defensive Ausrichtung des Vetospielers und des Gegengewichts kann sich somit durchaus in eine offensivere, Spielräume und Machtvakua ausnutzende Variante verkehren, die Instabilität in Kauf nimmt. Vor einem systemischen Chaos (im Nahen Osten) scheint jedoch selbst Putin noch zurückzuschrecken. Und auch im Kalten Krieg galt für die UdSSR trotz intensiver, auch militärischer Einflussnahme: »stability at the systemic level came before commitment to partners and regional interests.«[120] In Phasen eigener Schwäche übte Moskau wenig Einfluss auf den Nahen Osten aus – da meist der Westgrenze mehr Aufmerksamkeit geschenkt wurde als dem »Nahen Süden«. Dass der Krieg gegen die Ukraine eine Rückbesinnung der eigenen Kräfte auf die westliche Flanke und einen indirekteren oder passiveren Ansatz im Nahen Osten, mit einer stärkeren Hinwendung zu den engsten Verbündeten nach sich ziehen wird, wäre aus historischer Sicht nicht unwahrscheinlich. Trotz aller Rhetorik und eurasischer Gedankenspiele scheinen die strategischen Kerninteressen, für die man systemisches Chaos in Kauf zu nehmen bereit ist, in Europa zu liegen. Doch die aktive und aggressive Afrika- und Maghrebpolitik Putins deutet auf ein strategisches Ausgreifen Russlands im gesamten »Greater Middle East« hin. Dies verdeutlicht erneut, dass russische Politik im »Nahen Süden« nie losgelöst von ihrer generellen außenpolitischen Ausrichtung und speziell ihren Beziehungen zum Westen analysiert werden darf. Bei entsprechenden Kapazitäten könnte ein Macht-

---

119 Katz 2022, S. 48.
120 Bechev/Gaub/Popescu 2021, S. 17.

verlust in Europa durch das Streben nach mehr Einfluss an der »strategischen Peripherie« ausgeglichen werden.

Eine neue Supermacht in der Region? Chinas zunehmender Einfluss in Nahost

Stefan Lukas und Julia Gurol

1. Chinas wachsender Fußabdruck im Nahen und Mittleren Osten

Der Einfluss Chinas wird in zahlreichen Weltregionen immer größer. Doch während dieser Aufstieg in den vergangenen zwei Jahrzehnten lange auf seine ökonomische Dimension beschränkt blieb, macht die Volksrepublik spätestens unter Staats- und Parteichef Xi Jinping ihren Anspruch deutlich, auch eine politische Großmacht zu sein. Damit einher geht eine stärkere chinesische Präsenz in Ländern des sogenannten Globalen Südens und dabei insbesondere in Staaten, die von strategischer, geografischer, wirtschaftlicher oder politischer Relevanz im Kontext der neuen Seidenstraßeninitiative sind. Das trifft auch auf den Nahen und Mittleren Osten zu, dem eine wesentliche Rolle in der »Belt and Road Initiative« (BRI) zukommt. Nachdem sich die USA aus der Region zunehmend zurückziehen, schwindet auch ihre damit einhergehende langjährige Dominanz als wichtigster Sicherheitsgarant. Damit gewinnt China an Bedeutung, und das mittlerweile nicht mehr nur wirtschaftlich, sondern auch sicherheitspolitisch.[1] Wenngleich das viel zitierte Narrativ, China könne nur in ein von den USA hinterlassenes Vakuum stoßen, recht weit greift, so steht doch fest, dass die Volksrepublik in der Liste relevanter, extraregionaler Akteure längst weiter aufsteigt und immer stärker mit den USA und Russland konkurriert. Dennoch ist bislang wenig bekannt über Chinas Position und Ziele im Nahen und Mittleren Osten sowie über die Art und Weise, in der die neue Supermacht die Stabilität und politische Dynamik in der Region mittel- bis langfristig beeinflussen will.

---

1 Vgl. Lukas 2019, S. 13.

Generell bleibt festzuhalten, dass sich Chinas Strategie in der Region vor allem auf die Entwicklung tiefgreifender, bilateraler Wirtschaftsbeziehungen mit allen Akteuren stützt und mit besonderem Augenmerk auf die regionalen Machtzentren Saudi-Arabien und Iran konzentriert. Ungeachtet der bestehenden regionalen Rivalitäten haben Chinas unersättlicher Energiehunger und die ehrgeizige Expansionspolitik der Volksrepublik im Kontext der BRI zu einer verstärkten chinesischen Aktivität im Nahen Osten geführt. Wenn es jedoch um tatsächliches politisches Engagement geht, hält sich China – zumindest bislang – eher zurück und versucht weitgehend unpolitisch zu agieren. Im Vergleich zum wirtschaftlichen Einfluss in der Region hat die Zentralregierung in Peking bisher weniger in die Ausweitung seiner sicherheitspolitischen Rolle investiert.[2] Trotzdem ist auch eine Zunahme des chinesischen Engagements in diesem wie auch anderen Politikfeldern wie Technologie oder Kultur zu beobachten. So gehen Investitionen in Häfen oder den Ausbau von 5G-Netzen deutlich über reine Wirtschaftsbeziehungen hinaus. Die Zeit der chinesischen Zurückhaltung ist demnach eindeutig vorbei und nicht zuletzt die Reaktion des chinesischen Regimes auf die russische Invasion in der Ukraine hat gezeigt, dass China auch global eine stärkere Rolle spielt.

Vor diesem Hintergrund widmet sich dieser Aufsatz dem wachsenden Einfluss der Volksrepublik im Nahen Osten. Dazu folgt im kommenden Unterkapitel ein Überblick über die historischen Beziehungen zwischen China und den Ländern des Nahen Ostens. Anschließend werden Chinas wirtschaftliche Ambitionen diskutiert, um danach den Vorstoß der Zentralregierung in den digitalen Raum und Chinas Rolle bei der Technologiediffusion, insbesondere mit den Golfstaaten, genauer zu erläutern. Anschließend wird die Frage aufgeworfen, ob China als systematischer Rivale zur westlichen Welt im Nahen Osten betrachtet werden kann. Auch hier geht es um Maßnahmen im Rahmen der sogenannten Soft Power, wie das mediale Inszenieren von chinesischen Produkten oder die Ausweitung von kulturellem Einfluss. Dies alles, sprich die wirtschaftliche, technologische und die unterschwellige Komponente der Soft Power, soll abschließend im Kapitel über sicherheitspolitische Ambitionen der chinesischen Zentralregierung zusammengefügt werden, um zu zeigen, wo China steht und wo die Regierung unter Xi Jinping hinstrebt.

---

2 Vgl. Gurol/Scita 2020; Ehteshami/Horesh 2020.

2. China und der Nahe Osten

Anders als die großen Staaten der westlichen Hemisphäre, die oftmals auf eine jahrhundertelange Kolonialgeschichte zurückblicken und nicht selten ein schwieriges, postkoloniales Erbe hinterlassen haben, kann China relativ unvoreingenommen in seinen bilateralen Beziehungen mit Staaten des Nahen Ostens oder in Afrika agieren – ein Umstand, den die chinesische Regierung, neben der Nicht-Einmischungspolitik in innere Angelegenheiten und ihrer jahrtausendealten Beziehungen zum Nahen und Mittleren Osten, stets hervorhebt. Denn in der Tat bemühten sich chinesische und arabische Expeditionen, angefangen von den ersten Händlern entlang der antiken Seidenstraße ab 400 vor der Zeitenwende über die großen Aufklärungs- und Handelsfahrten des Chinesen Zhang He im 15. Jahrhundert bis hin zum Niedergang des chinesischen Kaiserreiches, die lukrativen Beziehungen zwischen den Regionen auszubauen. Mit der Gründung der Volksrepublik China im Jahre 1949 unter Mao Zedong trat dann auch das ehemalige »Reich der Mitte« in eine neue Phase der Beziehungen mit den Staaten des Nahen und Mittleren Ostens ein.[3]

Mit einer Mischung aus ideologischem Pragmatismus, staatlichen Handelsbeziehungen und dem in den 1960er Jahren ausgerufenen »Weg der friedlichen Entwicklung« (»Peaceful Development Road«)[4], baute die Volksrepublik in erster Linie auf wirtschaftliche Beziehungen mit Staaten wie dem Iran, Saudi-Arabien oder der Türkei. Im Zuge der US-amerikanischen Annäherung an Peking unter Präsident Richard Nixon ab dem Jahr 1972 und der darauffolgenden Öffnungspolitik unter Deng Xiaoping wurde mit dem wirtschaftlichen Aufschwung ein neues, chinesisches Selbstbewusstsein geweckt. Auch für die Nahost-Staaten zeigte sich das: Wer weiterhin einen großen chinesischen Absatzmarkt aufbauen wollte, musste politische Gegenleistungen erbringen. Infolgedessen erkannten nahezu alle Staaten die Volksrepublik China an und wendeten sich, zumindest politisch, von der Republik China (Taiwan) ab.[5] Hinzu kam, dass mit der wirtschaftlichen Öffnungspolitik Peking nun ungehindert Waffen und andere Rüstungsgüter an mehr Staaten liefern und gewogene Regierungen stärker unterstützen konnte. Verkaufte China in der Zeit von 1961 bis 1979 Rüstungsgüter an 18

---

3 Vgl. Frankopan 2016, S. 195 ff.
4 Vgl. Feng 2019, S. 15.
5 Vgl. Vogelsang 2014, S. 577 f.

unterschiedliche Staaten, so erhielten im darauffolgenden Jahrzehnt über 25 Staaten Rüstungsgüter von chinesischer Seite. Geschuldet war dieser Umstand auch der Tatsache, dass die Öffnungspolitik unter Deng Xiaoping mit einer Senkung des chinesischen Wehretats von 17,5 Prozent des BIP auf 7,4 Prozent des BIP einherging.[6] Denn mit der politischen Annäherung an die USA und der einsetzenden Stabilisierung im einstmals umkämpften Vietnam sah man kaum noch eine direkte Bedrohung der eigenen Souveränität im direkten Umfeld. Für die Führung der Volksbefreiungsarmee bedeutete das nicht nur einen Schwund der eigenen politischen Macht, sondern den Wegfall wichtiger finanzieller Mittel, weshalb der chinesische Generalstab dazu überging, eigenes militärisches Material zu verkaufen, was wiederum wesentlich dazu beitrug, dass chinesische Militärs und Geheimdienste Kontakte zu den militärischen Führungsstäben und Nachrichtendiensten anderer Staaten knüpfen konnten. Diese bestehen besonders in Iran und nach Pakistan – aber auch in viele andere Staaten – bis heute und sind ein entscheidender Vorteil vor allem gegenüber europäischen Entscheidungsträgern, die zumeist nur über offizielle Kanäle mit den betreffenden Staaten kommunizieren können.[7]

Auch 1980, als der Irak unter Saddam Hussein die noch junge islamische Republik Iran überfiel, propagierte Peking zwar weiterhin die Politik der Nichteinmischung und verhielt sich offiziell neutral, dennoch verkaufte China in dieser Zeit in großem Umfang Rüstungsgüter an beide Seiten. Besonders zynisch dabei: Während Peking an den Irak etwa 1300 Kampfpanzer (MBT) verkaufte, erhielt der Iran im gleichen Zeitraum etwa 7500 Panzerabwehrraketen (ATGM).[8] Doch nicht nur die direkten Konfliktparteien wurden mit Rüstungsgütern ausgestattet, auch die umliegenden Staaten der Region wurden Abnehmer chinesischer Rüstungsgüter: Während 1978 noch 40 Prozent der chinesischen Rüstungsexporte nach Süd- und Südostasien gingen, verteilten sich die Rüstungsexporte in den kommenden Jahren komplett um, wodurch 1991 88,6 Prozent der chinesischen Rüstungsexporte auf Staaten im Nahen und Mittleren Osten entfielen. Insbesondere der Verkauf von Kurz- und Mittelstreckenraketen (IRBMs) an Saudi-Arabien (1987) und Pakistan (1990) war für die chinesische Seite äußerst einträglich.[9] Dabei stellten

---

6 Eikenberry 1995, S. 7.

7 Vgl. Gill 1998.

8 Vgl. Eikenberry 1995, S. 12.

9 Vgl. ebd.

sich langfristig die Beziehungen zu den Staaten Iran und Pakistan als nachhaltig heraus. Während letztere bereits seit den 1950er Jahren als Gegenspieler zum konkurrierenden Indien mit Rüstungsgütern und technologischem Know-how ausgestattet wurde,[10] avancierte das islamistische Regime in Teheran schnell zum wesentlichen Ansprechpartner Pekings im Nahen Osten. So sicherte man sich schon früh militärische Überflug- und Landerechte im Iran und pflegte einen regen bilateralen Austausch bei der Entwicklung von Raketensystemen oder ab den 2000er Jahren im Sektor der Cybertechnologie.[11]

Trotz all dieser Entwicklungen blieb Chinas Gestaltungsmacht in der Region jahrelang weit hinter dem Einfluss der konkurrierenden Großmächte wie den USA oder der Sowjetunion zurück. Zu sehr war man in Peking auf den Aufbau der eigenen Wirtschaft und der politischen Stabilität konzentriert. Dies änderte sich jedoch drastisch mit dem Machtantritt Xi Jinpings zum Staatspräsidenten der Volksrepublik China im Jahr 2013.

3. Der Nahen Osten unter dem Eindruck der chinesischen Seidenstraßeninitiative

Die beschriebene Rüstungspolitik gegenüber externen Staaten wurde mittlerweile von weiterer wirtschaftlicher Zusammenarbeit begleitet. Dabei ist in den vergangenen zehn Jahren die sogenannte »Konnektivität« zu einem Schlagwort des globalen Entwicklungsdiskurses geworden. Oft wird der Begriff als eine Art Allheilmittel gesehen, um ein schnelles Wirtschaftswachstum anzukurbeln und die Entwicklung in ökonomisch weniger fortschrittlichen Ländern zu fördern. China gilt hierbei als Musterbeispiel, da es innerhalb von vier Jahrzehnten von einem Entwicklungsland zu einer bedeutenden Großmacht aufgestiegen ist.[12]

Wesentlich zum Aufstieg Chinas vom wirtschaftlichen Schwellenland zum starken Industriestaat beigetragen hat insbesondere die von Xi Jinping eingeleitete neue Seidenstraßeninitiative (BRI). Was in der bisherigen Be-

---

10 Hervorzuheben ist hier das pakistanische Nuklearwaffenprogramm, das ohne die Unterstützung von chinesischer Seite kaum entstanden wäre und noch heute maßgeblich von Peking begleitet wird. Vgl. Byman 1999, S. 14 f.
11 Vgl. Lukas 2019, S. 24.
12 Vgl. So/Chu 2015, S. 2.

schreibung der BRI recht abstrakt als gewaltiges Projekt wirkt, bekommt klarere Umrisse, sobald man sich die konkreten Projekte in einzelnen Staaten ansieht. Denn die 1,1 Billionen US-Dollar, die Peking für das Gesamtprojekt bis 2025 veranschlagt hat, setzen sich im Wesentlichen aus vielen kleinen und oftmals bilateralen Entwicklungs- und Wirtschaftsprojekten zusammen.[13] Dabei hat es die chinesische Regierung bereits mit der Implementierung der BRI geschafft, die eigene Mission als Vision für Asien, Europa und Afrika darzustellen, der andere Staaten nur folgen müssen. Der Gesamtausrichtung der BRI und den eigenen Bedürfnissen Chinas entsprechend, konzentrieren sich die Investitionen und Partnerschaften auf die Sektoren Bau, Verkehr, Logistik, Energie, Digitales und Sicherheit. So sind chinesische Firmen am Ausbau einer iranischen Hochgeschwindigkeitsstrecke von Marshad nach Teheran beteiligt, investieren in die Entwicklung neuer Kraftwerke in der Türkei und bemühen sich um Aufträge beim Ausbau des Suezkanals.[14]

Gemein haben alle Projekte, dass chinesische Konglomerate mit sehr günstigen Krediten bei der Projektfinanzierung locken und relativ zügig in einzelnen Bauphasen vorankommen, was beides große Vorteile gegenüber der westlichen Konkurrenz sind. Dazu haben sowohl chinesische Firmen als auch die Funktionäre der Kommunistischen Partei Chinas keinerlei Rechtfertigungsdruck gegenüber der eigenen Öffentlichkeit, wenn sie mit autokratisch oder gar diktatorisch geführten Regierungen kooperieren. Begleitet von der ehemaligen Nicht-Einmischungspolitik Pekings führte dies dazu, dass gerade in afrikanischen und nahöstlichen Staaten chinesische Firmen einen Vorteil genießen. Gleichzeitig haben die chinesischen Unternehmen einen Vorteil, da die staatlichen Geldgeber deutlich risikoreicher und freizügiger Kredite vergeben. So sind chinesische Bau- und Infrastrukturunternehmen dort tätig, wo deutsche, französische oder britische Unternehmen aufgrund hoher Risikoraten kaum noch handlungsfähig sind. Allerdings hat diese Geldschwemme auch dafür gesorgt, dass durch hohe Korruption und mangelnde Effizienz bereits mehr als 10 Prozent der ausgegebenen 932 Milliarden US-Dollar ungenutzt versickert sind. Als Folge sah sich die Zentralregierung in Peking gezwungen, das Vergabeprinzip bei Finanzierungen anzupassen.[15]

---

13 Vgl. Schneider 2021, S. 14.
14 Vgl. ebd., S. 144 f.
15 Vgl. Wang 2022, S. 3 f.

Dabei unterhält Peking, trotz regionaler Rivalitäten wie zwischen dem Iran und Saudi-Arabien, mit allen Seiten lukrative Wirtschaftsbeziehungen. So ist China der größte Abnehmer von Rohöl und Gas aus beiden Staaten, was vor dem Hintergrund der US-Sanktionen gegenüber dem Iran ein zusätzlicher Faktor bei den Verhandlungen über das Atomabkommen (JCPoA) ist.[16] Chinesische Unternehmen spielen auf beiden Seiten des Golfes jedoch eine unterschiedliche Rolle: Während der Iran massiv auf Unterstützung angewiesen ist, um seine größtenteils marode Infrastruktur aufrechtzuerhalten, sehen die Monarchien am Golf in Peking eine gute Alternative und Möglichkeit zur wirtschaftlichen Diversifizierung gegenüber den ursprünglichen Verbündeten aus dem Westen. Damit haben vor allem die Vereinigten Arabischen Emirate (VAE) und Saudi-Arabien eine deutlich stärkere Stellung in Verhandlungen mit Peking als etwa der Irak, der aus chinesischer Perspektive nur aufgrund seiner Rohölvorkommen von Interesse ist.[17]

Dennoch ist trotz des hohen Anteils an chinesischen Investitionen festzuhalten, dass Peking jederzeit bereit ist, diese auch in kürzester Zeit wieder zurückzuziehen, sollten die Investitionen aufgrund einer veränderten politischen Lage den eigenen Interessen zuwiderlaufen. Spüren musste das beispielsweise der Iran nach der Implementierung neuer Sanktionen durch die Trump-Administration 2019.[18] Entsprechend können die Kooperationen mit der Region stets als pragmatisch betrachtet werden. Wie in den kommenden Kapiteln deutlich wird, betrifft das neue chinesische Engagement aber nicht mehr nur die Wirtschaft, stattdessen etabliert sich Peking sowohl durch den Import neuer Technologien als auch durch Soft und Hard Power immer mehr als sicherheitspolitischer Akteur vor Ort – mit weitreichenden Konsequenzen auch für den Westen.

4. Vorstoß in den digitalen Raum: Die Rolle von Technologiediffusion im Nahen Osten

Neben physischer Konnektivität hat die BRI auch eine immer stärker werdende digitale Komponente, die sich auch im Nahen Osten auswirkt. Dabei liegt der Schwerpunkt besonders auf den Golfmonarchien, die eine gewis-

---

16 Vgl. Scita 2022.
17 Vgl. Wang 2022, S. 17 f.
18 Vgl. Cordesman 2021.

se Vorreiterrolle in Sachen Technologieentwicklung und Digitalisierung spielen. Denn Chinas Engagement als globaler Technologieexporteur hat neben einer wirtschaftlichen auch eine sicherheitspolitische Komponente, die sich durch den zunehmenden Export des sogenannten Tech-Autoritarismus der Volksrepublik ergibt, der im Kontext der Implementierung der digitalen Seidenstraße (»Digital Silk Road«) an Fahrt aufgenommen hat. Das betrifft nicht mehr nur die repressive Regulierung des Internets innerhalb der Volksrepublik oder den chinesischen Export digitaler Technologien, Überwachungssoftware und Künstlicher Intelligenz, sondern auch den Versuch, dem offenen und freien Internet ein autoritäres Gegenmodell entgegenzusetzen sowie digitale Technologien zu exportieren. Die Gesundheitsseidenstraße (»Health Silk Road«), die auf dem Höhepunkt der ersten globalen Covid-Infektionswelle im Frühjahr 2020 offiziell verabschiedet wurde und im Wesentlichen aus medizinischen Hightech-Produkten besteht, trug dann ihr Übriges zur Verbreitung chinesischer digitaler Technologien bei. Die Volksrepublik China entwickelte sich damit zu einem zentralen Lieferanten von Überwachungstechnologien, CCTV-Equipment sowie Künstlicher Intelligenz.[19] In Chinas »White Paper« vom März 2015 wurde die digitale Konnektivität zur obersten Priorität erklärt – in diesem Kontext investiert China international in Glasfaserkabel, baut Datenzentren, die von Peking als »grundlegende strategische Ressource«[20] bezeichnet werden, und errichtet damit nach und nach ein digitales Ökosystem, in welches die Länder, die Teil der digitalen Seidenstraße sind, involviert werden sollen.[21] Dazu zählen nicht zuletzt Staaten wie Saudi-Arabien, die VAE oder der Iran.

Als erster Akteur in der Region verabschiedeten die VAE 2017 eine KI-Strategie, um die KI-Governance in zentralen Sektoren wie Transport, Gesundheit, Raumfahrt, erneuerbare Energien, Wasser, Technologie, Bildung, Umwelt und Verkehr auszuweiten. Im Jahr 2019 wurde zudem die »National Artificial Intelligence Strategy 2031« verabschiedet, die eine »Vorherrschaft der KI« bis 2031 vorsieht. Neben Israel verlassen sich die VAE dabei stark auf die chinesische Technologieindustrie und deren KI-Fä-

---

19 Vgl. Gurol et al. 2022.
20 National Development and Reform Commission (2016). The 13th Five-Year Plan for Economic and Social Development of the People's Republic of China (2016–2020). Vgl.: https://en.ndrc.gov.cn/policies/202105/P020210527785800103339.pdf, abgerufen am 24.6.2022.
21 Russell/Berger 2020.

higkeiten. Ein konkretes Beispiel, an dem sich die Brisanz und politische Relevanz dieser Art von Technologiediffusion festmachen lässt, ist die institutionelle, technologische und personelle Verflechtung von Eliten aus China und den VAE im Kontext des emiratischen Firmenkonglomerats Group42 (kurz G42).

G42 ist ein führendes Unternehmen für künstliche Intelligenz und Cloud-Computing, das 2018 in Abu Dhabi gegründet wurde und seitdem mehrere Unterauftragnehmer und Tochtergesellschaften gegründet hat. G42 stellt einen der wichtigsten Knotenpunkte für die Kooperation im Technologiesektor zwischen China und den VAE dar und hat im Zuge der Corona-Pandemie als Musterbeispiel transregionaler autoritärer Kooperation an internationaler Aufmerksamkeit gewonnen.[22] Hier kam es zu einer Technologiediffusion zwischen dem chinesischen Unternehmen Beijing YeeCall Interactive Network Technology als »Sender« und zwei Tochterfirmen von G42, namens Breej Holding Ltd. und ToTok Technology, als »Empfängern«.[23] Zwei Verflechtungen lassen sich beobachten: Zum einen waren Breej Holding Ltd. und ToTok Technology an der Entwicklung und Programmierung der emiratischen Voice over IP (VoIP) und der Chat-Applikation ToTok beteiligt, die während der Pandemie zur weitreichenden Kontrolle und Überwachung ihrer Nutzer und Nutzerinnen diente und kopierten dabei den Algorithmus der chinesischen Tracing-App YeeCall. Zudem ist G42 über persönliche Kontakte untrennbar mit chinesischen (staatlichen) Eliten und Technologieunternehmen verbunden. Einer der Mitgründer von ToTok, Long Ruan, war zuvor Chief Operating Officer (COO) bei Beijing YeeCall Interactive Network Technology. Darüber hinaus waren der leitende Entwickler von Beijing YeeCall, Sam Huang, und sein Design Director, Fu Peng, an der Entwicklung von ToTok beteiligt. Daran zeigt sich, dass die Verstrickungen in autoritäre Zusammenarbeit über die einfache Replikation des chinesischen Algorithmus hinausgehen und auf einen proaktiven und tiefgreifenden Datenaustausch hindeuten.[24]

Wie bereits erwähnt, kann eine derartige Technologiediffusion verheerende Folgen für die Meinungsfreiheit im »Empfängerland« haben. So auch in diesem Beispiel: Ähnlich wie das chinesische Vorbild greift ToTok umfassend auf Geo-Daten, Bewegungsprofile, Fotos und Kontaktdaten der Nut-

---

22 Vgl. Demmelhuber/Gurol/Zumbrägel 2022, S. 23.
23 Vgl. Gurol 2020.
24 Vgl. Marczak 2020.

zer zu und sammelt damit weit mehr Daten, als für eine Nachverfolgung im Sinne der Pandemiebekämpfung notwendig wäre. Dies zeigt, dass Chinas Modelle der Datensammlung, Kontrolle und Unterdrückung – insbesondere im digitalen Raum – international längst Nachahmer gefunden haben. Des Weiteren veranschaulicht es die Bedeutung digitaler Infrastruktur im Bereich der aktiven Verbreitung, aber auch der unintendierten, unkontrollierten Diffusion autoritärer Praktiken. Auch über dieses illustrative Beispiel hinaus lassen sich zahlreiche Beispiele für Technologiekooperationen zwischen China und den Golfstaaten nennen. So baut China nicht nur 5G-Netze im eigenen Land aus, auch mehrere Staaten des Golfkooperationsrates (GCC) haben Vereinbarungen mit Huawei zum Ausbau der digitalen Infrastruktur unterzeichnet, beispielsweise im Kontext von Smart Cities. Unter anderem war Bahrain der Vorreiter bei der Einführung von 5G-Infrastruktur. Während Bahrains Telekommunikationsbetreiber Batelco und Zain mit Ericsson kooperierten, suchte VIVA Bahrain den Schulterschluss mit Huawei und legte damit den Grundstein für die weitere Entwicklung des Landes in Bezug auf KI und Überwachungstechnologien.[25]

5. Chinas »Soft Power«-Strategien: eine systematische Rivalität?

Während zu Beginn der 2010er Jahre nur vereinzelt erste technologische Initiativen Pekings zum Ausbau der digitalen Seidenstraße unternommen wurden, so zeichnet sich zehn Jahre später ein komplett anderes Bild in der Region ab, wobei zunehmend auch eine Strategie im Sinne der Soft Power zu erkennen ist. So inszenieren massive Werbekampagnen in den großen Ballungszentren chinesische Produkte und Großprojekte wie den Hafen von Gwadar im Süden Pakistans, um das chinesische Image zu stärken. Dass vor der Verbreitung von TikTok dafür auch westliche Unternehmen wie YouTube, Twitter oder Facebook instrumentalisiert wurden, entbehrt nicht einer gewissen Ironie.[26] Dabei sind diese medial inszenierten Kampagnen sehr erfolgreich: Chinesische Unternehmer haben wichtige Absatzmärkte für eigene Produkte erschlossen und das Ansehen von »Made in China« wesentlich verbessert. Firmen wie Xiaomi, MG, Dongfeng oder TikTok gelten in vielen Staaten von Pakistan bis Marokko als erfolgversprechend und haben

25 Vgl. Demmelhuber/Gurol/Zumbrägel 2022, S. 26.
26 Vgl. Nazaruk 2021.

ein hohes Ansehen in den lokalen Gesellschaften. Zugleich hat die Covid-19-Pandemie dafür gesorgt, dass China – wenngleich das Ursprungsland der Pandemie – als großer Helfer wahrgenommen wurde.[27] Vor allem im Iran, aber auch in Saudi-Arabien, den VAE oder Ägypten wurden die Lieferungen von Masken und den ersten Impfstoffen des Herstellers Sinopharm als Beispiel für die Hilfsbereitschaft der Regierung in Peking gesehen, während die westlichen Staaten nur sehr zögerlich den Nachbarn in der südlichen Peripherie unter die Arme greifen wollten.[28]

Das alles passiert natürlich nicht ohne Hintergedanken, denn die chinesische Führung hat sehr wohl verstanden, dass ihre wirtschaftlichen und politischen Offensiven kulturell flankiert werden müssen. Und so wurden im Rahmen der BRI zahlreiche Konfuzius-Institute, die seit 2004 nach dem Vorbild der deutschen Goethe-Institute konzipiert wurden, gegründet. Die künftigen Eliten zahlreicher Entwicklungsländer studieren heute an Universitäten in Peking, Schanghai, Hangzhou oder Xian und werden die Kontakte in ihrem zeitweiligen Gastland mit nach Hause tragen.[29] Inzwischen gibt es mehr als 500 Konfuzius-Institute auf sechs Kontinenten. Im Nahen Osten traten diese allerdings erst relativ spät auf den Plan: Das erste Konfuzius-Institut im arabischen Raum wurde erst 2016 in Kairo eröffnet. Weitere solcher Bildungs- und Kulturinstitute gibt es mittlerweile in Bahrain, im strategisch wichtigen Saudi-Arabien sowie in Dubai und Abu Dhabi in den VAE, in den Palästinenser-Gebieten, Tunesien und der Türkei. Im Iran wurde bereits Anfang 2009 ein erstes Konfuzius-Institut an der Teheraner Universität eingeweiht, gefolgt von einem 2019 eröffneten Institut im Norden des Landes an der Universität in Mazandaran.[30]

Im Zuge der verstärkten wirtschaftlichen und politischen Vernetzung hat Peking auch einen zunehmenden Einfluss auf die Berichterstattung vor Ort gewonnen, da die wichtigsten Medienunternehmen in der Region durch staatliche Einflüsse indirekt oder direkt kontrolliert werden. Als Folge werden chinakritische Stimmen vielerorts unterdrückt und chinesische Sichtweisen von politischen Ereignissen auf globaler Ebene übernommen. Besonders im Rahmen des Krieges in der Ukraine lässt sich letztere Tendenz beobachten: Geprägt von chinesischen (und indirekt auch russischen)

---

27 Vgl. Demmelhuber/Gurol/Zumbrägel 2022, S. 22 ff.
28 Vgl. Frantzman 2020.
29 Vgl. Seitz 2000, S. 424 f.
30 Vgl. Xinhua 2009.

Narrativen können die Machthaber ihre Neutralität im Konflikt oder gar ihre Sympathie für die russische Aggression zum Ausdruck bringen, ohne sich den Unmut der Bevölkerung zuzuziehen. Folglich manifestiert sich nicht nur die innenpolitische Macht der Autokraten, sondern es wird auch das Ansehen der Vereinten Nationen und anderer westlicher Vorbilder geschwächt.[31]

Insgesamt hat das chinesische System für die fast ausschließlich autoritär regierenden Akteure in der Region also einen deutlich größeren Reiz als das demokratisch geprägte Leitbild des Westens. Denn parallel zum Aufstreben Chinas in der Region ist ein Rückgang demokratischer Rechte wie Meinungs-, Presse- oder Wahlfreiheit zu erkennen. Auch unter Zuhilfenahme von digitalen Mitteln entstehen so neue Formen der autokratischen Regierungsweise, wie es Marc Owen Jones in seinem Buch *Digital Authoritarianism in the Middle East* beschreibt. Allen voran die VAE, Saudi-Arabien, Katar und Ägypten schaffen so eine digitale, modernisierte Gesellschaft, welche zwar das Alltagsleben der Menschen erleichtern kann, die es dem Staat aber ermöglicht, eine nahezu allumfassende Kontrolle über seine Bevölkerung zu erlangen.[32] Denn die Überwachungstechnologie und die Etablierung von sogenannten Smart Citys, deren Ziel es ist, Verwaltung und Organisation mit Hilfe von digitalen Endgeräten nahezu komplett autonom zu gestalten, treiben federführend chinesische Unternehmen voran.[33] Sowohl die Etablierung chinesischer Unternehmen in sensiblen Bereichen der Digitalisierung als auch die damit einhergehenden verstärkten autoritären Tendenzen in der Region bringen neue Rahmenbedingungen hervor, die vor allem für die westlichen Akteure und deren gesellschaftliche Werte nachteilig sein werden.

Es wird daher bereits an dieser Stelle deutlich, wieso China schon im Rahmen seiner »Soft Power«-Strategie als »systemischer Rivale« gegenüber den westlichen Staaten gesehen werden kann, zumal China neben den langanhaltenden wirtschaftlichen Beziehungen mit der Region spätestens seit 2015 auch auf dem sicherheitspolitischen Feld zusätzliche Maßnahmen ergreift, um den westlichen Einfluss in der Region zu unterminieren und seine eigenen Interessen mit Mitteln der Hard Power zu behaupten.

---

31 Vgl. Rumer 2022, S. 12 f.
32 Vgl. Jones 2022, S. 7.
33 Beispiele hierfür sind Masdar-City in den VAE oder Jeddah Airport-City in Saudi-Arabien. Vgl. Blaubach 2021, S. 5 f.

6. Verzahnung von Wirtschaft und Technik: Chinas sicherheitspolitische Ambitionen

Als Xi Jinping in der Aula der Nazarbayev-Universität in Astana am 7. September 2013 an das Rednerpult trat und die Agenda für seine Vision einer neuen Seidenstraße propagierte, betrachteten viele Experten die neuen Pläne abwartend und mit Skepsis. Ein Jahrzehnt später haben sowohl chinesische Unternehmen als auch der Staat und andere staatlich dominierte Institutionen mehr als 570 Milliarden US-Dollar in Projekte der BRI investiert, was den chinesischen Fußabdruck auf vielen Ebenen, auch in nahöstlichen Gesellschaften, massiv vergrößert.[34]

Doch während vor allem die wirtschaftliche Komponente im Fokus der westlichen, aber auch eigenen Berichterstattung stand und die Regierung in Peking es sehr gut verstand, Großprojekte öffentlichkeitswirksam zu vermarkten, haben es chinesische Akteure zeitgleich bewerkstelligt, das sicherheitspolitische Fundament für die künftigen Interessen der Zentralregierung in Peking zu legen. Aufbauend auf alten Kontakten aus den 1980er und 1990er Jahren, konnten so neue Infrastrukturen im zivilen und wirtschaftlichen Sektor entwickelt werden, um fortan die heiklere sicherheitspolitische Agenda zu verfolgen. Anders als bei den üblichen Projekten, vollzog sich dieser Wandel allerdings abseits der Öffentlichkeit – so geschah der Aufbau eines Militärhafens in Südpakistan ebenso leise und oftmals unter Leugnung einer eigenen Sicherheitsstrategie wie der Ausbau einer neuen Sicherheitsinfrastruktur im Iran oder Kasachstan in Form des 5G-Netzes. Zu groß war die Angst in Peking, dass die Staatenlenker Afrikas oder des Nahen und Mittleren Ostens erkennen würden, dass die Zentralregierung inzwischen ein ähnliches Verhalten an den Tag legt wie die einstigen westlichen Kolonialmächte.[35]

Um sich ein dezidiertes Bild von Chinas neuer sicherheitspolitischer Agenda im Sinne der »globalen Konnektivitätspolitik«[36] zu verschaffen, müssen die Aktivitäten Pekings auf drei Ebenen untersucht werden: auf der politisch-diplomatischen Ebene, der Ebene an der Schnittstelle zwischen Wirtschaft und der Sicherheitsinfrastruktur, was auch die Integration von

---

34 Vgl. Kuhn 2021, S. 901.
35 Ebd., S. 904.
36 Godehard/Kohlenberg 2018, S. 2 ff.

sicherheitsrelevanten Technologien umfasst, und der Ebene des Aufbaus von militärischen Kapazitäten, der sogenannten Hard Power.

Auf politischer Ebene begann Peking bereits kurz nach dem Start der neuen BRI-Initiative mit dem Ausbau von Kontakten in nahöstlichen Staaten. In einer Reihe von gegenseitigen Besuchen gelang es Xi Jinping, mit nahezu jedem Staat der Region strategische Partnerschaften abzuschließen. In unterschiedlicher Ausprägung enthalten diese Kooperationen auch Programme zur Zusammenarbeit im Bereich der Sicherheitstechnik, dem Austausch von sensiblen Daten, der Förderung gemeinsamer sicherheitspolitischer Interessen und der bilateralen Verknüpfung von Unternehmen im Sicherheitsbereich, besonders im technologischen Sektor.[37] Dabei versteht es China, ungeachtet sämtlicher Differenzen zwischen den Akteuren der Region, mit allen Parteien zu kooperieren. So arbeiten chinesische Rüstungs- und Technologieunternehmen mit der israelischen High-Tech-Industrie zusammen, während chinesische Marinestreitkräfte zeitgleich gemeinsame Übungen mit russischen und iranischen Verbänden im Arabischen Meer absolvieren.[38] In diesem Bereich sind besonders die sicherheitspolitischen Verflechtungen mit dem Iran hervorzuheben. Historisch gewachsen, baut die chinesische Strategie in der Region zunehmend auf das islamische Regime in Teheran, weil die geographische Lage, die Antipathie gegenüber dem Westen und die sukzessive wirtschaftliche Abhängigkeit des Landes von China den Iran zu einem sicheren Partner machen. Auch wenn Peking ab 2015 seine sicherheitspolitische Strategie in der Region diversifizierte und verstärkt Kooperationen mit den Golfstaaten abschließt, bleibt das islamische Regime ein Schlüsselstaat vor Ort. Dies äußert sich beispielsweise in Form von bereits erwähnten Marineübungen vor der iranischen Küste, durch Investitionen in den iranischen Sicherheitsapparat durch chinesische Unternehmen und durch die gegenseitige politische Unterstützung auf internationaler Ebene. Im Gegenzug übernimmt der Iran in der Uiguren-Frage, der Hongkong-Thematik oder in puncto Menschenrechte oft das chinesische Narrativ, während Peking, zusammen mit Russland, die schützende Hand über den Iran hält. Auch die Einbeziehung des Iran in das von China und Russland dominierte sicherheitspolitische Bündnis »Shanghai Cooperation Organisation« entspricht dieser Leitlinie, wenngleich perspek-

---

37 Vgl. Rózsa 2020, S. 3.
38 Vgl. Fulton 2019, S. 5.

tivisch auch andere Staaten wie Ägypten, Afghanistan oder Syrien in das Bündnis mit aufgenommen werden sollen.[39]

Vollzogen sich diese Prozesse zumeist auf großer politischer Bühne, entwickelte sich der Trend im Bereich der sicherheitspolitisch-wirtschaftlichen Kooperation deutlich unterhalb der Öffentlichkeitsschwelle. Dabei vollzieht sich gerade auf dieser Ebene der für die Sicherheitsinteressen des Westens besorgniserregendste Wandel. Während westliche und vor allem US-amerikanische Tech-Konzerne seit der Entwicklung und Verbreitung des Internets stets die wichtigen technologischen Sektoren dominierten, lässt sich in der Region von Pakistan bis Ägypten beobachten, wie chinesische Unternehmen, die teilweise nicht älter als 20 Jahre sind, nach und nach in die sensiblen Infrastrukturen der Region vordringen.[40] So hatten Staaten wie Katar, Bahrain, Saudi-Arabien oder die VAE 2020, als in Deutschland die Debatte ausbrach, ob das deutsche 5G-Netz auch unter Beteiligung des chinesischen Tech-Giganten Huawei aufgebaut werden sollte, bereits weite Teile ihrer digitalen Architektur durch chinesische Unternehmen errichten lassen. Den Grundstein für diese neue »digitale Seidenstraße« hatten chinesische und nahöstliche Unternehmen auf der »World Internet Conference« 2017 in Wuzhen errichtet.[41] Inzwischen sind Konzerne wie Xiaomi, Huawei, AliExpress oder Baidu direkt oder indirekt in der gesamten Region des Nahen Ostens vertreten und sind dabei nicht nur an wesentlichen Telekommunikationsanbietern beteiligt, sondern bauen mittlerweile, wie oben bereits erwähnt, ganze Smart Cities in den Golfstaaten mit auf. Zudem sind es vor allem chinesische Unternehmen, die an der Verlegung neuer Unterseekabel – durch die fast 99 Prozent des weltweiten Datentransfers laufen – zwischen Indien, Pakistan und den Golfanrainern maßgeblich beteiligt sind.[42] Was zunächst alles nach einer herkömmlichen Investition Chinas in die digitalen und wirtschaftlichen Sektoren anmutet, ist deshalb besorgniserregend, weil die chinesischen Unternehmen, die die Infrastruktur des 21. Jahrhunderts dominieren, direkt dem Einfluss der Zentralregierung in Peking unterstehen. Ähnliches gilt auch für Investitionen im Energie- und Wassersektor, wo chinesische Bau- und Energiekonzerne wie CSCEC am Aufbau sensibler Infrastruktur wie Pipelines, Entsalzungsanlagen oder Verteilerzentren betei-

---

39 Vgl. Lukas 2019, S. 28.
40 Vgl. Blaubach 2021, S. 9 f.
41 Vgl. Chaziza 2022.
42 Vgl. Bueger/Liebetrau/Franken 2022, S. 10.

ligt sind. Sollte es mittel- und langfristig zu einem offenen Konflikt mit China kommen, dürfte eben diese Infrastruktur zu einem Faustpfand Pekings werden.[43]

Des Weiteren beschränken sich die Kooperationen nicht mehr nur auf den zivilen Nutzungsbereich. Will das chinesische Sicherheitssystem den noch verbliebenen technologischen Abstand zu den USA aufholen, benötigt es dafür den Austausch mit anderen Anbietern, die auf einem ähnlichen Stand wie die US-Sicherheitstechnologie sind. An dieser Stelle gerät Israel in den Fokus der chinesischen Zentralregierung. Das kleine Land am Mittelmeer, das kaum größer als Hessen ist, meldet im Jahr mehr Patente im Technologiebereich an als sämtliche andere Staaten in der Region zusammen.[44] Vor allem seine High-Tech- und Rüstungsunternehmen sind von Bedeutung, denn sie kooperierten in der Vergangenheit insbesondere mit Unternehmen aus den USA, von wo auch weiterhin die meisten Investitionen getätigt werden.[45] Aber bereits kurz nach der Aufnahme diplomatischer Beziehungen zwischen Israel und China im Jahre 1992 kam eine ganze Reihe an Rüstungs- und Technologiekooperationen zustande, wobei vermutlich ein erheblicher Teil an sicherheitstechnologischem Know-how nach China abfloss. Die Volksbefreiungsarmee hatte im Rahmen ihrer Modernisierung ab den frühen 2000er Jahren vor allem Interesse an Radar-, Satelliten-, Drohnen- und Flugabwehrsystemen, die Israel auch bereitwillig lieferte.[46] Diese Entwicklungen betrachteten die USA stets mit einem gewissen Argwohn, aufgrund der neuen Spannungen zwischen den USA und China schritten US-Vertreter aber erst im Januar 2019 ein. So gab der damalige nationale Sicherheitsberater John Bolton in ungewöhnlich direkten Worten zu verstehen, dass die US-Regierung die israelisch-chinesischen Kooperationen im Bereich der High-End-Technologie nicht länger dulden und im Zweifel auch US-amerikanische Investitionen zurückziehen werde. Eine Drohung, die in Tel-Aviv sehr wohl wahrgenommen wurde und bis heute Wirkung zeigt.[47]

Das bereits beschriebene Vorgehen lässt sich ebenso auf militärischer Ebene erkennen. Denn das China unter Xi Jinping ist, anders als in den

---

43 Vgl. Linowski/Lukas 2021, S. 4.
44 Mehr dazu siehe: Statistische Übersicht der globalen Patentanmeldungen der Weltbank auf Grundlage der WIPO-Erhebungen, 2022.
45 Vgl. Israel's Central Bureau of Statistics 2020, Abb. 3.
46 Vgl. Efron/Haskel/Schwindt 2020.
47 Vgl. ebd., S. 78.

Jahrzehnten zuvor, nicht mehr gewillt, auf westliche Sicherheitsinteressen Rücksicht zu nehmen. So verkauft China überall dort seine neuen Waffensysteme, wo die USA nicht bereit sind, Rüstungsgüter zu liefern oder diese im Zweifel zu kostspielig sind. Beispielhaft hierfür ist der Ankauf von Drohnensystemen durch die VAE im Jahr 2018: Nachdem man in Washington, auf Rücksicht auf israelische Interessen, den Verkauf von MQ-9 Reaper-Drohnen in die Emirate untersagt hatte, gingen die Emiratis nunmehr auch aufgrund des kostengünstigeren Angebotes auf das chinesische Produkt über und kauften infolgedessen Wing-Loong II-Drohnen aus chinesischer Produktion.[48] So schaffte es China mit seinen Wing-Loong- und CH3/4-Drohnensystemen neben der Türkei, zu einem der größten Anbieter von bewaffneten Drohnen in der Region zu werden. Die Normalisierung der Beziehungen zwischen Israel und einigen muslimischen Staaten im Rahmen der Abraham-Verträge von 2020 kann daher auch als Mittel der damaligen US-Regierung betrachtet werden, dieser Tendenz Vorschub zu leisten.[49]

Das eigentliche Novum des chinesischen Vorgehens liegt allerdings nicht in der neuen Rüstungsexportpolitik, sondern vielmehr im Ausbau der eigenen militärischen Kapazitäten vor Ort. Denn mit der im August 2017 eröffneten extraterritorialen Militärbasis Chinas in Djibouti machte China erstmals deutlich, dass es neue Ambitionen abseits von Wirtschafts- und Entwicklungspolitik hegt.[50] Seitdem sind in der tadschikischen Gorno-Badakhshan-Provinz und im pakistanischen Gwadar, nahe der iranischen Grenze, neue Militäreinrichtungen errichtet worden.[51] Aus Sicht Chinas dienen fast alle dieser Einrichtungen vor allem der Absicherung der maritimen Seidenstraße (Perlenkette) entlang des Arabischen Meeres sowie des Indischen Ozeans bis in das Rote Meer. Besonders in den USA, die nach dem Rückzug aus Afghanistan nur noch begrenzt militärische Eingriffsmöglichkeiten in Zentral- und Südasien haben, betrachtet man diese Entwicklung mit Argwohn, da es zunehmend wahrscheinlicher wird, dass China schon mittelfristig in regionale Konflikte mit eigenen Militärkräften aktiv eingreifen wird. Schon jetzt sind im Rahmen von zivilen Unterstützungsmissionen chinesische Kontingente, beispielsweise in Syrien, kurzzeitig stationiert gewesen, und chinesi-

---

48 Vgl. Gady 2018.
49 Vgl. Orian 2021.
50 Vgl. Frankopan 2019, S. 138 ff.
51 Dazu kündigte Peking an, auch im afrikanischen Äquatorialguinea und in Kambodscha neue Stützpunkte aufbauen zu wollen. Vgl. Tanchum 2021.

sche Anti-Terror-Einheiten kooperieren im Rahmen der SCO in nahezu allen Mitgliedsstaaten bei Übungen und Einsätzen mit Verbänden der Partnerländer.[52] Inzwischen kommt man daher kaum umhin, der BRI auch eine sicherheitspolitische Komponente zuzuschreiben. Für die westliche Staatengemeinschaft ist es daher unabdingbar, neue Wege im Umgang mit dieser gewaltigen Herausforderung zu finden.

7. Fazit

Während in der Anfangsphase der BRI der Nahe Osten nur eine marginale Rolle spielte, lässt sich seit 2015 eine Trendwende erkennen. So schloss Xi Jinping mit nahezu jedem Staat der Region strategische Partnerschaften – angefangen mit der Türkei im Jahr 2010 über Ägypten und Sudan 2014 und gefolgt von den restlichen Staaten bis 2018.[53] Den Golfstaaten und ihren Anrainern kommt eine besondere Rolle zu: Neben den großen Reserven an fossilen Energieträgern und anderen petrochemischen Erzeugnissen ist es die geostrategische Lage der Region als Dreh- und Angelpunkt zwischen den alten Kontinenten Asien, Afrika und Europa, die China der Region eine besondere Rolle im neuen »Great Game« zukommen lässt.[54] Insofern ist es nicht verwunderlich, dass mit Saudi-Arabien, dem Irak und dem Iran unter den größten Empfängern von chinesischen Direktinvestitionen drei nahöstliche Staaten zu finden sind. Zusammen mit Ägypten und der Türkei liegen sie an neuralgischen Punkten des interkontinentalen Handels und bieten aufgrund der geostrategischen Lage enorme wirtschaftliche Kapazitäten.[55]

Während die Zentralregierung in Peking ihre Ambitionen in der Region so stetig weiter vorantreibt, haben die Regierungen vor Ort jedoch teilweise bereits erkannt, dass nunmehr erneute Abhängigkeiten entstehen, die die eigene Autonomie in einer multipolaren Welt gefährden könnten. Denn es zeigt sich nach wie vor, dass die klassische wirtschaftliche Abhängigkeit sukzessive auch im Nahen Osten weiter gestiegen ist. Darunter leiden vor allem Staaten wie der Iran oder Irak, die vom chinesischen Handel maßgeblich abhängig sind.

---

52 Vgl. Lukas 2019, S. 29.
53 Nur mit Jemen, Syrien und dem Libanon bestehen bisher keine Abkommen.
54 Vgl. Fulton 2022, S. 97 ff.
55 Vgl. Al-Tamimi 2022.

Doch das neue chinesische Selbstverständnis geht noch weiter, und so hat Peking in den letzten Jahren auch stark in seine »Soft Power«-Strategie investiert: Der Versuch mit Konfuzius-Instituten Einfluss zu nehmen, ist ebenso erfolgreich wie mediale Kampagnen, die chinesische Produkte bewerben. Insgesamt lässt sich erkennen, dass Chinas Ansehen in den Gesellschaften zwischen Marokko und Pakistan stark zugenommen hat. Gleichzeitig lassen sich ein Rückgang von Freiheitsrechten, das Unterdrücken china-kritischer Stimmen und die Übernahme chinesischer Narrative in regionale politische Diskurse festhalten. Damit einher geht der Einfluss Pekings in neue Technologien wie der Ausbau von 5G-Netzen und Überwachungsapparaten. Aber auch für die Bevölkerung nützlich erscheinende Entwicklungen wie Smart Cities wurden in den letzten Jahren besonders in den Golfstaaten stark gefördert. Hierdurch entwickelt sich die Zentralregierung unter Xi Jingping zu einem systemischen Rivalen der westlichen Staaten. Mittlerweile ist diese Tendenz auch auf sicherheitspolitischer Ebene erkennbar – sei es, ob es um den Export von Rüstungsgütern oder den Aufbau militärischer Anlagen vor Ort geht. Nicht zuletzt die Annäherung zwischen Saudi-Arabien und dem Iran, welche im März 2023 in Peking beschlossen wurde und auf wesentlicher Vermittlung Chinas, des Iraks und des Omans verhandelt wurde, steht exemplarisch für den neuen außen- und sicherheitspolitischen Kurs, den Peking einschlägt. Dies zeigt, dass sich die Zentralregierung in China nunmehr auch als politischer Gestalter in der Region des Nahen und Mittleren Ostens versteht und gewillt ist, diese Position auszubauen.

Diese Entwicklungen sollten von westlicher Seite erkannt und entsprechend gehandelt werden. Dazu müsste die Außen- und Wirtschaftspolitik gegenüber China in den europäischen Hauptstädten angepasst und die Kooperation mit lokalen Akteuren verstärkt werden, um dem Expansionswillen Pekings etwas entgegensetzen zu können. Hierbei sollte nicht zuletzt die EU ihre Mitgliedsstaaten dazu ermutigen, neue Märkte zu erschließen, um nicht selbst in Abhängigkeiten zu geraten. Welche Auswirkungen solche Abhängigkeiten haben können, macht der aktuelle Krieg Russlands gegen die Ukraine mitsamt seinen Folgen für Deutschland mehr als deutlich.

Auf verlorenem Posten? Deutsche und Europäische Entwicklungspolitik im Nahen Osten und Nordafrika

Christian E. Rieck

1. Bizerte, Bagdad, Berlin, Brüssel: Das entwicklungspolitische Panorama

Die Entwicklungspolitik – das vielleicht sichtbarste Element deutscher (und europäischer) Zivilmacht – leidet in Nordafrika wie im Mittleren Osten zugleich unter einem Ambitionsüberschuss und einem Wirksamkeitsdefizit. Einerseits sollte sie die Errungenschaften des Arabischen Frühlings abstützen und die Region so durch neue Partnerschaften Anschluss an die westliche Moderne finden – eine Ambition, die die Entwicklungszusammenarbeit (EZ) auch mit größerem Mitteleinsatz und besserer Koordination mit anderen außenpolitischen Ansätzen nicht hätte erfüllen können. Andererseits hat sie ihren Einfluss in der Region überschätzt: Schon vor der Pandemie war sie in keinem Staat der Region in der Lage, über Entwicklungsleistungen eine Abkehr vom Transformationsprozess zu verhindern – weder in Tunesien, dem Leuchtturm des Arabischen Frühlings in Nordafrika, noch im Irak, dem Staat mit dem größten westlichen entwicklungspolitischen Fußabdruck im Mittleren Osten. Das vorläufige Scheitern des Arabischen Frühlings in Tunesien und die trotz aller westlicher Rettungsversuche tiefe, vielleicht unüberwindbare Systemkrise des ethnischen Föderalismus im Irak bedeuten auch ein Scheitern der deutschen Entwicklungspolitik.

Die aktuellen Probleme in Tunesien und dem Irak stehen stellvertretend für die umfassende Transformationskrise in der gesamten MENA-Region, die Berlin und Brüssel noch immer vor allem mit den Mitteln der Entwicklungspolitik lösen wollen. Die geografische Nähe bedingt einen Interregionalismus in den Themenbereichen Migration, Sicherheit, Energie und Klima. Dabei ist es fraglich, wie die Entwicklungszusammenarbeit in dieser

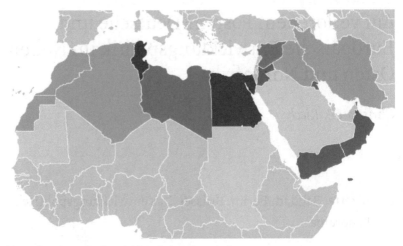

Abb. 1: Folgen des Arabischen Frühlings in der MENA-Region
Quelle: Wikipedia, *https://en.wikipedia.org/wiki/Talk:Arab_Spring/Archive_9#/media/File:MENASC_Protests.png*

mehrdimensional fragmentierten Region (geografisch, innenpolitisch und regionalpolitisch) überhaupt wirken kann.

Dieser Beitrag analysiert die Bedingungen dafür, wie deutsche und europäische EZ in der Region wirken können. Er betrachtet nicht die globale Strukturpolitik und stellt fast ausschließlich auf die bilaterale EZ ab. Betrachtet werden im Folgenden vier Bedingungsfaktoren:

- die historischen Belastungen im Verhältnis der Region zu den Europäern, die entscheidenden Einfluss auf das postkoloniale Selbstverständnis der regionalen Akteure haben;
- die außen- und entwicklungspolitische Interessenlage in Deutschland, vor der sich die deutsche und europäische EZ entfaltet, sowie die relative Position der Entwicklungspolitik gegenüber anderen politikfeldbezogenen Außenpolitiken wie der Wirtschafts-, Energie- und Umweltaußenpolitik;
- die Spezifika regionaler Ordnung in Nordafrika und dem Mittleren Osten, die als bestimmende Rahmenbedingungen für alle Teilbereiche der deutschen Außenpolitik, insbesondere die EZ, wirken; sowie
- »Gleichgesinntheit« (»like-mindedness«) als aufscheinende außen- und entwicklungspolitische Kategorie, die in unterschiedlichem Maße Kompatibilität zu westlichen Idealen und Werten auszudrücken und auch den

dazu notwendigen lokalen Elitenkonsens hinsichtlich der Ziele europäischer EZ abzubilden vermag.

2. Dekolonisierte Geschichte: Deutsche Machtressourcen in einer fragmentierten und historisch belasteten Region

Geschichte mag nicht vergehen, und sie konditioniert den Blick der Region auf westliche EZ. Historische Belastungen im Verhältnis zu Europa sind Kolonialismus und Dekolonialisierung, aber auch die jüngste Interventionsgeschichte des Westens, insbesondere der ehemaligen Kolonialmächte Großbritannien und Frankreich. Deutschland hat in der MENA-Region keine eigene Kolonialgeschichte, vielmehr genießt das Land traditionell gute politische, sicherheitspolitische und wirtschaftliche Beziehungen sowohl zu den arabischen Staaten als auch zu Israel. Allerdings spannen populäre Narrative in der Region einen unseligen Bogen vom Algerienkrieg zur Libyen-Intervention, von der »Aden Emergency« zu »Desert Storm«, von Golfkrieg zu Golfkrieg.[1] Alle diese Konflikte sind in ihren Motivationen nicht vergleichbar, lassen aber absichtsvoll den Eindruck entstehen, der westliche Imperialismus habe nie geendet. Die enge Zusammenarbeit des Westens mit Israel erscheint hier ebenfalls als Belastung für westliche Außen- und Entwicklungspolitik, solange der Palästinenserkonflikt in der Region noch eine politisch instrumentalisierbare mobilisierende Wirkung entfaltet.[2] Dschihadisten zeichnen die westliche Militärpräsenz und ihre Zusammenarbeit mit regionalen Akteuren darüber hinaus als Besetzung des Heiligen Landes durch Ungläubige, während jeder Rückzug des Westens aus dem Nahen und Mittleren Osten den Widerspruch der Verbündeten in der Region hervorruft. Der Westen scheint unauflöslich in die MENA-Region verstrickt.[3]

Vor diesem Hintergrund ist die Rolle Deutschlands in der Region zwar nicht durch einen eigenen Kolonialismus belastet, die Bundesrepublik unterhält aber auch keine ausgeprägte Präsenz in der Region. Maghreb, Maschrik und die Golfregion waren traditionelle Einflusssphären der europäischen Partner, hauptsächlich Frankreichs und Großbritanniens, was

---

1 Aleida Assmann unterscheidet hierbei vier »Formate der Erinnerung« (individuell, sozial, politisch, kulturell): Assmann 2006.
2 Siehe z.B. Ramadan 2012, Appendix 15.
3 Aus amerikanischer Perspektive: Gordon 2020.

die Bundesrepublik dort zunächst zurückhaltend agieren ließ – mit der Ausnahme der Sonderbeziehungen zur Türkei und zu Israel.[4] Das Deutsche Archäologische Institut und die deutschen Auslandshochschulen spielen in der Region eine (wissenschaftsdiplomatische) Rolle, die Machtressourcen der Bundesrepublik beschränken sich ansonsten auf die Außenwirtschafts- und Entwicklungspolitik. Bonn suchte in der EZ des Kalten Krieges ein eigenes Profil und konzentrierte sich auf historisch und geopolitisch unbelastete Regionen, vor allem Südasien, Afghanistan und, bis 1979, Iran.[5] Seit den 1970er Jahren traten erst am Golf,[6] später auch im östlichen Mittelmeer dann die USA immer stärker als *offshore balancer* auf.

Die Dekolonialisierung der MENA-Region begann 1951 in Libyen – Ägypten war 1922 formal unabhängig, aber nicht souverän geworden – und erfasste bis 1971 alle Staaten der Region. Die Bundesrepublik trat als neuer Geldgeber 1961 auf den Plan, frühe (militärische) Ausrüstungshilfe floss nach Israel, aber als Ausdruck einer »ausgewogenen Nahostpolitik« auch nach Ägypten.[7] Der ölreiche Mittlere Osten dagegen war seit den 1970er Jahren ein Käufer deutscher entwicklungspolitischer Dienstleistungen. EZ wurde unter Bundesminister Egon Bahr im aufscheinenden Nord-Süd-Konflikt als zentraler Bestandteil der Entspannungspolitik betrachtet, besonders akut seit der Ölkrise 1973.[8] Sie blieb jedoch, trotz Widerstand im Bundesministerium für wirtschaftliche Zusammenarbeit und Entwicklung (BMZ), im Kern

---

4 Zur »unmöglichen Freundschaft« zwischen Adenauer und Ben-Gurion: Borchard 2019.

5 Die Akten des Bundesforschungsministeriums im Bundesarchiv (BArch) geben darüber beredt Auskunft: Die Förderung des *Indian Institute of Technology* in Madras war 1969 mit einer Gesamtfördersumme von rund 52 Mio. DM das größte Einzelprojekt der bundesdeutschen Wissenschaftshilfe: Schreiben von Liptau vom 16.1.1969, BArch, B 138/4220, pag. 424. Im Iran wollte Bonn eine deutschsprachige technische Hochschule aufbauen: Brief Buss vom 10.9.1975, BArch, B 138/45049.

6 Der gegenseitige Verteidigungspakt zwischen Washington und Riad wurde jedoch bereits 1951 unterzeichnet.

7 Die Sonderbeziehung Bonns zu Tel Aviv weckte immer wieder Begehrlichkeiten in Kairo, was das Auswärtige Amt 1986 zu der Mitteilung nötigte, konkrete Projekte in der Zusammenarbeit sollten doch »im Interesse einer ausgewogenen Nahostpolitik« wohlwollend geprüft werden – dabei erhält Ägypten (bis heute) sehr viel mehr EZ-Mittel als Israel. Siehe Vermerk vom 11.4.1986, BArch, B 196/122259. Für die westdeutsche Ausrüstungshilfe in Somalia und Äthiopien: Fettich-Biernath 2019.

8 Bohnet 2015, S. 79–86.

Kohäsionspolitik für die Blockkonfrontation in der Dritten Welt.[9] Erst in den 1980er Jahren erweiterten sich die Schwerpunkte der EZ-Beziehungen auch auf die Golfstaaten Saudi-Arabien, Kuwait und Irak, später auf die Maghreb-Staaten Tunesien und Marokko. Die Arabische Halbinsel spielte jenseits des Jemen, wo seit 1969 eine Kooperation besteht, in der EZ keine Rolle.

In der ihr zugeschriebenen Rolle in der globalen Entspannungspolitik liegt eine der Wurzeln des Ambitionsüberschusses der deutschen EZ (der über die MENA-Region freilich weit hinausgeht). In den revolutionsbewegten 1970er Jahren sollte EZ die Entwicklungsländer des Globalen Südens stabilisieren und entwickeln helfen. So sollte verhindert werden, dass die sich vor allem im Nahen und Mittleren Osten radikalisierende Unzufriedenheit mit der andauernden Abhängigkeit von den Industriestaaten nach Europa schwappte.[10] Die Palästinenserfrage mobilisierte von Kairo bis Riad die arabische Straße ebenso wie die arabischen Regierungen und führte zu Vergeltungsmaßnahmen gegen die mit Israel verbündeten westlichen Staaten: Die Organisation erdölexportierender Staaten (OPEC) verhängte 1973 auf Betreiben der regionalen Führungsmächte Ägypten und Saudi-Arabien im Zusammenhang mit dem Jom-Kippur-Krieg ein Ölembargo, was die westlichen Volkswirtschaften in eine Rezession stürzte. Traumatischer war für die Bundesrepublik 1972 die Geiselnahme während der Olympischen Spiele in München, die sich in eine lange Reihe von Anschlägen palästinensischer Terrorgruppen in Europa einreihte. Die Zeitenwende in der MENA-Region brach erst 1979 an, als sich mit der Aussöhnung zwischen Ägypten und Israel in Camp David sowie der Besetzung der Großen Moschee in Mekka die außenpolitischen Koordinaten in den arabischen Staaten der Region nachhaltig zu Gunsten des Westens veränderten – und zugleich die Islamische Revolution im Iran das westlich orientierte Schah-Regime hinwegfegte.[11] Der Bundesregierung war klar, dass sie auf diese innenpolitischen Entwicklungen keinen Einfluss hatte. Dennoch sollte in diesem aufgeheizten Kontext die EZ über die Linderung von unmittelbarer Not

---

9 Dazu auch: Unger 2018, S. 79–85. Nicht die Stabilisierung des postkolonialen Einflusses in ehemaligen Kolonien, sondern die Durchsetzung der Hallstein-Doktrin sei der politische Ursprung der deutschen EZ: Korff 1997.

10 Ausführlicher widmet sich der Rolle der westdeutschen EZ bei der Bewältigung des Nord-Süd-Konflikts das Kapitel zu den 1970er Jahren in: Rieck 2024.

11 Mehr zur »Zeitenwende 1979«, die auch Entwicklungen jenseits der MENA-Region umfasst, in: Bösch 2019.

hinaus durch klassische Projekte der Entwicklungshilfe sowie durch einen langfristig angelegten Technologietransfer weniger Dependenz und mehr selbsttragende Entwicklung in der Region ermöglichen und damit eine der wichtigsten Ursachen der Radikalisierung bekämpfen. Diese Form der regionalen Strukturpolitik konnte die EZ nicht leisten – so blieb etwa der mit großen Hoffnungen betriebene Technologietransfer bis zuletzt für alle Seiten unbefriedigend.[12]

Die relative Autonomie der Entwicklungspolitik im Gesamtkontext der deutschen Außenbeziehungen ist vor allem eine Entwicklung der Nachwendezeit. Entwicklungshilfe wurde im Kalten Krieg von Bonn noch als Instrument zur Durchsetzung der Hallstein-Doktrin genutzt, um Exportmärkte zu erschließen und die Anerkennung der DDR in der Dritten Welt zu verhindern,[13] um dann Anreiz zur Beeinflussung des außenpolitischen Verhaltens der Gruppe der Entwicklungsländer in der Blockkonfrontation zu werden.[14] Die (west)deutsche Entwicklungspolitik begann also als der Wirtschafts- und Außenpolitik untergeordnetes Politikfeld, bevor sie den hohen Autonomiegrad erringen konnte, der sie heute auszeichnet. Sie entwickelte sich von der Förderung der Schwerindustrie und Infrastruktur (1960er Jahre) über internationale Sozial- und Friedenspolitik (1970er Jahre) hin zu einer liberalen Marktförderungspolitik (1980er und 1990er Jahre).[15] Erst mit dem Ende des Kalten Krieges und dem Erdgipfel von Rio de Janeiro 1992 erlebte die EZ sodann ihre »doppelte Globalisierung«, die nicht nur zu einer Vervielfachung der Partnerstaaten auch jenseits der alten Blockzugehörigkeiten führt, sondern auch zu einer Übernahme von Aufgaben in der globalen Strukturpolitik.

Die weitgehende Befreiung der EZ von der außenpolitischen Instrumentalisierung nach dem Ende des Kalten Krieges ermöglichte ein neues, produktiveres Verhältnis zwischen Entwicklungs- und Außenpolitik[16] – bis ab 2001 der internationale »War on Terror« in der MENA-Region zu einer Versicherheitlichung des deutschen EZ-Diskurses und einer Konzentration der

---

12 Mehr zur »Gemeinsamen Arbeitsgruppe« zwischen BMZ und dem Bundesforschungsministerium in den Kapiteln zu den 1970er und 1980er Jahren bei: Rieck 2024.

13 Bohnet 2015, S. 37–49; auch: Das Gupta 2008.

14 Lorenzini 2019, S. 52–54.

15 Mit Verweis auf Korff 1997: WD 2018.

16 Gänzlich frei von geopolitischen, wirtschaftlichen, europäischen und verteidigungspolitischen Interessen war die Entwicklungspolitik auch in Deutschland nie: Schmidt 2015.

EZ-Mittel auf Afghanistan führte.[17] 1995 startete die EU den Barcelona-Prozess mit den südlichen Mittelmeeranrainern, der 2008 in eine Union für den Mittelmeerraum überführt wurde, die im Maghreb nicht vom Menschenrechtsdiskurs, sondern von der Aussicht auf Zugang zum europäischen Binnenmarkt sowie zu EZ-Mitteln getragen wird. Am Golf trat die EU erst 2022 durch eine strategische Partnerschaft mit dem Golf-Kooperationsrat in Erscheinung.[18] Im Arabischen Frühling unterstützte die deutsche und europäische EZ erst die Liberalisierungs- und Demokratisierungsprojekte in der Region. Sein Scheitern erzwang dann, vor allem in Ägypten, die Rückkehr zu Status-quo-Orientierung und geopolitischem Realismus. Das hat im Maghreb in weiten Teilen der Bevölkerung zu großer Enttäuschung geführt, die den postkolonialen Vorwurf an die Europäer, nur die eigenen Stabilitätsinteressen in den Vordergrund zu stellen, noch einmal verstärkt hat. Die zögerliche Haltung der Bundesregierung gegenüber den Protesten im Iran ab September 2022 hat diese Enttäuschung ebenfalls vertieft.

Postkoloniale Narrative haben also das Grundvertrauen in jegliche Form westlicher Außenbeziehungen in der MENA-Region aufgelöst. Die Regionalmächte, die sich als Sprechernationen für ihre ethnisch-religiösen Gruppen verstehen, konstruieren ihre Rolle im Gegensatz zum Westen, selbst wenn sie sicherheitspolitisch mit ihm kooperieren.[19] Diese Belastungen betreffen letztlich auch die deutsche und europäische EZ, die gesellschaftlich und politisch jederzeit mit »dem Westen« als »dem Anderen« assoziiert werden kann. Der Ambitionsüberschuss durch hehre, aber die EZ auch heillos überfordernde Ziele ist darüber hinaus heute noch im Auftrag an die Entwicklungspolitik spürbar, Unterentwicklung nicht als humanitäre Aufgabe zu begreifen, sondern zur Bekämpfung von Fluchtursachen zu instrumentalisieren. Jede Konditionalität kann in einem solchen Umfeld schlechter wirken und beeinträchtigt die Effektivität der EZ, die für die Deutschland eine so zentrale Rolle spielt.

---

17 Brown/Grävingholt/Raddatz 2016.
18 EU 2022.
19 Beck 2014. Derselbe Sammelband enthält Fallstudien zu Iran, Ägypten, der Türkei und Israel als »Partial Regional Power«.

3. Autonomie vs. Unterordnung: Die relative Position der Entwicklungszusammenarbeit in den deutschen Außenbeziehungen

Die Entwicklungspolitik steht in vielerlei Hinsicht im Zentrum der Außenbeziehungen der Bundesrepublik. EZ umfasst hier einerseits bilaterale offizielle Geberdienstleistungen zur Linderung von Armut und zur Verbesserung der nationalen Rahmenbedingungen für Entwicklung in Empfängerstaaten (die sogenannte »official development assistance«, ODA). Andererseits beinhaltet sie Beiträge zur Förderung der globalen Strukturpolitik, die weltumspannende, transnationale Herausforderungen wie die Nachhaltigkeitswende in den Blick nimmt. Zwischen dem bilateralen und dem globalen Auftrag besteht eine gewisse Spannung, obgleich für beide dieselben Oberziele gelten: Armutsbekämpfung, Krisenprävention, Nachhaltigkeit.[20] Für das zuständige BMZ ist EZ wertebasiert und dient zugleich deutschen Interessen:[21] Sie fördere Menschenrechte, Rechtsstaatlichkeit und Demokratie sowie eine sozial gerechte, ökologisch tragfähige und damit nachhaltige Gestaltung der Globalisierung.

Sie ist Ausdruck des Rollenverständnisses der Bundesrepublik als Zivilmacht, einer politischen Strategie der Nachkriegsrepublik, ihre wirtschaftliche Macht nicht wie andere Mittelmächte in militärische Macht umzumünzen, sondern in nichtmilitärische, zivile Machtressourcen zu transformieren.[22] Das Zivilmachtkonzept steht nicht im Widerspruch zu Wiederbewaffnung und Auslandseinsätzen. Es steht aber doch für Zurückhaltung bei der Nutzung militärischer Mittel in den internationalen Beziehungen[23] – ebenso wie für ein ausgeprägtes Bekenntnis zu den Vereinten Nationen und regionalen Kooperationsformaten, für aktive Beiträge zur globalen Strukturpolitik sowie für Armutsbekämpfung und humanitäre Hilfe. Das Rollenkonzept als Zivilmacht ist mit dem gesellschaftlichen Selbstbild in Deutschland als Hort postheroischer Weltbürger hochkompatibel. Dies erklärt den überparteilichen Konsens, der Deutschland zum weltweit größten ODA-Geber hat

---

20 Mehr zur Spannung zwischen globalem und bilateralem Mandat der EZ bei: Rieck 2022.

21 BMZ 2022.

22 Maull 2007.

23 Ein aktuelles Beispiel für die Zivilmachtidee in der deutschen Außenpolitik findet sich bei: Steinmeier 2016.

werden lassen,[24] zum viert- bzw. drittwichtigsten Beitragszahler in den Vereinten Nationen,[25] zum zweitgrößten Geber in der humanitären Hilfe[26] – sowie seit 2015 zur treibenden Kraft in der globalen Nachhaltigkeitswende. Die Europäische Union (EU) hat, auch weil sie über zivile, aber nicht über eigene militärische Machtmittel verfügt, ein ähnlich weltbürgerliches Profil herausgebildet. Die wachsende Bedeutung der EU in der globalen Entwicklungspolitik stärkt dabei in den Mitgliedsstaaten die Autonomie der Entwicklungs- gegenüber der klassischen Außenpolitik – nicht zuletzt durch die Mobilisierung eigener (EU-Kommission) und gemeinsamer (Team Europe) Mittel sowie durch einen eigenen supranationalen parlamentarischen EZ-Diskurs.[27]

Gegenwärtig findet in der deutschen EZ eine verstärkte Konzentration auf wenige Partnerstaaten statt, um die EZ-Mittel besser zu konzentrieren und um deren Wirksamkeit zu erhöhen.[28] Geopolitische Erwägungen spielen in der EZ als Gesamtsystem nur noch eine sehr untergeordnete Rolle. Insbesondere gegenüber den großen Schwellenländern – wie Ägypten, Irak oder dem Iran – ist die EZ allerdings wegen des Entwicklungsstandes dieser Staaten von immer geringerer Bedeutung. Hier wirkt sie seit den 1970er Jahren hauptsächlich als unterstützendes Element, das nur gemeinsam mit anderen Teilbereichen der Außenpolitik, vor allem der für Schwellenländer reizvollen Außenwirtschaftspolitik, eingesetzt wird.[29]

Zumindest für die deutsche EZ gilt, dass die Autonomie der Entwicklungspolitik gegenüber der Außenpolitik in den Länderbeziehungen größer ist, in denen die prioritären strategischen oder geopolitischen außenpolitischen Interessen weniger stark ausgeprägt sind.[30] Eine eigenständige deutsche (oder auch europäische) entwicklungspolitische Agenda kann sich nur in den kleineren Entwicklungsländern der Region von den außenpolitischen Interessen der Bundesregierung emanzipieren. Dort kann sie aus eigener Kraft wertegebundene Strukturreformen – hin zu guter Regierungsführung – angehen und als Türöffner für weitergehende Koope-

---

24 2020 betrug die deutsche ODA 24,9 Mrd. EUR: BMZ 2022a.

25 Einschließlich freiwilliger Beiträge waren es 2021 mehr als 5,3 Mrd. EUR: AA 2022.

26 2021 leistete Deutschland humanitäre Hilfe in Höhe von 2,5 Mrd. EUR: AA 2021.

27 Burni/Erforth/Keijzer 2021.

28 BMZ 2020. Eine Schwerpunktthemenliste findet sich dort auf S. 9.

29 Einen guten Überblick über die Gründe für Unterentwicklung in der MENA-Region, einschließlich einer kritischen Würdigung des »Ölfluches«, bietet: Cammett 2018.

30 Stockmann/Menzel/Nuscheler 2015, S. 425–431.

ration dienen, etwa im Außenwirtschaftsbereich. Je klarer konturiert die außenpolitischen Interessen jedoch sind, desto mehr gerät die deutsche EZ in den MENA-Partnerstaaten in die Rolle eines bloßen Unterstützers, weil sie besonders in den Schwellenländern der Region, also vor allem den regionalen Führungsmächten, die Zusammenarbeit aus eigener Kraft nicht zu konditionieren vermag. In dieser Staatengruppe geht es dann für die Entwicklungspolitik nicht mehr primär um Wertebindung, noch nicht einmal um Entwicklungsförderung, die die solventen Schwellenländer selbst zu finanzieren in der Lage sind, sondern um einen stärker werteneutralen Wissenstransfer zur Steigerung der Steuerungs- und Regierungsfähigkeit.[31] Zugespitzt: Im Verhältnis zu den Regionalmächten geht es nicht um die Qualität der Regierungsführung, sondern um die Verbesserung der Regierungsfähigkeit. Der EZ-Fokus liegt hier also auf der Effektivität, nicht auf der Legitimation von *Governance*.[32] Dennoch wirkt sich eine Reihe von Faktoren negativ auf die Wirksamkeit deutscher EZ in der Region aus.

4. Region ohne Organisation: Regionalmächte und Regionalorganisationen in Nordafrika und dem Mittleren Osten

Die Strukturen regionaler Ordnung – also wie regionale Vormächte miteinander und mit ihren mächtigen und weniger mächtigen Nachbarn umgehen sowie welche Rolle dabei regionale Organisationen spielen – unterscheiden sich in Nordafrika und dem Mittleren Osten stark von denen in anderen Weltregionen. Das ist für die Entwicklungspolitik von großer Bedeutung, denn die Wirksamkeit jeder EZ hängt entscheidend von der regionalen Macht- und Mächtearchitektur ab. So laufen die folgenden zwei entwicklungspolitischen Reflexe deutscher und europäischer EZ in der MENA-Region ins Leere: Erstens setzt sie stark auf regionale Organisationen als Konfliktmoderatoren zwischen ihren Mitgliedern, als transnationale zivile Problemlöser sowie zur Bereitstellung regionaler öffentlicher Güter. Es gibt jedoch kaum effektive regionale Integrationsformate. Zweitens versteht sie

---

31 Mehr zum Kapazitätsaufbau in Entwicklungsländern: Andrews 2018.
32 Auf die Qualität der Regierungsführung und die Umverteilung von Öl- und Gasrenten als Legitimierungsstrategie in der Region verweist: Cammett 2018.

Regionalmächte als verantwortungsvolle Gestaltungsmächte, die ein hohes Maß an Legitimation in ihrer Region genießen, gezielt in regionale Konfliktlösungsmechanismen investieren und daher privilegierte Partnerschaften verdienen.[33] Dieser Definition entsprechen die Vormächte in der Region allerdings nicht.

Die Großregion MENA scheidet sich in zwei stark unterschiedlich strukturierte Subregionen, die beide einen Mangel an wirksamer regionaler Kooperation aufweisen: In Nordafrika haben die Staaten aus politischen und historischen Gründen bisher nicht zu einer effektiven subregionalen wirtschaftlichen Verflechtung gefunden. Im Mittleren Osten existiert dagegen unter dem Dach des Golf-Kooperationsrates eine Freihandelszone, die die hoch entwickelten Volkswirtschaften der Arabischen Halbinsel (ohne Jemen) aneinanderbindet. Anders als alle anderen Weltregionen hat die MENA-Region bisher keine stabile regionale Hierarchie ausgebildet, was sich in einer höheren zwischenstaatlichen Konfliktivität ausdrückt[34] – wobei die ethnische Fragmentierung der Gesellschaften in der Region diese zwischenstaatlichen Spannungen in die Innenpolitik trägt und insgesamt konfliktverstärkend wirkt.

Beide Subregionen zeichnen sich durch die Abwesenheit universeller regionaler Organisationen zur Lösung regionaler Probleme (»collective action«) aus,[35] stehen aber auch für das Management des Wettbewerbs zwischen den Regionalmächten (Ägypten vs. Saudi-Arabien vs. Iran). Regionalmächte genießen aufgrund ihrer überlegenen Machtressourcen im regionalen System die größte Autonomie – obwohl ihre regionale Führungsmacht immer auch von der Gefolgschaft kleinerer Staaten, insbesondere der in diesem Zusammenhang wichtigen Sekundärmächte, abhängt.[36] Sekundärmächte wie die Vereinigten Arabischen Emirate, der Irak, Algerien (auch Syrien und Libyen vor ihrem Staatszerfall) sind stark genug, um ihre Gefolgschaft an Bedingungen knüpfen zu können, ohne die Bestrafung der

---

33 So eindeutig das Gestaltungsmächtekonzept: Bundesregierung 2012. Vgl. auch Flemes/Nolte 2011, die ebenfalls von einer inhärenten (liberalen) Grundausstattung der Regionalmächte ausgehen, etwa bei der Messung des Einflusses von Regionalmächten oder der Bereitstellung von regionalen öffentlichen Gütern.

34 Zur Rolle von Hierarchien in den internationalen Beziehungen: Lake 2011.

35 Kleinstaaten können Regionalorganisationen zur Lösung regionaler Probleme ebenso nutzen wie zur Abwehr einer regionalen Hegemonie durch die Regionalmächte: Lewis 2003.

36 Flemes/Wojczewski 2012. Konkreter zu Ägypten: Citino 2018.

Regionalmächte fürchten zu müssen.[37] Das hegt regionale Hegemonieprojekte ein, macht das regionale System insgesamt aber weniger vorhersagbar. Kleinen Mächten wie Libanon, Jemen, Oman, Katar, Bahrain, aber auch Tunesien, Kuwait, Jordanien oder Marokko wiederum bleibt aufgrund ihrer Position im regionalen Gefüge und der Abwesenheit effektiver Regionalorganisationen wenig anderes übrig, als ihre Außenpolitik auf die Präferenzen der Regionalmächte auszurichten,[38] wobei ein eingeschränkter Wettbewerb um deren Gefolgschaft herrscht, den die kleinen Mächte in Hilfsleistungen ummünzen können.

Israel ist die einzige kleine Macht in der MENA-Region, die sich durch Sonderbeziehungen zu den extraregionalen Mächten EU und USA ein hohes Niveau an Autonomie von größeren Mächten im regionalen System erhalten kann. Der wichtigste extraregionale Akteur in der MENA-Region sind die USA, die in der Lage sind, harte Machtmittel in die Region zu projizieren und als *offshore balancer* zur Stabilisierung der regionalen Ordnung zu wirken. Eine solche Machtprojektion – durch eine militärische Intervention wie im Irak oder durch den Verkauf von Rüstungsgütern wie im Falle Ägyptens, Saudi-Arabiens oder der VAE – kann auch auf Einladung von verbündeten Regional- oder Sekundärmächten geschehen, die damit ihre eigenen regionalen Interessen verfolgen.[39]

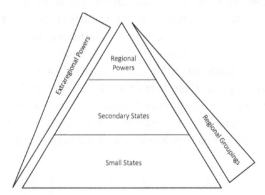

Abb. 2: Schematische Darstellung regionaler Ordnungen
Quelle: Rieck 2021, S. 44

---

37 Grundsätzlich dazu: Ebert/Flemes 2018.
38 Grundsätzlich zu Kleinstaaten in den internationalen Beziehungen: Keohane 1969.
39 Brands 2015.

Die Regionalmächte, die auf die Qualität der regionalen Zusammenarbeit großen Einfluss haben und deshalb für die Europäer von großer Bedeutung sind, werden für Brüssel und Berlin schwierige Partner bleiben: Sie definieren gegenüber Europa und der Region deutlich eigene Interessen und sind weder finanziell noch in anderen Bereichen von europäischer EZ abhängig. Die Regionalmächte sind lediglich an Leistungen in der Hochtechnologie sowie der Bildung und Forschung interessiert.[40] Der Regionalmächtewettbewerb, auf den die Europäer keinen Einfluss haben, wird die Region jedoch weiter lähmen und – in Abwesenheit universeller Regionalorganisationen zu dessen Management – die Herausbildung einer kooperativeren regionalen Ordnung vorerst verhindern.[41] Die Prätendenten im Regionalmächtewettbewerb sind allesamt illiberale Systeme, in regionale Konflikte verwickelt und daher für die Europäer auch in Zukunft problematische Partner. Das gilt mit Abstrichen auch für die Türkei. Die EU wird in der Region also weiterhin kaum gleichgesinnte Partner finden.

So hilfreich in diesem Zusammenhang eine kooperativere regionale Ordnung in Nordafrika und dem Mittleren Osten wäre, ein regionaler Integrationsexport durch die EU – z. B. in der Energieintegration oder dem Wassermanagement, aber auch im (inter)regionalen Freihandel – kann nur in sehr engen Grenzen fruchten, weil die Effektivität der Regionalorganisationen vom politischen Willen der regionalen Vormächte abhängt. Die Arabische Liga, traditionell Plattform für den ägyptischen Panarabismus, neigt zu großen Visionen, besitzt jedoch kaum konkrete Gestaltungsmacht. Die Regionalorganisationen sind wie die Arabische Liga Arenen des regionalen Wettbewerbs zwischen den Regionalmächten oder Ordnungsmechanismen ihrer Subregionen, wie der Golf-Kooperationsrat, der die saudische Vormacht am Golf zementiert. Auch der Golf-Kooperationsrat, die effektivste Regionalorganisation in der MENA-Region, war zwar politisch beim Ausgleich nationaler Interessen auf der Arabischen Halbinsel erfolgreich und ist auch militärisch bei der Sicherung der mitgliedsstaatlichen Regimestabilität von Bedeutung, konnte aber die Hoffnungen der Mitgliedsstaaten auf einen gemeinsamen Markt und eine gemeinsame Währung bisher nicht erfüllen.[42] Die vielversprechende Handelsliberalisierung in der *Greater Arab Free Trade*

---

40 Die Staaten des Golf-Kooperationsrates möchten z. B. bei Weltraumtechnologien (Galileo, Copernicus) stärker kooperieren: EU 2022, S. 5.

41 Fürtig 2014.

42 Eine Bestandaufnahme nach 40 Jahren Golf-Kooperationsrat versucht: Yousef/Ghafar 2022.

Area (GAFTA) verläuft ebenfalls nur schleppend, obwohl die EU diesen Prozess im Rahmen der Mittelmeerunion aktiv unterstützt. Das regionale System leidet unter überlappenden Mitgliedschaften, einem Mangel an institutioneller Flurbereinigung und geringem Output der Regionalorganisationen.[43]

Die Arabische Liga ist schwach, zu heterogen und vermag keine kohärente Vision für die Gesamtregion zu entwickeln. Der Iran ist darüber hinaus in keines der regionalen Regime integriert, was nicht zur Mäßigung seiner Außenpolitik beiträgt. Nicht mehr der traditionelle Nahostkonflikt, sondern der regionale Systemwettbewerb zwischen Saudi-Arabien und dem Iran bestimmt heute die (wenig kooperativen) regionalen Beziehungen und also auch die Einflussmöglichkeiten der externen Mächte. Weder für Deutschland noch für die EU ist eine große Hebelwirkung durch die Regionalorganisationen zu erwarten: Die Wirksamkeit der EZ ist also höher, wenn sie in Europa und der Region als Ergänzung zu bedeutenderen Kooperationsangeboten verstanden wird.

Die regionale Ordnung tendiert also zu zwischenstaatlichem Konflikt und zu innenpolitischer Instabilität: Der Regionalmächtewettbewerb wirkt destabilisierend. All das verhindert eine kooperative regionale Ordnung, was deutsche und europäische EZ weniger wirksam macht und Entwicklungserfolge gefährdet.

5. Effektivität vs. Legitimität: Gleichgesinnte Partner und die Wirksamkeit westlicher Entwicklungszusammenarbeit

Zum ideellen Grundbestand der Entwicklungspolitik gehört, dass ohne positive lokale Resonanz keine westliche EZ funktionieren kann. Diese wird durch tradierte historische Einstellungen zu den Gebern ebenso beeinflusst wie durch die Qualität der EZ der Geber selbst. Die westlichen Geber haben das 2005 in der »Paris Declaration on Aid Effectiveness« explizit anerkannt: Nur wenn lokale Partner selbst ein Interesse an der Umsetzung der Entwicklungsziele entwickeln (»ownership«) und Geber diese Ziele aktiv unterstützen (»alignment«), kann EZ hoffen, überhaupt wirksam zu werden.[44]

---

43 Ausführlicher: Rieck/Rieck Moncayo/Wientzek 2016.
44 OECD 2005.

Im Grundsatz ist EZ also dort am effektivsten, wo es einen stabilen Eliten-konsens zu ihrer Umsetzung in den Partnerstaaten gibt. Der Elitenkonsens ist dort am stabilsten, wo die Vorteile der EZ von den lokalen Eliten als beson-ders wertvoll erachtet werden – das gilt auch für nicht unmittelbare Vorteile, etwa die Aussicht auf Zugang zum EU-Binnenmarkt oder auf Sicherheitsga-rantien.

Auf diese Perzeption haben externe Akteure jedoch wenig Einfluss, wenn, wie im hier betrachteten Fall, entweder den Gebern grundsätzlich wenig Vertrauen entgegengebracht wird oder aber die EZ-Mittel nicht den Umfang und die Wirkung besitzen, um von sich aus die politische Nut-zenkalküle im Partnerland zu verändern. Die westlichen EZ-Kapazitäten sind im Vergleich zu denen der arabischen Geber begrenzt, Sicherheitsin-teressen überwiegen im Zweifel die entwicklungspolitischen Interessen, und gleichzeitig steht die Wertegebundenheit westlicher EZ oftmals im Widerspruch zum Bedarf der politischen Eliten. Bei gleichgesinnten Part-nern sind »ownership« und »alignment« sehr viel einfacher zu erreichen als in politisch, wirtschaftlich oder historisch belasteten Kontexten, wie sie in der MENA-Region vorherrschen. Je mehr »like-mindedness« – die die Übereinstimmung zwischen den Zielen und Werten der Eliten und Gesell-schaften vor Ort mit denen der Geber abbildet – zwischen den Partnern in der Entwicklungszusammenarbeit herrscht, desto besser kann sie also wirken.[45]

Das entwicklungspolitische Panorama stellt sich wie folgt dar: Die größ-ten extraregionalen Geber in der Region sind Deutschland und die EU so-wie – neben den USA und der Weltbank, die hier nicht betrachtet werden – Großbritannien und Frankreich. Die Europäer richten ihre bilaterale und regionale EZ seit 2005 am »European Consensus on Development« aus,[46] ei-ner seit 2017 auf der Agenda 2030 basierenden gemeinsamen Erklärung von Europäischem Rat, Kommission und Parlament zur Erhöhung der Politik-kohärenz in der Entwicklungspolitik im europäischen Mehrebenensystem.[47] Alle westlichen Geber stimmen ihre EZ auch im *Development Assistance Com-mittee* der OECD ab, um Kohärenz und Transparenz zu verbessern und Über-

---

45 So auch: Rieck 2021.
46 EU 2017.
47 Vor der Verabschiedung der »Agenda 2030« neigte der Konsens aufgrund interinstitutioneller Spannungen dazu, die Politikkohärenz in der EU-Handelspolitik sowie die allgemeine Konsis-tenz der Union zu verbessern statt diejenige in der EU-Entwicklungspolitik: Stocchetti 2013.

schneidungen bei der Umsetzung zu vermeiden. Das Komitee unterhält seit 2009 einen Entwicklungsdialog mit der *Arab Coordination Group*, der vor allem Saudi-Arabien, Kuwait, Abu Dhabi, Irak sowie regionale Entwicklungsbanken (wie der *Arab Fund* oder die EZ-Agentur der OPEC) angehören. Weitere regionale Geber sind Ägypten, Libyen, der Iran und die Türkei, die in der Vergangenheit die EZ auch dazu benutzten, ihre Position im Regionalmächtewettbewerb zu verbessern.

	GER	UK	FRA	EU	USA	SAU	Wichtigster Sektor	Anteil in Prozent
Ägypten	299	< 35	211	795	204	161	Ökonomische Infrastruktur und Dienstleistungen	24
Türkei	496	69	242	1.449	57	< 27	Humanitäre Hilfe	34
Marokko	436	< 21	516	807	72	34	Ökonomische Infrastruktur und Dienstleistungen	41
Algerien	16	10	127	69	4	< 2	Bildung	67
Tunesien	342	< 23	242	415	110	46	Ökonomische Infrastruktur und Dienstleistungen	33
Libyen	40	19	8	72	65	< 5	Soziale Infrastruktur und Dienstleistungen (ohne Gesundheit, Bildung)	40
Libanon	258	172	94	136	243	< 36	Humanitäre Hilfe	43
Syrien	828	262	65	375	634	< 64	Humanitäre Hilfe	78
Jordanien	500	136	96	321	1.164	73	Soziale Infrastruktur und Dienstleistungen (ohne Gesundheit, Bildung)	58
Irak	458	83	< 28	252	567	< 28	Soziale Infrastruktur und Dienstleistungen (ohne Gesundheit, Bildung)	37
Jemen	273	308	< 44	205	672	726	Humanitäre Hilfe	76
Afghanistan	391	347	< 102	392	1.229	< 102	Soziale Infrastruktur und Dienstleistungen (ohne Gesundheit, Bildung)	47

Tabelle 1: ODA 2019 ausgewählter Geldgeber in der MENA-Region in Mio. US-Dollar

Quelle: OECD DAC; http://www.oecd.org/dac/financing-sustainable-development/development-finance-data/aid-at-a-glance.htm

Nordafrika und der Mittlere Osten werden mit unterschiedlichen entwicklungspolitischen Instrumenten bearbeitet: In Nordafrika kommen vor allem bilaterale und europäische Instrumente der Transformationsförderung zur Anwendung. Dazu zählen neben der bereits erwähnten Mittelmeerunion der EU und der Transformationspartnerschaften Deutschlands zentral die Nachbarschaftspolitik der EU, die seit 2021 in einem neuen Instrument zur Nachbarschafts- und Entwicklungspolitik sowie der Internationalen Zusammenarbeit (NDICI) zusammengefasst ist.[48] Es verbindet sehr unterschiedliche Politikfelder und geht über die traditionelle EZ hinaus, NDICI steht somit für den Trend in Brüssel hin zu einer stärker geopolitisch orientierten Entwicklungspolitik. Die Afrika-EU-Partnerschaft legt großen Wert auf die Förderung der Regionalorganisationen auch im Maghreb, insbesondere der Afrikanischen Union.[49] Im Mittleren Osten spielen demgegenüber bilaterale und europäische Instrumente der Energiepolitik eine größere Rolle. Auch hier weist die EU den Regionalorganisationen besondere Betonung für die regionale Entwicklung und die Ausbildung einer kooperativen regionalen Ordnung zu.[50] In den letzten Jahren verstärkt worden ist der Einsatz des *Team Europe Approach*, in dem Akteure in den Mitgliedstaaten und der EU bei der Umsetzung und Finanzierung von EZ-Initiativen zusammenwirken. Das verweist auf ein routinierteres Ineinandergreifen mitgliedschaftlicher (also auch deutscher) und europäischer EZ, denn Brüssel wirkt hier als Ermöglicher (»enabler«), Koordinator (»facilitator«) und Verstärker (»enhancer«) mitgliedstaatlicher EZ – und umgekehrt. Insgesamt lässt sich daher beobachten, dass auch die westliche Entwicklungsfinanzierung geopolitischer wird – wie die Konnektivitätsstrategie »Global Gateway« der EU zeigt, die stark in physische und digitale Infrastrukturen in der Region investieren will. Dies geschieht zur Sicherung der Energieversorgung ebenso wie als Antwort auf die chinesische Seidenstraßeninitiative.[51]

Gemeinsame Basis deutscher und europäischer Entwicklungspolitik in der MENA-Region ist heute die Agenda 2030 für nachhaltige Entwicklung, ein im September 2015 auf dem Weltgipfel der Vereinten Nationen in New

---

48 EEAS 2022.
49 EU 2020.
50 EEAS 2021. Von der strategischen Partnerschaft mit dem Golf-Kooperationsrat war bereits die Rede.
51 Teevan/Bilal/Domingo/Medinilla 2022, S. 10–12.

York von allen Staaten dieser Erde unterzeichneter Aktionsplan, mit dem 17 Entwicklungsziele erreicht werden sollen. Sie nimmt die vier entwicklungspolitischen Agenden seit dem Ende des Kalten Krieges auf – die Sicherheitsagenda (Konfliktprävention), die Rio-Agenda (Schutz globaler öffentlicher Güter), die MDG-Agenda (Armutsbekämpfung) sowie die Paris-Agenda (Bekämpfung des Klimawandels).[52] Damit hat die globale Strukturpolitik eine neue Qualität erreicht, denn die Agenda 2030 ist weit mehr als nur ein entwicklungspolitischer Minimalkonsens. Sie ist vielmehr das Betriebssystem der globalen Entwicklungspolitik, eine Zusammenführung aller wichtigen Themenstränge der entwicklungspolitischen Debatte seit dem Erdgipfel von Rio im Jahre 1992. In Entwicklungsziel 16 scheint sogar die Förderung von guter Regierungsführung und Rechtsstaatlichkeit durch – Demokratieförderung war in den New Yorker Verhandlungen nicht mehrheitsfähig. Das Bekenntnis der regionalen Akteure zum gemeinsamen völkerrechtlichen Rahmen der ambitionierten Nachhaltigkeitsagenda könnte zumindest auf der Ebene der Eliten die gegenseitige Interessenkompatibilität verbessern.[53]

Gleichgesinntheit ist vor diesem Hintergrund eine wichtige außenpolitische Kategorie, da sie enge Partnerschaften begründen kann und auch die Wirksamkeit von EZ entscheidend mitbestimmt. In der Region gibt es für Europa bisher leider kaum in einem tieferen Sinne gleichgesinnte Partner. Im Gegenteil, die selbstbewussten regionalen Akteure haben – wie im Falle von Saudi-Arabien, Jordanien oder den VAE – ein komplexes Verhältnis zum Westen, gleichgültig wie eng die militärische Kooperation mit diesem ist. Leider bedeutet das Scheitern des Arabischen Frühlings das vorläufige Ende der Transformationsbemühungen in der Region, was sich ebenfalls negativ auf das Maß an Gleichgesinntheit mit Europa auswirkt. Das bedeutet nicht, dass deutsche und europäische EZ gar nicht wirken kann, doch müssen die Kooperationsangebote stärker auf den sich wandelnden Bedarf in der Region eingehen, um relevant zu bleiben. Umfassende globale Regime wie die Agenda 2030 können zumindest einen wichtigen gemeinsamen Rahmen dafür bilden – die globale Strukturpolitik kann also eine Basis legen, um die Wirksamkeit bilateraler EZ zu erhöhen.

---

52 Die ersten drei Agenden sind dem folgenden Text entnommen: Messner 2007.

53 Idealerweise erstreckte sich die Übereinstimmung nicht nur auf Interessen und Eliten, sondern wie im Falle der »Agenda 2030« auch auf die ihr eingeschriebenen Werte, die durch die jeweiligen Zivilgesellschaften weiter gefestigt werden könnten. Wenigstens in westlich geprägten Gesellschaften verstärken sich auf diese Weise politische und gesellschaftliche Entwicklungen gegenseitig. Davon kann jedoch nicht in allen Partnerstaaten der EZ ausgegangen werden.

6. Problematische Partner: Auch in Zukunft eine schwierige Region für die Entwicklungspolitik

Die vorangegangenen Abschnitte machen deutlich, wie sehr die Wirksamkeit westlicher EZ in der MENA-Region von einer Fülle tiefsitzender Ursachen beeinträchtigt ist. Die Region ist dabei aus der entwicklungspolitischen Perspektive in einer Abwärtsspirale gefangen: Wenn die Autonomie der Entwicklungspolitik gegenüber der Außenpolitik dort größer ist, wo die außenpolitischen Interessen wenig stark ausgeprägt sind, treten in einer Großregion, die zu Instabilität und Konflikt neigt, die westlichen Sicherheitsinteressen bei der Politikgestaltung nach vorn, was die Autonomie einer vom Grundsatz her unpolitischen EZ in der Region unterminiert. EZ kann dann auch keinen Stabilisierungsbeitrag leisten, was wiederum die Versicherheitlichung der EZ in der MENA-Region verstärkt und deren Wirksamkeit weiter verringert. Die außenpolitischen (Konfliktmanagement, Stabilisierung, Terrorbekämpfung) wie innenpolitischen (irreguläre Migration, Energieversorgung, Klimanotstand) westlichen Sicherheitsinteressen sind jedoch ohne eine Flankierung der militärischen, diplomatischen und wirtschaftlichen Instrumente durch EZ nicht zu verwirklichen.[54] Schon deshalb wird das entwicklungspolitische Engagement Deutschlands und Europas in der Region hoch bleiben (müssen) – trotz der vorerst geringen Wirksamkeit.

Die wertebasierte Konditionalität deutscher und europäischer EZ wirkt in der MENA-Region kaum – auch nicht in den Staaten, die wie Marokko, Tunesien, Jordanien oder Jemen von westlicher EZ abhängen. Demokratie, gute Regierungsführung und Menschenrechte sind hehre Ziele in der EZ, deren Wert für die Menschen in den Partnerstaaten unbestritten ist. Doch den zu deren Verwirklichung notwendigen Elitenkonsens können weder Berlin noch Brüssel herbeiführen. Das zeigt auch das Beispiel Irak, wo westliche Sicherheits- und Aufbauleistungen gerade nicht zu einer stabilen demokratischen Regierung geführt haben. Hier wirken historische, innenpolitische und regionale Kräfte gegen eine tiefergehende Demokratisierung. Der mit den Zielen westlicher EZ wenig kompatible Elitenkonsens und der Mangel an gleichgesinnten Partnern erklären auch, dass der Bedarf an wertegebundener EZ in den autoritären Republiken und konservativen Monarchien der Region bis heute gering ist. Um die Wirksamkeit deutscher und europäi-

---

scher EZ zu erhöhen, müsste folglich stärker auf die traditionelle »technische« Zusammenarbeit, d. h. nicht auf eine wertfreie EZ, aber doch auf weniger politisierte Elemente der EZ, abgestellt werden: Klassische (physische) Infrastrukturförderung etwa wäre ein mit dem Elitenkonsens in der Region weithin kompatibler Entwicklungsbeitrag. Die Förderung der Rechtsstaatlichkeit dort, wo sie zur Erhöhung der Attraktivität des Wirtschaftsstandorts beiträgt, dürfte in vielen Staaten der Region ebenfalls von Interesse sein[55] – nicht jedoch die Förderung einer freiheitlichen Demokratie nach westlichem Muster.

In Nordafrika bleibt EZ dagegen ein notwendiger und sinnvoller Beitrag zur Stabilisierung einer wichtigen europäischen Peripherie. Auch hier erscheint die EZ den außenpolitischen Interessen der Geber in der Migrations-, Energie- und Sicherheitspolitik untergeordnet, doch wegen des im Vergleich zum Mittleren Osten niedrigeren Entwicklungsstandes in Nordafrika hat die Entwicklungspolitik in dieser Subregion mehr Gestaltungsmacht. Das gilt jedoch nur für Marokko und Tunesien, den der EU gleichgesinntesten Staaten in der Subregion, wo entwicklungspolitische Transformationsinteressen eine größere Rolle spielen, weil dafür eine größere Offenheit bei den politischen Eliten herrscht. Im Falle der nordafrikanischen Vormacht Ägypten und der beiden Sekundärmächte Libyen und Algerien überwiegen dagegen strategische außenpolitische Interessen: EZ kann hier kaum selbst gestaltend, sondern nur unterstützend wirken. Die Nähe zum EU-Binnenmarkt und die Präsenz europäischer Kooperationsinstrumente wie der Mittelmeerunion sind hier jedoch ein wirksamer Hebel zur Durchsetzung auch entwicklungspolitischer Ziele, nicht zuletzt im Frauen- und Minderheitenschutz.

In der Großregion MENA werden die Europäer auch in Zukunft kaum gleichgesinnte Partner finden. Eine Zusammenarbeit ist dennoch möglich, wenn sie auf Themenfelder fokussiert, die für beide Seiten von Interesse sind.[56] Je stärker die »like-mindedness« der regionalen Partner ausgeprägt ist, desto breiter und tiefer wird auch die Kooperation ausfallen können. Regionalmächte besitzen schon wegen ihrer regionalen Vernetzung und der größeren staatlichen Kapazitäten ein höheres Kooperationspotenzial.

---

55 Die MENA-Region bildet derzeit den Schwerpunkt der internationalen rechtspolitischen Zusammenarbeit des Bundesjustizministeriums: BMJ 2021.
56 So auch, wenngleich mit einem stärkeren außenwirtschaftspolitischen Impuls: Rieck/Rieck Moncayo/Wientzek 2016.

Die europäische Konnektivitätsstrategie »Global Gateway« ist ein erster Schritt: Union und Mitgliedsstaaten wollen bis 2027 gemeinsam 300 Mrd. Euro bereitstellen, um die Investitionslücke im Globalen Süden in den Bereichen digitale Infrastrukturen, Klima und Energie, Transport, Gesundheit sowie Bildung und Forschung zu schließen helfen.[57] Die Hälfte dieser Investitionen soll auf den afrikanischen Kontinent fließen,[58] 135 Mrd. Euro über den Fonds für nachhaltige Entwicklung der Europäischen Nachbarschaftspolitik in Infrastruktur – vor allem in sogenannte »strategische Korridore« – investiert werden.[59] *Global Gateway* verwebt hier in strategisch wichtigen Bereichen europäische Interessen mit denen der Partnerländer. Dabei erkennt die Strategie nicht nur Komplementaritäten und Kooperationspotenziale in der europäischen Nachhaltigkeitsaußenpolitik, sondern betont die Vorteile von Konnektivität als Entwicklungsbeitrag, ohne die Wertebindung gänzlich aufzugeben.[60] Auch die strategische Partnerschaft zwischen der EU und dem Golf-Kooperationsrat betont die »grüne Transition« und die »nachhaltige Energiesicherheit« als zentrale Kooperationsfelder.[61]

Die politischen Regime vor allem der Brennstoffexporteure in der Region sind tendenziell stabiler, aber auch unfreier geworden. Deutschland und Europa können in der Region also nur dann geopolitische Relevanz erringen, wenn sie die Realitäten in der Region akzeptieren und zu moralischen Kompromissen bereit sind. Energiepolitisch werden die europäischen Volkswirtschaften von den illiberalen Regimen in der MENA-Region abhängig bleiben, ebenso in Fragen der Klima-, Migrations- und Sicherheitspolitik. Die Wertegebundenheit in der EZ zurückzunehmen, um in dieser strategisch wichtigen Region Wirksamkeit zurückzugewinnen, ist in Berlin wie in Brüssel natürlich hochgradig umstritten. Ein erfolgreich transformiertes Nordafrika und ein demokratischer Mittlerer Osten wären ein mächtiger Stabilitätsanker, vielleicht sogar ein wichtiger Wertepartner Europas. Doch in der aktuellen geopolitischen Situation braucht die Entwicklungspolitik mehr Realismus, um in einer Region schwieriger Partner überhaupt relevant zu bleiben.

---

57 EU 2021.
58 Afrika als »proof of concept«: Okano-Heijmans 2022.
59 Global Gateway 2022.
60 Eines von sechs Prinzipien der Zusammenarbeit ist »demokratische Werte und hohe Standards«: EU 2021, S. 3.
61 EU 2022, S. 5–9.

Aus der Perspektive der EZ-Wirksamkeit in der MENA-Region ist es ein Fortschritt, dass die internationale Entwicklungspolitik nun auf der Agenda 2030 fußt, die Entwicklung als vielgestaltigen und komplexen technischen Prozess versteht, deren Basis zwar unter anderem gute Regierungsführung (SDG 16), aber nicht die freiheitliche Demokratie ist. So ist über ein globales, in diesem Sinne schwach wertegebundenes Entwicklungsregime eine neue Entwicklungspolitik ohne politische Belastungen möglich. Dank der Agenda 2030 als völkerrechtlicher Klammer und einer realistischeren Entwicklungsperspektive auf die Region besteht die Chance, bestehende und künftige Partnerschaften in den für Europa besonders wichtigen Bereichen zu beleben, also insbesondere um eine Dimension in der Klima- und Energieaußenpolitik zu bereichern. Vielleicht sind sogar auf Basis der Agenda 2030 gar Dreieckskooperationen mit Marokko, Israel und der Türkei in der Region möglich, durch die ein weniger westlich dominierter und ein stärker regionaler Entwicklungs- und Modernisierungsdiskurs in Gang gebracht werden kann.[62]

---

62 Der Auftrag an die Entwicklungspolitik wäre, stärker anzuerkennen, dass in den Weltregionen verschiedene Moderne-Versionen existieren, die nicht alle mit dem westlichen Entwicklungsdogma gefasst werden können: Escobar 1995, S. 3–20.

Die Vereinten Nationen als Akteur im Nahen Osten

Manuel Brunner

Die Vereinten Nationen einschließlich ihrer Organe, Nebenorgane und Agenturen waren bereits kurz nach der Gründung der Weltorganisation im Jahr 1945 als Akteur in internationalen Konfliktsituationen im Nahen Osten involviert. Zunächst standen hierbei die Fragen des Umgangs mit dem britischen Mandatsgebiet Palästina sowie mit dem vom Libanon und von Syrien verlangten Abzug britischer und französischer Truppen von ihren jeweiligen Territorien nach dem Zweiten Weltkrieg im Vordergrund. In der Folge waren die Vereinten Nationen mit der Suez-Krise im Jahr 1956 und den verschiedenen weiteren Konflikten zwischen Israel und seinen arabischen Nachbarstaaten befasst. Weil die Vereinten Nationen im Laufe der Zeit aber ständig einen Zuwachs an Aufgaben erlebt haben, die bald ursprüngliche Kernideen wie die Wahrung des Weltfriedens und der internationalen Sicherheit oder die Durchsetzung des Selbstbestimmungsrechts der Völker ergänzten und konturierten, haben sich die Weltorganisation sowie die mit ihr verbundenen Sonderorganisationen einer ganz Reihe von Problemlagen auch in der Region des Nahen Ostens angenommen. Eine umfassende Darstellung und Analyse der Arbeit der Vereinten Nationen in dieser Weltgegend überschreitet den Umfang eines Buchbeitrages. Daher werden in der Folge ausgewählte Schwerpunkte der dortigen Arbeit der Vereinten Nationen beleuchtet. Hierbei handelt es sich zunächst um die Handlungsfelder Menschenrechte, nukleare Rüstung sowie Hungerbekämpfung. Im weiteren Verlauf werden dann die Maßnahmen der Vereinten Nationen in konkreten Konfliktsituationen beleuchtet, und es wird dabei untersucht, welche Mittel die Weltorganisation anwendet, um auf diese Situationen in positiver Weise einzuwirken. Als Beispiele werden hierbei der israelisch-palästinensische Konflikt, die Mission der Vereinten Nationen im Irak sowie die Friedenstruppen im Südlibanon betrachtet.

1.　Verbesserung der Menschenrechtslage

Der Schutz und die Förderung der Menschenrechte haben für die Vereinten Nationen eine sehr hohe Priorität. In den Artikeln 1 Abs. 3 und 55 lit. c) der Charta der Vereinten Nationen[1] sind die Menschenrechte angesprochen: Sie haben einen bedeutenden Ausdruck bereits am 10. Dezember 1948 in der Verabschiedung der Allgemeinen Erklärung der Menschenrechte durch die Generalversammlung gefunden.[2] Die Lage der Menschenrechte im Nahen Osten ist aufgrund verschiedener Faktoren prekär. Zu diesen Faktoren zählen vor allem bewaffnete Konflikte, die autokratischen und diktatorischen Regime in vielen Staaten der Region sowie soziale und wirtschaftliche Problemlagen. In Erhebungen zu den jeweiligen menschenrechtsbezogenen Situationen durch Nichtregierungsorganisationen belegen die Staaten der Region regelmäßig die hinteren Plätze.[3]

Um die Lage der Menschenrechte im Nahen Osten zu verbessern, entfalten die Vereinten Nationen eine Reihe von Maßnahmen. So hat das Hochkommissariat der Vereinten Nationen für Menschenrechte im Jahr 2002 ein Regionalbüro für den Mittleren Osten und Nordafrika eingerichtet, das seinen Sitz im Libanon hat und neben diesem Staat auch für Algerien, Bahrain, Jordanien, Katar, Kuwait, Marokko, Oman, Saudi-Arabien und die Vereinigten Arabischen Emirate zuständig ist. Zu den Aufgaben des Regionalbüros zählen die Beobachtung der jeweiligen Lage der Menschenrechte in den genannten Staaten und die Berichterstattung hierüber, das Eintreten für die Menschenrechte in Gefährdungssituationen sowie die aktive Zusammenarbeit mit den Regierungen der einzelnen Staaten in Menschenrechtsangelegenheiten.[4]

Das Regionalbüro arbeitete in jüngerer Zeit vor allem zu Themenstellungen, die sich aus dem Aktionsplan des Hochkommissariats der

---

1 Yearbook of the United Nations 1946–1947, S. 831 ff.

2 UN Doc. A/RES/217/A-(III) vom 10. Dezember 1948.

3 So weist etwa der derzeitige Global Freedom-Status der Nichtregierungsorganisation *Freedom House* Israel als einzigen Staat der Region aus, der als »frei« klassifiziert wird; der Libanon und Kuwait werden als »teilweise frei« und alle übrigen Staaten der Region als »unfrei« klassifiziert, abrufbar unter: https://freedomhouse.org/explore-the-map?type=fiw&year=2023 [abgerufen am 15.6.2023].

4 Vgl. die Darstellung auf der Homepage des Büros, abrufbar unter: https://www.ohchr.org/en/countries/middle-east-north-africa-region/un-human-rights-in-middle-east-north-africa [abgerufen am 15.6.2023].

Vereinten Nationen für Menschenrechte für die Jahre 2018 bis 2021 ergaben. Hierzu zählten die Verbesserung der Zusammenarbeit der Staaten der Region mit den verschiedenen Menschenrechtsmechanismen der Vereinten Nationen, die Verbesserung der Teilnahme an bzw. des Schutzes von zivilgesellschaftlichen Räumen und der Meinungs-, Vereinigungs- und Versammlungsfreiheit, die Verhütung von Menschenrechtsverletzungen, die Unterstützung für nationale Menschenrechtsschutzmechanismen, die Verbesserung der Gleichberechtigung und der Kampf gegen Diskriminierung mit Schwerpunkten bei Frauen, LGBTQ+-Personen, ethnischen und religiösen Gruppen, Menschen mit Behinderungen, Migranten, Flüchtlingen sowie Asylsuchenden und die Förderung von Verantwortlichkeit für und der Kampf gegen Straflosigkeit bei Verletzungen der Menschenrechte. Durch das Regionalbüro wird Beratung für Regierungen, die Zivilgesellschaft und Rechteinhaber angeboten, um einen menschenrechtsbasierten Ansatz bei der Bewertung von Gesetzen, politischen Maßnahmen, Programmen und Entwicklungsplänen durchzusetzen.[5]

Neben dem Regionalbüro sind in der Region noch weitere Akteure der Vereinten Nationen im Bereich von Menschenrechtsfragen aktiv, die ähnliche Aufgaben wie das Regionalbüro wahrnehmen. Hierzu gehören die selbständigen Büros der Vereinten Nationen für Menschenrechte in Palästina, Tunesien, dem Jemen und in Syrien, die Menschenrechtskomponenten der Unterstützungsmissionen im Irak und in Libyen, der Menschenrechtsberater der Vereinten Nationen für Jordanien sowie ein Technisches Kooperationsprojekt mit Saudi-Arabien. Zudem wurde auf der Grundlage der Generalversammlungsresolution 60/153 vom 16. Dezember 2005[6] das Trainings- und Dokumentationszentrum der Vereinten Nationen für Südwestasien und den arabischen Raum eingerichtet. Aufgabe des Zentrums ist es, Ausbildungs- und Dokumentationsaktivitäten in 25 Staaten und Territorien der Region zu entfalten, die in Übereinstimmung mit den internationalen Menschenrechtsstandards stehen.[7] Außerdem unterstützt das Zentrum Regierungen, Agenturen und Programme der Vereinten Nationen, nationale Menschenrechtsinstitutionen sowie Nichtregierungsorganisatio-

---

5 Ebd.

6 UN Doc. A/RES/60/153 vom 21. Februar 2006.

7 Das Mandat des Zentrums umfasst Afghanistan, Ägypten, Algerien, Djibouti, den Iran, den Irak, Jordanien, Katar, die Komoren, Kuwait, den Libanon, Libyen, Mauretanien, Marokko, Oman, die besetzen palästinensischen Gebiete, Pakistan, Saudi-Arabien, Somalia, den Sudan, Syrien, Tunesien, die Vereinigten Arabischen Emirate sowie den Jemen.

nen bei entsprechenden Aktivitäten. Dabei zielt die Arbeit des Zentrums auch auf die Stärkung von nationalen und regionalen Institutionen hinsichtlich der Förderung und des Schutzes von Menschenrechten durch den Aufbau von Kapazitäten, durch Informationen für die Öffentlichkeit sowie durch Menschenrechtsbildung.

2. Untersuchungsaktivitäten hinsichtlich von bewaffneten Konflikten und systematischen Verletzungen der Menschenrechte

Die Entsendung von mit Expertinnen und Experten besetzten Kommissionen in Staaten, um dortige Verletzungen der Menschenrechte und/oder des humanitären Völkerrechts zu untersuchen, hat sich seit den 1990er Jahren zu einer Kernaktivität der Vereinten Nationen entwickelt. Diese Kommissionen sollen in objektiver, unabhängiger und unparteiischer Weise Tatsachenermittlungen in Situationen vornehmen, in denen glaubhafte Informationen nur schwer zu beschaffen sind. Dies gilt insbesondere für bewaffnete Konflikte oder für Staaten, in denen die Menschenrechte in besorgniserregender Weise auch in Friedenszeiten missachtet werden. Solche Untersuchungskommissionen werden zudem regelmäßig auch damit beauftragt, Einschätzungen bei Rechtsverletzungen vorzunehmen. Die abschließenden Tatsachenfeststellungen und rechtlichen Bewertungen werden den Vereinten Nationen in einem Bericht zur Verfügung gestellt, der immer auch Empfehlungen zur Verbesserung der jeweils untersuchten Situation enthält. Institutionelle Hauptakteure bei der Einsetzung von Untersuchungskommissionen sind der Sicherheitsrat und der Menschenrechtsrat der Vereinten Nationen.[8]

Untersuchungskommissionen der Vereinten Nationen arbeiteten auch immer wieder zu bewaffneten Konflikten und anderen gewalttätigen Auseinandersetzungen im Nahen Osten. So wurden etwa die Menschenrechtsverletzungen während der zweiten palästinensischen Intifada, die israelische Militäraktion im Libanon im Jahr 2006, der Beschuss von Beit Hanoun im Gazastreifen durch die israelischen Streitkräfte im November 2006, der

---

8 Vgl. zum Ganzen Brunner 2022, S. 31 ff. und 530 ff. Der Menschenrechtsrat ist ein Nebenorgan der Generalversammlung der Vereinten Nationen, vgl. UN Doc. A/RES/60/251 vom 3. April 2006.

Gaza-Konflikt von 2008/09, die Gewalthandlungen anlässlich des Anhaltens und des Durchsuchens des Schiffes »Mavi Marma«, das im Mai 2010 versucht hatte, die von Israel verhängte Blockade der Küste des Gazastreifens zu durchbrechen, sowie die Rechtsverletzungen im Konflikt in Syrien seit 2011 untersucht. Weitere Kommissionen wurden für die Menschenrechtsverletzungen durch die israelischen Siedlungsbauaktivitäten in den Gebieten der Palästinenser, für den Gaza-Konflikt im Jahr 2014, für den bewaffneten Konflikt im Jemen seit 2015, für die Gewalthandlungen hinsichtlich von Protesten in den palästinensischen Gebieten im Jahr 2018 und für die allgemeine Menschenrechtslage in den besetzten palästinensischen Gebieten, einschließlich von Ostjerusalem, und in Israel errichtet.[9] Zuletzt wurde obendrein vom Menschenrechtsrat der Vereinten Nationen eine Untersuchungskommission für die Menschenrechtslage im Iran im Zusammenhang mit den dort seit September 2022 stattfindenden Protesten gegen die Regierungspolitik hinsichtlich von Frauen und Mädchen eingesetzt.[10]

Grundsätzlich fallen die Mandate dieser Kommissionen, die in den entsprechenden Einsetzungsresolutionen vorgesehen sind, sehr knapp aus und beschränken sich darauf, die Kommission zu beauftragen, Verletzungen der Menschenrechte und/oder des humanitären Völkerrechts festzustellen; gelegentlich wird auch die Benennung von Tätern der Rechtsverletzungen gefordert.[11] Sehr umfangreich gestaltet sich allerdings nunmehr das Mandat der Kommission zur Untersuchung der allgemeinen Menschenrechtslage in den besetzten palästinensischen Gebieten, einschließlich von Ostjerusalem, und in Israel. Die Kommission hat vom Menschenrechtsrat das Mandat erhalten, alle Menschenrechtsverletzungen und Verletzungen des humanitären Völkerrechts vor und ab Mitte April 2021 zu untersuchen.[12] Weiterhin soll die Kommission alle Ursachen der wiederkehrenden Spannungen, Instabilitäten und Konflikte aufklären, einschließlich systematischer Diskriminierung und Unterdrückung, die in nationalen, ethnischen oder religiösen Ursachen wurzeln. Weiterhin sollen die Tatsachen und Umstände ermittelt werden, die zu Rechtsverletzungen und Straftaten führen. Die Kommission ist damit beauftragt, die Beweise für Rechtsverletzungen und Straftaten zu sammeln, zu ordnen und zu analysieren. Alle einschlägigen

---

9 Vgl. ebd., S. 627 ff.
10 UN Doc. A/HRC/RES/S-35/1 vom 29. November 2022.
11 Brunner 2022, S. 894 ff.
12 UN Doc. A/HRC/RES/S-30/1 vom 28. Mai 2021.

Informationen sollen durch die Kommission gesammelt und gesichert werden, einschließlich der Ergebnisse von Befragungen, Zeugenaussagen und
forensischem Material. Dies alles soll in Übereinstimmung mit internationalen Standards geschehen, damit eine spätere Verwertung in etwaigen
Gerichtsverfahren möglich ist. Außerdem soll die Kommission diejenigen
Personen identifizieren, die für die Rechtsverletzungen verantwortlich sind,
Muster von Rechtsverletzungen feststellen, die im Laufe der Zeit immer wieder vorgekommen sind, und Empfehlungen aussprechen, insbesondere für
die strafrechtliche Verfolgung von Rechtsverletzungen und hinsichtlich der
Einhaltung des humanitären Völkerrechts. Eine weitere Besonderheit liegt
darin, dass die Kommission als ständiges Gremium vorgesehen ist und
nicht – wie andere Kommissionen – ihre Untersuchungen innerhalb eines
relativ knapp bemessenen Zeitraums abschließen muss.

Es verwundert nicht, dass diese Kommissionen politisch oftmals sehr
umstritten sind und die Staaten, die von einer solchen Untersuchung betroffen sind, dieser ablehnend gegenüberstehen können. So lehnte etwa
Israel die Kommission bezüglich seines Militäreinsatzes im Libanon im Jahr
2006 bereits deswegen ab, weil der Menschenrechtsrat eine Untersuchung
lediglich von Verletzungen des humanitären Völkerrechts und der Menschenrechte durch Israel mandatiert hatte und das Kommissionsmandat
nicht auch die Hisbollah als andere Konfliktpartei erfasste.[13] Gleichsam
sah sich Israel durch den sogenannten Goldstone-Bericht der Kommission
ungerecht behandelt, die die Rechtsverletzungen hinsichtlich des Gaza-
Konflikts von 2008/09 untersuchen sollte.[14] Saudi-Arabien versuchte im
Jahr 2017 im Menschenrechtsrat eine von den Niederlanden vorgeschlagene Untersuchung der Verletzungen des humanitären Völkerrechts und
der Menschenrechte im bewaffneten Konflikt im Jemen zu verhindern, in
dem das saudi-arabische Militär eine herausragende Rolle spielt.[15] Zwar
wurde schließlich doch ein Untersuchungsgremium eingesetzt,[16] das dem
Menschenrechtsrat mehrere Berichte zur Lage im Jemen zukommen ließ,[17]

---

13 Brunner 2022, S. 668 ff.
14 Hierzu Tams 2010, S. 243 f. Der Bericht ist unter dem Namen des Vorsitzenden der entsprechenden Untersuchungskommission, des südafrikanischen Juristen Richard Goldstone, bekannt.
15 Näher Brunner 2022, S. 1043 ff.
16 UN Doc. A/HRC/RES/36/31 vom 3. Oktober 2017.
17 UN Doc. A/HRC/39/43* vom 17. August 2018; UN Doc. A/HRC/42/17 vom 9. August 2019; UN Doc.
A/HRC/48/20 vom 13. September 2021.

jedoch wurde das Mandat des Gremiums schließlich durch eine Entscheidung des Menschenrechtsrates vom 7. Oktober 2021 nicht verlängert.[18]

3. Bemühungen um eine nuklearwaffenfreie Zone

Die Vereinten Nationen sehen in der Schaffung von nuklearwaffenfreien Zonen einen wichtigen Beitrag für Sicherheit und Frieden auf regionaler und globaler Ebene, zur Stärkung des Nichtverbreitungsregimes für Nuklearwaffen und zu deren Abrüstung.[19] Die Generalversammlung der Weltorganisation hatte bereits im Jahr 1975 in der Resolution 3472 B die wesentlichen Merkmale einer solchen Zone definiert: Anerkennung durch die Generalversammlung, Schaffung durch eine Gruppe von Staaten mittels eines völkerrechtlichen Vertrages, vollständige Abwesenheit von Nuklearwaffen in dem betreffenden Gebiet sowie Errichtung eines internationalen Kontrollsystems.[20]

Während bereits nuklearwaffenfreie Zonen für Lateinamerika und die Karibik, den Südpazifik, Südostasien, Afrika und Zentralasien existieren, konnte eine solche Zone für den Nahen Osten bisher – trotz vielfältiger Anstrengungen – nicht etabliert werden. Einzige Nuklearmacht der Region ist Israel; der Iran soll an einem Atomwaffenprogramm arbeiten.[21]

Erste Überlegungen zu einer nuklearwaffenfreien Zone für den Mittleren Osten reichen bis in die 1960er Jahre zurück und mündeten im Jahr 1974 in einer gemeinsamen Erklärung zu der Thematik durch Ägypten und den Iran in der Generalversammlung der Vereinten Nationen.[22] Diese verabschiedete daraufhin die Resolution 3263 (XXIX), in der die Idee einer solchen Zone ausdrücklich gelobt wurde.[23] In der Sicherheitsratsresolution 687 (1991), die im Nachgang zum Golf-Krieg die Beziehungen zwischen dem Irak und Kuwait regeln sollte, wurde das Ziel einer nuklearwaffenfreien Zone in der Region als eine Zielvorstellung anerkannt.[24] Bereits im Jahr 1990 war eine von den

---

18 UN Doc. A/HRC/48/L.11 vom 4. Oktober 2021; UN Doc. A/HRC/48/2 vom 23. Dezember 2021, S. 22 f.
19 UN Doc. S/RES/1887 (2009) vom 24. September 2009.
20 UN Doc. A/RES/3472 B vom 11. Dezember 1975.
21 Vgl. Brunner 2018, S. 1217 ff.
22 UN Doc. A/9909 vom 6. Dezember 1974, Abs. 1.
23 UN Doc. A/RES/3263 (XXIX) vom 9. Dezember 1974.
24 UN Doc. S/RES/687 (1991) vom 8. April 1991.

Vereinten Nationen beauftragte Expertenstudie zu einer solchen Zone vorgelegt worden.[25]

Auf Druck der Liga der Arabischen Staaten und Ägyptens wurde das Thema der nuklearwaffenfreien Zone Gegenstand der Überprüfungskonferenz zum Vertrag über die Nichtverbreitung von Kernwaffen[26] im Jahr 2010. Das Abschlussdokument der Konferenz enthielt einen Aktionsplan, der vorsah, dass der Generalsekretär der Vereinten Nationen, die Vereinigten Staaten von Amerika, das Vereinigte Königreich und die Russische Föderation eine internationale Konferenz einberufen sollten, bei der die Errichtung einer Zone im Mittleren Osten debattiert werden sollte, die frei von Nuklearwaffen und anderen Massenvernichtungswaffen ist.[27] Weil allerdings keine Einigung über das Programm der ins Auge gefassten Konferenz erreicht werden konnte, wurde diese im November 2012 endgültig abgesagt. Der Generalsekretär konnte allerdings im Jahr 2014 berichten, dass er für eine massenvernichtungswaffenfreie Zone den Zuspruch sämtlicher Staaten der Region, mit Ausnahme von Israel und Syrien, erhalten habe.[28]

Im Dezember 2018 wurde von Ägypten im Rahmen der Generalversammlung der Vereinten Nationen der Entwurf eines Vertrages für eine massenvernichtungswaffenfreie Zone präsentiert und vorgeschlagen, eine jährliche Konferenz zu der Thematik abzuhalten. Dieser Vorschlag wurde von der Generalversammlung als Entscheidung 73/546 angenommen.[29] Die erste Konferenz zu dieser Thematik fand dann auch tatsächlich vom 18. bis zum 22. November 2019 im Hauptquartier der Vereinten Nationen in New York statt. Alle 22 Mitgliedsstaaten der Liga der Arabischen Staaten, der Iran sowie die Nuklearwaffenmächte Volksrepublik China, Frankreich, Russische Föderation und Vereinigtes Königreich waren vertreten. Israel war zu der Konferenz allerdings nicht erschienen.[30] Zuletzt tagte die Konferenz im November 2022.[31] Vor allem angesichts des stets von Israel artikulierten Sicherheitsbedürfnisses, der womöglich immer noch bestehenden Nuklearwaffenambitionen des Iran und der Berichte über eine Beteiligung von Saudi-Arabien am Atomwaffenprogramm von Pakistan ist es mehr als fraglich, ob die

---

25 UN Doc. A/45/435 vom 10. Oktober 1990.
26 BGBl. 1974 II, S. 785.
27 Vgl. das Abschlussdokument NPT/CONF.2015/50 von 2015; zu der Konferenz auch Müller 2015.
28 UN Doc. A/68/781 vom 6. März 2014.
29 Die Entscheidung ist enthalten in: UN Doc. A/73/513 vom 19. November 2018, S. 9.
30 UN Doc. A/CONF.236/6 vom 28. November 2019.
31 UN Doc. A/CONF.236/2022/3 vom 21. November 2022.

Bemühungen um eine nuklearwaffenfreie beziehungsweise massenvernichtungswaffenfreie Zone im Mittleren Osten in absehbarer Zukunft Früchte tragen werden.[32]

4. Herstellung von Nahrungsmittelsicherheit und Bekämpfung von Hunger

Im März 2023 veröffentlichten die Vereinten Nationen einen Bericht über die Nahrungsmittelsicherheit und Ernährung im Nahen Osten und Nordafrika. Der Bericht wurde gemeinsam durch die Ernährungs- und Landwirtschaftsorganisation der Vereinten Nationen (FAO[33]), die Weltgesundheitsorganisation, das Kinderhilfswerk der Vereinten Nationen, das Welternährungsprogramm und die Wirtschafts- und Sozialkommission der Vereinten Nationen für Westasien angefertigt.[34] Laut dem Bericht ist für den arabischen Raum ein kritisches Niveau bei Hunger und Unterernährung festzustellen, weil der Zugang zu Grundnahrungsmitteln durch die Covid-19-Pandemie und den bewaffneten Konflikt in der Ukraine stark eingeschränkt sei. Fast 54 Millionen Menschen der Region hätten im Jahr 2021 unter starken Beeinträchtigungen ihrer Nahrungsmittelsicherheit gelitten, was einen Anstieg von 55 Prozent im Vergleich zum Jahr 2010 bedeuten würde; 162,7 Millionen Menschen der Region könnten sich zudem keine gesunde Ernährung leisten. Der arabische Raum sei damit immer stärker auf dem Weg, die nachhaltigen Entwicklungsziele der Vereinten Nationen im Bereich der Ernährung zu verfehlen.[35] Der Bericht bestätigt damit einmal mehr die Probleme des Nahen Ostens in diesem Bereich, die in den vergangenen Jahren bereits durch die Nahrungsmittelknappheiten in den von bewaffneten Konflikten betroffenen

---

32 Vgl. Brunner 2018, S. 1205 und 1219.

33 Food and Agriculture Organization of the United Nations.

34 Vgl. den am 29. März 2023 veröffentlichten Bericht unter dem Titel »Near East and North Africa: Regional Overview of Food Security and Nutrition«, abrufbar unter: https://jordan.un.org/en/ 226078-near-east-and-north-africa---regional-overview-food-security-and-nutrition-2022 [abgerufen am 15.6.2023].

35 UN Doc. A/RES/70/1 vom 21. Oktober 2015. Entwicklungsziel 2 sieht vor, den Hunger zu beenden sowie Ernährungssicherheit und eine bessere Ernährung zu erreichen und nachhaltige Landwirtschaft zu fördern.

Staaten Syrien und Irak und vor allem im Jemen in das öffentliche internationale Bewusstsein gerückt sind.[36]

Bei der Herstellung von Nahrungsmittelsicherheit und der Bekämpfung von Hunger in der Region ist die FAO ein bedeutender Akteur. Die FAO, die den Status einer Sonderorganisation in der Familie der Vereinten Nationen einnimmt, unterstützt die Regierungen der Staaten der Region dabei, ihre Fähigkeit zur Sammlung und Analyse von Daten im Bereich Nahrungsmittel zu steigern, damit diese Daten dann zur Grundlage von entsprechenden politischen Maßnahmen gemacht werden können. Darüber hinaus leistet die FAO direkte Unterstützung, um die Lebens- und Arbeitsbedingungen von Bauern mit kleinen Produktionsflächen und ländlichen Gemeinschaften zu verbessern.[37]

Zur Verbesserung der Ernährungssituation im Nahen Osten wurden durch die Mitgliedsstaaten der FAO aus dem Nahen Osten und Nordafrika vier Prioritäten identifiziert, die die Arbeit der Sonderorganisation in der Region leiten sollen. Zu diesen gehört als erste Priorität die Transformation im Landwirtschaftssektor und die Schaffung inklusiver Wertschöpfungsketten. Bei diesem Vorhaben liegt der Schwerpunkt auf der Verbesserung der Produktivität und des Einkommens von Kleinbauern, wobei auf die Erwerbstätigkeit von jungen Menschen sowie die Stärkung der Beteiligung von Frauen besonderer Wert gelegt wird. Die zweite Priorität betrifft die Nahrungsmittelsicherheit und gesunde Ernährung für alle Menschen der Region. Innerhalb dieser Handlungskategorie wird insbesondere auf Fragen des Nahrungsmittelhandels, der Ernährungsbildung, der Sicherung des Nahrungsmittelangebots, der Verringerung des Verlustes von Nahrungsmitteln und der Vermeidung von Nahrungsabfällen sowie auf grüne Städte und städtische Landwirtschaft Wert gelegt. In der dritten Priorität geht es um die Themenfelder Grüne Landwirtschaft, Wasser, Knappheit sowie Aktionen zum Klimaschutz. Hierbei wird die Bedeutung eines effektiven Managements von Landflächen, Wasser, Wäldern, Böden und anderen Ressourcen betont. Unterprioritäten werden in den Bereichen Wassermanagement, Renaturierung, Klimaschutz und nachhaltiges Management von Fischpopulationen gesetzt. Die vierte Priorität strebt die Stärkung der Resilienz im Bereich der Nahrungsmittelversorgung gegenüber dramatischen

---

36 Vgl. zum Jemen etwa Sowers/Weinthal 2021 sowie Alsabri/Alhadheri/Alsakaff/Cole 2021.

37 Vgl. die Informationen auf der Homepage des Regionalbüros der FAO für den Nahen Osten und Nordafrika, abrufbar unter: https://www.fao.org/neareast/en [abgerufen am 15.6.2023].

Ereignissen an. Hierbei wird die Notwendigkeit entsprechender Maßnahmen anerkannt, da sich in der jüngeren Vergangenheit einige der größten humanitären Krisen der Welt in dieser Region zugetragen und Konflikte sowie wirtschaftliche Krisen viele Millionen Menschen in Armut und damit in die Nahrungsmittelunterversorgung getrieben hätten.[38]

5. Israelisch-palästinensischer Friedensprozess

Im Konflikt zwischen Israel und den Palästinensern bekennen sich die Vereinten Nationen zur Vision einer Zweistaatenlösung, also der Errichtung eines palästinensischen Staates, der neben Israel existiert. Die Idee zu einer solchen Lösung reicht bis in das Jahr 1974 zurück. In der Resolution 3236 (XXIX) aus diesem Jahr wurde das Recht auf nationale Unabhängigkeit und Souveränität der Palästinenser durch die Generalversammlung ausdrücklich anerkannt.[39] Erste Signale, dass von palästinensischer Seite eine solche Lösung künftig befürwortet werden könnte, wurden von dem Politiker und Diplomaten Said Hammami gegeben, der in seiner Funktion als Vertreter der Palästinensischen Befreiungsorganisation im Vereinigten Königreich seit Mitte der 1970er Jahre begann, die Idee zu propagieren.[40] Die palästinensische Unabhängigkeitserklärung vom 15. November 1988,[41] die sowohl auf den ursprünglichen Plan der Vereinten Nationen zur Aufteilung des aus dem Mandatssystem des Völkerbundes entstammenden und unter Verwaltung des Vereinigten Königreichs stehenden Territoriums Britisch-Palästina als auch auf die bis dahin ergangenen Resolutionen der Vereinten Nationen in der Frage Bezug nahm,[42] wurde vielfach als indirekte Anerkennung Israels und als Befürwortung einer Zweistaatenlösung gewertet.[43]

Um zu einer Lösung des Konflikts zwischen der palästinensischen und der israelischen Seite zu gelangen, ist seit dem Ende des Kalten Krieges eine Reihe von Anläufen genommen worden. Hierzu zählen unter anderem die Madrider Konferenz von 1991, die Osloer Friedensgespräche und Abkommen

---

38 Ebd.
39 UN Doc. A/RES/3236 (XXIX) vom 22. November 1974.
40 Ayoob 1981, S. 90.
41 Enthalten als Annex III in: UN Doc. A/43/827 – S/20278 vom 18. November 1988.
42 UN Doc. A/RES/181 (II) vom 29. November 1947.
43 Rabie 1992, S. 54 ff.; Quandt 2005, S. 367 ff. und 494.

von 1993 und 1995 sowie die Kairener Abkommen über die palästinensische Teilautonomie im Gazastreifen und im Gebiet von Jericho von 1994. Weiterhin kam es im Jahr 2000 in Camp David zu einem Treffen zwischen dem Präsidenten der Vereinigten Staaten von Amerika, Bill Clinton, dem Präsidenten der Palästinensischen Autonomiebehörde, Jassir Arafat, und dem Ministerpräsidenten von Israel, Ehud Barak, bei dem um eine Konfliktlösung gerungen wurde. Weitere Versuche, zu einem Ergebnis zu gelangen, waren der Konvergenzplan des israelischen Ministerpräsidenten, Ehut Olmert, aus dem Jahr 2006 sowie in der jüngeren Vergangenheit die israelisch-palästinensischen Friedensgespräche von 2013 und 2014.[44]

Die Vereinten Nationen sind intensiv in den Friedensprozess im Nahen Osten einbezogen. Gemeinsam mit regionalen und internationalen Partnern bemühen sie sich um die Entschärfung von Spannungen und die Fortsetzung der politischen Verhandlungen zwischen beiden Seiten über eine Zweistaatenlösung sowie über Schritte zu einem umfassenden, gerechten und dauerhaften Frieden in der Region. Der Generalsekretär der Weltorganisation ist zudem regelmäßig mit den ihm zur Verfügung stehenden diplomatischen Mitteln, insbesondere seinen Guten Diensten, Vermittlungsbemühungen und Untersuchungen, in dem Konflikt engagiert. Grundlage für die Aktivitäten der Vereinten Nationen sind dabei vor allem die einschlägigen Resolutionen des Sicherheitsrates sowie die Madrider Prinzipien von 1991.[45]

Der Generalsekretär ist zudem Mitglied im Nahost-Quartett, welchem neben den Vereinten Nationen auch die Europäische Union, die Vereinigten Staaten von Amerika sowie die Russische Föderation angehören. Das Quartett wurde im Dezember 2002 ins Leben gerufen und hat die Aufgabe, Vermittlungsbemühungen in dem Konflikt, die wirtschaftliche Entwicklung in den Gebieten der Palästinenser sowie den dortigen Aufbau von Institutionen mit Blick auf eine künftige palästinensische Staatlichkeit zu unterstützen.[46] Hierzu trifft sich das Quartett grundsätzlich regelmäßig auf höchster Ebene. Neben dem Generalsekretär der Vereinten Nationen nehmen an den

---

44 Siehe hierzu umfangreich Quandt 2005 sowie Goldenberg 2015.

45 Vgl. die Informationen auf der Homepage des Sonderkoordinators der Vereinten Nationen für den Friedensprozess im Mittleren Osten, abrufbar unter: https://unsco.unmissions.org/middle-east-peace-process [abgerufen am 15.6.2023].

46 Vgl. die gemeinsame Stellungnahme des Quartetts vom 20. Dezember 2002, abrufbar unter: https://unsco.unmissions.org/sites/default/files/quartet_statement_-_20_december_2002.pdf [abgerufen am 15.6.2023].

Gesprächen die Außenminister der beiden Mitgliedsstaaten, der Hohe Vertreter der Europäischen Union für Außen- und Sicherheitspolitik sowie die Sondergesandten des Quartetts teil. Besonders wichtig war die Vorlage einer Roadmap für eine Zweistaatenlösung in der Region durch das Quartett im Jahr 2003.[47]

Von besonderer Bedeutung für die Arbeit der Vereinten Nationen sind die Sicherheitsratsresolutionen 242 (1967), 338 (1973) und 1515 (2003).[48] Der Sicherheitsrat betonte in Resolution 242 (1967), die im Zusammenhang mit dem Sechs-Tage-Krieg zwischen Israel und seinen arabischen Nachbarstaaten stand, unter anderem, dass die Schaffung eines andauernden Friedens in der Region es erfordere, dass sich Israel aus den in dem Konflikt besetzten Gebieten zurückziehen müsse sowie dass die Souveränität, die territoriale Integrität und die politische Unabhängigkeit eines jeden Staates in der Region anerkannt werden müssten. In der Resolution 338 (1973) wurden die kämpfenden Staaten im Jom-Kippur-Krieg zu einer augenblicklichen Waffenruhe und zum Implementieren der Resolution 242 (1967) aufgerufen. In der Resolution 1515 (2003) wurden schließlich die vom Nahost-Quartett vorgelegte Roadmap gebilligt und die beteiligten Parteien aufgerufen, ihren aus diesem Plan resultierenden Verpflichtungen nachzukommen und mit dem Quartett zusammenzuarbeiten. Die Madrider Prinzipien von 1991 sahen zur Schaffung des Friedens in der Region bilaterale Verhandlungen jeweils zwischen Israel und den Palästinensern, Syrien, Jordanien und dem Libanon vor. In multilateralen Verhandlungen sollte zudem in Arbeitsgruppen über die wirtschaftliche Zusammenarbeit und Entwicklung, über Fragen des Umweltschutzes, der Verteilung von Wasser, Flüchtlingsangelegenheiten sowie über Rüstungskontrolle und regionale Sicherheit verhandelt werden.[49]

Die Abteilung für Politische Angelegenheiten und Peacebuilding des Sekretariats der Vereinten Nationen unterstützt die Aktivitäten der Weltorganisation im Nahen Osten in vielfältiger Weise. Hierzu gehören die Beratung und die Mitarbeit bei den diplomatischen Initiativen des Generalsekretärs in der Konfliktregion sowie die Beaufsichtigung der dortigen politischen Aktivitäten der Vereinten Nationen, die die Friedens- und Entwicklungszusam-

---

47 UN Doc. S/2003/529 vom 7. Mai 2003.

48 UN Doc. S/RES/242 (1967) vom 22. November 1967; UN Doc. S/RES/338 (1973) vom 22. Oktober 1973; UN Doc. S/RES/1515 (2003) vom 19. November 2003.

49 Die Dokumente zur Konferenz von Madrid sind abgedruckt in: Journal of Palestine Studies 21 (1992), S. 117–149.

menarbeit, humanitäre Hilfe sowie die Unterstützung für den palästinensischen Staatsaufbau umfassen. Weiterhin unterstützt die Abteilung den Generalsekretär bei dessen Aktivitäten im Krisenmanagement.[50]

Im Jahr 1994 wurde, im Nachgang zu den Osloer Friedensgesprächen von 1993, durch den Generalsekretär der Vereinten Nationen das Amt eines Sonderkoordinators für den Friedensprozess geschaffen. Das Büro des Sonderkoordinators unterhält Präsenzen in Jerusalem, Ramallah und Gaza und unterstützt die Friedensverhandlungen zwischen den Konfliktparteien sowie die Implementierung politischer Vereinbarungen. Der Sonderkoordinator fungiert zudem als Kontaktstelle für die verschiedenen Friedensinitiativen. Darüber hinaus fungiert der Sonderkoordinator als Koordinator für die Aktivitäten von mehr als zwanzig Agenturen, Fonds und Programmen der Vereinten Nationen im Bereich der humanitären Hilfe und der Entwicklungszusammenarbeit zu Gunsten der Palästinenser.[51] Das Amt des Sonderkoordinators wird seit 2021 von dem norwegischen Diplomaten Tor Wennesland bekleidet. Dieser war bereits in den 1990er Jahren an den Osloer Friedensgesprächen beteiligt und nahm vor seiner Berufung unter anderem Aufgaben in der Vertretung des Königreichs Norwegen bei den Vereinten Nationen in Genf und in der norwegischen Botschaft in Dublin wahr. Zudem war er von 2007 bis 2011 Repräsentant Norwegens bei der Palästinensischen Autonomiebehörde sowie von 2012 bis 2015 Botschafter seines Landes mit der Zuständigkeit für Ägypten und Libyen.[52]

6.   Unterstützungsmission für den Irak

Im Rahmen der Konfliktnachsorge haben die Vereinten Nationen für Staaten im Nahen Osten, die von einem bewaffneten Konflikt betroffen waren und in denen ein diktatorisches Regime gestürzt wurde, Unterstützungsmissionen errichtet. Diese sollen den betroffenen Ländern bei der Wiedererrichtung eines funktionierenden Staatswesens behilflich sein und zur Friedenskonsoli-

---

50 Vgl. wiederum die Informationen auf der Homepage des Sonderkoordinators der Vereinten Nationen für den Friedensprozess im Mittleren Osten (vgl. Anm. 45).
51 Ebd.
52 Vgl. die Informationen auf der Homepage des Generalsekretärs der Vereinten Nationen, abrufbar unter: https://www.un.org/sg/en/content/profiles/tor-wennesland [abgerufen am 15.6.2023].

dierung beitragen. Prominent ist hierbei besonders die Mission für den Irak geworden.

Im Nachgang zu der US-amerikanisch geführten Invasion im Irak und dem Sturz von Diktator Saddam Hussein im Jahr 2003 errichteten die Vereinten Nationen auf der Grundlage eines entsprechenden Ersuchens der neuen Regierung des arabischen Staates mit Sicherheitsratsresolution 1500 (2003)[53] die Unterstützungsmission der Vereinten Nationen im Irak (UNAMI[54]). Die Struktur einer solchen Mission war vom Generalsekretär bereits im Juli 2003 in einem Bericht an den Sicherheitsrat über die Situation im Irak vorgeschlagen worden.[55] Das Mandat für die UNAMI wurde dementsprechend weit gefasst. Zu den mandatsgemäßen Aufgaben der Mission gehören unter anderem die Beratung und Unterstützung für die irakische Regierung beim politischen Dialog und bei nationalen Versöhnungsanstrengungen, die Unterstützung von politischen Prozessen, vor allem im Bereich von Wahlen und Verfassungsfragen sowie bei der Durchführung eines nationalen Zensus, die Ermöglichung eines regionalen Dialoges zwischen dem Irak und seinen Nachbarstaaten, die Koordinierung von Hilfslieferungen, das Vorantreiben von Rechts- und Justizreformen, die Förderung der Menschenrechte sowie Aufgaben im Bereich der Arbeit mit Geflüchteten, Wirtschaftsfragen sowie Aufgaben bei staatlichen Dienstleistungen. Das Mandat der UNAMI, für die zurzeit etwa 680 Personen tätig sind, wurde insbesondere durch die Sicherheitsresolutionen 1770 (2007)[56] und 2367 (2017)[57] aufgrund neuer Herausforderungen im Irak konkretisiert und zuletzt durch die Resolution 2682 (2023) bis zum 31. Mai 2024 verlängert.[58]

Geleitet wird die Mission von einem Sondergesandten des Generalsekretärs der Vereinten Nationen. Erster Sondergesandter war Sérgio Vieira de Mello aus Brasilien, der zuvor hochrangige Positionen bei der Vereinten Nationen bekleidet hatte, unter anderem das Amt des Untergeneralsekretärs für humanitäre Angelegenheiten und des Hohen Kommissars der Vereinten Nationen für Menschenrechte. Zusammen mit weiteren 22 Personen wurde er am 19. August 2003 bei einem Autobombenanschlag auf das Canal Hotel

---

53 UN Doc. S/RES/1500 (2003) vom 14. August 2003.
54 United Nations Assistance Mission in Iraq.
55 UN Doc. S/2003/715 vom 17. Juli 2003, S. 21 f.
56 UN Doc. S/RES/1770 (2007) vom 10. August 2007.
57 UN Doc. S/RES/2367 (2017) vom 14. Juli 2017.
58 UN Doc. S/RES/2682 (2023) vom 30. Mai 2023.

in Bagdad getötet, in dem die Vereinten Nationen ihr Hauptquartier im Irak eingerichtet hatten.[59] Die Verantwortung für den Anschlag wurde von Abū Mus'ab az-Zarqāwī, übernommen, der zu diesem Zeitpunkt Anführer der salafistischen Terrorgruppe Jama'at al-Tawhid wal-Jihad war. In der Folge wurde das gesamte Personal der Weltorganisation aus dem Land abgezogen und kehrte erst im Frühjahr 2004 wieder dorthin zurück. Zurzeit wird die UNAMI von der niederländischen Politikerin und Diplomatin Jeanine Hennis-Plasschaert geleitet, die im August 2018 von Generalsekretär António Guterres ernannt wurde.[60]

Trotz der weiterhin anhaltenden Fragilität des irakischen Staates kann die UNAMI seit ihrem Bestehen eine Reihe von Erfolgen und ein bedeutendes Engagement bei der Implementierung des ihr vom Sicherheitsrat erteilten Mandates vorweisen. Hierzu zählt die Unterstützung bei der ersten freien Parlamentswahl im Irak am 30. Januar 2005, bei der ein Übergangsparlament gewählt wurde, das eine Verfassung für den Staat ausarbeiten sollte. Auch bei der Ausarbeitung dieser Verfassung wurde von den Vereinten Nationen Hilfe geleistet. Nach der Verabschiedung der Verfassung im Dezember 2005 unterstützten die Vereinten Nationen die einheimischen Akteure regelmäßig bei Wahlen und Referenden im Irak. Zudem hat UNAMI humanitäre und finanzielle Unterstützung für den Irak durch die Vereinten Nationen und andere Geber koordiniert und das irakische Parlament in Fragen der Gesetzgebung und Politikformulierung beraten.[61] Die Vereinten Nationen sind im Irak auch damit befasst, Verbrechen der Terrororganisation Islamischer Staat zu untersuchen. Der Irak rief die internationale Gemeinschaft im Jahr 2017 dazu auf, dem Staat bei der Verfolgung von Mitgliedern der Organisation behilflich zu sein, die dort Straftaten begangen hätten.[62] Der Sicherheitsrat verabschiedete hierzu die Resolution 2379 (2017), in der er den Generalsekretär darum ersuchte, ein Untersuchungsteam einzusetzen, dass den Irak dabei unterstützen solle, die Verantwortlichkeit der Ter-

---

59 Vgl. die biografische Darstellung auf der Homepage des Büros des Hohen Kommissars der Vereinten Nationen für Menschenrechte, abrufbar unter: https://www.ohchr.org/en/about-us/high-commissioner/past/sergio-viera-de-mello [abgerufen am 15.6.2023].

60 Vgl. die Informationen auf der Homepage des Generalsekretärs der Vereinten Nationen, abrufbar unter: https://www.un.org/sg/en/content/profiles/jeanine-plasschaert [abgerufen am 15.6.2023].

61 Vgl. die Informationen auf der Homepage von UNAMI, abrufbar unter: https://iraq.un.org/en/132447-united-nations-assistance-mission-iraq-unami [abgerufen am 15.6.2023].

62 UN Doc. S/2017/710 vom 16. August 2017.

rororganisation herzustellen. Zu diesem Zweck solle das Team Beweise sammeln, sichern und aufbewahren, die auf Akte hindeuten würden, die Kriegsverbrechen, Verbrechen gegen die Menschlichkeit oder Völkermord darstellen könnten.[63] Auf dieser Grundlage wurde das United Nations Investigative Team to Promote Accountability for Crimes Committed by Da'esh/ISIL (UNITAD) in das Land entsandt. UNITAD wird zurzeit von dem deutschen Bundesanwalt Christian Ritscher geleitet, der hierzu als Sonderberater des Generalsekretärs tätig ist.

Einen weiteren Schwerpunkt der Tätigkeit von UNAMI bildet die Befassung mit den Binnengrenzen im Irak, namentlich den Grenzen zwischen der Autonomen Region Kurdistan im Norden des Landes und den südlich gelegenen Landesteilen. Diese waren und sind politisch hoch umstritten. Die Problematik wurde durch die Sicherheitsratsresolution 1770 (2007) zu einem Schwerpunkt der Tätigkeit von UNAMI bestimmt. Die Mission arbeitet in diesem Bereich mit der Zentralregierung des Irak und der Regierung der Autonomen Region Kurdistan zusammen, um in den umstrittenen Territorien Frieden und Stabilität sicherzustellen. In den Jahren 2017 und 2018 wurden zudem Studien über Regierungs- und Verwaltungsfragen, Wahlangelegenheiten, demografische Veränderungen, Landstreitigkeiten und Bevölkerungsbewegungen in den umstrittenen Gegenden von Ninawa, Kirkuk, Diyala und Salah al-Din erarbeitet und den beiden Regierungen vorgelegt. In den Studien wurde eine Reihe von Empfehlungen ausgesprochen, die als Grundlage für ein vertiefteres Engagement von UNAMI und für Vermittlungen hinsichtlich der Grenzfragen dienen sollen.[64]

7. Friedenstruppen im Südlibanon

Am 14. März 1978 begannen die Streitkräfte Israels mit der Operation »Litani« und drangen in den Südlibanon ein. Die Aktion war eine Reaktion auf den sogenannten Küstenstraßen-Anschlag, bei dem Terroristen der palästinensischen Fatah am 11. März 1978 im Norden Israels 37 Menschen töteten und weitere 76 Personen verletzten. Es war der bis zu diesem Zeitpunkt schwerste Terroranschlag in der Geschichte des Staates Israel. Die Terroristen waren aus dem südlichen Libanon nach Israel eingedrungen. Die israelische Regie-

---

63 UN Doc. S/RES/2379 (2017) vom 21. September 2017.
64 Ebd.

rung beschloss als Reaktion auf diesen Anschlag und vorangegangene Anschläge, der Bedrohung durch militante palästinensische Elemente aus dem Südlibanon, die diesen als Operationsbasis nutzten, ein Ende zu bereiten. Bei der anschließenden Militäraktion wurde das Gebiet südlich des Flusses Litani – mit Ausnahme der Stadt Tyrus – im Rahmen einer einwöchigen Offensive besetzt.[65]

Der Sicherheitsrat der Vereinten Nationen reagierte auf die Invasion am 19. März 1978 mit der Verabschiedung der beiden Resolutionen 425 (1978) und 426 (1978).[66] Vorangegangen war ein entsprechendes Ersuchen der Regierung des Libanon, die sich mit dem seit 1975 anhaltenden Bürgerkrieg in dem Land konfrontiert sah. In den Resolutionen wurde Israel zum Rückzug aus dem Libanon aufgerufen, und es wurde die Interimstruppe der Vereinten Nationen im Libanon (UNIFIL[67]) geschaffen. UNIFIL wurde damit mandatiert, den Rückzug der israelischen Streitkräfte aus dem Gebiet zu bestätigen, den Frieden und die Sicherheit in dem Gebiet wiederherzustellen und die Regierung des Libanon dabei zu unterstützen, die effektive Staatsgewalt dort zurückzuerlangen.

Die ersten UNIFIL-Truppen erreichten das Einsatzgebiet am 23. März 1978. Diese waren von der Beobachtertruppe der Vereinten Nationen auf den Golanhöhen abgezogen worden, die dort seit 1974 stationiert war und seitdem ein zwischen Israel und Syrien geschlossenes Abkommen über die Truppenentflechtung überwachte.[68] Die Truppen des ersten UNIFIL-Kontingents stammten vor allem aus Kanada, dem Iran, Schweden, Norwegen, Frankreich und Nepal. Die Anzahl der Soldaten betrug zunächst 4000; diese Zahl wurde dann aber zügig auf 6000 Soldaten erhöht.[69]

Der Abzug der Truppen der israelischen Streitkräfte begann am 13. Juni 1978. Allerdings verblieben Einheiten der mit Israel verbündeten paramilitärischen Südlibanesischen Armee in dem Gebiet. Die Truppen der UNIFIL begannen umgehend mit Patrouillen und der Errichtung von Kontrollpunkten, Straßensperren und Observationsposten. Die UNIFIL-Soldaten wurden allerdings zu diesem frühen Zeitpunkt von den Konfliktparteien teils massiv an der Ausübung ihrer Tätigkeit durch Einschränkungen der Bewegungsfreiheit und einen Mangel an Zusammenarbeit gehindert. Zudem

---

65 Hierzu Yorke 1978.
66 UN Doc. S/RES/425 (1978) vom 19. März 1978; UN Doc. S/RES/426 (1978) vom 19. März 1978.
67 United Nations Interim Force in Lebanon.
68 Vgl. UN Doc. S/RES/350 (1974) vom 31. Mai 1974.
69 Findlay 2002, S. 106.

kam es immer wieder zu Angriffen auf die UNIFIL-Truppen, etwa in Form von Entführungen, Hinterhalten, Mörserbeschuss und Heckenschützen. Daher stellten sich in dem Zeitraum bis 1982 nur bescheidene Erfolge bei der Implementierung des Sicherheitsratsmandats ein. Während dieser Zeit war UNIFIL vor allem mit humanitären Hilfsleistungen im libanesischen Bürgerkrieg befasst.[70]

Im Juni 1982 begannen die israelischen Streitkräfte und die mit ihnen verbündeten libanesischen paramilitärischen Gruppierungen mit einer erneuten Invasion des Südlibanon. Das UNIFIL-Kontingent war zuvor um 1000 Soldaten aufgestockt worden und ihm wurde der Befehl erteilt, den Vormarsch der Truppen zu blockieren. Allerdings wurden die Stellungen der UNIFIL entweder umgangen oder einfach überrannt. Die UNIFIL-Truppen, die nur zur Selbstverteidigung leicht bewaffnet waren, konnten dem Ansturm nichts entgegensetzen. Ein norwegischer Soldat wurde durch ein Schrapnell getötet. Nachdem die israelischen Truppen den Einsatzraum der UNIFIL besetzt hatten, wurde den Truppen der Vereinten Nationen befohlen, die Situation lediglich zu beobachten und hierüber Bericht zu erstatten.[71]

Seit dem Jahr 1985 verringerte Israel seine militärische Präsenz im Südlibanon. Einige Truppenkontingente und Verbände der Südlibanesischen Armee verblieben allerdings in der Region; entlang der Grenze zu Israel wurde durch dessen Streitkräfte zudem eine Sicherheitszone in den Libanon hinein eingerichtet. Hierdurch sollten Angriffe aus dem Libanon heraus und nach Israel hinein unterbunden werden. Durch die Etablierung der Zone, die in ihr Zuständigkeitsgebiet fiel, wurden Operationen der UNIFIL stark eingeschränkt. Die Truppen der Vereinten Nationen beschränkten sich daher vorwiegend auf Patrouillen und die Präsenz an Kontrollstellen. Immer wieder kam es zu Angriffen auf UNIFIL-Personal von verschiedenen Seiten. Eine zunehmend bedeutende Rolle spielte dabei die islamistisch-schiitische Miliz Hisbollah.[72]

Als der Konflikt zwischen den militanten palästinensischen Gruppen einerseits und den Truppen Israels und der Südlibanesischen Armee andererseits im Jahr 1986 eskalierte, kam es von beiden Seiten zu vermehrten Angriffen auf die UNIFIL-Truppen. Diese betrafen vor allem den Sektor

70 Novosseloff 2015, S. 250 f.
71 Ebd., S. 252.
72 Ebd., S. 253.

unter der Kontrolle der französischen Einheiten; allerdings waren auch die Sektoren unter der Kontrolle von Einheiten aus Fidschi, Nepal, Irland und Finnland von den Attacken betroffen. So wurden etwa im September 1986 vier französische Soldaten durch einen ferngezündeten Sprengsatz getötet.[73] Der Generalsekretär der Vereinten Nationen, Javier Peréz de Cuéllar, bemerkte in einem Bericht an den Sicherheitsrat, dass die Situation im Libanon eine große Krise darstellen würde. Er forderte ein Sofortprogramm, das unter anderem Truppenumstellungen, sicherere Schutzräume sowie eine erhöhte Nutzung von gepanzerten Truppentransportern vorsah.[74] In der Folge wurde dann auch vom Sicherheitsrat in der Resolution 587 (1986) vom 23. September 1986 beschlossen, dass der Generalsekretär alle notwendigen Maßnahmen ergreifen solle, um die Sicherheit der UNIFIL-Truppen zu stärken.[75]

Im April 2000 teilte Israel dem Generalsekretär der Vereinten Nationen mit, dass es seine Truppen gänzlich aus dem Südlibanon zurückziehen werde. Dieser Prozess wurde im Juni 2000 abgeschlossen. Vom 24. Mai bis zum 7. Juni 2000 besuchte ein Sondergesandter des Generalsekretärs der Vereinten Nationen den Libanon und Israel. Zusammen mit einem Team wurde eine Linie erarbeitet, die als Grundlage für den Rückzug der israelischen Streitkräfte gelten sollte.[76] Diese sogenannte Blaue Linie, die den Libanon von Israel und den Golanhöhen trennt, wurde auch durch den Sicherheitsrat in der Resolution 1310 (2000) bestätigt.[77] Die Vereinten Nationen legten und legen Wert darauf, dass es sich um eine temporäre Linie handelt, die nicht mit der Festlegung einer Staatsgrenze zu verwechseln, sondern im Sinne einer Rückzugslinie zu verstehen sei.[78]

Eine bedeutende Änderung für UNIFIL stellte der erneute israelische Feldzug in den Südlibanon hinein gegen die Hisbollah im Sommer 2006 dar. In diesem Konflikt gerieten viele UNIFIL-Posten unter Feuer. Dies war nicht zuletzt das Ergebnis davon, dass die Hisbollah einige ihrer Stellungen in der Nähe dieser Posten errichtet hatte. In der Resolution 1701 (2006) vom

---

73 Findlay 2002, S. 115.

74 UN Doc. S/18348 vom 18. September 1986.

75 UN Doc. S/RES/587 (1986) vom 23. September 1986.

76 UN Doc. S/2000/590 vom 16. Juni 2000.

77 UN Doc. S/RES/1310 (2000) vom 27. Juli 2000.

78 Vgl. näher die Informationen auf der Homepage der UNIFIL, abrufbar unter: https://unifil. unmissions.org/it's-time-talk-about-blue-line-constructive-re-engagement-key-stability [abgerufen am 15.6.2023].

11. August 2006[79] reagierte der Sicherheitsrat auf die Situation im Libanon und von UNIFIL. Die Höchstgrenze der UNIFIL-Truppen wurde auf 15.000 Soldaten erhöht. Außerdem sollte UNIFIL nunmehr aktiv die regulären Streitkräfte des Libanon dabei unterstützen, die Hoheitsgewalt des libanesischen Staates auf den Südlibanon zu erstrecken. Weiterhin wurde UNIFIL dazu ermächtigt, in ihrem Operationsgebiet alle notwendigen Maßnahmen zu ergreifen, um zu verhindern, dass das Territorium für feindliche Akte irgendeiner Art benutzt und dass UNIFIL bei der Durchführung ihrer Aufgaben behindert wird. Ebenso sollten hiermit Personal, Anlagen und Ausrüstung der Vereinten Nationen und Helfer mit humanitären Aufgaben geschützt und Zivilisten, die sich in einer gegenwärtigen Gefahr befinden, davor bewahrt werden, physisch angegriffen zu werden. Generalsekretär Kofi Annan besuchte noch im August 2006 persönlich UNIFIL, um die Bedeutung der Resolution zu unterstreichen.[80]

In der Folge der Resolution wurden tatsächlich die Truppenkontingente von UNIFIL erhöht. Frankreich etwa stellte seinen Truppen auch Kampfpanzer sowie schwere Artillerie zur Verfügung.[81] Außerdem wurde erstmals eine Seeeinsatztruppe im Rahmen einer Friedensoperation der Vereinten Nationen ins Leben gerufen, die den Schmuggel illegaler Güter, insbesondere von Waffen, über das Mittelmeer in den Libanon hinein unterbinden soll.[82]

Seit der Mandatserweiterung im Jahr 2006 ist UNIFIL vor allem damit befasst, die militärischen Aktivitäten der Hisbollah und der israelischen Streitkräfte in der Gegend zu überwachen, um Spannungen in der Grenzregion zu verringern. UNIFIL war und ist zudem bei der Minenräumung, der Hilfe für Vertriebene und bei der Gewährung von humanitärer Hilfe für die Menschen in der wirtschaftlich wenig entwickelten Region des Südlibanon aktiv.[83] Derzeit haben 49 Staaten Truppen der UNIFIL unterstellt, die derzeit eine Stärke von etwa 10.400 Soldatinnen und Soldaten vorweisen kann. Indonesien ist dabei der größte Truppensteller mit einer Mannschaftsstär-

---

79 UN Doc. S/RES/1701 (2006) vom 11. August 2006.

80 Vgl. die Pressemeldung von UNIFIL vom 29. August 2006, abrufbar unter: https://unifil.unmissions.org/sites/default/files/old_dnn/pr041.7ed2cf4e-2e77-44d4-adaa-dfaf936 f7b01.pdf [abgerufen am 15.6.2023].

81 Le Monde vom 29. August 2006.

82 Vgl. näher die Informationen auf der Homepage der UNIFIL, abrufbar unter: https://unifil.unmissions.org/unifil-maritime-task-force [abgerufen am 15.6.2023].

83 Vgl. die Informationen auf der Homepage der UNIFIL zu ihren Aktivitäten, abrufbar unter: https://unifil.unmissions.org/activities [abgerufen am 15.6.2023].

ke von 1230, gefolgt von Italien (1111), Frankreich (928) und Nepal (874). Die Bundeswehr hat der UNIFIL 64 Soldatinnen und Soldaten unterstellt. Einige Staaten wie Armenien, die Niederlande, Sambia und Uruguay sind nur mit einer Soldatin oder einem Soldaten vertreten.[84]

8. Schlussbemerkungen

Die Vereinten Nationen waren und sind ein bedeutender Akteur im Nahen Osten. Die verschiedenen bewaffneten Konflikte der jüngeren Zeit in vielen Staaten der Region, die schlechte Lage der Menschenrechte, die sozialen und politischen Spannungen, die besorgniserregende Situation der Nahrungsmittelversorgung, der langanhaltende Konflikt zwischen Israel und den Palästinensern und viele weitere Faktoren machen Präsenz und Maßnahmen der Weltorganisation erforderlich. Die vorgestellten Handlungsfelder verdeutlichen dabei, wie vielgestaltig die Maßnahmen der Vereinten Nationen sind und auch sein müssen, um den Herausforderungen, denen sich der Nahe Osten gegenübersieht, gerecht zu werden. Dies gilt umso mehr, als dass es bisher nicht gelungen ist, eine Regionalorganisation im Nahen Osten zu schaffen, die alle wichtigen Staaten der Region erfasst und die sich einer Vielzahl von Handlungsfeldern annimmt – ähnlich wie für den europäischen Kontinent die Europäische Union, der Europarat und die Organisation für Sicherheit und Zusammenarbeit in Europa oder für den amerikanischen Doppelkontinent die Organisation Amerikanischer Staaten. Die wohl wichtigste Organisation in der Region ist die Liga der Arabischen Staaten, sie schließt allerdings weder Israel noch den Iran ein. In dieser Gemengelage werden die Vereinten Nationen auch in absehbarer Zukunft ein bedeutender Akteur im Nahen Osten bleiben und mit ihrem Personal, ihrem Know-how und ihren Ressourcen dafür arbeiten, die Lage der Menschen und der Staaten in der Region positiv, im Geiste der Charta der Vereinten Nationen zu beeinflussen. Gleichzeitig ist die Arbeit der Weltorganisation aber auch kein Allheilmittel für die Lösung der Probleme in der Region. Dies zeigen etwa die inzwischen 45-jährige militärische Präsenz im Südlibanon und die immer wieder scheiternden Bemühungen,

---

84 Eine entsprechende Übersicht ist abrufbar unter: https://unifil.unmissions.org/unifil-troop-contributing-countries [abgerufen am 15.6.2023].

zwischen der israelischen und der palästinensischen Seite Kompromisse zu erreichen.

Literatur

Abdo, Geneive, Charting a Nationalist and Secular Iraqi State: The Road Ahead?, in: *Konrad-Adenauer-Stiftung*, 2022, URL: https://www.kas.de/documents/266761/0/ Charting+a+Nationalist+and+Secular+Iraqi+State+The+Road+Ahead.pdf/bede3d0 f-14d1-a493-0 f5d-268abfaf8a73?version=1.0&t=1668667761136 [abgerufen am 25.2.2023].

Abu-Rish, Ziad M., »Lebanon beyond exceptionalism«, in: Beinin, Joel/Haddad, Bassam/ Seikaly, Sherene (Hg.), *A critical political economy of the Middle East and North Africa*, Stanford 2020, S. 179–195.

Adomeit, Hannes, »Innenpolitische Determinanten der Putinschen Außenpolitik«, in: *SIRIUS*, 1, 2017, S. 33–52.

Ahmida, Ali Abdullatif, *Forgotten Voices. Power and Agency in Colonial and Postcolonial Libya*, New York/London 2005.

Ahmida, Ali Abdullatif, *The Making of Modern Libya*, Albany 1994.

Akbarzadeh, Sharam/Conduit, Dara (Hg.), *Iran in the World. President Rouhani's Foreign Policy*, New York 2018.

AK Parti, *2023 Siyasi Vizyon*, 2023, URL: https://www.akparti.org.tr/parti/2023-siyasi-vizyon [abgerufen am 21.6.2021].

AK Parti, *Hedef 2023*, 2023, URL: https://www.akparti.org.tr/hedef-2023 [abgerufen am 21.6.2021].

Aksu, Fuat/Ertem, Helin Sari (Hg.), *Analyzing Foreign Policy Crises in Turkey. Conceptual, Theoretical and Practical Discussions*, Cambridge 2017.

Al Gathafi, Muammar, *The Green Book*, Reading 2005.

Al Werfalli, Mabroka, »Sources of Political Alienation«, in: Al Werfalli, Mabroka (Hg.), *Political Alienation in Libya*, Reading 2011, S. 73–104.

Al-Aloosi, Massaab, Saudi-Iranian Negotiations: Managing the Conflict and Gauging Broader Regional Impact, in: *The Arab Gulf States Institute in Washington*, 18.5.2022, URL: https://agsiw.org/saudi-iranian-negotiations-managing-the-conflict-and-gauging-broader-regional-impact [abgerufen am 21.6.2021].

Al-Aloosi, Massaab, *The changing ideology of Hezbollah*, New York 2020.

Al-Anani, Khalil, An Old, Ongoing Struggle: Domesticating Religious Institutions in Egypt, in: *Arab*

Center Washington DC, 2.4.2021, URL: https://arabcenterdc.org/resource/an-old-ongoing-struggle-domesticating-religious-institutions-in-egypt [abgerufen am 10.9.2022].

Al-Anani, Khalil, *Inside the Muslim Brotherhood: Religion, Identity, and Politics*, New York 2016.

al-harakat al-muqawama al-islamiyya falistin (Islamische Widerstandsbewegung, HAMAS), *mithaq al-harakat al-muqawama al-islamiyya falistin* (Charta der Islamischen Widerstandsbewegung Palästinas), Gaza 1988.

al-harakat al-tahrir al-watani al-falistini (Palästinensisch-Nationale Befreiungsbewegung, FATAH), *Constitution*, 25. Juli 1964, URL: https://issuu.com/ipcri/docs/the_fatah_constitution [abgerufen am 10.7.2022].

al-harakat al-tahrir al-watani al-falistini (Palästinensisch-Nationale Befreiungsbewegung, FATAH), siyasiyyat harakat al-muqawama al-islamiyya ala al-saha al-falistiniyya (Politik der islamischen Widerstandsbewegung auf der palästinensischen Ebene), Gaza 1994.

al-harakat al-tahrir al-watani al-falistini (Palästinensisch-Nationale Befreiungsbewegung, FATAH), Document of General Principles and Policies, 1.5.2017, URL: https://hamas.ps/en/post/678/A-Document-of-General-Principles-and-Policies [abgerufen am 1.9.2022].

Al-Jiyusi, Khalid, Warum ließ Kronprinz bin Salman wegen Terrorvorwürfen 81 Menschen hinrichten?, in: *Rai al-Yaum*, 13.3.2022, URL: https://www.raialyoum.com/اعدام-علی-سلیمان-بن-الأمیر-اقدم-لماذا-81 [abgerufen am 21.6.2022].

Al-Mawlawi, Ali/Jiyad, Sajad, Confusion and Contention – Understanding the Failings of Decentralisation in Iraq, in: *LSE Middle East Centre*, 2021, URL: http://eprints.lse.ac.uk/108534/3/Confusion_and_Contention.pdf [abgerufen am 21.6.2022].

Al-Nidawi, Omar, The growing economic and political role of Iraq's PMF, in: *Middle East Institute*, 21.5.2019, URL: https://www.mei.edu/publications/growing-economic-and-political-role-iraqs-pmf [abgerufen am 25.2.2023].

Al-Rantisi, Abd al-Aziz, Interview, in: *al-hayat*, 25.4.2001.

Al-Rasheed, Madawi, The New Populist Nationalism in Saudi Arabia: Imagined Utopia by Royal Decree, in: *London School of Economics*, 2020, URL: https://blogs.lse.ac.uk/mec/2020/05/05/the-new-populist-nationalism-in-saudi-arabia-imagined-utopia-by-royal-decree [abgerufen am 25.2.2023].

Al-Shakeri, Hayder, *The aspirations and disillusionment of Iraq's youth*, in: *Chatham House*, 2022, URL: https://www.chathamhouse.org/2022/07/aspirations-and-disillusionment-iraqs-youth [abgerufen am 25.2.2023].

Al-Tamimi, Naser M., *China-Saudi Arabia Relations, 1990–2012. Marriage of Convenience or Strategic Alliance?*, London/New York 2013.

Al-Tamimi, Naser M., *Saudi Arabia's once marginal relationship with China has grown into a comprehensive strategic partnership*, Berlin 2022.

Alaaldin, Ranj, Climate change may devastate the Middle East. Here's how governments should tackle it, in: *The Brookings Institution*, 14.3.2022. URL: https://www.brookings.edu/blog/planetpolicy/2022/03/14/climate-change-may-devastate-the-middle-east-heres-how-governments-should-tackle-it [abgerufen am 19.3.2023].

Alagha, Joseph E., *The Shifts in Hizbulla's Ideology: Political Ideology, and Political Program*, Amsterdam 2006.

AlAhmed, Ali/El Baz, Lama/Reynolds, Daniel, Firm Led By Crown Prince Leads Mass Jeddah Demolition, Expels Tens Of Thousands, in: *The Institute for Gulf Affairs*, 3.2.2022, URL: https://www.gulfinstitute.org/2022/02/03/firm-led-by-crown-prince-leads-mass-jeddah-demolition-expels-tens-of-thousands [abgerufen am 21.6.2021].

AlDailami, Said, *Jemen. Der vergessene Krieg*, München 2019.

Albrecht, Holger/Bishara, Dina, »Back on Horseback: The Military and Political Transformation in Egypt«, in: *Middle East Law and Governance*, 3, 1–2, 2011, S. 13–23.

Alcis/Mansfield, David/Smith, Graeme, *War gains: how the economic benefits of the conflict are distributed in Afghanistan and the implications for peace. A case study on Nimroz province*, Lessons for Peace Report, London 2021.

Alhussein, Eman, Saudi Arabia's National Day(s): An Evolving State-Formation Narrative, in: *The Arab Gulf Institute in Washington*, 23.9.2022, URL: https://agsiw.org/saudi-arabias-national-days-an-evolving-state-formation-narrative /[abgerufen am 21.6.2021].

Alhussein, Eman, Saudi First: How Hyper-nationalism Is Transforming Saudi Arabia, in: *European Council on Foreign Relations*, 19.6.2019, URL: https://ecfr.eu/publication/saudi_first_how_hyper_nationalism_is_transforming_saudi_arabia [abgerufen am 21.6.2021].

Alijla, Abdalhadi, *Trust in divided societies. State institutions and governance in Lebanon, Syria and Palestine*, London 2021.

Allison, Roy, »Russia and Syria: Explaining Alignment with a Regime in Crisis«, in: *International Affairs*, 4, 2013, S. 795–823.

Allison, Roy, »Russian ›Deniable‹ Intervention in Ukraine: How and Why Russia Broke the Rules«, in: *International Affairs*, 6, 2014, S. 1289–1295.

Alluhidan, Mohammed/Alsukait, Reem F./Alghaith, Taghred/Shekar, Meera/Alazemi, Nahar/Herbst, Christopher H., *Overweight and Obesity in Saudi Arabia. Consequences and Solutions*, World Bank 2022, URL: https://openknowledge.worldbank.org/bitstream/handle/10986/37723/9781464818288.pdf?sequence=1&isAllowed=y [abgerufen am 21.6.2022].

Almoaibed, Hanaa, Education and Job Opportunities: How Do Schooling Practices Affect Young Saudis' Transition to University and Employment?, in: *King Faisal Center for Research and Islamic Studies*, 2020, URL: https://kfcris.com/en/view/post/253 [abgerufen am 25.2.2023].

Almoaibed, Hanaa, Education in Saudi Arabia. Challenges and Opportunities, in: *Konrad-Adenauer-Stiftung*, 2020, URL: https://www.kas.de/documents/286298/8668222/Policy+Report+No+19+Education+in+Saudi+Arabia.pdf/9d920589-258e-e7e5-a59d-9fd5c5ab5231?version=1.0&t=1608283156222 [abgerufen am 25.2.2023].

Almoaibed, Hanaa, Elevating the Status of Technical and Vocational Education and Training in Saudi Arabia: The Need for Enhancing Stakeholder Engagement and Student Motivation, in: *King Faisal Center for Research and Islamic Studies*, 2020, URL: https://www.kfcris.com/en/view/post/289 [abgerufen am 25.2.2023].

Alsabban, Abdullah, *A Study on analysing mega-project failures in Saudi Arabia by using Agency Theory*, University of Birmingham e-theses repository 2017, URL: https://etheses.bham.ac.uk/id/eprint/8966/7/Alsabban2019PhD_Redacted.pdf [abgerufen am 19.3.2023].

Alsabri, Mohammed/Alhadheri, Ayman/Alsakaff, Luai M./Cole, Jennifer, »Conflict and COVID-19 in Yemen: beyond the humanitarian crisis«, in: *Globalization and Health*, 17, 2021, Artikelnummer 83.

Alshammari, Hebshi, Saudi Arabia aims to generate 50 % of power from renewables by 2030, in: *Arab News*, 2021, URL: https://www.arabnews.com/node/1795406/saudi-arabia [abgerufen am 20.1.2023].

Amiri, Rahmatullah/Jackson, Ashley, *Taliban attitudes and policies towards education*, ODI / Centre for the Study of Armed Groups 2021, London 2021.

Amiri, Rahmatullah/Jackson, Ashley, *Taliban Taxation in Afghanistan: (2006–2021)*, ICTD Working Paper 138, Brighton 2022.

Andersson, Ruben/Weigand, Florian, »Intervention at Risk: The Vicious Cycle of Distance and Danger in Mali and Afghanistan«, in: *Journal of Intervention and Statebuilding*, 9, 4, 2015, S. 519–541.

Andrews, Matt, »How Do Governments Build Capabilities To Do Great Things? Ten Cases, Two Competing Explanations, One Large Research Agenda«, in: Lancaster, Carol/Van de Walle, Nicolas (Hg.), *The Oxford Handbook of the Politics of Development*, Oxford 2018, S. 256–275.

Ansary, Tamin, *Die unbekannte Mitte der Welt – Globalgeschichte aus islamischer Sicht*, Frankfurt a. M. 2010.

Araar, Abdelkrim/Choueiri, Nada/Verme, Paolo, *The Quest for Subsidy Reforms in Libya*, World Bank 2015, URL: https://documents1.worldbank.org/curated/ar/344571467980552949/pdf/WPS7225.pdf [abgerufen am 18.12.2022].

Arraf, Jane, Iraqi Shiite Factions Turn Their Guns on Each Other in a Deadly New Phase, in: *New York Times*, 30.8.2022, URL: https://www.nytimes.com/2022/08/30/world/middleeast/iraq-baghdad-clashes.html [abgerufen am 25.2.2023].

Asseburg, Muriel (Hg.), *Proteste, Aufstände und Regimewandel in der arabischen Welt*, Berlin 2011.

Asseburg, Muriel, »Die Palästinensische Autonomiebehörde und die Hamas-Regierung: Erfüllungsgehilfen der Besatzung?«, in: Lintl, Peter (Hg.), *Akteure des israelisch-palästinensischen Konflikt. Interessen, Narrative und Wechselwirkungen der Besatzung*, Berlin 2018, S. 31–47.

Asseburg, Muriel, »Europa und der Nahostkonflikt: Wie weiter nach dem Ende der Oslo-Ära?«, in: Lippert, Barbara/Maihold, Günther (Hg.), *Krisenlandschaften und die Ordnung der Welt. Im Blick von Wissenschaft und Politik*, Berlin, 2020, S. 64–71.

Asseburg, Muriel, »The One-State Reality in Israel/Palestine: a Challenge for Europe and Other Parties Interested in Constructive Conflict Transformation«, in: *Pathways to Peace and Security*, 61, 2, 2021, S. 96–109.

Asseburg, Muriel/Goren, Nimrod, *Zunehmend gespalten – Warum es der EU nicht gelingt, ihre Positionen im Nahostkonflikt umzusetzen*, Berlin 2021, URL: https://www.swp-berlin.

org/en/publication/uneins-und-zunehmend-entzweit-warum-es-der-eu-nicht-gelingt-ihre-positionen-im-nahostkonflikt-umz [abgerufen am 3.10.2022].

Asseburg, Muriel/Henkel, Sarah Ch., (Wieder-)Annäherungen in Nahost. Eine konfliktträchtige neue regionale Ordnung gewinnt Kontur, in: *Stiftung Wissenschaft und Politik*, 2021, URL: https://www.swp-berlin.org/publications/products/aktuell/2021A50_AnnaeherungenNahost.pdf [abgerufen am 3.1.2023].

Assi, Abbas, *Democracy in Lebanon. Political Parties and the Struggle for Power Since Syrian Withdrawal*, London 2016.

Assmann, Aleida, »Memory, Individual and Collective«, in: Goodin, Robert E./Tilly, Charles (Hg.), *The Oxford Handbook of Contextual Political Analysis*, Oxford 2006, S. 210–224.

Auswärtiges Amt, *Deutschland in den Vereinten Nationen*, 19.7.2022, URL: https://www.auswaertiges-amt.de/de/aussenpolitik/internationale-organisationen/uno/deutschland-in-der-uno/205624 [abgerufen am 1.10.2022].

Auswärtiges Amt, Ein ergebnisorientierter Fahrplan für eine dauerhafte Zwei-Staaten-Lösung zur Beilegung des israelisch-palästinensischen Konflikts, 7.5.2003, URL: https://auswaertiges-amt.de/blob/203700/e1fcb65967aab990f1b4265f0c74e3c2/roadmap-pdf-data.pdf [abgerufen am 23.2.2023].

Auswärtiges Amt, Humanitäre Hilfe: Deutschland ist großer Geber, 30.11.2021, URL: https://www.auswaertiges-amt.de/de/aussenpolitik/themen/humanitaere-hilfe/gho-2021/2498172 [abgerufen am 1.10.2022].

Auswärtiges Amt, Zweite Berliner Libyen-Konferenz: Neue Phase für Frieden in Libyen, 23.6.2021, URL: https://www.auswaertiges-amt.de/de/aussenpolitik/laender/libyen-node/zweite-libyen-konferenz/2467338#:~:text=Was%20ist%20der%20Berliner%20Prozess,die%20Situation%20vor%20Ort%20haben [abgerufen am 24.9.2022].

Axworthy, Michael, *Revolutionary Iran. A History of the Islamic Republic*, London 2019.

Ayoob, Mohammed, *The Middle East in world politics*, New York 1981.

B'Tselem, A Regime of Jewish Supremacy from the Jordan River to the Mediterranean Sea: This is Apartheid, 2021, URL: https://www.btselem.org/publications/fulltext/202101_this_is_apartheid [abgerufen am 23.9.2022].

Bachmann, Wiebke, *Die UdSSR und der Nahe Osten. Zionismus, ägyptischer Antikolonialismus und sowjetische Außenpolitik bis 1956*, München 2011.

Baconi, Tareq, *Hamas Contained. The Rise and Pacification of Palestinian Resistance*, Stanford 2018.

Bahiss, Ibraheem/Jackson, Ashley/Mayhew, Leigh/Weigand, Florian, Rethinking armed group control Towards a new conceptual framework, in: *ODI / Centre for the Study of Armed Groups*, 25.5.2022, URL: https://odi.org/en/publications/rethinking-armed-group-control [abgerufen am 1.10.2022].

Bailey, Betty Jane/Bailey, J. Martin, *Who are the Christians in the Middle East?*, Cambridge 2003.

Baker, Peter/Glasser, Susan, *The Man Who Ran Washington. The Life and Times of James A. Baker III.*, New York 2020.

Balanche, Fabrice, »The Geopolitics of Lebanon in the Renewed Regional Tensions«, in: Verdeil, Eric/Faour, Ghaleb/Hamzé, Mouin (Hg.), *Atlas of Lebanon: New Challenges*, Beirut 2019, S. 30 f.

Barfield, Thomas, *Afghanistan – A Cultural and Political History*, Oxford 2010.

Barkey, Henri, *Preventing Conflict Over Kurdistan*, Washington 2009.

Barr, James, *Lords of the Desert. Britain's Struggle with America to dominate the Middle East*, London 2019.

Barr, James, *The Lords of the Desert: The Battle between the United States and Great Britain for Supremacy in the Modern Middle East*, London 2018.

Barron, Robert, Five Takeaways from Biden's Visit to the Middle East. Forget retrenchment: Strategic competition and boosting security cooperation, particularly to counter Iran, will keep Washington focused on the region, in: *United States Institute Of Peace*, 21.7.2022, URL: https://www.usip.org/publications/2022/07/five-takeaways-bidens-visit-middle-east [abgerufen am 27.9.2022].

Bartu, Peter, »The Corridor of Uncertainty«, in: Cole, Peter/McQuinn, Brian (Hg.), *The Libyan Revolution and its Aftermath*, London 2015, S. 31–54.

Batrawy, Aya, Detained Saudi women driving campaigners branded traitors, in: *AP News*, 19.5.2018, URL: https://apnews.com/article/ap-top-news-international-news-saudi-arabia-united-arab-emirates-dubai-43ecc94ae4b84ea89931ab5283dec4ac [abgerufen am 24.3.2023].

Baumann, Hannes, *Citizen Hariri: Lebanon's Neo-Liberal Reconstruction*, Oxford 2017.

Bawey, Ben, *Syriens Kampf um die Golanhöhen. Mit einer ersten Betrachtung zum Bürgerkrieg*, Münster 2013.

Bayat, Asef, *Leben als Politik: Wie ganz normale Leute den Nahen Osten verändern*, Berlin/Hamburg 2012.

Bayeh, Joseph, *A history of stability and change in Lebanon: Foreign Interventions and International Relations*, London/New York 2017.

Bayley, David H./Perito, Robert M., *The Police in War: Fighting Insurgency, Terrorism and Violent Crime*, London 2010.

Baylouny, Anne Marie, *When Blame Backfires: Syrian Refugees and Citizen Grievances in Jordan and Lebanon*, Ithaca 2020.

Beblawi, Hazem, »The Rentier State in the Arab World«, in: *Arab Studies Quarterly*, 9, 4, 1987, S. 383–398.

Bechev, Dimitar/Gaub, Florence/Popescu, Nicu, »The Soviet Union in the Middle East: An Overview«, in: Bechev, Dimitar/Popescu, Nicu/Secrieru, Stanislav (Hg.), *Russia Rising. Putin's Foreign Policy in the Middle East and North Africa*, London 2021, S. 13–20.

Beck, Martin, »The Concept of Regional Power as Applied to the Middle East«, in: Fürtig, Henner (Hg.), *Regional Powers in the Middle East. New Constellations after the Arab Revolts*, New York 2014, S. 1–20.

Becker, Joachim, »Financialisation, Industry and Dependency in Turkey«, in: *Journal für Entwicklungspolitik*, 32, 1–2, 2016, S. 84–113.

Berda, Yael, *Living Emergency. Israel's Permit Regime in the Occupied West Bank*, Stanford 2018.

Bertelsmann Stiftung, BTI 2022 Country Report — Saudi Arabia, 2022, URL: https://bti-project.org/en/reports/country-report/SAU [abgerufen am 20.1.2023].

Bertelsmann Stiftung, Turkey Country Report 2018, 2018, URL: https://bti-project.org/fileadmin/api/content/en/downloads/reports/country_report_2018_TUR.pdf [abgerufen am 23.11.2022].

Bertelsmann Stiftung, Turkey Country Report 2022, 2022, URL: https://bti-project.org/de/reports/country-dashboard/TUR [abgerufen am 14.12.2022].

Bianco, Bianco/Sons, Sebastian, »In die Offensive: Wie die Golfstaaten mit Fußball Politik machen«, in: Busse, Jan/Wildangel, René (Hg.), *Das rebellische Spiel. Die Macht des Fußballs im Nahen Osten und die Katar-WM*, Bielefeld 2022, S. 74–86.

Bianco, Cinzia, Balance of power: Gulf states, Russia, and European energy security, in: *European Council on Foreign Relations*, 16.3.2022, URL: https://ecfr.eu/article/balance-of-power-gulf-states-russia-and-european-energy-security [abgerufen am 3.3.2023].

Bianco, Cinzia/Sons, Sebastian, »Domestic Economic Plans and Visions in the GCC and Opportunities for Cooperation with Europe«, in: Colombo, Silvia/Abdul Ghafar, Adel (Hg.), *The European Union and the Gulf Cooperation Council. Towards a New Path*, Singapur 2021, S. 79–104.

Biden, Joe, Why I'm going to Saudi Arabia, in: *Washington Post*, 9.7.2022, URL: https://www.washingtonpost.com/opinions/2022/07/09/joe-biden-saudi-arabia-israel-visit [abgerufen am 15.10.2023]

Bino, Tomisha/Krause, Joachim, »Russia Changes the Game: Bilanz der russischen Militärintervention in Syrien«, in: *SIRIUS*, 1, 2017, S. 68–79.

Birnbaum, Ben/Tibon, Amir, The Explosive, Inside Story of How John Kerry Built an Israel-Palestine Peace Plan and Watched It Crumble, in: *The New Republic*, 20.7.2014, URL: https://newrepublic.com/article/118751/how-israel-palestine-peace-deal-died [abgerufen am 24.9.2022].

Black, Ian, *Enemies and Neighbors. Arab and Jews in Palestine and Israel, 1917–2017*, New York 2017.

Black, Ian, Libya on brink as protests hit Tripoli, in: *The Guardian*, 21.2.2011, URL: https://www.theguardian.com/world/2011/feb/20/libya-defiant-protesters-feared-dead [abgerufen am 18.12.2022].

Blair, Edmund/Bassam, Laila, Penny pinching and power cuts; Lebanon's middle class squeezed by crisis, in: *Reuters*, 23.1.2022, URL: https://www.reuters.com/markets/rates-bonds/penny-pinching-power-cuts-lebanons-middle-class-squeezed-by-crisis-2022-01-23 [abgerufen am 29.4.2023].

Blaubach, Thomas, *Chinese Technology in the Middle East: a threat to Sovereignty or an Economic opportunity?*, Washington 2021.

Bogaards, Matthijs, »Iraq's Constitution of 2005: The Case Against Consociationalism ›Light«, in: *Ethnopolitics*, 20, 2, 2021, S. 186–202.

Bohnet, Michael, *Geschichte der deutschen Entwicklungspolitik*, Konstanz 2015.

Boratav, Korkut, »AKP Döneminde Artan Dış Bağımlılık«, in: Göztepe, Özay (Hg.), *Stratejik Barbarlık. Orta Doğu'da Türkiye, Türkiye'de Orta Doğu*, Ankara 2012, S. 45–58.

Borchard, Michael, *Eine unmögliche Freundschaft: David Ben-Gurion und Konrad Adenauer*, Freiburg 2019.

Borshchevskaya, Anna, *Putin's War in Syria. Russian Foreign Policy and the Price of America's Absence*, London 2022.

Bösch, Frank, *Zeitenwende 1979. Als die Welt von heute begann*, München 2019.

Botschaft Saudi-Arabiens in Washington, Saudi Arabia's Reforms and Programs to Empower Women, 2019, URL: https://www.saudiembassy.net/sites/default/files/Factsheet%20on%20Progress%20for%20Women%20in%20Saudi%20Arabia.pdf [abgerufen am 22.1.2023].

BP, Statistical Review of World Energy 2021, 2021, URL: https://www.bp.com/content/dam/bp/business-sites/en/global/corporate/pdfs/energy-economics/statistical-review/bp-stats-review-2021-full-report.pdf [abgerufen am 20.1.2023].

Bradley, John R., *Inside Egypt: The Land of the Pharaohs on the Brink of a Revolution*, New York 2008.

Bradsher, Henry S., *Afghanistan and the Soviet Union*, Durham 1983.

Braithwaite, Roderic, *Afgantsy: The Russians in Afghanistan 1979–89*, Oxford 2013.

Brands, Hal, *The Limits of Offshore Balancing*, Carlisle 2015.

Brown, Nathan, *Post Revolutionary Al-Azhar*, Washington 2011.

Brown, Stephen/Grävingholt, Jörn/Raddatz, Rosalind, »The Securitization of Foreign Aid: Trends, Explanations and Prospects«, in: Brown, Stephen/Grävingholt, Jörn (Hg.), *The Securitization of Foreign Aid*, Basingstoke 2016, S. 237–255.

Brüggmann, Mathias, Botschafterin in den USA: Das ist Saudi-Arabiens Hoffnungsträgerin, in: *Handelsblatt*, 28.1.2021, URL: https://www.handelsblatt.com/politik/international/prinzessin-reema-bint-bandar-al-saud-botschafterin-in-den-usa-das-ist-saudi-arabiens-hoffnungstraegerin-/26862754.html [abgerufen am 18.12.2022].

Brunner, Manuel, »Abrüstung und Rüstungskontrolle«, in: Ipsen, Knut/Epping, Volker/Heintschel von Heinegg, Wolff (Hg.), *Völkerrecht*, 7. Aufl., München 2018, S. 1194–1228.

Brunner, Manuel, *Internationale Untersuchungskommissionen: Eine völkerrechtliche Studie zu Verfahrensrecht und Verfahrenspraxis des Fact-Finding*, Berlin 2022.

Bueger, Christian/Liebetrau, Tobias/Franken, Jonas, *Security threats to undersea communications cables and infrastructure – Consequences for the EU*, Policy Department for External Relations of the EU, Brüssel 2022.

Bundesministerium der Justiz, Internationale rechtliche Zusammenarbeit mit den Staaten Afrikas und des Nahen Ostens, 16.6.2021, URL: https://www.bmj.de/DE/Themen/EuropaUndInternationaleZusammenarbeit/MENA/MENA.html [abgerufen am 1.10.2022].

Bundesministerium für wirtschaftliche Zusammenarbeit und Entwicklung, *Reformkonzept »BMZ 2030«: Umdenken – Umsteuern*, Bonn 2020.

Bundesministerium für wirtschaftliche Zusammenarbeit und Entwicklung, Deutsche ODA, 2022a, URL: https://www.bmz.de/de/ministerium/zahlen-fakten/oda-zahlen/deutsche-oda-leistungen-19220 [abgerufen am 1.10.2022].

Bundesministerium für wirtschaftliche Zusammenarbeit und Entwicklung, Entwicklungszusammenarbeit, 2022, URL: https://www.bmz.de/de/service/lexikon/entwicklungszusammenarbeit-14316 [abgerufen am 1.10.2022].

Bundesregierung, Berliner Libyen-Konferenz – Schlussfolgerungen der Konferenz, 19.1.2020, URL: https://www.bundesregierung.de/breg-de/aktuelles/berliner-libyen-konferenz-1713832 [abgerufen am 24.9.2022].

Bundesregierung, *Globalisierung gestalten – Partnerschaften ausbauen – Verantwortung teilen*, Berlin 2012.

Bundesregierung, *Weg zu einer gemeinsamen wertebasierten und realistischen China-Politik der EU, Antwort der Bundesregierung zur Haltung einheitlichen Haltung gegenüber China*, Drucksache 19/20346, Berlin 2020.

Burni, Aline/Erforth, Benedikt/Keijzer, Niels, »Global Europe? The new EU external action instrument and the European Parliament«, in: *Global Affairs*, 4, 2021, S. 471–485.

Burns, William, *The Back Channel: A Memoir of American Diplomacy and a Case for Its Renewal*, New York 2019.

Büro des Hohen Kommissars der Vereinten Nationen für Menschenrechte, Saudi Arabia: UN experts alarmed by Loujain Al-Hathloul trial, call for immediate release, 2020, URL: https://www.ohchr.org/en/press-releases/2020/12/saudi-arabia-un-experts-alarmed-loujain-al-hathloul-trial-call-immediate [abgerufen am 23.1.2023].

Büro des Hohen Kommissars der Vereinten Nationen für Menschenrechte, Comment by UN High Commissioner for Human Rights Michelle Bachelet on the execution of 81 people in Saudi Arabia, 2022, URL: https://www.ohchr.org/en/statements/2022/03/comment-un-high-commissioner-human-rights-michelle-bachelet-execution-81-people?LangID=E&NewsID=28280 [abgerufen am 25.1.2023].

Byman, Daniel L./Cliff, Roger, *China's Arms Sales, Motivations and Implications*, Washington 1999.

Cambanis, Thanassis, People Power and Its Limits. Lessons from Lebanon's Anti-Sectarian Reform Movement, in: *The Century Foundation*, 29.3.2017, URL: https://production-tcf.imgix.net/app/uploads/2017/03/03101724/people-power-and-its-limits.pdf [abgerufen am 18.5.2023].

Cameron, David, Statement on Libya, 5.9.2011, URL: https://www.gov.uk/government/speeches/statement-on-libya [abgerufen am 18.12.2022].

Cammett, Melani, »Development and Underdevelopment in the Middle East and North Africa«, in: Lancaster, Carol/Van de Walle, Nicolas (Hg.), *The Oxford Handbook of the Politics of Development*, Oxford 2018, S. 596–625.

Caspit, Ben, *The Netanyahu Years*, New York 2017.

Chandler, Andrea, *Institutions of Isolation. Border Controls in the Soviet Union and its Successor States, 1917–1993*, Montreal 1998.

Changing times for Saudi's once feared morality police, in: *France 24*, 13.1.2022, URL: https://www.france24.com/en/live-news/20220114-changing-times-for-saudi-s-once-feared-morality-police [abgerufen am 8.10.2022].

Chanin, Clifford und F. Gregory Gause, U.S.-Saudi relations: Bump in the Road or End of the Road?, in: *Middle East Policy Council*, 6.6.2003, URL: https://mepc.org/journal/us-saudi-relations-bump-road-or-end-road [abgerufen am 15.10.2023].

Chaziza, Mordechai, China-GCC Digital Economic Cooperation in the Age of Strategic Rivalry, in: *Middle East Institute*, 7.6.2022, URL: https://www.mei.edu/publications/china-gcc-digital-economic-cooperation-age-strategic-rivalry [abgerufen am 2.8.2022].

Chehayeb, Kareem, Lebanon: The assassination of activist Lokman Slim, one year on, in: *Al Jazeera* 3.2.2022, URL: https://www.aljazeera.com/news/2022/2/3/assassination-of-activist-lokman-slim-in-lebanon-one-year-on [abgerufen am 28.8.2022].

Chen, Dongmei, China's BRI and Saudi Vision 2030: A Review to Partnership for Sustainability, Discussion paper, in: *King Abdullah Petroleum Studies and Research Center*, 2021, URL: https://www.kapsarc.org/research/publications/chinas-bri-and-saudi-vision-2030-a-review-to-partnership-for-sustainability [abgerufen am 28.8.2022].

Chivvis, Christopher S., *Toppling Qaddafi*, Cambridge 2014.

Chorin, Ethan, *Benghazi! A New History of the Fiasco that Pushed America and its World to the Brink*, New York 2022.

Chorin, Ethan, *Exit the Colonel – The History of the Libyan Revolution*, New York 2012.

Citino, Nathan J., »Nasser, Hammarskjöld, and Middle East Development in Different Scales of Space and Time«, in: Macekura, Stephen J./Manela, Erez (Hg.), *The Development Century: A Global History*, Cambridge 2018, S. 283–304.

Clinton Presidential Library, Collection: Martin Indyk and the dual containment strategy of Iran and Iraq, URL: https://clinton.presidentiallibraries.us/items/show/48919 [abgerufen am 15.10.2023].

Coffrey, David, Hopes for peace as Libya marks 10 years since dramatic fall of Kadhafi, in: *Radio France International*, 20.10. 2021, URL: https://www.rfi.fr/en/international/20211020-hopes-for-stability-as-libya-marks-10-years-since-the-fall-of-kadhafi-gaddafi [abgerufen am 18.12.2022].

Cofman Wittes, Tamara, On the Israeli-Palestinian Conflict, Practical Steps Are More Important than Grand Visions, in: *The Brookings Institution*, 18.12.2020, URL: https://www.brookings.edu/blog/order-from-chaos/2020/12/18/on-the-israeli-palestinian-conflict-practical-steps-are-more-important-than-grand-visions [abgerufen am 25.10.2022].

Coll, Steve, *Ghost Wars – The Secret History of the CIA, Afghanistan and Bin Laden, From the Soviet Invasion to September 10, 2001*, London 2004.

Collins, Gabriel, Anti-Qatar Embargo Grinds Toward Strategic Failure, in: *Institute for Public Policy of Rice University*, 22.1.2018, URL: https://www.bakerinstitute.org/research/anti-qatar-embargo-grinds-toward-strategic-failure [abgerufen am 19.3.2023].

Cook, Steven A., How Israel and Turkey Benefit from Restoring Relations, in: *Council on Foreign Relations*, 2022a, URL: https://www.cfr.org/in-brief/how-israel-and-turkey-benefit-restoring-relations [abgerufen am 25.10.2022].

Cook, Steven A., Stop Funding Sisi's House of Cards, in: *Foreign Policy Argument*, 2022b, URL: https://foreignpolicy.com/2022/08/17/egypt-sisi-new-administrative-capital-imf-loan-debt [abgerufen am 15.9.2022].

Cook, Steven A., What's Behind the New Israel-UAE Peace Deal?, in: *Council on Foreign Relations*, 17.8.2020, URL: https://www.cfr.org/in-brief/whats-behind-new-israel-uae-peace-deal [abgerufen am 20.9.2022].

Cooper, Andrew F., *Niche Diplomacy. Middle Powers after the Cold War*, London/New York 1997.

Cordesman, Anthony, *China, Asia, and the Changing Strategic Importance of the Gulf and MENA Region*, Washington 2021.

Cordesmann, Anthony, The Biden Administration's Security Challenges in the Gulf, in: *Center for Strategic and International Studies*, 27.1.2021, URL: https://www.csis.org/analysis/biden-administrations-security-challenges-gulf [abgerufen am 15.10.2023].

Croitoru, Joseph, Der Ägypter soll sich neu erfinden. Präsident Sisi will nicht nur die Verfassung und das Land umkrempeln, sondern gleich das ganze Volk, in: *Neue Zürcher Zeitung*, 14.5.2019.

Croitoru, Joseph, *Hamas. Der islamische Kampf um Palästina*, München 2007.

Dane, Felix/Stettner, Ilona-Margarita, »Ein Staat Palästina in den Vereinten Nationen? Voraussetzungen, Positionen und Erwartungen vor der UN-Generalversammlung«, in: *KAS-Auslandsinformationen*, 8, 2011, S. 53–72.

Dangeleit, Elke, Türkei schafft Fakten für ihre Annexion von Teilen Nordsyriens, in: *Telepolis*, 17.12.2019, URL: https://www.heise.de/tp/features/Tuerkei-schafft-Fakten-fuer-ihre-Annexion-von-Teilen-Nordsyriens-4616809.html?seite=all [17.12.2019].

Dannreuther, Roland, »Russia and the Middle East: A Cold War Paradigm?«, in: *Europe-Asia Studies*, 3, 2012, S. 543–560.

Das Gupta, Amit, »Ulbricht am Nil. Die deutsch-deutsche Rivalität in der Dritten Welt«, in: Wengst, Udo/Wentker, Hermann (Hg.), *Das doppelte Deutschland. 40 Jahre Systemkonkurrenz*, Bonn 2008, S. 163–181.

Davutoğlu, Ahmet, Philosophical depth: A scholarly talk with the Turkish foreign minister, in: *Turkish Review*, 1.10.2010.

Davutoğlu, Ahmet, *Stratejik Derinlik. Türkiye'nin Uluslararası Konumu*, Istanbul 2007.

De Luce, Dan, U.S. »left behind« 78,000 Afghan allies in chaotic withdrawal: NGO report, in: *NBC News*, 1.3.2022, URL: https://www.nbcnews.com/investigations/us-left-78000-afghan-allies-ngo-report-rcna18119 [abgerufen am 12.7.2022].

Death penalty 2019: Saudi Arabia executed record number of people last year amid decline in global executions, in: *Amnesty International*, 21.4.2020, https://www.amnesty.org/en/latest/news/2020/04/death-penalty-2019-saudi-arabia-executed-record-number-of-people-last-year-amid-decline-in-global-executions [abgerufen am 21.6.2022].

Demmelhuber, Thomas/Gurol, Julia/Zumbrägel, Tobias, »The COVID-19 temptation? Sino–Gulf relations and autocratic linkages in times of a global pandemic«, in: Hobaika, Z./Möller, L.-M./Völkel, J. C. (Hg.), *The MENA Region and COVID-19 Impact, Implications and Prospects*, London 2022, S. 19–35.

Dettmer, Jamie, Libya Bankruptcy Warning Raises Concerns, in: *Voice of America*, 23.1.2014, URL: https://www.voanews.com/a/libya-bankruptcy-warning-raises-concerns/1836457.html [abgerufen am 18.12.2022].

Deutscher Bundestag, Seevölkerrechtliche Bewertung der türkisch-libyschen Vereinbarung über die Abgrenzung ihrer maritimen Interessenssphären im östlichen Mittelmeer, Berlin 2020.

Dodge, Toby, »Iraq's Informal Consociationalism and Its Problems«, in: *Studies in Ethnicity and Nationalism*, 20, 2, 2020, S. 99–210.

Donaldson, Robert H./Nadkarni, Vidya, *The Foreign Policy of Russia: Changing Systems, Enduring Interests*, London 2018.

Doran, Michael, *Ike's Gamble. America's Rise to Dominance in the Middle East*, New York 2016.

Dorsey, James, Saudi leader warns U.S. Mideast Policy may force Kingdom to review relationship, in: *The Wall Street Journal*, 29.10.2001, URL: https://www.wsj.com/articles/SB1004308126300472960 [abgerufen am 15.10.2023].

Downey, Morgan, *Oil 101*, Los Angeles 2009.

Ebert, Hannes/Flemes, Daniel, »Regional Leadership and Contestation: Strategic Reactions to the Rise of the BRICS«, in: Ebert, Hannes/Flemes, Daniel (Hg.), *Regional Powers and Contested Leadership*, Cham 2018, S. 1–60.

Economic Cooperation Foundation, Israeli-Palestinian Interim Agreement on the West Bank and the Gaza Strip, 2013, URL: https://ecf.org.il/media_items/624 [abgerufen am 25.1.2023].

Edwik, Alshadi Ahmed, *Oil Dependency, Economic Diversification and Development a Case Study of Libya*, Salford 2007.

Efron, S./Fromm, C./Gelfeld, B./Nataraj, S./Sova, C., Food Security in the Gulf Cooperation Council, in: *Rand*, 2018, URL: https://www.rand.org/pubs/external_publications/EP67748.html [abgerufen am 25.3.2023].

Efron, S./Haskel, E./Schwindt, K., *Chinese Investment in Israeli Technology and Infrastructure – Security Implications for Israel and the United States*, Washington 2020.

Egel, Daniel/Efron, Shira/Robinson, Linda, *Peace Dividend: Widening the Economic Growth and Development Benefits of the Abraham Accords*, RAND Corporation 2021, URL: https://www.rand.org/pubs/perspectives/PEA1149-1.html [abgerufen am 23.6.2022].

Ehteshami, Anoushiravan/Horesh, Niv, *How China's rise is changing the Middle East*, London 2019.

Eikenberrey, Karl, *Explaining and Influencing, Chines Arms Transfers*, Washington 1995.

El Difraoui, Asiem, Es gibt keine »Facebook-Revolution« – aber eine ägyptische Jugend, die wir kaum kennen, in: Asseburg, Muriel (Hg.), *Proteste, Aufstände und Regimewandel in der arabischen Welt*, Berlin 2011, S. 17–19.

El Yaakoubi, Aziz, Saudi Arabia executes 81 men in one day for terrorism, other offences, in: *Reuters*, 12.3.2022, URL: https://www.reuters.com/world/middle-east/saudi-arabia-executes-81-men-terrorism-other-charges-spa-2022-03-12 [abgerufen am 3.5.2022]

El Yaakoubi, Aziz, Saudi woman gets 45-year prison term for social media posts, rights group says, in: *Reuters*, 30.8.2022, URL: https://www.reuters.com/world/middle-east/

saudi-woman-gets-45-year-prison-term-social-media-posts-rights-group-2022-08-30 [abgerufen am 5.9.2022].

El-Gamaty, Guma, Libya: Gaddafi left behind a long, damaging legacy, in: *Al Jazeera*, 17.2.2016, URL: https://www.aljazeera.com/news/2016/2/17/libya-gaddafi-left-behind-a-long-damaging-legacy [abgerufen am 18.12.2022].

El-Gawhary, Karim, »Sagst du Nein, blüht dir etwas« In Ägypten löst der Mord an einer Studentin eine längst überfällige Debatte über Femizide aus, in: *die tageszeitung*, 28.6.2022.

El-Gawhary, Karim, Climate Change in Egypt: Alexandria or the sea?, in: *Qantara*, 3.11.2021, URL: https://en.qantara.de/content/climate-change-in-egypt-alexandria-or-the-sea [abgerufen am 13.11.2022].

El-Husseini, Abdel Mottaleb, »Die Religionsgemeinschaften im Libanon«, in: *Aus Politik und Zeitgeschichte*, 26, 2008, S. 32–38.

El-Quilish, M./El-Ashquer, M./Dawod, G., »Development of an Inundation Model for the Northern Coastal Zone of the Nile Delta Region, Egypt Using High-Resolution DEM«, in: *Arabian Journal for Science and Engineering*, 48, 2022, S. 601–614.

Eljarh, Mohamed, The Supreme Court Decision That's Ripping Libya Apart, in: *Foreign Policy*, 6.11.2014, URL: https://foreignpolicy.com/2014/11/06/the-supreme-court-decision-thats-ripping-libya-apart [abgerufen am 18.12.2022].

Ellis, Dominic, Egypt and Germany strengthen LNG and green hydrogen links, in: *Gasworld*, 7.11.2022, URL: https://www.gasworld.com/story/egypt-and-germany-strengthen-lng-and-green-hydrogen-links [abgerufen am 14.11.2022].

Emmerich, Julie E./Koumassi, Koffi A., Climate Governance: An assessment of the government's ability and readiness to transform Egypt into a zero emissions society, in: *Climate Action Tracker*, 2022, URL: https://climateactiontracker.org/documents/1027/CAT_2022_03_ClimateGovernance_Egypt.pdf [abgerufen am 5.4.2023].

Emmons, Alex/Chávez, Aída/Lacy, Akela, Joe Biden, in departure from Obama Policy, says he would make Saudi Arabia a Pariah, in: *The Intercept*, 21.11.2019, URL: https://theintercept.com/2019/11/21/democratic-debate-joe-biden-saudi-arabia [abgerufen am 7.7.2022].

Engel, Reinhard, »Erfindungsreichtum und Hightechindustrie«, in: Dachs, Gisela (Hg.), *Länderbericht Israel*, Bonn 2016, S. 521–530.

England, Andrew, Samer Al-Atrush, Felicia Schwartz und Simeon Kerr, Oil vs. Human Rights: Biden's controversial mission to Saudi Arabia, in: *Financial Times*, 15.6.2022, URL: https://www.ft.com/content/b3c93eeb-9a79-49df-bd1a-3a82052319ff [abgerufen am 15.10.2023].

England, Andrew/Al-Atrush, Samer, Saudi Arabia Signals Support For Russia's Role In Opec+ As Sanctions Pressure Mounts, in: *Financial Times*, 22.5.2022, URL: https://www.ft.com/content/87ac05cd-d1e4-4495-8064-60d97b17 f5f4 [abgerufen am 7.7.2022].

Escobar, Arturo, *Encountering Development: The Making and Unmaking of the Third World*, Princeton 1995.

Euronews, Wie funktioniert die Regierung im Libanon?, in: *Euronews*, 29.10.2019, URL: https://de.euronews.com/2019/10/29/wie-funktioniert-die-regierung-im-libanon [abgerufen am 7.7.2022].

Europäische Kommission, Gemeinsame Stellungnahme der Europäischen Kommission und des Hohen Vertreters zur umfassenden Strategie mit Afrika, 9.3.2020, URL: https://international-partnerships.ec.europa.eu/system/files/2020-03/communication-eu-africa-strategy-join-2020-4-final_en.pdf [abgerufen am 1.10.2022].

Europäische Kommission, Gemeinsame Stellungnahme der Europäischen Kommission und des Hohen Vertreters zum Global Gateway, 1.12.2021, URL: https://ec.europa.eu/info/sites/default/files/joint_communication_global_gateway.pdf [abgerufen am 1.10.2022].

Europäischer Auswärtiger Dienst, Gemeinsame Stellungnahme der Europäischen Kommission und des Hohen Vertreters zur Strategischen Partnerschaft mit der Golfregion, 18.5.2022, URL: https://www.eeas.europa.eu/sites/default/files/documents/Joint%20Communication%20to%20the%20European%20Parliament%20and%20the%20Council%20-%20A%20Strategic%20Partnership%20with%20the%20Gulf.pdf [abgerufen am 1.10.2022].

European Commission, Commission Staff Working Document Turkey 2016 Report, 2016, URL: https://ec.europa.eu/neighbourhood-enlargement/sites/near/files/pdf/key_documents/2016/20161109_report_turkey.pdf [abgerufen am 2.9.2022].

European Commission, Commission Staff Working Document Türkiye, 2022, URL: https://neighbourhood-enlargement.ec.europa.eu/turkiye-report-2022_en Europäische Kommission [abgerufen am 1.10.2022].

European Commission, EU-Africa: Global Gateway Investment Package – Strategic Corridors, 18.2.2022, URL: https://ec.europa.eu/commission/presscorner/api/files/attachment/871348/GG-Africa-strategic-corridors.pdf.pdf [abgerufen am 1.10.2022].

European Commission, *EU-China – A strategic outlook*, Brüssel 2019.

European Commission, Key Findings of the 2016 Report on Turkey, European Commission 2018, URL: https://ec.europa.eu/commission/presscorner/detail/en/MEMO_18_3407 [abgerufen am 1.10.2022].

European Commission, The New European Consensus on Development »our world, our dignity, our future«, 2017, URL: https://international-partnerships.ec.europa.eu/policies/european-development-policy/european-consensus-development_en [abgerufen am 1.10.2022].

European External Action Service, Middle East and North Africa: The European Union's relations with the North African and Middle Eastern countries, 29.7.2021, URL: https://www.eeas.europa.eu/eeas/middle-east-and-north-africa-mena_en [abgerufen am 1.10.2022].

European External Action Service, The new NDICI – Global Europe (2021–2027), 17.3.2022, URL: https://www.eeas.europa.eu/eeas/new-%E2%80%98ndici-global-europe%E2%80%99-2021-2027_en [abgerufen am 1.10.2022].

European Union Election Observation Mission to Iraq 2021, EU Election Observation Mission Iraq presents final report with recommendation, 21.2.2022, URL: https://www.eeas.europa.eu/eom-iraq-2021/eu-election-observation-mission-iraq-presents-final-report-recommendations_en?s=4372 [abgerufen am 10.3.2023].

Ewans, Martin, *Afghanistan: A Short History of its People and Politics*, New York 2002.

Farha, Mark, *Lebanon: The Rise and Fall of a Secular State under Siege*, Cambridge 2019.

Farouk, Yasmine, The Middle East Strategic Alliance Has A Long Way To Go, in: *Carnegie Endowment for International Peace*, 8.2.2019, URL: https://carnegieendowment.org/2019/02/08/middle-east-strategic-alliance-has-long-way-to-go-pub-78317 [abgerufen am 15.10.2023].

Farouk, Yasmine/Brown, Nathan J., Saudi Arabia's Religious Reforms Are Touching Nothing but Changing Everything, in: *Carnegie Endowment for International Peace*, 2021, URL: https://carnegieendowment.org/2021/06/07/saudi-arabia-s-religious-reforms-are-touching-nothing-but-changing-everything-pub-84650 [abgerufen am 8.8.2022].

Feierstein, Gerald M./Guzansky, Yoel, Saudi Arabia Returns, in: *Middle East Institute*, 24.8.2021, URL: https://www.mei.edu/publications/saudi-arabia-returns [abgerufen am 7.7.2022].

Feld, Lowell/MacIntyre, Douglas, »OPEC nations grappling with plunge in oil export revenues«, in: *Oil & Gas Journal*, 96, 38, 1998, S. 29 f.

Felsch, Maximilian, Libanon stellt die Systemfrage, in: *zenith*, 28.10.2019, URL: https://magazin.zenith.me/de/politik/korruption-und-politisches-system-im-libanon [abgerufen am 3.7.2022].

Feng, Weijiang/Zhan, Yuyan, *Peaceful Development Path in China*, Singapur 2019.

Ferrari, Marco, First female Saudi pro tennis player wins Bahrain tournament, in: *Al-Arabiya*, 31.10.2022, URL: https://english.alarabiya.net/sports/2022/10/31/First-female-Saudi-pro-tennis-player-wins-Bahrain-tournament [abgerufen am 5.11.2022].

Fetouri, Mustafa, Poor election turnout sign of Libya's despair, in: *Al Monitor*, 30.6.2014, URL: https://www.al-monitor.com/originals/2014/06/libya-elections-democracy-transition-chaos-war.htm [abgerufen am 18.12.2022].

Fettich-Biernath, Bettina, »Präsenz ohne Einfluss? Die Bedeutung der Entwicklungs- und Ausrüstungspolitik der Bundesrepublik Deutschland 1956–1980 für ihr Selbstverständnis«, in: *Geschichte und Gesellschaft*, 4, 2019, S. 523–550.

Finckenstein, Valentina von, Libanon, in: *Bundeszentrale für politische Bildung*, 21.9.2021, URL: https://www.bpb.de/themen/kriege-konflikte/dossier-kriege-konflikte/54644/libanon [abgerufen am 14.8.2022].

Findlay, Trevor, *The Use of Force in UN Peace Operations*, Oxford 2002.

Fishman, Ben, Libya's Election Dilemma, in: *The Washington Institute for Near East Policy*, 21.5.2018, URL: https://www.washingtoninstitute.org/policy-analysis/libyas-election-dilemma [abgerufen am 18.12.2022].

Fitzgerald, Mary, »Finding their Place«, in: Cole, Peter/McQuinn, Brian (Hg.), *The Libyan Revolution and its Aftermath*, London 2015, S. 177–204.

Fitzgerald, Mary, What you should have been taught about Libya, in: *Anthony Bourdain Parts Unknown*, 19.12.2018, URL: https://explorepartsunknown.com/libya/what-you-should-have-been-taught-about-libya [abgerufen am 18.12.2022].

Flemes, Daniel/Nolte, Detlef, »Introduction«, in: Flemes, Daniel (Hg.), *Regional Leadership in the Global System. Interests, Ideas and Strategies of Regional Powers*, Aldershot 2011, S. 13–37.

Flemes, Daniel/Wojczewski, Thorsten, »Sekundärmächte als Gegenspieler regionaler Führungsmächte? Fehlende Gefolgschaft in Südamerika, Südasien und Subsahara-Afrika«, in: Flemes, Daniel/Nabers, Dirk/Nolte, Detlef (Hg.), *Macht, Führung und regionale Ordnung: Theorien und Forschungsperspektiven*, Baden-Baden 2012, S. 155–184.

Foltyn, Simona, Heist of the century: How $ 2.5bn was plundered from Iraqi state funds, in: *The Guardian*, 20.11.2022, URL: https://www.theguardian.com/world/2022/nov/20/heist-century-iraq-state-funds-tax-embezzlement [abgerufen am 25.2.2023].

Foreign Relations of the United States 1977–1980, Bd. XVIII, Middle East Region, Arabian Peninsula, Document 45, URL: https://history.state.gov/historicaldocuments/frus1977-80v18/d45 [abgerufen am 15.10.2023].

Frangi, Abdallah, *PLO und Palästina: Vergangenheit und Gegenwart*, Frankfurt a. M. 1982.

Frankopan, Peter, *The Silk Roads. A New History of the World*, London 2016.

Frantzman, Seth, Iran incites against Doctors Without Borders amid coronavirus crisis, in: *Jerusalem Post*, 24.3.2020.

Friedman, Uri und Yara Bayoumy, The U.S.-Saudi alliance is on the Brink, in: *The Atlantic*, 1.7.2019, URL: https://www.theatlantic.com/politics/archive/2019/07/trump-blocking-big-change-us-saudi-alliance/592504 [abgerufen am 15.10.2023].

Friesendorf, Cornelius/Krempel, Jörg, *Militarized versus Civilian Policing: Problems of Reforming the Afghan National Police*, Frankfurt a. M. 2011.

Frolovskiy, Dmitri, »Understanding Russia-GCC Relations«, in: Bechev, Dimitar/Popescu, Nicu/Secrieru, Stanislav (Hg.), *Russia Rising. Putin's Foreign Policy in the Middle East and North Africa*, London 2021, S. 97–106.

Fullerton, John, *The Soviet Occupation of Afghanistan*, London 1983.

Fulton, Jonathan, *Regions in the Belt and Road Initiative*, London 2022.

Fulton, Jonathan/Lons, Camille/Sun, Degang, *China's great game in the Middle East*, Berlin 2019.

Fürtig, Henner, »Prospects for New Regional Powers in the Middle East«, in: Fürtig, Henner (Hg.), *Regional Powers in the Middle East. New Constellations after the Arab Revolts*, New York 2014, S. 209–220.

Fürtig, Henner, *Geschichte des Irak. Von der Gründung 1921 bis heute*, München 2016.

Gady, Franz-Stefan, Is the UAE Secretly Buying Chinese Killer Drones?, in: *The Diplomat*, 2018, URL: https://thediplomat.com/2018/01/is-the-uae-secretly-buying-chinese-killer-drones [abgerufen am 2.8.2022].

Galler, Sonja, Schulreform in der Türkei. Der Islam rückt in den Vordergrund, in: *Quantara*, 12.7.2012, URL: https://de.qantara.de/content/schulreform-der-turkei-der-islam-ruckt-den-vordergrund [abgerufen am 9.12.2022].

Gambrell, Jon, Saudi Arabia puts 81 to death in its largest mass execution, in: *AP News*, 12.3.2022, URL: https://apnews.com/article/islamic-state-group-saudi-arabia-al-qaida-dubai-united-arab-emirates-a1984eab0faadefa0152d5c138525d80 [abgerufen am 20.10.2022].

Ganor, Boaz, Libya and Terrorism, in: *International Institute for Counter-Terrorism*, 1998, URL: https://ict.org.il/UserFiles/Libya%20and%20Terrorism.pdf [abgerufen am 18.12.2022].

Garman, Erica Mary/Ghemati, Abdul Khalil, *Libya Down the Centuries*, London 2006.

Gaub, Florence, »Libyen: Warum die NATO nicht an allem Schuld ist«, in: *SIRIUS – Zeitschrift für Strategische Analysen*, 1, 3, 2017, S. 254–263.

Gaub, Florence, »The Nonwar against Daesh«, in: Bechev, Dimitar/Popescu, Nicu/Secrieru, Stanislav (Hg.), *Russia Rising. Putin's Foreign Policy in the Middle East and North Africa*, London 2021, S. 39–44.

Geha, Carmen, People before Politicians. How Europeans can help rebuild Lebanon, in: *European Council on Foreign Relations*, 2021, URL: https://ecfr.eu/publication/people-before-politicians-how-europeans-can-help-rebuild-lebanon [abgerufen am 8.8.2022].

Gelvin, James L., *The Arab Uprising. What Everyone Needs to Know*, Oxford 2015.

Gelvin, James L., *The New Middle East. What Everyone Needs to Know*, Oxford 2018.

General Authority for Statistics Saudi Arabia, *Saudi Youth in Numbers. A report for International Youth Day 2020*, General Authority for Statistics 2020, URL: https://www.stats.gov.sa/sites/default/files/saudi_youth_in_numbers_report_2020en.pdf [abgerufen am 7.4.2022].

Gerges, Fawaz A., *ISIS. A History*, Princeton 2016.

Gerlach, Julia, *Der verpasste Frühling. Woran die Arabellion gescheitert ist*, Bonn 2016.

Geukjian, Ohannes, *Lebanon after the Syrian Withdrawal: External Interventions, Power-Sharing and Political Instability*, London 2017.

Ghanem, Dalia, »The ›Comrades‹ in the Maghreb«, in: Bechev, Dimitar/Popescu, Nicu/Secrieru, Stanislav (Hg.), *Russia Rising. Putin's Foreign Policy in the Middle East and North Africa*, London 2021, S. 117–122.

Gill, Bates, »Chinese Arms Exports to Iran«, in: *Middle East Review of International Affairs*, 2, 2, 1998, S. 355–379.

Ginor, Isabella/Remez, Gideon, *The Soviet-Israeli War 1967–1973. The USSR's Military Intervention in the Egyptian-Israeli Conflict*, Oxford 2017.

Global SWF, *Sovereign Wealth Funds & Public Pension Funds*, 2022, URL: https://globalswf.com [abgerufen am 13.3.2023].

Godehard, Nadine/Kohlenberg, Paul, Chinas globale Konnektivitätspolitik – Zum selbstbewussten Umgang mit chinesischen Initiativen, in: *Stiftung Wissenschaft und Politik*, 2018, URL: https://www.swp-berlin.org/publications/products/aktuell/2018A18_khb_gdh.pdf [abgerufen am 7.5.2023].

Goldberg, Jeffrey, Saudi Crown Prince: Iran's Supreme Leader »Makes Hitler Look Good«, in: *The Atlantic*, 2.4.2018, URL: https://www.theatlantic.com/international/archive/2018/04/mohammed-bin-salman-iran-israel/557036 [abgerufen am 6.5.2022].

Goldberg, Jeffrey, The Obama Doctrine, in: *The Atlantic*, April 2016, URL: https://theatlantic.com/magazine/archive/2016/04/the-obama-doctrine/471525 [abgerufen am 15.10.2023].

Goldenberg, Ilan, »Lessons from the 2013–2014 Israeli-Palestinian Final Status Negotiations«, 2015, URL: https://www.jstor.org/stable/pdf/resrep06375.pdf [abgerufen am 15.6.2023].

Goodhand, Jonathan/Suhrke, Astrik/Bose, Srinjoy, »Flooding the lake? International democracy promotion and the political economy of the 2014 presidential election in Afghanistan«, in: *Conflict, Security & Development*, 16, 6, 2016, S. 481–500.

Gordon, Philip H., *Losing the Long Game: The False Promise of Regime Change in the Middle East*, New York 2020.

Gottschlich, Jürgen, Türkischer Einfluss im Nachbarland. Erdoğans großes Syrienprojekt, in: *taz*, 5.3.2021, URL: https://taz.de/Tuerkischer-Einfluss-im-Nachbarland/!5754332 [abgerufen am 8.11.2022].

Gray, Mathew, »Rentierism's siblings: On the linkages between rents, neopatrimonialism, and entrepreneurial state capitalism in the Persian Gulf monarchies«, in: *Journal of Arabian Studies*, 8, 1, 2018, S. 29–45.

Grimshaw, Damian/van Vuuren, Vic, Working on a warmer planet – The impact of heat stress on labour productivity and decent work, in: *ILO*, 2019, URL: https://www.ilo.org/wcmsp5/groups/public/—dgreports/—dcomm/—publ/documents/publication/wcms_711919.pdf [abgerufen am 18.3.2023].

Gunes, Cuma/Lowe, Robert, *The Impact of the Syrian War on Kurdish Politics Across the Middle East*, London 2015.

Gunning, Jeroen/Baron, Ilan Zvi, *Why Occupy a Square? People, Protests and Movements in the Egyptian Revolution*, Oxford 2014.

Gürbey, Gülistan, »Strategische Tiefe« als neues außenpolitisches Konzept der Türkei?, in: *Internetportal EurActiv.de. Debatte: Die neue Türkei*, 8.11.2011, URL: https://www.euractiv.de/section/globales-europa/opinion/strategische-tiefe-als-neues-aussenpolitisches-konzept-der-turkei [abgerufen am 1.2.2023].

Gürbey, Gülistan, »Türkische Außenpolitik unter der AKP-Regierung«, in: *Südosteuropa-Mitteilungen*, 2, 2010, S. 16–27.

Gürbey, Gülistan, »Türkische Militäroffensiven in Syrien: Im Dienst des Friedens oder neo-osmanischer Expansionismus?«, in: *Südosteuropa-Mitteilungen*, 58, 3, 2018, S. 44–61.

Gürbey, Gülistan, »Von der Konfrontation zur Kooperation: Die Annäherung zwischen Kurdistan-Irak und der Türkei«, in: Seufert, Günter (Hg.), *Der Aufschwung kurdischer Politik. Zur Lage der Kurden in Irak, Syrien und der Türkei*, Berlin 2015, S. 25–35.

Gurol, Julia, »Autoritäre Modelle der Internetregulierung: Chinas Vorstoß in den digitalen Raum und Implikationen für liberale Demokratien«, in: Westland, Michael/Spiecker, Indra (Hg.) *Demokratie und Öffentlichkeit im 21. Jahrhundert – zur Macht des Digitalen*, Baden-Baden 2022, S. 353–356.

Gurol, Julia, *The EU-China Security Paradox – Cooperation Against all Odds?*, Bristol 2022.

Gurol, Julia/Rodríguez, Fabricio, »Desintegration statt Konnektivität? Chinas Belt and Road Initiative als außenpolitische Herausforderung für die EU«, in: Grimmel, Andreas (Hg.), *Die Neue Europäische Union: Zwischen Integration und Desintegration*, Baden-Baden 2020, S. 235–257.

Gurol, Julia/Schütze, Benjamin, »Infrastructuring Authoritarian Power: Arab-Chinese Transregional Collaboration Beyond the State«, in: *International Quarterly for Asian Studies*, 53, 2, 2020, S. 231–249.

Gurol, Julia/Scita, Jacopo, China's Persian Gulf strategy: Keep Tehran and Riyadh content, in: *Atlantic Council*, 24.1.2020, URL: https://www.atlanticcouncil.org/blogs/menasource/chinas-persian-gulf-strategy-keep-tehran-and-riyadh-content [abgerufen am 7.7.2022].

Gurol, Julia/Scita, Jacopo, China's Balancing Act in the Gulf Relies on Ties to Iran and Arab States, in: *The Arab Gulf States Institute in Washington*, 7.7.2020, URL: https://agsiw.org/chinas-balancing-act-in-the-gulf-relies-on-ties-to-iran-and-arab-states [abgerufen am 7.7.2022].

Gurol, Julia/Zumbrägel, Tobias/Demmelhuber, Thomas, »Elite Networks and the Transregional Dimension of Authoritarianism: Sino-Emirati Relations in Times of a Global Pandemic«, in: *Journal of Contemporary China*, 32, 129, 2022, S. 138–151.

Guttman, Nathan, In Major Shift, GOP Rejects Two-State Solution, in: *Forward*, 10.7.2016, URL: https://forward.com/news/344738/in-major-shift-gop-rejects-two-state-solution-says-israel-not-occupier [abgerufen am 19.9.2022].

Guzansky, Yoel/Even, Shmuel, »The Economic Crisis in the Gulf States: A Challenge to the ›contract‹ between Rulers and Ruled«, in: *INSS Insight*, 1327, 2020, S. 1–4.

Haddad, Fanar, *Shia-Centric State Building and Sunni Rejection in Post-2003 Iraq*, Carnegie Endowment for International Peace 2016, URL: https://carnegieendowment.org/files/CP261_Haddad_Shia_Final.pdf [abgerufen am 25.2.2023].

Hafez, Mohammed M./Walther, Marc-André, »Hamas. Between pragmatism and radicalism«, in: Akbaarzadeh, Shahram (Hg.), *Routledge Handbook of Political Islam*, London/New York 2012, S. 62–73.

Hagmann, Jannis, Die Bulldozer des Kronprinzen, in: *Qantara*, 14.2.2022, URL: https://de.qantara.de/inhalt/stadtentwicklung-in-saudi-arabien-die-bulldozer-des-kronprinzen [abgerufen am 18.9.2022].

Haken, Nate/Cockey, Sarah, *Iraq's Improving Trajectory*, The Fund for Peace 2020, URL: https://fragilestatesindex.org/2020/05/10/iraqs-improving-trajectory [abgerufen am 25.2.2023].

Haque, Tobias/Roberts, Nigel, Afghanistan's Aid Requirements: How much aid is required to maintain a stable state?, in: *ODI*, 2020, URL: https://cdn.odi.org/media/documents/ODI_L4P_-_Afghanistan_aid_requirements_Haque_and_Roberts_2020.pdf [abgerufen am 18.9.2022].

Harding, Luke, Afghan massacre haunts Pentagon, in: *The Guardian*, 14.9.2002.

Harris, Bryant, Intel: US warns Middle Eastern partners against Chinese investment, in: *Al-Monitor*, 4.6.2020, URL: https://www.al-monitor.com/originals/2020/06/

schenker-china-uae-israel-lebanon-coronavirus-covid19.html [abgerufen am 15.10.2023].

Harris, Bryant, Saudi Arabia's Prince Turki Al Faisal questions Biden's commitment to Gulf states, in: *The National* (VAE), 2.11.2021, URL: https://www.thenationalnews.com/world/us-news/2021/11/02/saudi-arabias-prince-turki-al-faisal-questions-bidens-commitment-to-gulf-states [abgerufen am 15.10.2023].

Harvard Kennedy School, Abstract: Tamheer on-the-job training programme, 2019, URL: https://epod.cid.harvard.edu/sites/default/files/2019-11/Tamheer%20project.pdf [abgerufen am 28.2.2023].

Hasanov, Fakhri/Mikayilov, Jeyhun/Javid, Muhammad/al-Rasasi, Moayad/Joutz, Frederick/Alabdullah, Mohammed, »Sectoral employment analysis for Saudi Arabia«, in: *Applied Economics*, 53, 45, 2021, S. 5267–5280.

Hassan, Zaha/Muasher, Marwan, Why the Abraham Accords Fall Short. Sidelining the Palestinians Is a Recipe for Violence, Not Peace, in: *Foreign Affairs*, 2022, URL: https://www.foreignaffairs.com/middle-east/why-abraham-accords-fall-short [abgerufen am 23.9.2022].

Heinrich-Böll-Stiftung, Krieg in Syrien – Gewaltsame Antwort auf eine friedliche Revolution, YouTube Video, URL, https://www.youtube.com/watch?v=As5uEd24kqg [abgerufen am 23.9.2022].

Heller, Sam, U.S. Policy Finally Distinguishes Between Lebanon and Hezbollah, in: *The Century Foundation*, 25.1.2022, URL: https://tcf.org/content/report/u-s-policy-finally-distinguishes-lebanon-hezbollah [abgerufen am 28.5.2023]

Herbert Quandt-Stiftung (Hg.), *Neue Autoritäten in der arabischen Welt? Politik und Medien nach den revolutionären Aufbrüchen*, Freiburg/Basel/Wien 2012.

Hermann, Rainer, *Arabisches Beben. Die wahren Gründe der Krise im Nahen Osten*, Stuttgart 2018.

Hermann, Rainer, *Die Achse des Scheiterns. Wie sich die arabischen Staaten zugrunde richten*, Stuttgart 2021.

Hermann, Rainer, *Endstation Islamischer Staat. Staatsversagen und Religionskrieg in der arabischen Welt*, München 2015.

Hermez, Sami, »Heartbreak, Still Time, and Pressing Forward: On Lebanon and the Future«, in: *MENA's Frozen Conflicts*, POMEPS Studies, 42, 2020, S. 48–51.

Hertog, Steffen, »Segmented clientelism: the political economy of Saudi economic reform efforts«, in: Aarts, Paul/Nonneman, Gerd (Hg.), *Saudi Arabia in the Balance. Political Economy, Society, Foreign Affairs*, New York 2006, S. 111–143.

Hertog, Steffen, *Princes, Brokers, and Bureaucrats. Oil and the State in Saudi Arabia*, London 2010.

hizb Allah (Partei Gottes, HISBOLLAH), risalah maftuha illa kul mustadafun fi lubnan wa-l-alam (Ein offener Brief an alle Unterdrückten im Libanon und in der Welt), in: *al-safir*, 16.2.1985.

Hodali, Diana, Libanons unbequemer Richter, in: *Deutsche Welle*, 30.10.2021, URL: https://www.dw.com/de/libanon-explosion-beirut-gerechtigkeit-opfer-richter-tarek-bitar-hisbollah/a-59664884 [abgerufen am 8.3.2023].

Hofste, Rutger Willem/Reig, Paul/Schleifer, Leah, 17 Countries, Home to One-Quarter of the World's Population, Face Extremely High Water Stress, in: *WRI*, 6.8.2019, URL: https://www.wri.org/insights/17-countries-home-one-quarter-worlds-population-face-extremely-high-water-stress [abgerufen am 13.11.2022].

Holland, Steve und Jarrett Renshaw, Biden says U.S. will remain an active partner in the Middle East, in: *Reuters*, 16.7.2022, URL: https://www.reuters.com/world/middle-east/biden-says-us-will-remain-an-active-engaged-partner-middle-east-2022-07-16 [abgerufen am 15.10.2023].

Hroub, Khaled, *Hamas: Political Thought and Practice*, Washington 2000.

Hubbard, Ben/Karasz, Palko/Reed, Stanley, Two Major Saudi Oil Installations Hit by Drone Strike, and U.S. Blames Iran, in: *New York Times*, 14.9.2019, URL: https://www.nytimes.com/2019/09/14/world/middleeast/saudi-arabia-refineries-drone-attack.html [abgerufen am 27.5.2023].

Human Resources Development Program, Enroll in Wusool Program – Transportation for Working Women, 2022, URL: https://www.my.gov.sa/wps/portal/snp/servicesDirectory/servicedetails/s9143/!ut/p/z0/04_Sj9CPykssy0xPLMnMz0vMAfIjo8zivQIsTAwdDQz9LQwNzQwCnS0tXPwMvYwN3A30 g1Pz9L30o_ArAppiVOTr7JuuH1WQWJKhm5mXlq8fUWxpaGKsX5 DtHg4Abe6kmg!! [abgerufen am 28.4.2023].

Human Rights Watch, A Threshold Crossed. Israeli Authorities and the Crimes of Apartheid and Persecution, 2021, URL: https://www.hrw.org/report/2021/04/27/threshold-crossed/israeli-authorities-and-crimes-apartheid-and-persecution [abgerufen am 23.9.2022].

Human Rights Watch, Blood-Stained Hands: Past Atrocities in Kabul and Afghanistan's Legacy of Impunity, 2005, URL: https://www.hrw.org/report/2005/07/06/blood-stained-hands/past-atrocities-kabul-and-afghanistans-legacy-impunity [abgerufen am 1.5.2023].

Human Rights Watch, Saudi Arabia: Mass Execution of 81 Men, 15.3.2022, URL: https://www.hrw.org/news/2022/03/15/saudi-arabia-mass-execution-81-men [abgerufen am 8.3.2023].

Human Rights Watch, Saudi Arabia: Woman Sentenced to 34 Years for Tweets, 19.8.2022, URL: https://www.hrw.org/news/2022/08/19/saudi-arabia-woman-sentenced-34-years-tweets [abgerufen am 20.5.2023].

Human Rights Watch, The Forgotten War: Human Rights Abuses and Violations of the Laws Of War Since the Soviet Withdrawal, 1991, URL: https://www.hrw.org/report/1991/02/01/forgotten-war/human-rights-abuses-and-violations-laws-war-soviet-withdrawal [abgerufen am 18.1.2023].

Human Rights Watch, World Report 2015: Turkey, 2015, URL: https://www.hrw.org/world-report/2015/country-chapters/turkey [abgerufen am 23.2.2023].

Human Rights Watch, World Report 2019: Turkey, 2019, URL: https://www.hrw.org/world-report/2019/country-chapters/turkey [abgerufen am 5.2.2023].

Humans Rights Watch, Libya: Stemming the Flow: Abuses Against Migrants, Asylum Seekers and Refugees, in: *Human Rights Watch*, 13.9.2006, URL: https://www.refworld.org/docid/4517c8 f94.html [abgerufen am 18.12.2022].

Hunter, Shireen, *Iran's Foreign Policy in the Post-Soviet Era. Resisting the New International Order*, London 2010.

Huntgeburth, Thabo, Das libanesische Schneeballsystem, in: *zenith*, 26.5.2020, URL: https://magazin.zenith.me/de/wirtschaft/bankenkrise-im-libanon [abgerufen am 24.3.2023].

Hüsken, Thomas, »The Practice and Culture of Smuggling in the Borderland of Egypt and Libya«, in: *International Affairs*, 93, 4, 2017, S. 897–915.

Hussein, Adnan Abdel/Al-Marjanee, Adnan Ajel/Al-Rubaiee, Adnan Sabih/al-Bayati, Arwaa Fakhri/ Makiyya, Firas Tarek/Al-Sariwi, Musadaq Adil Talib, Assessing the Iraqi Constitution's Impact on State and Society, in: *International Institute for Democracy and Electoral Assistance*, 2022, URL: https://constitutionnet.org/sites/default/files/2023-05/2022.12 %20-%20Assessing%20performance%20of%20Iraq%27s%20Constitution%20 %28English%29.pdf [abgerufen am 24.5.2023].

Hussein, Reif, *Der politische Islam in Palästina: Am Beispiel der Islamistischen Bewegung HAMAS*, Düren 2019.

Hutham Olayan, in: *Arab News*, 13.5.2022, https://www.arabnews.com/node/2081261/hutham-olayan [abgerufen am 18.12.2022].

Ibish, Hussein, Secretary Xi's Visit to Saudi Arabia Doesn't Look Like a Threat to U.S.-Saudi Partnership, in: *The Arab Gulf Institute in Washington*, 8.12.2022, URL: https://agsiw.org/secretary-xis-visit-to-saudi-arabia-doesnt-look-like-a-threat-to-u-s-saudi-partnership [abgerufen am 26.5.2023].

IEA, World Energy Outlook 2022, 2022, URL: https://www.iea.org/reports/world-energy-outlook-2022/outlook-for-energy-demand [abgerufen am 19.3.2023].

Indyk, Martin, The Middle East Isn't Worth It Anymore, in: *The Wall Street Journal*, 17.1.2020.

Indyk, Martin, The Middle East isn't worth it anymore, in: *Wall Street Journal*, 11.1.2020, URL: https://www.wsj.com/articles/the-middle-east-isnt-worth-it-anymore-11579277317 [abgerufen am 15.10.2023].

Indyk, Martin, The Price of Retrenchment. What the Ukraine Crisis Reveals About the Post-American Middle East, in: *Foreign Affairs*, 23.9.2022, URL: https://www.foreignaffairs.com/articles/middle-east/2022-02-14/price-retrenchment [abgerufen am 23.9.2022].

Interim Transitional National Council, The Constitutional Declaration, 3.8.2011, URL: https://www.ndi.org/sites/default/files/Handout%204 %20-%20Libya%20Draft% 20Interim%20Constitution.pdf [abgerufen am 10.9.2022].

International Crisis Group, *Turkey and Iraqi Kurds: Conflict or Cooperation. Middle East Report No. 81*, Istanbul/Brüssel 2008.

International Forum of Sovereign Wealth Funds, Libyan Investment Authority, in: *International Forum of Sovereign Wealth Funds*, 2022, URL: https://www.ifswf.org/member-profiles/libyan-investment-authority [abgerufen am 11.9.2022].

International Labour Organization, Iraq Labour Force Survey 2021, 2022, URL: https://www.ilo.org/wcmsp5/groups/public/—arabstates/—ro-beirut/documents/publication/wcms_850359.pdf [abgerufen am 27.2.2023].

International Organization for Migration, Displacement Tracking Matrix – Iraq, 2023, URL: https://dtm.iom.int/iraq [abgerufen am 7.2.2023].

International Organization for Migration, Factsheet: The Impact of Climate Change on the Environment in IDP and Returnee Locations, 2022, URL: https://iraq.un.org/sites/default/files/2022-10/20221023456153_iom_DTM_The_Impact_of_Climate_Change_on_environment_Aug_2022.pdf [abgerufen am 25.2.2023].

Irish, John, UAE working to send envoy to Iran, against anti-Iran axis, official says, in: *Reuters*, 15.7.2022, URL: https://www.reuters.com/world/middle-east/uae-working-send-envoy-iran-against-anti-iran-axis-official-2022-07-15 [abgerufen am 15.10.2023].

Ishak, Ibrahim, Personal Status of Copts: Crisis Made by State and Church, in: *The Tahrir Institute for Middle East Policy*, om 2.12.2020, URL: https://timep.org/commentary/analysis/personal-status-of-copts-crisis-made-by-state-and-church [abgerufen am 10.9.2022].

Işık, Ayhan, »Pro-state paramilitary violence in Turkey since the 1990s«, in: *Southeast European and Black Sea Studies*, 21, 2, 2021, S. 231–249.

Işık, Ayhan, »Types of Turkish Paramilitary Groups in the 1980s and 1990s«, in: *Journal of Perpetrator Research*, 3, 2, 2021, S. 42–65.

Israel's Apartheid against Palestinians. Cruel System of Domination and Crime against Humanity, in: *Amnesty International*, 2022, URL: https://www.amnestyusa.org/wp-content/uploads/2022/01/Full-Report.pdf [abgerufen am 23.9.2022].

Issaev, Leonid, »Domestic Factors in Russia's Middle East Policy«, in: Kozhanov, Nikolay (Hg.), *Russian Foreign Policy Towards the Middle East. New Trends, Old Traditions*, London 2022, S. 61–81.

Jackson, Ashley/Weigand, Florian, »How the Taliban Are Losing the Peace in Afghanistan«, in: *Current History*, 843, 122, 2023, S. 143–148.

Jackson, Ashley/Weigand, Florian, Rebel rule of law: Taliban courts in the west and north-west of Afghanistan, in: *ODI Briefing Paper*, 11.5.2020, URL: https://odi.org/en/publications/rebel-rule-of-law-taliban-courts-in-the-west-and-north-west-of-afghanistan [abgerufen am 5.5.2023].

Jacobs, Andreas, »Ägypten. Parolen statt Programm – und keine Strategie zur Krisenbewältigung«, in: *Internationale Politik*, 5, 2014, S. 37–39.

Jacobs, Andreas, »Frisch, fromm, Facebook, frei. Ägyptens revolutionäre Jugend zwischen Fremdzuschreibung und Selbststilisierung«, in: *Die Politische Meinung*, 518, 2013, S. 86–91.

Jacobs, Andreas, »Kein Frühling, ein Vorbote. Zur Lesart der arabischen Umbrüche vor zehn Jahren«, in: *Die politische Meinung*, 566, 2021, S. 48–52.

Jacobs, Andreas, »Lage der Christen in Ägypten«, in: Kauder, Volker (Hg.), *Verfolgte Christen. Einsatz für die Religionsfreiheit*, Holzgerlingen 2012, S. 141–150.

Jacobs, Andreas, Gescheiterte Staatlichkeit. Zu den Ursachen von Umbrüchen und Konflikten im Nahen Osten, in: *Bundesakademie für Sicherheitspolitik*, 2017, URL: https://www.baks.bund.de/de/arbeitspapiere/2017/gescheiterte-staatlichkeit-zu-den-ursachen-von-umbruechen-und-konflikten-im [abgerufen am 25.8.2023].

Jacobs, Anna und Laure Foucher, The Myth of an Emerging »Mideast NATO«, in: *International Crisis Group*, 3.10.2022, URL: https://www.crisisgroup.org/middle-east-north-africa/gulf-and-arabian-peninsula-israelpalestine/myth-emerging-mideast-nato [abgerufen am 15.10.2023].

Jannack, Patricia/Roll, Stephan, Politische Gefangene in Sisis Ägypten, in: *Stiftung Wissenschaft und Politik*, 2021, URL: https://www.swp-berlin.org/publications/products/aktuell/2021A55_Aegypten.pdf [abgerufen am 29.3.2023].

Jawad, Saad, *The Iraqi Constitution: Structural Flaws and Political Implications*, LSE Middle East Centre 2013, URL: https://constitutionnet.org/sites/default/files/the_iraqi_constitution-structural_flaws_and_political_implications.pdf [abgerufen am 25.2.2023].

Johannsen, Margret, »Hamas ante portas? Die palästinensischen Nationalreligiösen zwischen Widerstand und Regieren«, in: *Sicherheit und Frieden*, 31, 4, 2014, S. 243–248.

Johannsen, Margret, »Zwischen Widerstand und Opposition, Gewaltordnungen in Palästina«, in: *Sicherheit und Frieden*, 22, 4, 2004, S. 195–206.

Jones, Marc Owen, *Digital Authoritarianism in the Middle East: Deception, Disinformation and Social Media*, London 2022.

Jones, Seth G./Dobbins, James/Byman, Daniel/Chivvis, Christopher S./Connable, Ben/Martini, Jeffrey/Robinson, Eric/Chandler, Nathan, *Rolling Back the Islamic State*, Rand 2017, URL: https://www.rand.org/pubs/research_reports/RR1912.html#:~:text=Notes-,PDF%20file,-5.8%20MB [abgerufen am 25.2.2023].

Kagan, Robert, Israel and the Decline of the International Order. The Rise of Nationalism around the Globe May Be Reflected in the Outcome of the Israeli Elections on Tuesday, in: *Washington Post*, 12.9.2019.

Kalin, Stephen/Paul, Katie, Saudi Arabia says it has seized over $ 100 billion in corruption purge, in: *Reuters*, 30.1.2018, URL: https://www.reuters.com/article/us-saudi-arrests-corruption-idUSKBN1FJ28E [abgerufen am 22.1.2023].

Kalinovsky, Artemy M., *A Long Goodbye. The Soviet Withdrawal from Afghanistan*, Cambridge 2011.

Kálnoky, Boris, Barack Obama sieht Türkei als »Modell für die Welt«, in: *Die Welt*, 6.4.2009.

Kandarr, Jana/Motagh, Mahdi, Coastal cities are sinking dramatically, in: *ESPK*, 2018, URL: https://www.eskp.de/en/natural-hazards/coastal-cities-are-sinking-dramatically-935926 [abgerufen am 13.11.2022].

Kappeler, Andreas, *Russland als Vielvölkerreich. Entstehung, Geschichte, Zerfall*, München 2008.

Katz, Mark N., »Different but Similar: Comparing Moscow's Middle East Policies in the Cold War and Putin Eras«, in: Kozhanov, Nikolay (Hg.), *Russian Foreign Policy Towards the Middle East. New Trends, Old Traditions*, London 2022, S. 37–59.

Kaye, Dalia Dassa Kaye, America's Role in a Post-American Middle East, in: *The Washington Quarterly* 45, 1, 2022, S. 7–24.

Kaye, Dalia Dassa, America Is Not Withdrawing from the Middle East. Washington Needs a New Strategy But Not an Exit Strategy, in: *Foreign Affairs*, 1.12.2021, URL: https://www.foreignaffairs.com/articles/united-states/2021-12-01/america-not-withdrawing-middle-east [abgerufen am 4.10.2022].

Kayyali, Sara, »Failure to Launch: The Inability of Catalysts to Alter Political Arrangements in Lebanon and Syria«, in: *MENA's Frozen Conflicts, POMEPS Studies*, 42, 2020, S. 52–58.

Kebbi, Julia, Lebanon–Saudi Arabia: The story of a family rupture, in: *L'Orient-Le Jour*, 17.5.2021, URL: https://today.lorientlejour.com/article/1262053/lebanon-saudi-arabia-the-story-of-a-family-rupture.html [abgerufen am 27.2.2023].

Keohane, Robert O., »Lilliputians' Dilemmas: Small States in International Politics«, in: *International Organization*, 2, 1969, S. 291–310.

Khechana, Rachid, Bedouinocratic Libya: Between Hereditary Succession and Reform, in: *Arab Reform Brief*, 2010, URL: https://s3.eu-central-1.amazonaws.com/storage.arab-reform.net/ari/2010/01/26000137/Arab_Reform_Initiative_2010-01_Policy_Alternatives_en_bedouinocracy_libya_between_hereditary_succession_and_reform.pdf [abgerufen am 18.12.2022].

Kirkpatrick, David D., Saudi Crown Prince's Mass Purge Upends a Longstanding System, in: *The New York Times*, 5.11.2017, URL: https://www.nytimes.com/2017/11/05/world/middleeast/saudi-crown-prince-purge.html [abgerufen am 26.5.2023].

Kiyasseh, Lama, Strong momentum in Saudi Arabia's drive toward renewables and infrastructure, in: *Middle East Institute Washington*, 4.1.2022, URL: https://www.mei.edu/publications/strong-momentum-saudi-arabias-drive-toward-renewables-and-infrastructure [abgerufen am 20.1.2023].

Klinov, Ruth, »Wirtschaft, Sozialwesen und Politik«, in: Dachs, Gisela (Hg.), *Länderbericht Israel*, Bonn 2016, S. 456–520.

Knecht, E./Azhar, S., Qatar Investment Authority has accelerated investments in technology: CEO, in: *Reuters*, 10.12.2018. URL: https://www.reuters.com/article/us-qatar-investments-idUKKBN1O914P [abgerufen am 25.3.2023].

Koelbl, Susanne, Nur ein Narr würde Washington vertrauen, in: *Der Spiegel*, 28.3.2022, URL: https://www.spiegel.de/ausland/krieg-in-der-ukraine-warum-haelt-sich-saudi-arabien-aus-wladimir-putins-krieg-raus-a-41bcac0e-52a6-4e79-b079-8d6c9b512cb4 [abgerufen am 11.3.2023].

Königreich Saudi-Arabien, *Vision 2030*, 2016, URL: https://www.vision2030.gov.sa/media/rc0b5oy1/saudi_vision203.pdf [abgerufen am 17.4.2023].

Konrad-Adenauer-Stiftung, Executive Summary: Opinion Poll on the Protest Movement in Iraq, 2020, URL: https://www.kas.de/documents/266761/266810/Executive+Summary+Opinion+Poll.pdf/37627c96-70db-70 f6-1de0-cc40c7be78bc?version=1.0&t=1609324172739 [abgerufen am 25.2.2023].

Korff, Rüdiger, *Der Stellenwert der Entwicklungspolitik in der Bundesrepublik Deutschland*, Bielefeld 1997.

Kozhanov, Nikolay, »The Drivers of Russia-GCC Relations«, in: Kozhanov, Nikolay (Hg.), *Russian Foreign Policy Towards the Middle East. New Trends, Old Traditions*, London 2022, S. 141–163.

Kramer, Heinz, Die Türkei im Prozess der »Europäisierung«, in: *Das Parlament*, 9.8.2004.

Krane, Jim/Ulrichsen, Kristian Coates, The »new« Saudi Arabia, Where Taxes Triple and Benefits get cut, in: *Forbes*, 13.5.2020, URL: https://www.forbes.com/sites/thebakersinstitute/2020/05/13/the-new-saudi-arabia-where-taxes-triple-and-benefits-get-cut/?sh=406453132a22 [abgerufen am 20.1.2023].

Krieg, Andreas (Hg.), *Divided Gulf. The Anatomy of a Crisis*, Singapur 2019.

Kuhn, Britta, »Chinas Belt and Road Initiative wandelt sich«, in: *Wirtschaftsdienst – Zeitschrift für Wirtschaftspolitik*, 101, 11, 2021, S. 901–905.

Kulaçatan, Meltem, Bildungspolitik in der Türkei unter der AKP-Regierung, in: *Bundeszentrale für politische Bildung*, 18.11.2020, URL: https://www.bpb.de/themen/europa/tuerkei/315184/bildungspolitik-in-der-tuerkei-unter-der-akp-regierung [abgerufen am 6.4.2023].

Kurtzer-Ellenbogen, Lucy, Historic UAE-Israel Trade Deal Proves Abraham Accords' Resilience. While Israel's Ties with Some Arab States Continue to Warm, Israeli-Palestinian Diplomacy Recedes from Reach, in: *United States Institute of Peace*, 2.6.2022, URL: https://www.usip.org/publications/2022/06/historic-uae-israel-trade-deal-proves-abraham-accords-resilience [abgerufen am 27.9.2022].

Kurtzer-Ellenbogen, Lucy/Youssef, Hesham, The Negev Summit Furthers Arab-Israeli Normalization, in: *United States Institute of Peace*, 31.3.2022, URL: https://www.usip.org/publications/2022/03/negev-summit-furthers-arab-israeli-normalization [abgerufen am 25.10.2022].

Lake, David A., *Hierarchies in International Relations*, Ithaca 2011.

Lane, Ashley, Iran's Islamist Proxies in the Middle East, in: *Wilson Center*, 20.9.2020, URL: https://www.wilsoncenter.org/article/irans-islamist-proxies [abgerufen am 20.10.2022].

Lange, Sascha/Unterseher, Lutz, *Kriege unserer Zeit. Eine Typologie und der Brennpunkt Syrien*, Berlin/Münster 2018.

Latifi, Ali M., In Afghanistan's shadowy new conflict, new displacement and new civilian abuses, in: *The New Humanitarian*, 23.11.2022.

Laub, Zachary/Robinson, Kali, What Is Hamas?, in: *Council on Foreign Relations*, 2021, URL: https://www.cfr.org/backgrounder/what-hamas [abgerufen am 28.6.2023].

Lavrov, Anton, »Russia in Syria: A Military Analysis«, in: Bechev, Dimitar/Popescu, Nicu/Secrieru, Stanislav (Hg.), *Russia Rising. Putin's Foreign Policy in the Middle East and North Africa*, London 2021, S. 31–38.

Lazaroff, Tovah, Netanyahu: A Palestinian state won't be created, in: *Jerusalem Post*, 8.4.2019, URL: https://www.jpost.com/arab-israeli-conflict/netanyahu-a-palestinian-state-wont-be-created-586017 [abgerufen am 16.9.2022].

Leenders, Reinoud, *Spoils of Truce. Corruption and State-Building in Postwar Lebanon*, Ithaca/London 2012.

Lehmbruch, Gerhard, »Konkordanzdemokratie«, in: Nohlen, Dieter (Hg.), *Lexikon der Politik*, Bd. 3, München 1992, S. 206–211.

Lemke, Bernd, »Religion als Ursache für Gewaltkonflikte? Die Rolle der Selbstmordattentate im Nahen und Mittleren Osten seit 1979«, in: Thurau, Markus (Hg.), *Gewalt und Gewaltfreiheit in Judentum, Christentum und Islam: Annäherungen an ein ambivalentes Phänomen*, Göttingen 2019, S. 147–158.

Leonhardt, Christoph, »Der levantinische Krieg: Die islamistische Bedrohung und die Re-definierung politischer Allianzen im Libanon«, in: Tamcke, Martin (Hg.), *Das ist mehr als ein Beitrag zur Völkerverständigung*, Wiesbaden 2016, S. 185–232 (=2016b).

Leonhardt, Christoph, »The Greek- and the Syriac-Orthodox Patriarchates of Antioch in the context of the Syrian Conflict«, in: *Chronos*, 33, 2016, S. 21–54 (=2016a).

Leonhardt, Christoph, Die Hizbullah steckt in der Zwickmühle, in: *zenith*, 9.12.2019, URL: https://magazin.zenith.me/de/politik/die-hizbullah-und-die-protestbewegung-im-libanon [abgerufen am 9.2.2023].

Leonhardt, Christoph, *Die orthodoxen Christen in Syrien und Libanon: Zwischen Assad und Islamisten*, Berlin 2014.

Leonhardt, Christoph, Libanon am Scheideweg, in: *Rubikon*, 23.11.2019, URL: https://www.rubikon.news/artikel/libanon-am-scheideweg [abgerufen am 3.5.2023].

Leonhardt, Christoph, So kann es im Libanon vorangehen, in: *zenith*, 11.11.2020, URL: https://magazin.zenith.me/de/politik/politisches-system-und-reform-im-libanon [abgerufen am 8.5.2023].

Leonhardt, Christoph/Lukas, Stefan, »Au revoir Nationalstaat? Veränderte Souveränitätskonstellationen im Nahen und Mittleren Osten«, in: *Politikum*, 4, 2020, S. 44–54.

Levitsky, Steven/Way, Lucan, *Competitive authoritarianism: Hybrid regimes after the cold war*, Cambridge 2010.

Lewis, Patsy, »Is the Goal of Regional Integration Still Relevant among Small States? The Case of the OECS and CARICOM«, in: Barrow-Giles, Cynthia/Marshall, Don (Hg.), *Living at the Borderlines: Issues in Caribbean Sovereignty and Development*, Kingston 2003, S. 325–352.

Libya Herald, Political Isolation Law. The full text, in: *Libya Herald*, 14.5.2013, URL: https://www.libyaherald.com/2013/05/political-isolation-law-the-full-text [abgerufen am 10.9.2022].

Lijphart, Arend, »Consociational Democracy«, in: *World Politics*, 21, 2, 1969, S. 207–225.

Linowski, Dirk/Lukas, Stefan, *The China-Pakistan Economic Corridor (CPEC) and its Implications for Security Cooperation in the Region*, Bishkek 2021.

London, Douglas, Crown Prince Mohammed bin Salman's people, in: *Middle East Institute*, 14.7.2022, URL: https://mei.edu/publications/crown-prince-mohammed-bin-salmans-people [abgerufen am 18.4.2023].

Lorenzini, Sara, *Global Development: A Cold War History*, Princeton 2019.

Luck, Taylor, Iran Crisis: Why Gulf Arabs see US as a liability, in: *Christian Science Monitor*, 8.1.2020, URL: https://www.csmonitor.com/World/Middle-East/2020/0108/Iran-crisis-Why-Gulf-Arabs-increasingly-see-US-as-a-liability [abgerufen am 15.10.2023].

Lührmann, Anna/Hellmeier, Sebastian, Populismus, Nationalismus und Illiberalismus: Herausforderung für Demokratie und Zivilgesellschaft, in: *Heinrich-Böll-Stiftung und V-Dem Institute*, 2020, URL: https://www.boell.de/sites/default/files/2020-03/E-Paper_DE__2_hbs_V-Dem_FINAL.pdf [abgerufen am 13.4.2023].

Lührmann, Anna/Lindberg, Staffan I., »A third wave of autocratization is here: What is new about it?«, in: *Democratization*, 26, 7, 2019, S. 1095–1113.

Lukas, Stefan, »Der Kampf ums Wasser – Pakistan und die Folgen des Klimawandels«, in: *SIRIUS – Zeitschrift für Strategische Analysen*, 5, 1, 2021, S. 51–61.

Lukas, Stefan, »Neue Perspektiven in Nahost – Wie Chinas Initiativen politische Verhältnisse in der Region grundlegend verändern«, in: *SIRIUS – Zeitschrift für Strategische Analysen* 3, 2, 2019, S. 21–34.

Lukas, Stefan, *Die Neuordnung des Nahen Ostens: Vom radikalen Wandel einer Region zu Beginn des 20. Jahrhunderts*, Berlin 2018.

Lynch, David, *The New Arab Wars. Uprisings and Anarchy in the Middle East*, New York 2016.

Lynch, Marc, *The Arab Uprising. The Unfinished Revolutions of the New Middle East*, New York 2012.

Lynch, Marc, The New Old Middle Eastern Order. Biden's Trip Shows Why Washington is still Getting the Region Wrong, in: *Foreign Affairs*, 26.7.2022, URL: https://www.foreignaffairs.com/united-states/new-old-middle-eastern-order [abgerufen am 23.9.2022].

Mabon, Simon, »The Kingdom and the Glory? Saudi Arabia as a Middle Power in the Contemporary Middle East«, in: Saouli, Adham (Hg.), *Unfulfilled Aspirations: Middle Power Politics in the Middle East*, Oxford 2022, S. 135–156.

Macrotrends, Saudi Arabia GSP Per Capita 1968–2023, 2023, URL: https://www.macrotrends.net/countries/SAU/saudi-arabia/gdp-per-capita [abgerufen am 20.1.2023].

Maghur, Azza K., A Legal Look into the Libyan Supreme Court Ruling, in: *Atlantic Council MENASource*, 8.12.2014, URL: https://www.atlanticcouncil.org/blogs/menasource/a-legal-look-into-the-libyan-supreme-court-ruling [abgerufen am 18.12.2022].

Mahnaimi, Uzi, Israeli drones destroy rocket-smuggling convoys in Sudan, in: *The Times*, 29.3.2009.

Malashenko, Alexey, *The Fight for Influence: Russia in Central Asia*, Washington 2013.

Malejacq, Romain, *Warlord Survival: The Delusion of State Building in Afghanistan*, Ithaca 2019.

Mamdouh, Rana, Militarizing the Supreme Constitutional Court, in: *Mada Masr*, 22.7.2022, URL: https://www.madamasr.com/en/2022/07/22/feature/politics/militarizing-the-supreme-constitutional-court [abgerufen am 16.8.2022].

Mansfield, Peter, *A History of the Middle East*, New York 1991.

Mansour, Renad, Networks of Power. The Popular Mobilization Forces and the State in Iraq, in: *Chatham House*, 2021, URL: https://www.chathamhouse.org/sites/default/files/2021-06/2021-02-25-networks-of-power-mansour.pdf [abgerufen am 25.2.2023].

Marczak, Bill, A Breej too far: How Abu Dhabi's Spy Sheikh hid his Chat App in Plain Sight, in: *Medium*, 2.1.2020, URL: https://medium.com/@billmarczak/how-tahnoonbin-zayed-hid-totok-in-plain-sight-group-42-breej-4e6c06c93ba6 [abgerufen am 19.6.2022]

Mashal, Mujib, The President, the Envoy and the Talib: 3 Lives Shaped by War and Study Abroad, in: *The New York Times*, 16.2.2019.

Matthiesen, Toby, *The Other Saudis. Shiism, Dissent and Sectarianism*, Cambridge 2014.

Maull, Hanns W., »Deutschland als Zivilmacht«, in: Schmidt, Siegmar/Hellmann, Gunther/Wolf, Reinhard (Hg.), *Handbuch zur deutschen Außenpolitik*, Wiesbaden 2007, S. 73–84.

McDevitt, Johnny, Mutassim was in charge not Gaddafi', says bodyguard, in: *Channel 4 News*, 21.10.2011, URL: https://www.channel4.com/news/mutassim-was-in-charge-not-gaddafi-says-bodyguard [abgerufen am 18.12.2022].

McLaughlin, Eliott C., Israel's PM Netanyahu: No Palestinian state on my watch, in: *CNN*, 16.3.2015, URL: https://edition.cnn.com/2015/03/16/middleeast/israel-netanyahu-palestinian-state/index.html [abgerufen am 16.9.2022].

Mead, Walter Russell, *The Arc of a Covenant. The United States, Israel, and the Fate of the Jewish People*, New York 2022.

Meier, Christian, Überraschender Redebedarf Ägyptens. Regime hat das Land fest im Griff, in: *Frankfurter Allgemeine Zeitung*, 13.7.2022.

Melman, Yossi, Israel Has No Realistic Military Option on Iran, in: *Haaretz*, 1.9.2022, URL: https://www.haaretz.com/israel-news/2022-09-01/ty-article/.highlight/israels-boasting-defies-reality-theres-no-military-option-on-iran/00000182-f4bc-d030-a1db-f4fd8c420000 [abgerufen am 25.10.2022].

Merkel, Wolfgang, »Embedded and defective democracies«, in: *Democratization*, 11, 5, 2004, S. 33–58.

Meshkati, Najmedin, Gulf Escalation Threatens Drinking Water, in: *Harvard Kennedy School Belfer Center*, 26.6.2019, URL: https://www.belfercenter.org/publication/gulf-escalation-threatens-drinking-water [abgerufen am 20.1.2023].

Messner, Dirk, »Entwicklungspolitik als globale Strukturpolitik«, in: Jäger, Thomas/Höse, Alexander/Oppermann, Kai (Hg.), *Deutsche Außenpolitik: Sicherheit, Wohlfahrt, Institutionen und Normen*, Wiesbaden 2007, S. 393–422.

Michel Aoun, Lebanon's president who »never gives up« , in: *France 24*, 25.10.2022, URL: https://www.france24.com/en/live-news/20221025-michel-aoun-lebanon-s-president-who-never-gives-up [abgerufen am 12.12.2022].

Miehe, Luca/Roll, Stephan, Drei Szenarien zur Entwicklung des Sisi-Regimes in Ägypten, in: *Stiftung Wissenschaft und Politik*, 17.3.2019, URL: https://www.swp-berlin.org/publications/products/aktuell/2019A17_mih_rll.pdf [abgerufen am 8.3.2023].

Miller, Chris/Friedman Lissner, Rebecca, The Israel That Can Say »No«. Why Netanjahu Has Less Need for the United States, in: *Foreign Affairs*, 3.11.2015, URL: https://www.foreignaffairs.com/articles/israel/2015-11-03/israel-can-say-no [abgerufen am 23.9.2022].

Mitreski, Aleksandar, »Kingdom of Saudi Arabia: A Rentier Middle Power in Pursuit of Global Leadership of the Islamic Community«, in: Abbondanza, Gabriele/Wilkins,

Thomas Stow (Hg.), *Awkward Powers: Escaping Traditional Great and Middle Power Theory. Global Political Transitions*, Singapur 2021, S. 285–304.

Mitrokhin, Vasili, The KGB in Afghanistan, in: *Cold War International History Project*, 2002, URL: https://www.wilsoncenter.org/publication/the-kgb-afghanistan [abgerufen am 13.3.2023].

Moritz, Jessie, »Rentier political economy in the oil monarchies«, in: Kamrava, Mehran (Hg.), *Routledge Handbook of Persian Gulf Politics*, London/New York 2020, S. 163–186.

Morozov, Viacheslav, »The Middle East in Russia's Foreign Policy, 1990–2020«, in: Kozhanov, Nikolay (Hg.), *Russian Foreign Policy Towards the Middle East. New Trends, Old Traditions*, London 2022, S. 15–36.

Moussawi, Fatima A., *The Realities, Needs and Challenges Facing the Feminist and Queer Movements in Lebanon in Light of a Multi-Layered Crisis*, Beirut 2022.

Mühlberger, Wolfgang, Iraks Suche nach dem Gesellschaftsvertrag. Ein Ansatz zur Förderung gesellschaftlichen Zusammenhalts und staatlicher Resilienz, in: *German Institute of Development and Sustainability*, 2022, URL: https://www.idos-research.de/uploads/media/DP_13.2022.pdf [abgerufen am 25.2.2023].

Müller, Harald, »Stillstand in der nuklearen Abrüstung«, in: *Vereinte Nationen*, 63, 2015, S. 152–157.

Nasrallah, Hassan, kalimat fi ayd al-muqawama wa-l-tahrir (Rede zum Widerstands- und Befreiungstag), in: *al-muqawama*, 25.5.2013

National Development and Reform Commission, Ministry of Foreign Affairs of the People's Republic of China und Ministry of Commerce of the People's Republic of China: Vision and Actions on Jointly Building Silk Road Economic Belt and 21st-Century Maritime Silk Road, Peking 2015.

National Development and Reform Commission, The 13th Five-Year Plan for Economic and Social Development of the People's Republic of China (2016–2020), 2016, URL: https://en.ndrc.gov.cn/policies/202105/P020210527785800103339.pdf [abgerufen am 24.6.2022].

Nazaruk, Zuza, »Politics in the De-politicised: TikTok as a Source of China's Soft Power«, in: *Journal of Political Risk*, 9, 11, 2021, https://www.jpolrisk.com/politics-in-the-de-politicised-tiktok-as-a-source-of-chinas-soft-power [abgerufen am 7.2.2023].

Neitzel, Sönke/Scianna, Bastian Matteo, *Blutige Enthaltung. Deutschlands Rolle im Syrienkrieg*, Freiburg 2021.

Nereim, Vivian/Pierson, David, Xi Will Visit Saudi Arabia, a Sign of China's Growing Middle East Ties, in: *New York Times*, 6.12.2022, URL: https://www.nytimes.com/2022/12/06/world/middleeast/china-xi-jinping-visit-saudi-arabia.html [abgerufen am 14.3.2023].

Neve, Freddie, The Middle East Pivot to Asia 2022, in: *Asia House*, 2.11.2022, URL: https://asiahouse.org/research_posts/the-middle-east-pivot-to-asia-2022/ [abgerufen am 15.10.2023].

Niblock, Tim, »China and the Middle East: A Global Strategy Where the Middle East has a Significant but Limited Place«, in: *Asian Journal of Middle Eastern and Islamic Studies*, 14, 4, 2020, S. 481–504.

Nihal, Mariam, Saudi crown prince launches education reform to teach global values, in: *The National News*, 16.9.2021, URL: https://www.thenationalnews.com/gulf-news/saudi-arabia/2021/09/16/saudi-crown-prince-launches-education-reform-to-teach-global-values [abgerufen am 20.9.2023]

Nordland, Rod/Gladstone, Rick, Cameron of Britain and Sarkozy of France Visit Libya, in: *New York Times*, 15.9.2011, URL: https://www.nytimes.com/2011/09/16/world/africa/cameron-and-sarkozy-in-tripoli-libya-to-meet-new-leaders.html [abgerufen am 18.12.2022].

Norfield, Tony, *The City: London and the Global Power of Finance*, London/New York 2016.

North Atlantic Treaty Organization, Provincial Reconstruction Teams in Afghanistan – how they arrived and where they are going, Brüssel 2007.

Novosseloff, Alexandra, »United Nations Interim Force in Lebanon (UNIFIL I)«, in: Koops, Joachim A./MacQueen, Norrie/Tardy, Thierry/Williams, Paul D. (Hg.), *The Oxford Handbook of United Nations Peacekeeping Operations*, Oxford 2014, S. 248–258.

NS Energy, Countries with largest natural gas reserves in the Middle East, 2019, URL: https://www.nsenergybusiness.com/features/largest-natural-gas-reserves-middle-east [abgerufen am 20.1.2023].

Nykanen, Johanna, »Identity, Narrative and Frames: Assessing Turkey's Kurdish Initiatives«, in: *Insight Turkey*, 15, 2, 2013, S. 85–101.

o.A., Abrisspläne für Beduinendorf auf Eis, in: *Deutsche Welle*, 21.10.2018, URL: https://www.dw.com/de/israel-legt-abrisspläne-für-beduinendorf-auf-eis/a-45973552 [abgerufen am 19.9.2022].

o.A., After Years of Quiet, Israeli-Palestinian Conflict Exploded, in: *New York Times*, 15.5.2021, URL: https://www.nytimes.com/2021/05/15/world/middleeast/israel-palestinian-gaza-war.html [abgerufen am 25.10.2022].

o.A., al-Asad yaqul hizb Allah »namuzagh hai li-Suriya« , in: *Al-Arabiyya*, 9.5.2013.

o.A., All US forces have left Bagram Air Base, as US withdrawal from Afghanistan nears completion, in: *CNN*, 2.7.2021, URL: https://www.cnn.com/2021/07/01/politics/us-military-bagram-airfield-afghanistan [abgerufen am 10.9.2022].

o.A., Awamiya: Inside Saudi Shia town devastated by demolitions and fighting, in: *BBC*, 16.8.2017, URL: https://www.bbc.com/news/world-middle-east-40937581 [abgerufen am 23.1.2023].

o.A., Biden says the U.S. »will not walk away« from the Middle East, in: *Associated Press*, 16.7.2022, URL: https://www.npr.org/2022/07/16/1111863983/biden-meets-gulf-leaders-strategy [abgerufen am 15.10.2023].

o.A., Costs of the 20-year war on terror: $ 8 trillion and 900,000 deaths, in: *Brown University*, 1.9.2021, URL: https://www.brown.edu/news/2021-09-01/costsofwar [abgerufen am 15.10.2023].

o.A., Der neue starke Mann am Golf, in: *FAZ*, 21.6.2017, URL: https://www.faz.net/aktuell/politik/ausland/saudi-arabien-der-neue-starke-mann-am-golf-15070332.html [abgerufen am 8.3.2022].

o.A., Die »Facebook-Revolution« will säkulares Ägypten, in: *PRO. Das christliche Medienmagazin*, 7.2.2011, URL: https://www.pro-medienmagazin.de/die-facebook-revolution-will-saekulares-aegypten [abgerufen am 2.10.2023].

o.A., Egypt sees gender-based violent crimes rise to 415 during 2020: Edraak Foundation, in: *Daily News Egypt*, 4.2.2021, URL: https://dailynewsegypt.com/2021/02/04/egypt-sees-gender-based-violent-crimes-rise-to-415-during-2020-edraak-foundation [abgerufen am 16.9.2022].

o.A., Egypt's political prisoners. Too many to count, in: *The Economist*, 23.7.2022.

o.A., Feindliches Gebiet, in: *Die Zeit*, 19.9.2007.

o.A., Finul: »900 soldats français et des armes lourdes envoyés d'ici mi-septembre«, in: *Le Monde* 29.8.2006, URL: https://www.lemonde.fr/international/article/2006/08/29/finul-900-soldats-francais-et-des-armes-lourdes-envoyes-d-ici-a-la-mi-septembre_807530_3210.html [abgerufen am 15.6.2023].

o.A., Full Text of Netanyahu's Foreign Policy Speech at Bar Ilan, in: *Haaretz*, 14.6.2009, URL: https://www.haaretz.com/2009-06-14/ty-article/full-text-of-netanyahus-foreign-policy-speech-at-bar-ilan/0000017 f-f587-d5bd-a17 f-f7bffbae0000 [abgerufen am 16.9.2022].

o.A., Gaddafi's son appointed to key post: report, in: *Reuters*, 16.10.2009, URL: https://www.reuters.com/article/us-libya-saif-idUSTRE59F35C20091016 [abgerufen am 18.12.2022].

o.A., Gaddafi's son in civil war warning, in: *Al Jazeera*, 21.2.2011, URL: https://www.aljazeera.com/news/2011/2/21/gaddafis-son-in-civil-war-warning [abgerufen am 18.12.2022].

o.A., General National Elections in Libya – Final Report, in: *Carter Center*, 7.7.2012, URL: https://aceproject.org/ero-en/regions/africa/LY/libya-final-report-general-national-congress-3 [abgerufen am 9.9.2022].

o.A., *Hamas in first Syria visit in decade as relations thaw*, in: *L'Orient today*, 19.10.2022.

o.A., How the Taliban stormed across Afghanistan in 10 days, in: *BBC*, 16.8.2021, URL: https://www.bbc.com/news/world-58232525#:~:text=The%20Taliban%20swept%20across%20Afghanistan,at%20the%20gates%20of%20Kabul [abgerufen am 12.1.2023].

o.A., Ich bin so stolz, diese große Entscheidung getroffen zu haben, in: *Der Spiegel*, 3.1.2023, URL: https://www.spiegel.de/sport/fussball/cristiano-ronaldo-offiziell-bei-al-nasr-in-saudi-arabien-vorgestellt-a-f6afd702-02a4-4b03-9b5c-4d732987a870 [abgerufen am 30.1.2023].

o.A., Iraq 10 years on: Economy grows, but how many benefit?, in: *IRIN*, 24.4.2013, URL: https://www.refworld.org/docid/517 f95004.html [abgerufen am 25.2.2023].

o.A., Iraq declares war with Islamic State is over, in: *BBC*, 9.12.2017, URL: https://www.bbc.com/news/world-middle-east-42291985 [abgerufen am 12.4.2023].

o.A., Libya – Election for Majlis Al Nuwab (Libyan Council of Deputies), 25.6.2014, URL: https://electionguide.org/elections/id/2798 [abgerufen am 10.9.2022].

o.A., Libya supreme court rules anti-Islamist parliament unlawful, in: *The Guardian*, 6.11.2014, URL: https://www.theguardian.com/world/2014/nov/06/libya-court-tripoli-rules-anti-islamist-parliament-unlawful [abgerufen am 18.12.2022].

o.A., Libyan police stations torched, in: *Al Jazeera*, 16.2.2011, URL: https://www.aljazeera.com/news/2011/2/16/libyan-police-stations-torched [abgerufen am 18.12.2022].

o.A., Libyan Political Agreement, in: *UNSMIL*, 2015, URL: https://menarights.org/sites/default/files/2016-12/LBY_Political%20Agreement_ENG_0.pdf https://unsmil.unmissions.org/sites/default/files/Libyan%20Political%20Agreement%20-%20ENG%20.pdf [abgerufen am 12.9.2022].

o.A., Libyan state media silent on protests, in: *BBC*, 17.2.2011, URL: https://www.bbc.co.uk/news/world-middle-east-12496420 [abgerufen am 18.12.2022].

o.A., Lob für Bündnispartner, in: *Deutsche Welle*, 27.6.2004, URL: https://www.dw.com/de/lob-f%C3%BCr-b%C3%BCndnispartner/a-1248002 [abgerufen am 12.7.2022].

o.A., Media Ownership Monitor Turkey 2016, in: *Bianet*, 2021, URL: https://turkey.mom-rsf.org [abgerufen am 23.5.2023].

o.A., More than 200 arrested in latest Saudi anti-corruption purge, in: *Al Jazeera*, 10.8.2021, URL: https://www.aljazeera.com/news/2021/8/10/more-than-200-arrested-in-latest-saudi-anti-corruption-purge [abgerufen am 21.9.2021].

o.A., New jihad code threatens al Qaeda, in: *CNN*, 10.11.2009, URL: http://edition.cnn.com/2009/WORLD/africa/11/09/libya.jihadi.code/ [abgerufen am 10.9.2022].

o.A., OSZE-Mission: Beobachter bemängeln Unregelmäßigkeiten im Wahlablauf, in: *Die Zeit*, 17.4.2017, URL: https://www.zeit.de/politik/ausland/2017-04/osze-tuerkei-referendum-wahlbeobachter-kritik [abgerufen am 27.3.2023].

o.A., Pentagon Briefing with Secretary Rumsfeld, in: *Washington Post*, 19.11.2001.

o.A., Photos of Egyptian Economist Who Died in Custody Raise Questions of Abuse, in: *New York Times*, 27.4.2022.

o.A., Prospects 2004: Saudi Rulers wake up to the threat, in: *Oxford Analytica Daily Brief*, 16.12.2003, URL: https://dailybrief.oxan.com/Analysis/DB106278/PROSPECTS-2004-Saudi-rulers-wake-up-to-threats [abgerufen am 15.10.2023].

o.A., Qatari dairy exports first batch of products, in: *The Peninsula*, 28.3.2019, URL: https://thepeninsulaqatar.com/article/28/03/2019/Qatari-dairy-exports-first-batch-of-products [abgerufen am 25.3.2023].

o.A., Riyadh executes dozens, including top Shiite cleric, in: *Deutsche Welle*, 1.2.2016, https://www.dw.com/en/saudi-arabia-executes-47-including-prominent-shiite-cleric-nimr-al-nimr/a-18954984 [abgerufen am 13.7.2022].

o.A., Saudi Arabia allows concerts – even country music, in: *The Economist*, 1.6.2017, URL: https://www.economist.com/middle-east-and-africa/2017/06/01/saudi-arabia-allows-concerts-even-country-music [abgerufen am 20.1.2023].

o.a., Saudi Arabia and China to prioritize relations, in: *Arab News*, 9.12.2022, https://www.arabnews.com/node/2213386/saudi-arabia [abgerufen am 18.12.2022].

o.A., Saudi Arabia launches national infrastructure fund with BlackRock, in: *Reuters*, 25.10.2021, URL: https://www.reuters.com/world/middle-east/saudi-arabialaunches-national-infrastructure-fund-with-blackrock-2021-10-25　　[abgerufen am 20.1.2023].

o.A., Saudi Arabia's ban on women driving officially ends, in: *BBC*, 24.6.2018, URL: https://www.bbc.com/news/world-middle-east-44576795 [abgerufen am 11.7.2022].

o.A., Saudi says U.S. policy handing Iraq over to Iran, in: *Reuters*, 20.9.2005, URL: https://gulfnews.com/world/mena/washington-is-handing-iraq-to-iran-says-saud-1.301660 [abgerufen am 15.10.2023].

o.A., Saudi's Prince Mohammed bin Nayef pledges allegiance to new crown prince, in: *Reuters*, 21.6.2017, URL: https://www.reuters.com/article/us-saudi-succession-nayef-idUSKBN19C0FF [abgerufen am 24.7.2023].

o.A., Sicherheitsgesetz: Türkische Polizei darf schneller schießen, in: *Die Zeit*, 27.3.2015, URL: https://www.zeit.de/politik/ausland/2015-03/tuerkei-sicherheitsgesetz-polizei-internetsperren-parlament?page=2 [abgerufen am 3.6.2022].

o.A., State Sponsors: Libya, in: *Council on Foreign Relations*, 1.12.2005, URL: https://www.cfr.org/backgrounder/state-sponsors-libya [abgerufen am 18.12.2022].

o.A., Turkey, in: *Council of Europe Venice Commission*, 13.3.2017, URL: https://www.venice.coe.int/webforms/documents/?pdf=CDL-AD(2017)005-e [abgerufen am 28.9.2022].

o.A., U.S. Rejects New Taliban Offer, in: *ABC News*, 14.10.2001, URL: https://abcnews.go.com/International/story?id=80482&page=1 [abgerufen am 21.6.2021].

o.A., UAE official says it is time to manage rivalry with Iran and Turkey, in: *Reuters*, 3.10.2021, URL: https://www.reuters.com/world/middle-east/uae-official-says-time-manage-rivalry-with-iran-turkey-2021-10-03 [abgerufen am 15.10.2023].

o.A., UAE water consumption highest in the world, in: *Emirates 24/7*, 13.3.2013, URL: https://www.emirates247.com/news/emirates/uae-water-consumption-highest-in-the-world-2013-03-13-1.498498 [abgerufen am 20.1.2023].

o.A., Visualizing Turkey's Activism in Africa, in: *Center for Applied Turkey Studies*, 3.6.2022, URL: https://www.cats-network.eu/topics/visualizing-turkeys-activism-in-africa [abgerufen am 2.8.2022].

o.A., West celebrates Gaddafi's end, hails own role, in: *Reuters*, 20.11.2011, URL: https://www.reuters.com/article/uk-libya-gaddafi-reaction-idUKTRE79J6GW20111020 [abgerufen am 18.12.2022].

o.A., Wettkämpfe mitten in Saudi-Arabiens Wüste, in: *ARD*, 4.10.2022, URL: https://www.tagesschau.de/sport/sportschau/asiatischewinterspiele-saudiarabien-101.html [abgerufen am 29.1.2023].

Obaid, Nawaf, Amid the Arab Spring, a U.S.-Saudi split, in: *The Washington Post*, 16.5.2011, URL: https://www.washingtonpost.com/opinions/amid-the-arab-spring-a-us-saudi-split/2011/05/13/AFMy8Q4G_story.html [abgerufen am 15.10.2023].

Obama, Barack, Remarks by the President on a New Beginning, Universität Kairo, 4.6.2009, URL: https://obamawhitehouse.archives.gov/the-press-office/remarks-president-cairo-university-6-04-09 [abgerufen am 15.10.2023].

Obeidat, Sara, Muammar Qaddafi and Libya's Legacy of Terrorism, in: *PBS Frontline*, 13.10.2015, URL: https://www.pbs.org/wgbh/frontline/article/muammar-qaddafi-and-libyas-legacy-of-terrorism [abgerufen am 18.12.2022].

Odhiambo, G.O., »Water scarcity in the Arabian Peninsula and socio-economic implications«, in: *Applied Water Science*, 7, 2017, S. 2479–2492.

Okano-Heijmans, Maaike, Global Gateway: Positioning Europe for a Sustainable Future, in: *Clingendael Institute*, 23.2.2022, URL: https://www.clingendael.org/publication/global-gateway-positioning-europe-sustainable-future [abgerufen am 1.10.2022].

OPEC, OPEC share of world crude oil reserves 2021, 2021, URL: https://www.opec.org/opec_web/en/data_graphs/330.htm [abgerufen am 13.3.2023].

Oraby, Mona, A Trickster's Tokens: Christians and Waning Judicial Independence in Egypt, in: *Berkley Center for Religion, Peace and World Affairs*, 30.3.2022, URL: https://berkleycenter.georgetown.edu/responses/a-trickster-s-tokens-christians-and-waning-judicial-independence-in-egypt [abgerufen am 8.9.2022].

Oren, Michael B., *Power, Faith and Fantasy: America in the Middle East 1776 to the Present*, New York 2007.

Organisation für wirtschaftliche Zusammenarbeit und Entwicklung, Paris Declaration on Aid Effectiveness, Paris 2005.

Organisation für wirtschaftliche Zusammenarbeit und Entwicklung, Turkey, Early Presidential and Parliamentary Elections, 24 June 2018: Statement of Preliminary Findings and Conclusions, OSZE 2018, URL: https://www.osce.org/odihr/elections/turkey/385671 [abgerufen am 9.3.2023].

Orian, Assaf, UAVs and the Abraham Accords: New Horizons for Sinai Peacekeeping, in: *The Washington Institute for Near East Policy*, 13.1.2021, URL: https://www.washingtoninstitute.org/policy-analysis/uavs-and-abraham-accords-new-horizons-sinai-peacekeeping [abgerufen am 2.8.2022].

Özkan, Behlül, »Turkey, Davutoglu and the Idea of Pan-Islamism«, in: *Survival: Global Politics and Strategy*, 56, 4, 2014, S. 119–140.

Özkan, Behlül, Turkey's Imperial Fantasy, in: *New York Times*, 28.8.2014.

Pack, Jason/Mezran, Karim/Eljarh, Mohamed, *Libya's Faustian Bargains: Breaking the Appeasement Cycle*, Atlantic Council Rafik Hariri Center for the Middle East 2014, URL: https://www.atlanticcouncil.org/wp-content/uploads/2014/05/Libyas_Faustian_Bargains.pdf [abgerufen am 18.12.2022].

Pack, Jason/Pusztai, Wolfgang, Turning the Tide: How Turkey Won the War for Tripoli, in: *Middle East Institute*, 10.11.2020, URL: https://www.mei.edu/publications/turning-tide-how-turkey-won-war-tripoli [abgerufen am 25.9.2022].

Packer, George, Afghanistan's Theorist-in-Chief, in: *The New Yorker*, 4.7.2016.

Panja, Tariq, Inside Man: How FIFA Guided the World Cup to Saudi Arabia, in: *New York Times*, 15.11.2023, URL: https://www.nytimes.com/2023/11/15/world/middleeast/saudi-arabia-fifa-world-cup.html [abgerufen am 25.11.2023].

Pany, Thomas, Türkische Proxy-Truppen: »Das übelste Gesindel«, in: *Telepolis*, 17.10.2019, URL: https://www.heise.de/tp/features/Tuerkische-Proxy-Truppen-Das-uebelste-Gesindel-4559155.html [abgerufen am 20.4.2023].

Pargeter, Alison, *Libya – The Rise and Fall of Qaddafi*, New Haven/London 2012.

Patman, Robert G., *The Soviet Union in the Horn of Africa. The Diplomacy of Intervention and Disengagement*, Cambridge 1990.

Petersen, Thomas, *Wie antisemitisch ist Deutschland?*, Institut für Demoskopie Allensbach 2018, URL: https://www.ifd-allensbach.de/fileadmin/kurzberichte_dokumentationen/FAZ_Juni2018_Antisemitismus.pdf [abgerufen am 25.10.2022].

Peterson, J., »Qatar and the World: Branding for a Micro-State«, in: *Middle East Journal* 60, 4, 2006, S. 732–748.

Pew Research Center, Views of the U.S. and American Foreign Policy, 23.7.2009, URL: https://www.pewresearch.org/global/2009/07/23/chapter-1-views-of-the-u-s-and-american-foreign-policy-2/#muslim-views-of-u-s [abgerufen am 15.10.2023].

Plessner, Yohanan, Can Israel's New Center Hold? Netanyahu is Out, But the Crisis He Thrived on Remains, in: *Foreign Affairs*, 13.7.2021, URL: https://www.foreignaffairs.com/articles/israel/2021-07-13/can-israels-new-center-hold [abgerufen am 23.9.2022].

Pollack, David, New Saudi Poll shows Biden's visit barely budged skepticism, in: *The Washington Institute for Near East Policy*, 26.8.2022, URL: https://www.washingtoninstitute.org/policy-analysis/new-saudi-poll-shows-bidens-visit-barely-budged-skepticism [abgerufen am 15.10.2023].

Pollack, Josh, Anti-Americanism in Saudi Arabia, in: *Middle East Review of International Affairs* 7, 4, 2003, S. 30–43.

Pusztai, Wolfgang, »Libya: A second Home?«, in: *Orient*, 4, 2017, S. 24–30.

Pusztai, Wolfgang, Libya's Conflict: A very short Introduction, in: *EUISS*, 4.11.2019, URL: https://www.iss.europa.eu/content/libyas-conflict [abgerufen am 18.12.2022].

Pusztai, Wolfgang/Varvelli, Arturo, *Libya's Fight for Survival: Essay Three – Mapping Radical Islamist Militias in Libya*, European Foundation for Democracy 2015, URL: https://www.counterextremism.com/sites/default/files/2015_09_Libyas_Fight_for_Survival.pdf [abgerufen am 25.12.2022].

PV magazine, Desert Technologies Factory first Saudi factory to export solar panels to the German market, 21.4.2022, URL: https://www.pv-magazine.com/press-releases/desert-technologies-factory-first-saudi-factory-to-export-solar-panels-to-the-german-market [abgerufen am 20.1.2023].

Quandt, William, *Peace process: American diplomacy and the Arab-Israeli conflict since 1967*, 3. Aufl., London 2005.

Quast, Ulrike, Westerwelle sichert Libyen weitere Hilfe zu, in: *Deutsche Welle*, 8.1.2012, URL: https://www.dw.com/de/westerwelle-sichert-libyen-weitere-hilfe-zu/a-6694496 [abgerufen am 18.12.2022].

Rabie, Mohamed, »The U.S.-PLO Dialogue: The Swedish Connection«, in: *Journal of Palestine Studies*, 21, 4, 1992, S. 54–66.

Rahman, Omar H., The Emergence of GCC-Israel Relations in a Changing Middle East, in: *Bookings Doha Center*, 2021, URL: https://www.brookings.edu/articles/the-emergence-of-gcc-israel-relations-in-a-changing-middle-east [abgerufen am 18.12.2022].

Ramadan, Tariq, *The Arab Awakening. Islam and the New Middle East*, London 2012.

Ramani, Samuel, »Russia and the Yemeni Civil War«, in: Kozhanov, Nikolay (Hg.), *Russian Foreign Policy Towards the Middle East. New Trends, Old Traditions*, London 2022, S. 165–190.

Ranko, Annette, *Die Muslimbruderschaft. Portrait einer mächtigen Verbindung*, Hamburg 2014.

Ranko, Annette/Jacobs, Andreas, »Understanding the Muslim Brotherhood in the Middle East and in the West: Organization, Strategy, and Ideology«, in: Ceylan, Rauf/Kiefer, Michael (Hg.), *Der islamische Fundamentalismus im 21. Jahrhundert*, Wiesbaden 2022, S. 117–132.

Rashid, Ahmed, *Taliban – Islam, Oil, and the New Great Game in Central Asia*, London/New York 2001.

Ravid, Barak, Netanyahu: Bar-Ilan 2-state Speech No Longer Relevant in Today's Reality, in: *Haaretz*, 8.3.2015, URL: https://www.haaretz.com/2015-03-08/ty-article/.premium/bar-ilan-speech-no-longer-relevant/0000017 f-ef07-d0 f7-a9 ff-efc790e10000 [abgerufen am 16.9.2022].

Reiche, Danyel/Brannagan, Paul, *Qatar and the 2022 FIFA World Cup. Politics, Controversy, Change*, Cham 2022.

Reporter ohne Grenzen, Rangliste der Pressefreiheit 2019, 2019, URL: https://www.reporter-ohne-grenzen.de/fileadmin/Redaktion/Downloads/Ranglisten/Rangliste_2019/Rangliste_der_Pressefreiheit_2019.pdf [abgerufen am 22.2.2023].

Reporter ohne Grenzen, Turkey: State of Emergency, State of Arbitrary, 2016, URL: https://www.reporter-ohne-grenzen.de/fileadmin/Redaktion/News/Downloads/160900_Turkey_state_of_emergency_report_-_RSF.pdf [abgerufen am 22.2.2023].

Reuter, Christoph, Mit der Pumpgun zum Bankschalter, in: *Der Spiegel*, 18.11.2022.

Rieck, Christian E., »Für ein Ministerium für Globale Strukturpolitik«, in: *Vereinte Nationen*, 2, 2022, S. 70–71.

Rieck, Christian E., »Strange New Worlds: The European Union's Search for Like-Minded Partners in the Indo-Pacific«, in: *Panorama*, 1, 2021, S. 39–54.

Rieck, Christian E., *Wissenschaft und Zivilmacht. Die Außenwissenschaftspolitik der Bundesrepublik Deutschland, 1950–1990.*, Göttingen 2024 (im Erscheinen).

Rieck, Christian E./Rieck Moncayo, Gunter/Wientzek, Olaf, *Reformpartnerschaft mit Nordafrika. Wirtschaftliche Integration als erster Schritt für eine umfassende EU-Afrika-Kooperation*, Berlin 2016.

Riedel, Bruce, The case of Saudi Arabia's Mohammed bin Nayef, in: *The Brookings Institution*, 12.2.2021, URL: https://www.brookings.edu/blog/order-from-chaos/2021/02/12/the-case-of-saudi-arabias-mohammed-bin-nayef [abgerufen am 25.11.2023].

Rieger, René, *Saudi Arabian Foreign Relations. Diplomacy and Mediation in Conflict Resolution*, London/New York 2019.

Ritchie, Hannah/Roser, Max/Rosado, Pablo, Renewable Energy, Based on BP Statistical Review of World Energy, in: *Our World in Data*, 2022, URL: https://ourworldindata.org/renewable-energy [abgerufen am 13.11.2022].

Robinson, Matt, Italy ceasefire call exposes NATO split on Libya, in: *Reuters*, 22.6.2011, URL: https://www.reuters.com/article/columns-us-libya-idINTRE7270JP20110622 [abgerufen am 16.9.2022].

Roggio, Bill, Al Qaeda in Iraq is »broken«, cut off from leaders in Pakistan, says top US general, in: *Long War Journal*, 5.5.2010, URL: https://www.longwarjournal.org/archives/2010/06/al_qaeda_in_iraq_is-3.php [abgerufen am 25.2.2023].

Roggio, Bill/Megahan, Patrick, ISIS seizes more towns in northern and central Iraq, in: *Long War Journal*, 10.6.2014, URL: https://www.longwarjournal.org/archives/2014/06/isis_seizes_more_tow.php [abgerufen am 25.2.2023].

Roll, Stephan, »Managing Change: How Egypt's Military Leadership Shaped the Transformation«, in: *Mediterranean Politics*, 21, 1, 2015, S. 23–43.

Roll, Stephan, A Sovereign Wealth Fund for the Prince. Economic Reforms and Power Consolidation in Saudi Arabia«, in: *Stiftung Wissenschaft und Politik*, 2019, URL: https://www.swp-berlin.org/publications/products/research_papers/2019RP08_rll_Web.pdf [abgerufen am 20.1.2023].

Rosa, Lorenzo/Chiarelli, Davide Danilo/Sangiorgio, Matteo, »Potential for sustainable irrigation expansion in a 3 °C warmer climate«, in: *PNAS*, 117, 47, 2020, S. 29526–29534.

Rózsa, Erzsebet, *Deciphering China in the Middle East*, Brüssel 2020.

Rubin, Barnett, *The Fragmentation of Afghanistan: State Formation and Collapse in the International System*, New Haven 2002.

Rubin, Barry, Turkey and the Middle East: An updated Asessment, in: *Gloriacenter*, 20.1.2008, URL: http://www.gloriacenter.org/submenus/articles/2008/rubin/1_20.asp [abgerufen am 16.4.2023].

Rueter, Gero, Gigantische Subventionen für fossile Energien, in: *Deutsche Welle*, 25.5.2015, URL: https://www.dw.com/de/gigantische-subventionen-f%C3%BCr-fossile-energien/a-18463252 [abgerufen am 13.11.2022].

Rumer, Eugene/Sokolsky, Richard, *Russia's National Security Narrative: All Quiet on the Eastern Front*, Washington 2022.

Ruseckas, Laurent, Europe and the Eastern Mediterranean: the Potential for Hydrogen Partnership, in: *Stiftung Wissenschaft und Politik*, 2022, URL: https://www.swp-berlin.org/publications/products/comments/2022C50_HydrogenPartnership.pdf [abgerufen am 28.2.2023].

Russell, Daniel R./Berger, Blake H., Weaponizing the Belt and Road Initiative, in: *Asia Society Policy Institute*, 2020, URL: https://asiasociety.org/sites/default/files/2020-09/Weaponizing%20the%20Belt%20and%20Road%20Initiative_0.pdf [abgerufen am 24.6.2022].

Ruttig, Thomas, Afghanistan's confusing election maths, in: *Afghan Analyst Network*, 2014, URL: https://www.ecoi.net/de/dokument/1080747.html [abgerufen am 25.8.2022].

Saadoun, Mustafa, Why has illiteracy rate gone up in Iraq?, in: *Al-Monitor*, 5.12.2018, URL: https://www.al-monitor.com/originals/2018/12/iraq-illiteracy-education-culture.html [abgerufen am 25.2.2023].

Saikal, Amin, *Modern Afghanistan: A History of Struggle and Survival*, London/New York 2006.

Saivetz, Carol R., »Russia and Iran: It's Complicated«, in: Bechev, Dimitar/Popescu, Nicu/Secrieru, Stanislav (Hg.), *Russia Rising. Putin's Foreign Policy in the Middle East and North Africa*, London 2021, S. 67–76.

Salloukh, Bassel F./Barakat, Rabie/Al-Habbal, Jinan S./W. Khattab, Lara/Mikaelian, Shoghig, *The Politics of Sectarianism in Postwar Lebanon*, London 2015.

Sambidge, Andrew, Saudi Crown Prince unveils $ 20bn plan to transform Jeddah, in: *Arabian Business*, 18.12.2021, URL: https://www.arabianbusiness.com/gcc/saudi-arabia/saudi-arabia-politics-economics/saudi-crown-prince-unveils-20bn-plan-to-transform-jeddah [abgerufen am 18.2.2023].

Samir Kassir Foundation, Biography of Samir Kassir, 2022, URL: https://www.samirkassirfoundation.org/en/Samir-Kassirs-Biography [abgerufen am 8.6.2023].

Saric, Ivana, Democrats urge Biden to »recalibrate« U.S.-Saudi relationship, in: *Axios*, 7.6.2022, URL: https://www.axios.com/2022/06/07/democrat-biden-us-saudi-relationship [abgerufen am 6.8.2023].

Saudi Gazette, Jeddah redevelopment: 202 housing units allotted and rent paid for 13700 Saudi owners of razed properties, in: *Saudi Gazette*, 27.7.2022, URL: https://saudigazette.com.sa/article/623390?utm_source=m.saudigazette.com.sa&utm_medium=long_story [abgerufen am 24.3.2023].

Saul, Jonathan, Maersk says unable to ship Qatar bound cargo from UAE, seeks alternatives, in: *Reuters*, 6.6.2023, URL: https://www.reuters.com/article/us-gulf-qatar-shipping-idINKBN18X1YS [abgerufen am 19.3.2023].

Sayigh, Yezid, *Above the State: The Officers' Republic in Egypt*, Washington 2012.

Sayigh, Yezid, *Owners of the Republic: An Anatomy of Egypt's Military Economy*, Washington 2019.

Schädler, Andreas, *Electoral Authoritarianism. The Dynamics of Unfree Competition*, Boulder/London 2006.

Schäuble, Martin/Flug, Noah, Vom Gazastreifen-Konflikt im Süden zum zweiten Libanonkrieg 2006 im Norden, in: *Bundeszentrale für politische Bildung*, 2008, URL: https://www.bpb.de/themen/naher-mittlerer-osten/israel/45082/vom-gazastreifen-konflikt-im-sueden-zum-zweiten-libanonkrieg-2006-im-norden [abgerufen am 12.4.2023].

Schmidt, Siegmar, »Entwicklungszusammenarbeit als strategisches Feld deutscher Außenpolitik«, in: *Aus Politik und Zeitgeschichte*, 7–9, 2015, S. 29–35.

Schmitt, Thomas M., »(Why) did Desertec fail? An interim analysis of a large-scale renewable energy infrastructure project from a Social Studies of Technology perspective«, in: *Local Environment*, 23, 7, 2018, S. 747–776.

Schneider, Florian, *Global Perspectives on China's Belt and Road Initiative Asserting Agency through Regional Connectivity*, Amsterdam 2021.

Schranner, Maximilian, »Mohammed bin Salman: Der Architekt des ›vierten saudischen Staats‹ in der Corona-Krise«, in: Ohnesorge, Hendrik W./Gu, Xuewu (Hg.), *Weltpolitische Gestaltung in Zeiten von COVID-19. Zur Rolle von Persönlichkeit und Führungsstil in der Coronakrise*, Wiesbaden 2002, S. 249–268.

Schweizer, Gerhard, *Iran verstehen. Geschichte, Gesellschaft und Religion*, Stuttgart 2017.

Schwerin, Ulrich von, Bildung in der Türkei: Hauptsache schön fromm, in: *Die Zeit*, 13.9.2017, URL: https://www.zeit.de/politik/ausland/2017-09/bildung-tuerkei-recep-tayyip-erdogan-islam/komplettansicht [abgerufen am 24.3.2023].

Schwerin, Ulrich von, Kühne Vision oder teures Luftschloss? In der Wüste östlich von Kairo entsteht eine riesige neue Hauptstadt – die wirtschaftlichen und ökologischen Bedenken sind gross, in: *Neue Zürcher Zeitung*, 7.5.2022.

Scita, Jacopo, *The JCPOA is in Peril. Yet Remains China's Best Security Option in the Gulf*, London 2022.

Searle, Jack/Purkiss, Jessica, Drone Wars: The Full Data, in: *Bureau of Investigative Journalism*, 1.1.2017, URL: https://www.thebureauinvestigates.com/stories/2017-01-01/drone-wars-the-full-data [abgerufen am 18.2.2023].

Seitz, Konrad, *China. Eine Weltmacht kehrt zurück*, Hamburg 2000.

Selby, Jan/Dahi, Omar S./Fröhlich, Christine, »Climate change and the Syrian civil war revisited«, in: *Political Geography*, 60, 2017, S. 232–244.

Senkry, Jan, Die Gaza-Krise und die neue türkische Außenpolitik, in: *Konrad-Adenauer-Stiftung. Auslandsbüro Türkei*, 11.2.2009, URL: https://www.kas.de/c/document_library/get_file?uuid=41753196-b652-03d9-6632-a6b1 f100041 f&groupId=252038 [abgerufen am 11.2.2023].

Sfard, Michal, *The Israeli Occupation of the West Bank and the Crime of Apartheid: Legal Opinion*, Yesh Din 2020, URL: https://s3-eu-west-1.amazonaws.com/files.yesh-din.org/Apartheid+2020/Apartheid+ENG.pdf [abgerufen am 23.9.2022].

Shakir, Omar, *All According to Plan: The Rab'a Massacre and Mass Killings of Protesters in Egypt*, New York 2014.

Shapour, Roxanna, Realpolitik and the 2021 National Budget: The toxic struggle for money and power that undermined Afghanistan's Republic, in: *Afghanistan Analysts Network*, 21.12.2021, URL: https://www.afghanistan-analysts.org/en/reports/economy-development-environment/realpolitik-and-the-2021-national-budget-the-toxic-struggle-for-money-and-power-that-undermined-afghanistans-republic [abgerufen am 4.2.2023].

Sharp, Jeremy M., *Lebanon: The Israel-Hamas-Hezbollah Conflict*, New York 2006.

Shehada, Hazem, *Die PLO und der Friedensprozess: Von der Entstehung der PLO bis zu den Autonomie-Abkommen mit Israel*, Trier 1996.

Khalil Shikaki/Dahlia Scheindlin, Palestinian-Israeli Pulse: A Joint Poll, in: *Tami Steinmetz Center for Peace Research (TSC)/Ramallah: Palestinian Center for Policy) and Survey Research (PSR)*, 2018, URL: https://www.pcpsr.org/sites/default/files/Summary_%20English_Joint%20PAL-ISR%20Poll%205_Jun2018.pdf [abgerufen am 25.10.2022].

Simon, Steven, *Grand Delusion: The Rise and Fall of American Ambition in the Middle East*, New York 2023.

Simon, Steven, The Middle East: Trump Blunders in, in: *The New Yorker*, 13.2.2020, URL: https://www.nybooks.com/articles/2020/02/13/middle-east-trump-blunders-in [abgerufen am 15.10.2023].

Simons, Stefan/Stock, Jonathan/Volkery, Carsten, Sarkozy and Cameron in Libya: Heroes for a Day, in: *Spiegel International*, 15.9.2011, URL: https://www.spiegel.de/international/world/sarkozy-and-cameron-in-libya-heroes-for-a-day-a-786527.html [abgerufen am 18.12.2022].

Singh, Michael, The Middle East in a Multipolar Era: Why America's Allies Are Flirting With Russia and China, in: *The Washington Institute for Near East Policy*, 7.12.2022, URL: https://www.washingtoninstitute.org/policy-analysis/middle-east-multipolar-era-why-americas-allies-are-flirting-russia-and-china [abgerufen am 23.4.2023].

SIPRI Arms Transfer Database, in: *Stockholm International Peace Research Institute*, 13.3.2023. URL: https://www.sipri.org/databases/armstransfers [abgerufen am 15.10.2023].

Skelton, Mac, *Competing Over the Tigris: The Politics of Water Governance in Iraq*, IRIS Report 2022, URL: https://auis.edu.krd/iris/sites/default/files/IRIS-KAS-Competing%20over%20the%20Tigris-11.11.2022_0.pdf [abgerufen am 25.2.2023].

Sky, Emma, *In a time of Monsters: Travels through a Middle East in Revolt*, London 2019.

Smith, Simon C., *Ending Empire in the Middle East: Britain, the United States and Post-war Decolonization, 1945–1973*, Milton Park 2013.

So, A. Y./Chu, Y, *The Global Rise of China*, Cambridge 2015.

Somer, Murat, »Turkey: The Slippery Slope from Reformist to Revolutionary Polarization and Democratic Breakdown«, in: *The Annals of the American Academy of Political and Social Science*, 681, 1, 2019, S. 42–61.

Sons, Sebastian, »Lost in Iranoia: Saudi Arabia's Struggle for Regional Hegemony in Times of Crisis«, in: *Orient* 57, 4, 2016, S. 7–21.

Sons, Sebastian, Das Engagement Saudi-Arabiens am Horn von Afrika, in: *Stiftung Wissenschaft und Politik*, 2022, URL: https://www.megatrends-afrika.de/assets/afrika/publications/kurzanalysen/MTA-KA02_2022_Sons_Zwischen_Machtprojektion_und_regionaler_Rivalitaet.pdf [abgerufen am 7.2.2023].

Sons, Sebastian, Kinder kriegen kann ich später, in: *zenith*, 2022, S. 57–59.

Sons, Sebastian, Koste es, was es wolle: Wie die Golfmonarchien mit Fußball ihre Macht ausbauen, in: *Kicker*, 92, 46, 2022, S. 12–14.

Sons, Sebastian, MBS und die Premier League: Mehr als ein Spiel, in: *Qantara*, 10.11.2021, URL: https://de.qantara.de/inhalt/uebernahme-von-newcastle-united-durch-saudischen-staatsfonds-mbs-und-die-premier-league-mehr [abgerufen am 30.9.2023].

Sons, Sebastian, Raus aus dem Abseits, in: *Qantara*, 20.7.2021, URL: https://de.qantara.de/inhalt/die-sportpolitik-saudi-arabiens-raus-aus-dem-abseits [abgerufen am 10.2.2023].

Sons, Sebastian, Saudi-Arabiens Arbeitsmarkt: Sozioökonomische Herausforderungen und steigender Reformdruck, in: *Bundeszentrale für politische Bildung*, 5.11.2014, URL: https://www.bpb.de/shop/zeitschriften/apuz/194436/saudi-arabiens-arbeitsmarkt-soziooekonomische-herausforderungen-und-steigender-reformdruck [abgerufen am 3.12.2022].

Sons, Sebastian, The Gulf Monarchies: Problematic but Necessary Partners, in: *Rosa Luxemburg Stiftung*, 25.11.2022, URL: https://www.rosalux.de/en/news/id/49523 [abgerufen am 9.2.2023].

Sottimano, Aurora/Samman, Nabil, Syria has a water crisis. And it's not going away, in: *Atlantic Council*, 24.2.2022, URL: https://www.atlanticcouncil.org/blogs/menasource/syria-has-a-water-crisis-and-its-not-going-away [abgerufen am 14.11.2022].

Souleimanov, Emil Aslan, »Russia's Policy in the Libyan Civil War: A Cautious Engagement«, in: *Middle East Policy*, 26, 2, 2019, S. 95–103.

Sovereign Wealth Fund, QIA reaches US$ 445 billion AuM, gets ready to take off, 2022, URL: https://globalswf.com/news/qia-reaches-us-445-billion-aum-gets-ready-to-take-off [abgerufen am 20.1.2023].

Sowers, Jeannie/Weinthal, Erika, »Humanitarian challenges and the targeting of civilian infrastructure in the Yemen war«, in: *International Affairs*, 97, 2021, S. 157–177.

Söyler, Mehtap, *The Turkish Deep State: State Consolidation, Civil-Military Relations and Democracy*, New York 2015.

Sports for All Federation, Annual Report 2020, 2020, URL: https://sportsforall.com.sa/wp-content/uploads/2021/03/SFA-Annual-Report-2020-EN-V2-4.pdf [abgerufen am 24.1.2023].

Springborg, Robert, Follow the Money to the Truth about Al-Sisi's Egypt, in: *Project on Middle East Democracy/POMED*, 2022, URL: https://pomed.org/wp-content/uploads/2022/01/2022_01_Final_SpringborgSnapshot.pdf [abgerufen am 5.8.2022]

St John, Ronald Bruce, *Libya – From Colony to Independence*, Oxford 2008.

State Department, Agreement for Bringing Peace to Afghanistan between the Islamic Emirate of Afghanistan which is not recognized by the United States as a state and is known as the Taliban and the United States of America, 29.2.2020.

State of Qatar, Qatar National Food Security Strategy 2018 – 2023, 2020, URL: https://www.mme.gov.qa/pdocs/cview?siteID=2&docID=19772&year=2020 [abgerufen am 25.3.2023]

Statista, Major foreign holders of United States treasury securities as of April 2023, 27.9.2023. URL: https://www.statista.com/statistics/246420/major-foreign-holders-of-us-treasury-debt [abgerufen am 15.10.2023].

Statista, Share of female graduates in Saudi Arabia from 2010 to 2019, 2021, URL: https://www.statista.com/statistics/1118988/saudi-arabia-share-of-female-graduates [abgerufen am 29.12.2022].

Statista, Share of workforce employed in the public sector across the Gulf Cooperation Council in 2016, by country, 2020, URL: https://www.statista.com/statistics/944703/gcc-workforce-share-in-public-sector-by-country [abgerufen am 13.3.2023].

Steinberg, Guido, »Saudi-Arabien:›Sicherheit für Öl‹«, in: Braml, Josef/Merkel, Wolfgang/Sandschneider, Eberhard (Hg.), *Außenpolitik mit Autokratien*, Berlin 2014, S. 136–144.

Steinberg, Guido, Dämmerung der Wahhabiten, Analyse, in: *zenith*, 24.11.2022, URL: https://magazin.zenith.me/de/politik/nationalismus-und-religion-saudi-arabien [abgerufen am 27.8.2023].

Steinberg, Guido, Der neue Nahe Osten: Israel und die VAE besiegeln den Schulterschluss gegen Iran, in: *Stiftung Wissenschaft und Politik*, 2020a, URL: https://www.swp-berlin.org/publikation/der-neue-nahe-osten-israel-und-die-vae-besiegeln-den-schulterschluss-gegen-iran [abgerufen am 29.11.2022].

Steinberg, Guido, Die irakische Aufstandsbewegung – Akteure, Strategien, Strukturen, in: Stiftung Wissenschaft und Politik, 2006, URL: https://www.swp-berlin.org/publications/products/studien/2006_S27_sbg_ks.pdf [abgerufen am 25.2.2023].

Steinberg, Guido, Muhammad Bin Salman Al Saud an der Macht. Der Kronprinz und die saudi-arabische Außenpolitik seit 2015, in: *Stiftung Wissenschaft und Politik*, 2018, URL: https://www.swp-berlin.org/publikation/kronprinz-bin-salman-und-die-saudische-aussenpolitik [abgerufen am 25.1.2023].

Steinberg, Guido, Regionalmacht Vereinigte Arabische Emirate, in: *Stiftung Wissenschaft und Politik*, 2020b, URL: https://www.swp-berlin.org/en/publication/regionalmacht-vereinigte-arabische-emirate [abgerufen am 15.10.2023].

Steinberg, Guido, Trägt die neue Strategie im Irak? Anhaltender politischer Stillstand gefährdet die Erfolge bei der Aufstandsbekämpfung, in: *Stiftung Wissenschaft und Politik*, 2008, URL: https://www.swp-berlin.org/publications/products/aktuell/2007A09_sbg_ks.pdf [abgerufen am 25.2.2023].

Steinmeier, Frank-Walter, Germany's New Global Role. Berlin Steps Up, in: *Foreign Affairs*, 4, 2016, S. 106–113.

Stel, Nora, *Hybrid Political Order and the Politics of Uncertainty: Refugee Governance in Lebanon*, New York 2020.

Stocchetti, Marikki, *Inside the European Consensus on Development and Trade: Analysing the EU's Normative Power and Policy Coherence for Development in Global Governance*, Helsinki 2013.

Stockmann, Reinhard/Menzel, Ulrich/Nuscheler, Franz, *Entwicklungspolitik: Theorien – Probleme – Strategien*, Berlin 2015.

Strazzari, Francesco/Tholens, Simone, »Another Nakba: Weapons Availability and the Transformation of the Palestinian National Struggle, 1987–2007«, in: *International Studies Perspectives*, 11, 2, 2010, S. 112–130.

Sydow, Christoph, Wahlen im Libanon: 14. März vs 8. März, in: *dis:orient*, 2009, URL: https://www.disorient.de/magazin/wahlen-im-libanon-14-marz-vs-8-marz [abgerufen am 22.1.2023].

Symanek, Markus, Libyen ist frei – und nun?, in: *Tagblatt*, 20.10.2012, URL: https://www.tagblatt.ch/international/libyen-ist-frei-und-nun-ld.930689 [abgerufen am 18.12.2022].

T.C. Cumhurbaşkanlığı İletişim Başkanlığı, Yerli ve Milli Savunma Sanayii, 31.8.2020. https://twitter.com/iletisim/status/1300378372112101378/photo/1 [abgerufen am 29.4.2023].

Tams, Christian J., »Der Goldstone-Bericht zum Gaza-Krieg 2008/2009 aus Sicht des Völkerrechts«, in: *Vereinte Nationen*, 58, 2010, S. 243–248.

Tanchum, Michael, China's new military base in Africa: What it means for Europe and America, in: *European Council on Foreign Relations*, 14.12.2021, URL https://ecfr.eu/article/chinas-new-military-base-in-africa-what-it-means-for-europe-and-america [abgerufen am 2.8.2022].

Taş, Hakkı, »Die neue Türkei und ihr entstehendes Sicherheitsregime«, in: *GIGA Focus Nahost*, 6, 2020, S. 1–14.

Tazmini, Ghoncheh, »Russia and Iran: Strategic Partners or Provisional Counterweights?«, in: Kozhanov, Nikolay (Hg.), *Russian Foreign Policy Towards the Middle East. New Trends, Old Traditions*, London 2022, S. 117–140.

Teevan, Chloe/Bilal, San/Domingo, Ennatu/Medinilla, Alfonso, *The Global Gateway: A Recipe for EU Geopolitical Relevance?*, Maastricht 2022.

Teitelbaum, Joshua, Holier Than Thou: Saudi Arabia's Islamic Opposition, in: *Washington Institute for Near East Policy*, 2000, URL: https://www.washingtoninstitute.org/policy-analysis/holier-thou-saudi-arabias-islamic-opposition [abgerufen am 2.7.2022].

The CIA World Factbook, Iraq, 2023, URL: https://www.cia.gov/the-world-factbook/countries/iraq [abgerufen am 25.2.2023].

The CIA World Factbook, Saudi Arabia, 2023, URL: https://www.cia.gov/the-world-factbook/countries/saudi-arabia [abgerufen am 13.3.2023].

The Fund for Peace, Fragile States Index – Iraq, 2023, URL: https://fragilestatesindex.org/country-data [abgerufen am 25.2.2023].

Thrall, Nathan, *The Only Language They Understand. Forcing Compromise in Israeli and Palestine*, New York 2017.

Tibon, Amir, The Biden-Bennett Honeymoon. How Long Can the United States and Israel Smooth Over Their Disagreements?, in: *Foreign Affairs*, 10.2.2022, URL: https://www.foreignaffairs.com/articles/middle-east/2022-02-10/biden-bennett-honeymoon [abgerufen am 22.9.2022].

Tinç, Timur, Die Gülen-Bewegung in der Türkei, in: *Qantara*, 25.12.2017, URL: https://de.qantara.de/inhalt/die-guelen-bewegung-in-der-tuerkei-eine-elite-bilden-die-den-staat-leitet [abgerufen am 28.2.2023].

Transparency International, Corruption Perception Index 2006, 2006, URL: https://www.transparency.org/en/cpi/2006 [abgerufen am 10.9.2022].

Transparency International, Corruption Perception Index 2010, 2010, URL: https://www.transparency.org/en/cpi/2010 [abgerufen am 10.9.2022].

Transparency International, Corruption Perception Index 2021, 2023, URL: https://www.transparency.org/en/cpi/202 [abgerufen am 25.2.2023].

Transparency International, Our Work in Libya, 2022, URL: https://www.transparency.org/en/countries/libya [abgerufen am 10.9.2022].

Trenin, Dmitri, *What is Russia up to in the Middle East?*, Cambridge 2018.

Turak, Natasha, Saudi Arabia's ties to the U.S. and China are not mutually exclusive, minister says, in: *CNBC*, 16.7.2022, URL: https://www.cnbc.com/2022/07/16/saudi-arabias-ties-to-the-us-and-china-are-not-mutually-exclusive-al-jubeir.html [abgerufen am 15.10.2023].

Türkei: Übermässige Polizeigewalt überschattet friedliche Proteste, in: *Amnesty International*, 3.6.2013, URL: https://www.amnesty.de/2013/6/3/tuerkei-uebermaessige-polizeigewalt-ueberschattet-friedliche-proteste?destination=node%2F3031 [abgerufen am 21.6.2022].

Türkei: Verhaftungswelle nach Räumung des Gezi-Parks, in: *Amnesty International*, 19.6.2013, URL: https://www.amnesty.de/2013/6/19/tuerkei-verhaftungswelle-nach-raeumung-des-gezi-parks?destination=startseite [abgerufen am 21.6.2022].

Tyan, Emile, »Djihad«, in: Lewis, Bernard (Hg.), *The Encyclopedia of Islam 2*, Leiden/Boston 1991, S. 538–541.

Ulrichsen, Kristian Coates, *Qatar and the Gulf Crisis*, Oxford 2020.

Ulrichsen, Kristian Coates, Rebalancing Regional Security in the Persian Gulf, in: *Baker Institute for Public Policy*, 25.2.2020, URL: https://www.bakerinstitute.org/research/rebalancing-regional-security-persian-gulf [abgerufen am 15.10.2023].

Ulrichsen, Kristian Coates/Finley, Mark/Krane, Jim, The OPEC+ Phenomenon of Saudi-Russian Cooperation and Implications for US-Saudi Relations, in: *Baker Institute for Public Diplomacy* 18.10.2022, URL: https://www.bakerinstitute.org/research/opec-phenomenon-saudi-russian-cooperation-and-implications-us-saudi-relations [abgerufen am 3.4.2023].

Ulusoy, Kıvanç, »The ›Democratic Opening‹ in Turkey: A Historical/Comparative Perspective«, in: *Insight Turkey*, 12, 2, 2010, S. 71–90.

Umweltbundesamt, Wassernutzung privater Haushalte, 2022, URL: https://www.umweltbundesamt.de/daten/private-haushalte-konsum/wohnen/wassernutzung-privater-haushalte#direkte-und-indirekte-wassernutzung [abgerufen am 20.1.2023].

Unger, Corinna, *International Development: A Postwar History*, London 2018.

United Nations Population Fund, World Population Dashboard Egypt, 2022, URL: https://www.unfpa.org/data/world-population/EG [abgerufen am 13.11.2022].

United Nations Security Council, Letter dated 8 March 2021 from the Panel of Experts on Libya established pursuant to resolution 1973 (2011) addressed to the President of the Security Council; II, E, and Annex 13, 2021, URL: https://documents-dds-ny.un.org/doc/UNDOC/GEN/N21/037/72/PDF/N2103772.pdf?OpenElement [abgerufen am 25.9.2022].

United Nations Security Council, Report of the Secretary-General on the United Nations Support Mission in Libya, 2011, URL: https://unsmil.unmissions.org/sites/default/files/SGRepor22November2011.pdf [abgerufen am 18.12.2022].

United Nations Security Council, Report of the Secretary-General on the United Nations Support Mission in Libya, 2012, URL: https://unsmil.unmissions.org/sites/default/files/Report%20of%20the%20Secretary-General%20on%20the%20United%20Nations%20E.pdf [abgerufen am 18.12.2022].

United Nations Security Council, Security Council Committee established pursuant to resolution 1970 (2011) concerning Libya, 2011, URL: https://www.un.org/securitycouncil/sanctions/1970 [abgerufen am 11.9.2022].

United Nations Support Mission in Libya, UNSMIL – United Nations Support Mission in Libya, 2022, URL: https://unsmil.unmissions.org [abgerufen am 9.9.2022].

United States Senate, The Gulf Security Architecture: Partnership with the Gulf Cooperation Countries, Majority Report, Committee on Foreign Relations, 19.6.2012, URL: https://www.govinfo.gov/content/pkg/CPRT-112SPRT74603/html/CPRT-112SPRT74603.htm [abgerufen am 15.10.2023].

US-International Trade Administration, Egypt – Electricity and Renewable Energy, 8.8.2022, URL: https://www.trade.gov/country-commercial-guides/egypt-electricity-and-renewable-energy [abgerufen am 14.11.2022].

Usher, Sebastian, Jeddah demolitions provoke rare display of dissent in Saudi Arabia, in: *BBC*, 11.3.2022, URL: https://www.bbc.com/news/world-middle-east-60691503 [abgerufen am 29.4.2023].

Vandewalle, Dirk, *A History of Modern Libya*, Cambridge 2006.

Varieties of Democracy Institute (V-Dem Institute), Democracy Report 2022. Autocratization changing nature, 2022, URL: https://v-dem.net/media/publications/dr_2022.pdf [abgerufen am 21.1.2023].

Vasiliev, Alexey, *Russia's Middle East Policy. From Lenin to Putin*, London 2018.

Viehweger, Dieter, *Streit um das Heilige Land. Was jeder vom israelisch-palästinensischen Konflikt wissen sollte*, Gütersloh 2017.

Vincent, Sam/Weigand, Florian/Hakimi, Hameed, »The Afghan Local Police – Closing the Security Gap?«, in: *Stability: International Journal of Security & Development*, 45, 4 (1), 2015, S. 1–26.

Vogelsang, Kai, *Geschichte Chinas*, Stuttgart 2014.

Wahab, Bilal, Tipping Point of the Iraq-KRG Energy Dispute, in: *The Washington Institute for Near East Policy*, 13.2.2023, URL: https://www.washingtoninstitute.org/policy-analysis/tipping-point-iraq-krg-energy-dispute [abgerufen am 25.2.2023].

Wallisch, Gianluca, Willkommen im freien Tripolis!, in: *Der Standard*, 9.10.2011, URL: https://www.derstandard.at/story/1317019717595/spindelegger-in-libyen-willkommen-im-freien-tripolis [abgerufen am 18.12.2022].

Wang, Christoph Nedopil, *China Belt and Road Initiative (BRI) Investment Report H1 2022*, Schanghai 2022.

Wege, Carl A., *Hezbollah and Hamas*, Georgia 2012.

Wehrey, Frederic, *The Burning Shores*, New York 2018.

Weigand, Florian, »Afghanistan's Taliban – Legitimate Jihadists or Coercive Extremists?«, in: *Journal of Intervention and Statebuilding*, 11, 3, 2017, S. 359–381.

Weigand, Florian, »The Aid Bunker: Security Risk Management in Conflict Zones«, in: Lemay-Hébert, Nicolas (Hg.), *Handbook on Intervention and Statebuilding*, Cheltenham/Northampton 2019, S. 294–302.

Weigand, Florian, »Why Did the Taliban Win (Again) in Afghanistan?«, in: *LSE Public Policy Review*, 2, 3, 2022b, S. 1–10.

Weigand, Florian, Human vs. State Security: How can Security Sector Reforms contribute to State-Building? The Case of the Afghan Police Reform, in: *International Development Working Paper Series*, 2013, URL: https://www.files.ethz.ch/isn/159532/WP135.pdf [abgerufen am 18.12.2022].

Weigand, Florian, *Waiting for Dignity: Legitimacy and Authority in Afghanistan*, New York 2022a.

Weigand, Florian/Andersson, Ruben, »The ›bunker politics‹ of international aid in Afghanistan«, in: *Journal of Intervention and Statebuilding*, 13, 4, 2019, S. 503–523.

Weighill, Rob/Gaub, Florence, *The Cauldron – NATO's Campaign in Libya*, London 2018.

Weltbank, Statistische Übersicht der globalen Patentanmeldungen der Weltbank auf Grundlage der WIPO-Erhebungen, 2021, URL: https://data.worldbank.org/indicator/IP.PAT.RESD?most_recent_value_desc=true [abgerufen am 2.8.2022].

White House, Fact Sheet: Executive Order to Preserve Certain Afghanistan Central Bank Assets for the People of Afghanistan, 11.2.2022, URL: https://www.whitehouse.gov/briefing-room/statements-releases/2022/02/11/fact-sheet-executive-order-to-preserve-certain-afghanistan-central-bank-assets-for-the-people-of-afghanistan [abgerufen am 8.3.2023].

White House, Remarks by the President in Address to the Nation on Libya, 28.3.2011, URL: https://obamawhitehouse.archives.gov/the-press-office/2011/03/28/remarks-president-address-nation-libya [abgerufen am 9.9.2022].

Whitehouse, Harvey/McQuinn, Brian, »Ritual and Violence: Divergent Modes of Religiosity and Armed Struggle«, in: Juergensmeyer, Mark/Jerryson, Michael/Kitts, Margo (Hg.), *Oxford Handbook of Religion and Violence*, Oxford 2013, S. 597–618.

Wight, David M., *Oil Money: Middle East Petrodollars and the Transformation of US Empire, 1967–1988*, Ithaca 2021.

Winer, Jonathan M., Origins of the Libyan Conflict and Options for its Resolution, in: *Middle East Institute*, 2019, URL: https://www.mei.edu/sites/default/files/2019-05/Libya_Winer_May%202019%20update_0.pdf [abgerufen am 18.12.2022].

Wissenschaftliche Dienste (WD) des Deutschen Bundestags, Ausgewählte Aspekte der Entwicklungspolitik: Historische Entwicklung, aktuelle Quellen, Kritik, staatliche Akteure im internationalen Vergleich, 2018, URL: https://www.bundestag.de/resource/blob/592232/a80ef5b5617a2172af691c9302872d50/WD-2-143-18-pdf-data.pdf [abgerufen am 24.1.2023].

Wissenschaftliche Dienste (WD) des Deutschen Bundestags, Der türkische Militäreinsatz in Nordsyrien. Völkerrechtliche Verantwortlichkeit Deutschlands für die Lieferung von Leopard 2-Panzern, 2018, URL: https://www.bundestag.de/blob/543338/2da65e5f7d53a228cc060513d774cb42/wd-2-010-18-pdf-data.pdf [abgerufen am 24.1.2023].

Wissenschaftliche Dienste (WD) des Deutschen Bundestags, Völkerrechtliche Aspekte der türkischen Militäroperation »Friedensquelle« in Nordsyrien, 2019, URL: https://www.bundestag.de/resource/blob/663322/fd65511209aad5c6a6eae95eb779fcba/WD-2-116-19-pdf-data.pdf [abgerufen am 25.1.2023].

Woertz, E., »Wither the self-sufficiency illusion? Food security in Arab Gulf States and the impact of COVID-19«, in: *Food Security*, 12, 2020, S. 757–760.

Wong, Andrea, The Untold Story Behind Saudi Arabia's 41-Year U.S. Debt Secret, in: *Bloomberg*, 31.3.2016, URL: https://www.bloomberg.com/news/features/2016-05-30/the-untold-story-behind-saudi-arabia-s-41-year-u-s-debt-secret [abgerufen am 20.1.2023].

World Bank, Diabetes prevalence (% of population ages 20 to 79) – Saudi Arabia, 2021, URL: https://data.worldbank.org/indicator/SH.STA.DIAB.ZS?locations=SA [abgerufen am 9.5.2023].

World Bank, Foreign direct investment, net inflows (% of GDP) – Iraq, 2023b, URL: https://data.worldbank.org/indicator/BX.KLT.DINV.WD.GD.ZS?locations=IQ [abgerufen am 25.2.2023].

World Bank, Iraq Economic Monitor. A New Opportunity to Reform, 2022e, URL: https://documents1.worldbank.org/curated/en/099729211162223616/pdf/IDU0 f98d9eec05e2a04817093 f20fc8a1c0db448.pdf [abgerufen am 25.2.2023].

World Bank, Labor force, female (% of total labor force) – Saudi Arabia, 2022c, URL: https://data.worldbank.org/indicator/SL.TLF.TOTL.FE.ZS?locations=SA [abgerufen am 29.3.2023].

World Bank, *Lebanon Public Finance Review: Ponzi Finance?*, Washington 2022d.

World Bank, School enrollment, tertiary, female (% gross) – Saudi Arabia, 2022b, URL: https://data.worldbank.org/indicator/SE.TER.ENRR.FE?locations=SA [abgerufen am 2.2.2023].

World Bank, The World Bank in Iraq – Overview, 2023a, URL: https://www.worldbank.org/en/country/iraq/overview [abgerufen am 27.2.2023].

World Bank, Unemployment, youth total (% of total labor force ages 15–24) (national estimate) – Saudi Arabia, 2022a, URL: https://data.worldbank.org/indicator/SL.UEM.1524.NE.ZS?locations=SA [abgerufen am 4.2.2023].

World Health Organization, Joint statement by Dr Tedros Adhanom Ghebreyesus, WHO Director General, and Dr Ahmed Al Mandhari, Regional Director for the Eastern Mediterranean, on Lebanon, 19.9.2021, URL: https://www.emro.who.int/media/news/joint-statement-by-dr-tedros-adhanom-ghebreyesus-who-director-general-and-dr-ahmed-al-mandhari-regional-director-for-the-eastern-mediterranean-on-lebanon.html [abgerufen am 25.4.2023].

Wörmer, Nils/Lamberty, Lucas, »Der kurdische (Alb-)Traum«, in: *KAS-Auslandsinformationen*, 1, 2018, S. 84–99.

Xing, L., »Understanding the Multiple Facets of China's ›One Belt One Road‹ Initiative«, in: Xing, L. (Hg.), *Mapping China's »One Belt One Road Initiative«*, London 2019, S. 29–56.

Yadlin, Amos/Orion, Assaf, Israel's New Strategy. Why a Post-American Middle East Means a Greater Role in Regional Security, in: *Foreign Affairs*, 18.2.2022, URL: https://www.foreignaffairs.com/articles/middle-east/2022-02-18/israels-new-strategy [abgerufen am 23.9.2022].

Yanarocak, Hay Eytan Cohen/Parker, Joel D., Turkey's Giant Leap: Unmanned Aerial Vehicles, in: *Turkeyscope*, 2020, URL: https://dayan.org/file-download/download/public/17099 [abgerufen am 1.4.2023].

Yaron, Gil, Hamas soll jahrelang Hilfsgelder missbraucht haben, in: *Die Welt*, 4.8.2016.

Yassin, Faisal Abdullatif, Population Inflation and Demographic Shifts in Iraq: A Challenge to Human Security and An Entry Point for Political and Societal Destabilization, in: *Al-Bayan Center for Planning and Studies*, 29.6.2022, URL: https://www.bayancenter.org/en/2022/06/3372 [abgerufen am 25.2.2023].

Yaycı, Cihat, Türkiye-Libya arasında imzalanan Münhasır Ekonomik Bölge Anlaşması'nın Sonuç ve etkileri, in: *Kriter dergi*, 2020, URL: https://kriterdergi.com/file/126/turkiye-libya-arasinda-imzalanan-munhasir-ekonomik-bolge-andlasmasinin-sonuc-ve-etkileri [abgerufen am 28.4.2023].

Yellinek, Roie, The Abraham Acccords One Year on, in: *Middle East Institute*, 19.8.2021, URL: https://www.mei.edu/publications/abraham-accords-one-year [abgerufen am 28.9.2022].

Yeni Akit, İşte 2023 vizyonu, in: *Yeni Akit*, 2.7.2014, URL: https://www.yeniakit.com.tr/haber/iste-2023-vizyonu-23720.html [abgerufen am 4.5.2023].

Yergin, Daniel, *The New Map: Energy, Climate and the Clash of Nations*, London 2020.

Yorke, Valerie, »Retaliation and International Peace-keeping in Lebanon«, in: *Global Politics & Strategy*, 20, 1978, S. 194–202.

Yossef, Amr, The Regional Impact of the Abraham Accords, in: *Modern War Institute Report*, 2021, URL: https://mwi.usma.edu/wp-content/uploads/2021/02/regional-impact-abraham-accords.pdf [abgerufen am 7.1.2023].

Young, Michael, Killing and the Coronavirus, in: *Malcolm H. Kerr Carnegie Middle East Center*, 6.4.2020, URL: https://carnegie-mec.org/diwan/81462 [abgerufen am 18.12.2022].

Yousef, Tarik M./Ghafar, Adel Abdel, *The Gulf Cooperation Council at Forty: Risk and Opportunity in a Changing World*, Washington 2022.

Yüzecan-Özedemir, Gamze, »The Social Policy Regime in the AKP Years: The Emperor's New Clothes«, in: Coşar, Simten/Yüsecan-Özedemir, Gamze (Hg.), *Silent Violence. Neoliberalism, Islamist Politics and the AKP Years in Turkey*, Ottawa 2012, S. 125–152.

Zalayat, Ilan, Saudi Arabia's New Nationalism: Embracing Jahiliyyah, in: *The Moshe Dayan Center for Middle Eastern and African Studies*, 27.7.2022, URL: https://dayan.org/content/saudi-arabias-new-nationalism-embracing-jahiliyyah [abgerufen am 29.4.2023].

Zeed, Adnan Abu, Iraqi federal court accused of politicization, in: *Al-Monitor*, 3.3.2022, URL: https://www.al-monitor.com/originals/2022/03/iraqi-federal-court-accused-politicization [abgerufen am 25.2.2023].

Zisser, Eyal, *Asad's legacy. Syria in transition*, New York 2001.

Zittis, G. et al., »Climate change and weather extremes in the Eastern Mediterranean and Middle East«, in: *Reviews of Geophysics*, 60, 2022, S. 1–48.

Ziv, Guy, »Simple vs. Complex Learning Revisited: Israeli Prime Ministers and the Question of a Palestinian State«, in: *Foreign Policy Analysis*, 9, 2, 2013, S. 203–222.

Zoubir, Yahia H., »Making up for Lost Time: Russia and Central Maghreb«, in: Kozhanov, Nikolay (Hg.), *Russian Foreign Policy Towards the Middle East. New Trends, Old Traditions*, London 2022, S. 191–229.

Zubok, Vlad, *A Failed Empire. The Soviet Union in the Cold War from Stalin to Gorbachev*, Chapel Hill 2007.

Zumbrägel, Tobias, »Beyond greenwashing: Sustaining power through sustainability in the Arab Gulf monarchies«, in: *Orient*, 61, 1, 2020, S. 28–35.

Autorinnen und Autoren

Dr. Alexander Brakel, Mitarbeiter am National Democratic Institute in Washington, Studium der Mittleren und Neueren Geschichte, Osteuropäischen Geschichte und Slawistik in Mainz, Glasgow und Voronezh. Promotion 2006 mit einer Arbeit über sowjetische und deutsche Besatzung in Westweißrussland. Anschließend Arbeit im Deutschen Bundestag. Von 2012 bis 2021 Mitarbeiter der Konrad-Adenauer-Stiftung, zuletzt als Leiter des Israelbüros in Jerusalem.

Prof. Dr. Manuel Brunner (Dr. iur., LL.M.), Professor für Eingriffsrecht und Staatsrecht an der Hochschule für Polizei und öffentliche Verwaltung Nordrhein-Westfalen; Forschungsschwerpunkte: Völkerrecht, Internationale Beziehungen, internationale Streitbeilegung sowie deutsches und vergleichendes Verfassungsrecht; aktuelle Publikationen: »Retroactive Application of Laws«, in: Wolfrum, Rüdiger/Grote, Rainer/Lachenmann, Frauke (Hg.), *Max Planck Encyclopedia of Comparative Constitutional Law* – Online-Edition, Oxford, online seit 2021; »Inquiry Procedures«, in: Binder, Christina/Nowak, Manfred/Hofbauer, Jane A./Janig, Philipp (Hg.), *Elgar Encyclopedia of Human Rights*, Cheltenham/Northampton 2022, 3, S. 59–66; »Constitutional Assistance durch die Vereinten Nationen: Verfassungsunterstützung als Mittel der Staatenstabilisierung und der Friedenskonsolidierung«, in: *Jahrbuch Öffentliche Sicherheit* 2022/23, S. 731–743.

Anna Fleischer, Heinrich-Böll-Stiftung Middle East, Büroleiterin Beirut, Forschungsinteressen: Frauenbewegungen, Haft und erzwungenes Verschwindenlassen, Syrien, Libanon, Irak, Demokratisierung. Publikationen: »Gender impact of enforced disappearences in Syria«, in: *Peace in Progress Magazine*, ICIP, Mai 2021; »Krieg gegen die eigene Bevölkerung«, in: *Zeit Online*,

Februar 2020; »Waiting is worse than death«: The everyday heroines of Idlib«, in: *Syria Untold*, Januar 2020.

PD Dr. Gülistan Gürbey, Freie Universität Berlin, Otto-Suhr-Institut für Politikwissenschaft, Forschungsinteressen: Frieden und Konflikte, Außenpolitik, Defekte Demokratien, Autoritarismus, De-Facto-Staaten, Internationaler Schutz von Minderheiten, Regionaler Schwerpunkt: Nahost, Türkei, Zypern, Kurden, Irakisch-Kurdistan, Irak, Syrien; Publikationen (Auswahl): »Die Außenpolitik der ›neuen Türkei‹«. Zwischen hegemonialem Anspruch und Anpassungsdruck«, in: *Aus Politik und Zeitgeschichte*, 40–41, 2023, S. 28–34; Gülistan Gürbey/Sabine Hofmann/Ferhad Ibrahim Seyder (Hg.), *Between Diplomacy and Non-Diplomacy. Foreign Relations of Kurdistan-Iraq and Palestine*, New York 2023; »Die türkische Politik im östlichen Mittelmeer: Ringen um hegemoniale Vormachtstellung«, in: *Südosteuropa Mitteilungen*, 6, 2020, S. 25–38; »The role of the Kurds in the Middle East: A regional factor of stability or instability?«, in: *Orient, German Journal for Politics, Economics and Culture of the Middle East*, 2018, S. 45–55; Gülistan Gürbey/Sabine Hofmann/Ferhad Ibrahim Seyder (Hg.), *Between State and Non- State. Politics and Society in Kurdistan-Iraq and Palestine*, New York 2017; *Außenpolitik in defekten Demokratien. Gesellschaftliche Anforderungen und Entscheidungsprozesse in der Türkei 1983–1993*, Frankfurt a. M./New York 2005.

Dr. Julia Gurol, Albert-Ludwigs-Universität Freiburg, Lehrstuhl für Internationale Beziehungen und Arnold-Bergstraesser-Institut, Forschungsinteressen: China als globaler Akteur, globaler Autoritarismus, Infrastrukturpolitik, China-Nahost-Beziehungen. Publikationen (Auswahl): »The authoritarian narrator: China's power-projection and its reception in the Gulf«, in: *International Affairs*, 99, 2, 2023, S. 687–705; (mit Thomas Demmelhuber und Tobias Zumbrägel) »Elite Networks and the Transregional Dimension of Authoritarianism: Sino-Emirati Collaboration in Times of a Global Pandemic«, in: *Journal of Contemporary China*, 32, 139, 2023, S. 138–151; *The EU-China security paradox*, Bristol 2022.

Dr. Andreas Jacobs, Konrad-Adenauer-Stiftung, Leiter der Abteilung Gesellschaftlicher Zusammenhalt. Forschungsinteressen: Religionspolitik, Nahost, Islam, Sicherheitspolitik, Internationale Beziehungen. Publikationen (Auswahl): »Wache Trittbrettfahrer. Gerechtigkeitsdebatten im Fokus von Islamismus und Autoritarismus«, in: *Die politische Meinung*, 579, 2, 2023,

S. 48–52; (mit Annette Ranko) »Understanding the Muslim Brotherhood in the Middle East and in the West: Organization, Strategy, and Ideology«, in: Ceylan, Rauf/Kiefer, Michael (Hg.), *Der islamische Fundamentalismus im 21. Jahrhundert. Analyse extremistischer Gruppen in westlichen Gesellschaften*, Wiesbaden 2022, S. 117–132; »Kein Frühling, ein Vorbote. Zur Lesart der arabischen Umbrüche vor zehn Jahren«, in: *Die politische Meinung*, 566, 1, 2021, S. 48–52.

Dr. Christian Koch, Forschungsdirektor des Gulf Research Center in Dubai. Seine Forschungsinteressen umfassen die ganze Breite der außenpolitischen Agenda der Golfstaaten sowie insbesondere die Beziehungen zwischen dem Golfkooperationsrat mit der Europäischen Union. Er ist Herausgeber von sechs Sammelwerken sowie Autor zahlreicher Sammelbandbeiträge und Zeitschriftenartikel, insbesondere von: Politische Entwicklung in einem arabischen Golfstaat: Die Rolle von Interessengruppen im Emirat Kuwait, Berlin 2000. Regelmäßige Präsenz in internationalen Medien, so in der Financial Times, dem Handelsblatt, Jane's Sentinel Publications on Gulf issues, BBC, Deutsche Welle und Al-Arabiyya.

Lucas Lamberty, Leiter des Auslandsbüros Irak der Konrad-Adenauer-Stiftung; Forschungsinteressen: Politik, Wirtschaft und Gesellschaft im Irak und die Rolle regionaler Akteure im Nahen und Mittleren Osten. Publikationen (Auswahl): (mit Nils Wörmer) »Der kurdische (Alb-)Traum: Das Unabhängigkeitsreferendum, der Fall von Kirkuk und die Auswirkungen auf kurdische und irakische Politik«, in: *KAS-Auslandsinformationen* 2018; »Irak-Kurdistan: Auf dem Weg in die Unabhängigkeit?« in: *KAS-Länderbericht* 2017; (mit Nils Wörmer) »Krieg gegen Symptome: Warum der sogenannte Islamische Staat noch lange nicht besiegt ist«, in: *KAS-Auslandsinformationen*, 2016.

Christoph Leonhardt, promoviert zum Syrienkonflikt an der Universität der Bundeswehr München und arbeitet in diesem Bereich im öffentlichen Dienst in Berlin. Forschungsinteressen: Gewaltakteure, Dschihadismus, Politischer Islam, Minderheiten, Interkulturelles; Publikation: *Religiöse Komponenten im Konflikt um Syrien (1970 bis heute)*, München 2023.

Stefan Lukas, Managing Director und Analyst bei Middle East Minds. Zudem Associate Fellow beim Center for Middle East and Global Order und

Gastdozent an der Führungsakademie der Bundeswehr zu Hamburg. Regelmäßig übernimmt er Lehraufträge an Universitäten zur Sicherheitspolitik des Nahen und Mittleren Ostens, zuletzt am Lehrstuhl für International War and Conflict Studies an der Universität Potsdam. Seit 2020 ist er außerdem Advisor bei der Gesellschaft für Sicherheitspolitik in Berlin und berät darüber hinaus Ministerien, Unternehmen, Stiftungen und andere Einrichtungen zur sicherheitspolitischen Lage im Nahen und Mittleren Osten. Publikationsauswahl: »The Impacts of Climate Change in the Eastern Mediterranean – Approaches for Action by European Actors«, in: *Konrad-Adenauer-Foundation & HMS*, Haifa, 2023, S. 103–112; »Auf dem Trockenen – Wie der Klimawandel als Brandbeschleuniger im Iran wirkt«, in: *Internationale Politik*, 1, 2022, S. 12–14; »Der Kampf ums Wasser – Pakistan und die Folgen des Klimawandels«, in: *SIRIUS – Zeitschrift für strategische Analysen*, 1, 2021, S. 51–61; *Die Neuordnung des Nahen Ostens: Vom radikalen Wandel einer Region zu Beginn des 20. Jahrhunderts*, Berlin 2018.

Wolfgang Pusztai, Sicherheits- und Politikanalyst mit besonderem Schwerpunkt auf der MENA-Region. Von 2007 bis 2012 österreichischer Verteidigungsattaché in Italien, Griechenland, Libyen und Tunesien. Er hat Master-Abschlüsse von der Universität Wien (Politikwissenschaft) und von der National Defense University/National War College in Washington D.C. (Nationale Sicherheitsstrategie; Distinguished Graduates). Er ist Direktor von Perim Associates, Vorsitzender des Advisory Board des National Council on U.S.-Libya Relations, Senior Adviser am Austrian Institut für Europa- und Sicherheitspolitik (AIES) und Experte am Afrika-Forschungsinstitut der Óbuda Universität in Budapest. Publikationen: »A second Home?«, in: *Orient*, Oktober 2017, S. 24–30; Libya's Conflict – A very short introduction, 4.11.2019, URL: https://www.iss.europa.eu/content/libyas-conflict [abgerufen 25.9.2022].

Dr. Christian E. Rieck, Wissenschaftlicher Mitarbeiter am Historischen Institut der Universität Potsdam, Dozent an der Humboldt-Universität zu Berlin sowie der Universidad Rey Juan Carlos in Madrid. Davor Arbeit in der angewandten Politikforschung, unter anderem für die Vereinten Nationen in Mexiko-Stadt, das German Institute for Global and Area Studies in Hamburg und die Konrad-Adenauer-Stiftung in Berlin. Forschungsinteressen: Wissenschaftsdiplomatie, Geschichte der Internationalen Beziehungen, vergleichende Regionalismusforschung; Publikationen (Auswahl): *Wissen-*

schaft und Zivilmacht. Die Außenwissenschaftspolitik der Bundesrepublik Deutschland, 1950–1990, Göttingen 2024 (im Erscheinen); (mit Alexandr Burilkov) »Vorbereitet auf die Zeitenwende? Die Einsatzbereitschaft der Bundeswehr offenbart große Defizite«, in: *SIRIUS*, 1, 2023, S. 1–22.

PD Dr. Bastian Matteo Scianna, Wissenschaftlicher Mitarbeiter am Historischen Institut der Universität Potsdam, Forschungsinteressen: Internationale Geschichte, v.a. die Außenbeziehungen Deutschlands und Italiens im 19. und 20. Jahrhundert, Europäische Integrationsgeschichte, Mobilitäts- und Migrationsgeschichte; Publikationen (Auswahl): (zusammen mit Sönke Neitzel) *Blutige Enthaltung. Deutschlands Rolle im Syrienkrieg*, Freiburg 2021; »Abgeordnete ohne Grenzen? Das Europäische Parlament und die Entstehung des Schengener Abkommen«, in: *Journal of European Integration History*, 28, 2, 2022, S. 247–268.

Dr. Sebastian Sons, Senior Researcher, Center for Applied Research in Partnership with the Orient (CARPO), Forschungsinteressen: golfarabische Sportpolitik, gesellschaftliche Entwicklungen in den Staaten des Golfkooperationsrates; Saudi-Arabiens Außenpolitik und gesellschaftliche Entwicklungen; südasiatische Migration in die arabischen Golfstaaten; politisches und wirtschaftliches Engagement der Golfstaaten in Afrika; Entwicklungspolitik Saudi-Arabiens, Katars, Kuwaits und der Vereinigten Arabischen Emirate (VAE), Publikationen (Auswahl): *Die neuen Herrscher am Golf und ihr Streben nach globalem Einfluss*, Bonn 2023; *Menschenrechte sind nicht käuflich. Warum die WM in Katar auch bei uns zu einer neuen Politik führen muss*, Hamburg 2022; (mit Tobias Borck) »Germany's New Government and the Middle East«, in: *RUSI Commentary*, 13.1.2022; (mit Cinzia Bianco) »Domestic Economic Plans and Visions in the GCC and Opportunities for Cooperation with Europe«, in: Colombo, Silvia/Abdul Ghafar, Adel (Hg.), *The European Union and the Gulf Cooperation Council. Towards a New Path*, New York 2021, S. 79–104; *Arbeitsmigration nach Saudi-Arabien und ihre Wahrnehmung in Pakistan: Akteur:innen und Strategien der öffentlichen Sichtbarmachung*, Heidelberg 2020; *Auf Sand gebaut. Saudi-Arabien – Ein problematischer Verbündeter*, Berlin 2016.

Dr. Florian Weigand ist Co-Direktor des Centre on Armed Groups in Genf und Research Associate an der London School of Economics and Political Science (LSE). Seine Forschungsschwerpunkte sind bewaffnete Gruppen, politische

Gewalt, Schmuggel, internationale Interventionen und Friedenskonsolidierung. Publikationen (Auswahl): *Waiting for Dignity: Legitimacy and Authority in Afghanistan*, New York 2022; (mit Max Gallien) *The Routledge Handbook of Smuggling*, Milton Park/New York 2021; *Conflict and Transnational Crime: Borders, Bullets & Business in Southeast Asia*, Cheltenham 2020.